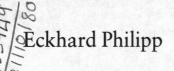

Eckhard Philipp

# Dadaismus

Einführung in den literarischen Dadaismus
und die Wortkunst des 'Sturm'-Kreises

Wilhelm Fink Verlag München

ISBN 3-7705-1333-9

© 1980 Wilhelm Fink Verlag, München 40
Satz und Druck: Allgäuer Zeitungsverlag GmbH, Kempten/Allgäu
Buchbindearbeiten: Großbuchbinderei Sigloch, Stuttgart
Umschlagentwurf: A. Krugmann, Stuttgart

# Inhalt

7

# Vorwort

Das Wort DADA oder der Begriff 'Dadaismus' haben immer noch einen revolutionären Klang. Daran ändert die Tatsache nichts, daß die berühmten amerikanischen 'Crazy Sixties' mit ihrer Pop-Kultur, mit ihren Plakatwand-Gigantifizierungen, mit ihren übergewaltigen Cola-Dosen, mit Marylin-Monroe-Postern, mit ihrer Public-Relations-Art fünfzig Jahre nach dem Dada-Spektakel noch einmal hochgespannte Kulturerwartungen zu zerstören scheinen und den Riß zwischen Leben und Kunst scheinbar wieder kitten.

Auch die Nachfahren von Pop: Op, Multimedia, Land Art oder Concept Art, um nur einige zu nennen, laufen alle darauf hinaus, konventionelle Kunst in Frage zu stellen.

Auch in Deutschland vermochte der Reflex amerikanischer Pop-Kultur zu schockieren, doch kam er überraschend allenfalls für Kultursnobs, die die Coca-Colonisierung nicht bemerken wollten; willkommen schien er den Teens und Twens, denen das Vokabular der Pop-Szene, ihrer Akteure und Trendsetter besser mundete, als dem von abendländischer Kultur Verwöhnten. Von Musik war nicht mehr die Rede, man sprach von 'hits', vom 'sound', nicht von der Schallplatte, sondern von der LP und von der 'single', Biertrinker prosteten sich mit 'Wumm' zu oder entboten ihre 'cheers', wie es auf Plakaten, oder besser: auf 'posters' heißt.

Dennoch: wenn die Vertreter der Popszene erklärten, worum es ihnen ginge, wenn sie meinten, sich mit ihren Produkten gegen eine Epoche der Esoterik und Abstraktion auflehnen zu müssen, gegen ästhetischen Snobismus und intellektuelle Verfeinerung, so glaubt man dergleichen schon gehört zu haben. Die Dadaisten in der Schweiz oder in Deutschland, gleich, ob in Zürich oder Berlin, in Köln oder Hannover, waren ähnlich überzeugt vom revolutionären Impetus ihrer Kunst, sprachen sich ähnlich gegen Museen aus, wie der Amerikaner R. Lindner, der seine Kunst im Kaufhaus ausstellen möchte. Und wenn die Amerikaner Banalitäten 'romantisieren' wollen aus Protest gegen das vom amerikanischen Way of Life inszenierte Leiden an der sog. kapitalistischen Gesellschaft mit Glas, Stroh oder Draht als Material der Kunst, so erinnert das an ähnliche Bemühungen der Dadaisten auf deutschem Boden. Solche Entrüstung im Medium dessen, was da Kunst sein soll oder sein will, ist also bekannt.

Nicht aber deshalb hat das Etikett DADA kaum etwas von seiner faszinierenden Wirkung verloren, weil es in Amerika oder in Deutschland durch die Postavantgarde in die Gegenwart verlängert wurde und die Gemüter sich nun abermals in die Haare bekamen, wenn sie benennen sollten, was da Kunst sei und was nicht, sondern weil die unter diesem Etikett firmierende Kunst bis heute nicht aufgearbeitet worden ist und in einem bestimmten Sinne von jedermann auf der Straße niemals rezipierbar sein wird.

Denn daß der Dadaismus 'rezipiert' worden sei, wird im Ernst niemand behaupten wollen, nimmt man diesen ursprünglich anspruchsvollen Terminus genauer und versteht darunter nicht nur die Schwundstufe eines ästhetischen Sensoriums, das im Laufe der allgemeinen Reizüberflutung verkümmert ist oder auf der ständigen Fahndung nach künstlerischen Innovationen kaum mehr etwas zu registrieren vermag oder es gar nicht mehr möchte. Das mag ein Grund unter vielen anderen sein, warum man kaum darauf hört oder gehört hat, was genau die Dadaisten gesagt hatten, was sie in ihren zugegebenermaßen oft krausen Manifesten eigentlich meinten.

Auch die Forschung ging da nicht immer mit gutem Beispiel voran. 1971 schrieb Jost Hermand ein Buch über die internationale Kunstszene der fünfziger und sechziger Jahre in Amerika, dem ich griffige Vokabeln und Wendungen verdanke, in dem aber topische oder phasische Unterschiede DADA's überhaupt nicht registriert werden. Berlin Dada oder die Zürcher Zentrale werden in einem Atemzug genannt und grundsätzlich und ausdrücklich als dieselbe Sache angesehen. Collagen von Kurt Schwitters aus dem Jahre 1947 repräsentieren noch DADA. Und Raoul Hausmann, Marcel Duchamp oder Hans Richter hätten wohl erklärt, daß sie sich in ihrer Ehre als ehemalige Dadaisten der ersten Stunde gekränkt fühlten, wenn sie mit Pop Art und Ähnlichem in einen Topf geworfen würden, "… doch", so Hermand, "solche Äußerungen sollte man nicht überbewerten. Künstler sind stets darauf bedacht, originell und einmalig zu erscheinen."(213, 53) Solch wenig origineller Satz ist erstaunlich und signifikant zugleich. Erstaunlich, weil es mittlerweile Quellen gibt, die belegen, daß es auch innerhalb DADA's Unterschiede nicht nur in der Kunstauffassung gegeben hat, sondern auch für jedermann zugängliche Werke mit ganz unterschiedlichen Anliegen. Bezeichnend ist der Satz wiederum, weil er die Aussagen Hausmanns, Duchamps und Richters einfach als Marotte abtut mit dem bekannten und fast immer funktionierenden Alibi – das davor schützt, sich die Dinge genauer anzusehen, also kräftesparende Funktion hat –, der Künstler als Original habe ohnehin einen 'spleen', und was er theoretisch von sich gebe, sei, zumal wenn es sich um Dinge moderner oder neuerer Kunst handle, ohnehin kaum Ernst zu nehmen.

Von Nachlässigkeiten dieser Art lebt ein Teil der zu unserem 'Thema' bereits publizierten Schriften ausgesprochen gut. Und bei näherem Betracht gibt es denn auch kaum eine Forschung auf diesem Gebiet, allenfalls da, wo DADA sichtbar wird, wo es den Weitblick verstellt: in der bildenden Kunst. Auch das ist erstaunlich, weil die Dadaisten mittlerweile Schulbuchreife erlangt haben, wofür sie freilich nichts können.

Ich habe mich auf nur wenig Sekundärliteratur stützen können, die am Schluß erwähnt wird. Natürlich kann das von Vorteil sein, aber es gibt nur wenige Arbeiten zum literarischen Dadaismus insgesamt oder zu einzelnen Mitgliedern der Szene, die wirklich weiterführend eine kritische Auseinandersetzung mit dem Stoff, dem Thema suchen, wobei ich unter 'kritisch' zunächst verstehe, daß man das, worüber man schreibt, auch Ernst nimmt und allenfalls danach zu verstehen gibt, wie man es mit dem Dadaismus nun eigentlich halte.

Zu nennen wären an erster Stelle Arbeiten von Hans-Georg Kemper und Gerd Stein, die sich tiefer und umfassender als es bis dato der Fall war, mit dem Dadaismus befaßt haben. Kempers Buch indes widmet sich nicht ausschließlich den Dadaisten, sondern versucht, Übergänge vom Expressionismus her herauszuarbeiten. Auch dieses Buch nennt im Untertitel die Wortkunst des Sturmkreises, bezieht also ausdrücklich einen Teil jenes 'eigentlichen' Expressionismus' mit ein, der die Sprache so thematisiert, daß ihre zunächst wichtigste Leistung, ihre kommunikative Finalität in Frage gestellt wird, freilich nur im Rahmen der Dichtung.

Darin zeigt sich eine gewisse Verwandtschaft mit dem Dadaismus, auf die wir eingehen werden, der aus ganz anderen Gründen die Sprache problematisiert.

Zuvor einige Anmerkungen zum Gang der Untersuchung. Die Aufteilung des Bandes in bestimmte Kapitel ist durch die Konzeption der Reihe "Deutsche Literatur im 20. Jahrhundert" weitgehend vorgegeben, und sie hat sich, soweit ich kritische Stimmen zu den bereits erschienenen Bänden verfolgen konnte, alles in allem bewährt, was nicht heißen kann und darf, in sachlich begründeten Fällen seien Ausnahmen nicht zugelassen. So habe ich — dabei anders als G. Mahal (Naturalismus) und Viëtta/Kemper (Expressionismus) verfahrend — einiges zur Methode in unmittelbarem Anschluß an die Anmerkungen zum Thema gesagt, aus der simplen Einsicht heraus, daß angesichts relativ 'abstrakter' Texte der Dadaisten aber auch August Stramms die Methode bereits darüber entscheidet, was ich zu Gesicht bekomme, was nicht. Um ein extremes und in der überspitzten Formulierung sicher nicht richtiges Beispiel zu geben: nach marxistischen Anweisungen zur Interpretation von Literatur wäre zum Beispiel nach der Parteilichkeit von Dichtung zu fragen. Ein solches Vorhaben verliefe aber zunächst im Sande, weil es an der Oberfläche der Texte nur einen weitgehenden Abbau von verbindlichen semantischen Valeurs konstatieren müßte. Das allein wäre zu wenig und der Sache zunächst nicht angemessen.

Aus gleichen Gründen überwiegt der Seitenzahl nach der Analyseteil, der gänzlich verschiedene Texte zunächst einmal zum Sprechen bringen will.

Aus dem ursprünglich geplanten Arbeitsbuch ist etwas mehr geworden, mehr als eine Einführung im planen Verstande, was zu beklagen wäre, wüßte ich nicht, daß das dem Analyseteil Vorangeschickte keineswegs ein beliebiger 'Überbau', sondern immer schon Substrat der besprochenen Texte ist; mehr, als man das zunächst vermuten könnte. Wer indes schneller zu den Texten gelangen möchte, kann sich den 'theoretischen' Teil zunächst ersparen, um dann anschließend ein breiteres Fundament zu legen.

Dank zu sagen ist all denjenigen, die das Entstehen des Buches kritisch begleitet haben, den Kollegen aus Tübingen, Münster und Bochum, aber auch meiner Frau, die mit Geduld meinem Treiben zusah. Für Mithilfe beim Lesen der Korrekturen danke ich Herrn Pet. Erse Bastian, Karlsruhe und Herrn Jung, Bochum.

Erläuterungen zur linguistischen Terminologie finden sich nach dem Literaturverzeichnis.

Karlsruhe, d. 10. 3. 1980                                                                 E.P.

# I. Das Thema – methodische Überlegungen

"Das Material der Dichtung ist das Wort." (53,30) "Die Form der Dichtung ist der Rhythmus." (74,404) "Der Sprachton des Wortes ist Klang und Geräusch. Die ausgesprochenen Vokale sind Klang, die ausgesprochenen Konsonanten Geräusch. Die Macht des Sprachtons ist bedingt durch den Wortton. Jedes Wort hat einen bestimmten Wortton, der abhängig ist vom Klang der Vokale und dem Geräusch der Konsonanten. Die meisten Worte haben aus sich selbst einen Gefühlswert. Worte, die keinen Gefühlswert haben, erhalten ihn im Ton." (74,435) "Die Dichtung hatte vergessen, daß das Wort Material ihrer Gestaltung ist und nur das Wort, und nur das hörbare Wort." (74,451)

Wer soviel vom Wort hält, von seinem Klang, von der Gewichtigkeit der in ihm kombinierten Konsonanten und Vokale, wer es derart à la lettre nimmt, von dem könnte angenommen werden, er habe über die innere Logizität der Kunst, ihrer Kraft zur Aussage, zur Evokation innerer Gesichte und über ihre Eigengesetzlichkeit ausführlich nachgedacht und ein Wortkunstwerk – also nicht 'Dichtung' im üblichen Verstande – wenn schon nicht konstruiert, so doch postuliert, welches das Medium der Dichtung allererst zum Tragen bringt. In der Tat haben Herwarth Walden, Lothar Schreyer und Rudolf Blümner, von denen die oben angeführten Zitate stammen und die sich leicht um ähnliche anderer Mitstreiter vermehren ließen, etwas festgehalten, das zwar so sehr neu im Bereich des Expressionismus nicht war, das aber durch sprachlich und theoretisch prägnantere Formulierungen Kennzeichen einer Gruppe wurde, die sich um den allzeit tätigen Kunstgeschäftsmann Walden scharte: die Betonung des Primats des Wortes vor der Syntax, des Primats seines inneren Klanges und des durch ihn evozierten Rhythmus' noch vor dem, was der Sprachwissenschaftler da nüchtern Bedeutung nennt. Was bei anderen Expressionisten nur zufällig erwähnt wird oder sich als Resultat ihres Dichtens zeigt, wurde hier ausführlich zum Programm erhoben, nicht immer ohne amateurhafte Überschätzung dessen, was einem Wort eigentlich möglich sei. Auf Adjektive, Konjunktionen, Artikel und Satzzeichen, auf all das hatten gelegentlich schon vorher oder auch gleichzeitig andere Expressionisten verzichtet, aber sie hatten ihre Worte nicht so gebraucht und gesetzt, daß man an sie gleichsam magische Postulate herantragen konnte und meinen durfte, zwischen Wort und Dichter bestünden irgendwelche geheimen Kanäle, die das ihrige auch dem Rezipienten gegenüber leisten würden: das Erwecken von Assoziationen, die nur ich-bedingt sind, die Entschlüsselung innerer Hieroglyphen, wie der Dadaist Hugo Ball es später meint und formulieren wird.

Damit ist auch der Dadaismus angesprochen und die Frage berechtigt, ob beide Bewegungen − von Epoche kann keine Rede sein − in ihren Kunstauffassungen und -konzeptionen auf begriffsähnliche Formeln gebracht werden können, ob ihre Darstellungen in einem Band gerechtfertigt seien.

Sie in einem Atemzug zu nennen versteht sich nicht von selbst, schon gar nicht für den, der nur die bildende Kunst vor Augen hat, von der hier allerdings nur gelegentlich die Rede ist. Denn zu sehr ästhetisierend, zu entnaturalisiert, zu visionär gaben sich die Wortkünstler − dabei mystisch-hoheitsvoll verkündend, was Wortkunst sei und zu leisten habe −, als daß man sie auf den ersten Blick mit den vitalen Dadaisten, mit ihren im Bewußtsein des Kenners sedimentierten Späßen und Clownerien, mit ihrem zuweilen politisch legitimiertem Schabernack vergleichen könnte. Was sich indes auf den ersten Augenblick so inkommensurabel dartut, ist es auf den zweiten nicht. Auch die Dadaisten, allen voran die Zürcher, setzten sich mit den Materialien ihrer Kunst auseinander, und daß es, wenn schließlich auch in einem anderen Sinne als bei Walden und August Stramm, sowohl Hugo Ball, Hans Arp, Kurt Schwitters oder Raoul Hausmann auch um das Wort, um seine Vergegenwärtigungsleistung ging, dürfte außer Frage stehen. Und als erwiesen kann gelten, daß die italienischen Futuristen um Marinetti einen ebenso großen Einfluß auf die Wortkünstler als auch auf einen Teil der Dadaisten hatten: nicht in dem Sinn, als hätten sich einzelne ganze Manifeste inhaltlich zu eigen gemacht oder gar den wohl am meisten bei Marinetti ausgeprägten Technik-Fetischismus übernommen, dennoch hat August Stramm nach der Veröffentlichung der Futurismus-Manifeste zur Dichtung in Waldens Hauszeitschrift "Der Sturm", wohl aber auch durch einen Vortrag Marinettis in Berlin (1912) zu neuem Dichtertum gefunden, wenn auch nicht so, wie sich das Arnim Arnold gelegentlich vorgestellt hat: Stramm habe nach der Bekanntschaft mit den futuristischen Manifesten sein bis dato Gedichtetes dem Papierkorb überlassen. (82,31) Auch Ball erwähnt die Futuristen in seinem Tagebuch "Flucht aus der Zeit" (10), ebenso Schwitters und Mitglieder der Berliner Dada-Filiale um Raoul Hausmann. Aber es gibt mehrere und andere Gründe, beide Bewegungen miteinander darzustellen. Nicht nur, weil beide gegen den herkömmlichen Expressionismus waren − die Sturmleute meinten, mit ihrer Wortkunst den 'eigentlichen' Expressionismus kreiert zu haben −, sondern weil ihre geistigen Ziehväter zum Teil die gleichen waren, die sie mit Ernst und Hingabe lasen und hörten, mit zum Teil allerdings unterschiedlichen Konsequenzen. Daß sowohl den Wortkünstlern als auch den Dadaisten Nietzsche vertraut gewesen war, ist kein Geheimnis, wie sicher auch andere Lebensphilosophen, etwa Bergson oder Simmel. Schließlich hat Kandinsky einen sicher ebenso großen Einfluß auf Walden, auf Hugo Ball und Hans Arp gehabt, wenngleich das bei Arp weniger deutlich wird. Von der rein vitalistischen Komponente der Lebensphilosophie waren allerdings die Wortkünstler weniger angeweht, von Nietzsche und Simmel allenfalls August Stramm, von dem angenommen werden darf, er habe in Berlin Vorlesungen Simmels zur Lebensphilosophie und Ästhetik gehört. Vor allem aber die Futuristen waren, wenn auch einseitige Adepten der Philosophie Nietzsches und verstanden dessen Lehre vom Willen zur Macht als Aufforderung, sich den Errungenschaften des Maschinenzeitalters hinzugeben, nicht ohne gleichzeitig zu betonen, wie sehr sie doch eigentlich unberührt von ihm waren. Marinetti schreibt:

In unserem Kampf gegen die schulmeisterische Leidenschaft für die Vergangenheit lehnen wir auf das entschiedenste das Ideal und die Lehre NIETZSCHES ab. Es liegt mir daran, hier zu zeigen, daß sich die englischen Zeitungen völlig getäuscht haben, die in uns Anhänger NIETZSCHES sahen. Sie brauchen nur den konstruktiven Teil im Werke des großen deutschen Philosophen in Betracht zu ziehen, um sich zu überzeugen, daß sein Übermensch, der aus dem philosophischen Kult für die griechische Tragödie geboren ist, bei seinem Vater eine leidenschaftliche Rückkehr zum Heidentum und zur Mythologie voraussetzt. Trotz seines Strebens in die Zukunft bleibt Nietzsche doch einer der hartnäckigsten Verteidiger der Größe und Schönheit der Antike. Er ist ein Passatist, der auf den Gipfeln der Berge Thessaliens wandert, dessen Füße aber leider von langen griechischen Texten gefesselt sind. (In: 84,127)

Dennoch: der futuristische Held, als Gemisch aus eleganter Schönheit und kriegerischer Kraft, dionysischer Trunkenheit kann seine Verwandtschaft mit Nietzsches Übermenschen nicht leugnen, und was Lucini über den 'verso libro' geschrieben hat, geht zwar nicht unmittelbar auf Nietzsche zurück, obwohl gerade er den deutschen Philosophen gegen alle oberflächlichen Auslegungen verteidigt hat. Bekannt ist schließlich, daß die Lektüre Nietzsches die Freundschaft der beiden futuristischen Maler Boccioni und Severini gestiftet hat. (84,128)

Bei Nietzsche in die Schule gegangen sind schließlich auch Hugo Ball, der eine Dissertation über ihn verfertigen wollte, und nicht zuletzt Richard Huelsenbeck, der, wie wir zeigen werden, Grundmotive der Philosophie

Nietzsches in seinen Erzählungen aufgreift, um sie in freilich entstellter Form an das Publikum zu bringen.

Das allein würde hinreichen, beide Bewegungen ineins zu sehen, sie gemeinsam darzustellen, obwohl es andere Argumente gibt, die dagegen sprechen. So, wenn man von einer Theorie der Avantgarde spricht, die ganz sicher mehr auf die Dadaisten, weniger auf die Wortkünstler abzielt. Doch davon abgesehen: in Waldens Zeitschrift "Der Sturm" schrieben mehrere Dadaisten. Kurt Schwitters, Tristan Tzara, Franz Jung, Raoul Hausmann steuerten Artikel bei, und einige Dichtungen Schwitters' nehmen ganz ausdrücklich Bezug auf jenen Dichter, der im Analyseteil exemplarisch für die Wortkunst steht: auf August Stramm.

Was die Wortkunst angeht, so verstrickt sie sich zum Teil in theoretische Widersprüche und kann auch von der Sache her nicht immer plausibel machen, was sie will oder ob das, was der Sprache abverlangt wird, eigentlich gelingen kann. Man ist immer wieder erstaunt, wie Herwarth Walden, anders als der Sturm-Theoretiker Lothar Schreyer, scheinbar rational mit einem verwaschenen Sprachbegriff argumentiert, um letzten Endes doch das Ominöse an der Wortkunst herauszuschlagen. Wie die Dadaisten wollten die Wortkünstler die Wörter segmentieren, die Syntax zerschlagen, wenngleich solch Umgang mit der Sprache in beiden Bewegungen eine andere Funktion hat. Und wie jene fühlten sie sich ein wenig revolutionär. "Die Reinigungsarbeit des Sturm" erklärt Lothar Schreyer, "war dem Krieg und der Revolution benachbart. Reinigung grenzt stets an Vernichtung. Aber Vernichtung ist stets die erste Form des Neuen." (Erinnerungen) Rudolf Blümner schließlich montierte Lautsequenzen, die keiner der deutschen Sprache impliziten Gesetzlichkeit gehorchen.

Im "Einblick in die Kunst" (1915) versucht Walden, die bisherige von der neuen Dichtkunst zu trennen. Er beginnt mit dem Material, dem Wort, und fordert – analog zum Begriff 'Tonkunst' – eine Wortkunst, da nur durch eine solche Bezeichnung dem Material der Dichtung Rechnung getragen werde. Walden sieht sich in die Lage versetzt, eine Wortkunst zu begründen, in der jedes Wort so exponiert ist, daß es 'etwas sagt'. Er gibt ein Beispiel:

> Durch die Büsche winden Sterne

Sein Kommentar:

> Wir haben hier vier Hebungen. Die ersten Silben der drei letzten Worte sind gehoben und das einsilbige Wort 'durch' hat eine Senkung durch das Wort 'die' erhalten. Sie finden in keiner Zeile ein Wort, von dem man nicht weiß, was es bedeuten würde. Jedes Wort sagt etwas aus, aber nicht

durch Aussage, sondern durch die Mittel der Wortkunst, durch das künstlerisch logische Bild... Die künstlerische Logik hat mit der Logik des Verstandes nichts zu tun. Ebenso die Bilder der Wortkunst nichts mit den Bildern der Malerei zu tun haben. Die Bilder der Wortkunst können naturalistisch sein, das heißt: aus der optischen Erfahrungswelt stammen. Sie dienen bei der Wortkunst nämlich nicht nur zur Aussage über die optische Erfahrungswelt, sie sind vielmehr Ausdruck eines Gefühls, als Gleichnis des Künstlers für dieses Gefühl." (74,388 f.)

An gleicher Stelle heißt es weiter:

Das expressionistische Bild der Wortkunst bringt das Gleichnis ohne Rücksicht auf die Erfahrungswelt, sogar unter gänzlichem Verzicht unter Umständen... Es ist also die höhere Form. Deshalb ist es aber nicht willkürlich. Im Gegenteil. Es ist unwillkürlich und deshalb weniger willkürlich als das Bild der Erfahrungswelt. Die Natur nämlich richtet sich ganz natürlich nach den natürlichen Gesetzen und nicht nach künstlerischen. Woraus sich logisch ergibt, daß die künstlerischen Gesetze ebenso künstlerisch sein müssen und nicht natürlich sein dürfen. (74,391)

Über Waldens Naturbegriff, über seine Logik und Sprache sei hier nicht gerichtet. Nur soviel: Im Wort, genommen als sprachliches Zeichen mit entsprechenden Konnotationen, sieht Walden offenbar einen zu überwindenden Gegensatz zur Funktion, die es naturgemäß im Satzverband hat. Die Überwindung des Gegensatzes läuft aber auf eine mehr oder weniger subjektive Einschätzung dessen hinaus, was dem einzelnen Wort möglich ist, auf eine subjektiv-zufällige Bewertung latenter Wirkungsqualitäten des Wortes, so daß sich in gewissem Sinne von einem aleatorischen Prinzip reden läßt. Und wie man weiß, spielt der Zufall im Dadaismus eine nicht eben bescheidene Rolle, wiewohl diese Kategorie überschätzt wird. Das Wort wird autonom und es bedeutet nicht schon deshalb etwas, weil es mit seiner Lautkette einen Gegenstand oder ein Abstraktum referiert, sondern weil es einen 'inneren Klang' vermittelt.

Mit einer gewissen Konsequenz nimmt Walden aber im zitierten Text seine grundsätzlichen Ausführungen zurück oder relativiert sie. Denn er interpretiert ein ganzes Gedicht, aus dem der genannte Vers stammt, mit erstaunlicher Sicherheit und Kongenialität, weist 'innere Klänge' und 'Rhythmen' nach, von denen zuvor behauptet worden war, sie seien höchstpersönlichstes Mittel des Wortkünstlers. Er ist auch mit monokausalen Erklärungen bei der Hand, wenn er vergleichend argumentiert und mit

Blick auf Gedichte Heines den Lesern immer wieder suggerieren will, wie neu diese Kunst in ihren Mitteln und Gaben sei, die doch eigentlich keine Adressaten mehr hat. Denn genaugenommen sind in solche Kunst gebannte Erfahrungen nicht mehr in eine wie auch immer geartete Lebenspraxis rückübersetzbar; die ästhetische Erfahrung hat sich emanzipiert und das lyrische Ich – im klassischen Verstande – weitgehend zum Verschwinden gebracht.

Um es nochmals zu sagen: Walden interpretiert dort, wo es der Theorie nach eigentlich nicht mehr geht. Als zünftiger Hermeneut hätte er wenigstens die zeitlichen Bedingungen solcher Kunst oder seine eigene Position deutlicher markieren können, aber er schlüpft einfach in die Haut des Dichters, stellt dessen 'know-how' vor, läßt aber keine Assoziationen zu, die den einen oder anderen Leser bei der Lektüre begleiten könnten.

Mittlerweile durch die Gedichte des früh verstorbenen August Stramms beflügelt, erklärt Walden 1918 in "Expressionismus, die Kunstwende":

Das Material der Dichtung ist das Wort. Die Form der Dichtung ist der Rhythmus. In keiner Kunst sind die Elemente so wenig erkannt worden. Der Schriftsteller stellt die Schrift, statt das Wort zu setzen. Schrift ist die Zusammensetzung der Wörter zu Begriffen. Mit diesen Begriffen arbeiten Schriftsteller und Dichter. Der Begriff ist etwas Gewonnenes. Die Kunst muß sich jedes Wort neu gewinnen. Man kann kein Gebäude aus Mauern aufrichten. Stein muß zu Stein gefügt werden, wenn ein Wortgebäude entstehen soll, das man Dichtung nennt. Die Sichtbarkeit jeder Dichtung ist die Form. Form ist die äußere Gestaltung der Gesichte als Ausdruck ihres inneren Lebens. Jedes Gesicht hat seine eigene Form. Nicht zwei Gesichter sind gleich, umso weniger zwei Gedichte. Ein Kunstwerk gestalten, heißt ein Gesicht sichtbar machen, nicht aber, sich über das Gesicht zu verständigen. (53,30)

Damit entrückt Walden das Gedicht jeglicher Interpretation und Wertung, denn eine Verständigung über die in ihm verwahrten Gesichte ist nicht möglich. Mehr noch als Walden betont dann Lothar Schreyer die Offenbarung, das Erlebnis intuitiver Erkenntnis, das innere Reich des Geistes als Voraussetzung künstlerischen Schaffens. Und der Künstler hat nicht nur Gesichte, sondern kann oder muß sie auch gestalten, gegebenenfalls auch gegen seinen Willen. Doch was Schreyer Gestaltung nennt, ist höchst unklar. Sie kann sich der traditionellen Mittel und Formen bedienen, muß es aber nicht; vielmehr ist es möglich, daß uns solch inneres Erleben in völlig amorphen Gebilden begegnet, in denen weder Gesetz noch Struktur zu erkennen sind, allenfalls ein "Rhythmus", eine "rhythmische Linie" als Ausdruck eines visionären Zwanges, dem der Künstler unterliegt. Auch Verfahren zur Vermittlung solcher Rhythmen hat Schreyer benannt, wenn er von Konzentration und Dezentration spricht, von einer Straffung der Syntax, die alles scheinbar Überflüssige meidet oder aber durch Repetitionen, durch Hierarchisierung von Begriffen, durch deren Abwandlung und assoziative Verknüpfung entweder auf der lautlichen oder inhaltlichen Basis den inneren Rhythmus stärkt und ihn zum Tragen bringt. (Vgl. 74,439 f.) Freilich bleibt trotz aller Beteuerungen, es ginge um inneres Erleben, dennoch problematisch, was da eigentlich mit dem Wort transportiert wird, denn Schreyer hält eine Kunstkritik für gänzlich überflüssig, kennt im Grunde keinen Adressaten, der eine approximativ verbindliche Aussage über den Gehalt eines Gedichtes oder eines Kunstwerks machen könnte. Dem inneren Gesicht gegenüber bleibt nur noch staunende Anerkennung oder kritisches Sich-Abwenden. Solch Schweigen dem Kunstwerk gegenüber hat übrigens Schreyer selber praktiziert. In einem Buch zur Geschichte der Malerei erfährt man zwar alles über Leben und Werk der Maler, über das vorgestellte Bild jedoch wenig und fast stets das gleiche: es evoziere Innerlichkeit, Gefühl oder Rhythmus. (Vgl. 231) Die Flucht in die Abstraktion, das Ausklammern gesellschaftlicher Teilbereiche war allerdings weniger Sache der Dadaisten. Hugo Ball wird gerne als geistiger Vater und führender Kopf des Dadaismus genannt, und dies ganz sicher zu Recht.

Nach philosophischen und soziologischen Studien kommt er als Dramaturg und Regisseur nach München, nimmt Kontakt mit Wedekind und Kandinsky auf, zieht 1914 als Kriegsfreiwilliger ins Feld, wird aber aus Gesundheitsgründen nach sechs Monaten entlassen. Nach künstlerischen Aktivitäten in München und Berlin emigriert er in die Schweiz, ohne zunächst seßhaft zu werden. 1915 befinden sich nicht nur die späteren Dadaisten Arp, Marcel Janco, Tzara in der Schweiz, sondern eine Reihe namhafter Künstler des Expressionismus, Anarchisten und Politiker. Im Februar 1916 wird in Zürich das Cabaret Voltaire gegründet, die eigentliche Zentrale DADA's.

Als Wille zum désordre, zur praktizierten Verneinung jedes Kunstkonzepts, als 'Ohne-Sinn' hat man ihn interpretiert, auch als halbherzige Gebärde pazifistischer oder pseudorevolutionärer Männer, die vor allem dem Anarchismus oder einem verwaschenem Marxismus verpflichtet gewesen seien. Die Vielfalt der Meinungen darüber, was Dadaismus sei, ergibt sich aus der Heterogenität quasi-theoretischer Aussagen jener Künstler, die man reflexionslos in diese oder jene Dokumentation aufgenommen hat, zum anderen aus der Einsichtslosigkeit, daß so verschiedene Naturen wie

Ball, Huelsenbeck, Arp, Schwitters, Hausmann oder gar Baader kaum auf einen Nenner zu bringen sind. Die Einheitlichkeit des Zürcher Dadaismus existierte nur wenige Monate, wiewohl das Etikett von Tristan Tzara am konsequentesten vermarktet wurde.

Was die hier besprochenen Dichter und Literaten angeht, so habe ich mich auf eine, wie ich meine, auch im Rahmen der Reihe zu vertretende Auswahl beschränkt, die ich gleichwohl für repräsentativ halte. Für die Wortkunst steht paradigmatisch das Werk August Stramms, zumal die bereits erwähnte Theorie zum Teil erst nach Erscheinen seiner Gedichte formuliert und ganz bewußt auf ihn zugeschnitten wurde. Von den Dadaisten werden Hugo Ball, Richard Huelsenbeck, Hans Arp, Kurt Schwitters behandelt; ein abschließender Teil versucht Berlin-Dada zu würdigen, weniger durch die Darstellung des Werks einzelner Mitglieder als vielmehr durch die Vermittlung einer Gesamtperspektive. Tristan Tzara habe ich nicht aufgenommen, wiewohl er ganz sicher einer der Exponenten DADA's war. Ich bin dennoch der Meinung, daß eine Würdigung seiner Tätigkeit den Begriff 'DADA' nicht wesentlich explizieren hilft und er ohnehin nur unter Einbeziehung seines Verhältnisses zu den französischen Surrealisten gesehen werden kann, auf die einzugehen mir die Ökonomie dieses Bandes verbietet. Aber es gibt auch sachliche Gründe anderer Art. Was Walden dem Sturm war, nämlich ein allzeit tätiger Geschäftsmann in Sachen Kunst, das scheint Tzara für den Dadaismus gewesen zu sein: eine Art Impresario, der dem dadaistischen Gedankengut Kanäle bis nach Paris öffnete und der unablässig dafür sorgte, daß nicht nur deutschsprachige Gazetten sich des Zürcher Spektakels annahmen. Daß er dabei zunächst seinen eigenen Ruhm mästete, ist verständlich, wenn auch nicht immer richtig gewesen. Daß die Bewegung einheitlich gewesen sei, wird man ohnehin schwerlich sagen können, denn was Ball schreibt und denkt, unterscheidet sich der Substanz nach genuin vom Huelsenbeckschen Opus und Jokus, daß man kaum glauben kann, beide hätten je gemeinsam auf den Brettern des Cabaret Voltaire gestanden. Das gilt auch für Schwitters und Raoul Hausmann, obwohl beide ihre Freundschaft forciert betonen, schließlich auch für George Grosz und die Brüder Herzfelde, die man mehr, wie übrigens auch den 'späten' Schwitters, der 'Neuen Sachlichkeit' zurechnen würde, wie überhaupt in Berlin die Übergänge fließend sind. Und Franz Jung schließlich, der in seinem Roman "Der Torpedokäfer" (37) einige brauchbare Hinweise auf Berlin-Dada gibt, stand zeitweise auf der Seite des beginnenden Proletkultes in Berlin, der nur noch wenig mit DADA gemeinsam hat.

Was die Quellen angeht, so ist sicher nicht alles erschienen oder alles einfach zugänglich. Indes: was für den Dadaismus als Bewegung konstitutiv war, dürfte heute auf dem Markt sein. Denn aus verständlichen Gründen, die Lage als Exilierte zwang sie dazu, sorgten die Dadaisten selber für genügend Reklame und mochten sich zuweilen gefreut haben, wenn der eine oder andere Verlag etwas aus ihrer Feder druckte. Insgesamt braucht man denn auch nicht diesem oder jenem Dokument nachtrauern, einer grundsätzlichen Bewertung des Dadaismus ist ihr Fehlen nicht abträglich.

Enthalten habe ich mich weitgehend einer vulgär-soziologischen Deutung, die bei diesem Thema durchaus nahe liegt, die das gesellschaftliche Substrat registriert und monokausal mit einem doch positivistisch-faktischem Vorverständnis die dichterischen Emanationen mehr oder weniger als vorhersehbar deutet, als Reflex auffaßt und sie mit einem verständnisinnigen 'Aha' kommentiert, dabei aber nur ein Y für ein X setzt. Gleichwohl kann man realhistorische Vorgänge oder Ereignisse nicht ganz aus den Augen verlieren, obwohl sie insgesamt im vorausgehenden Band von Viëtta/Kemper (130) geltend gemacht worden sind.

An dieser Stelle, in Zusammenhang mit dem 'Thema', ein Wort zur Methode. Mehr vielleicht als in den vorausgehenden und den folgenden Bänden dieser Reihe liegen die Schwierigkeiten, vor die sich eine rechenschaftsgebende Methodenreflexion im Hinlick auf den Dadaismus, aber auch die Wortkunst gestellt sieht, in der Natur des Objekts, das zu erhellen sich dieses Buch anschickt, sind also mit der 'Sache', dem Thema verknüpft. Denn die Literaturwissenschaft kennt im Grunde keine dem hier vorgestellten Bereich genuine Kategorien, keine angemessene Begrifflichkeit, mit der ohne Modifikationen auf einen Nenner und Begriff zu bringen wäre, was sich unter den Etiketten 'DADA' oder 'Wortkunst' verbirgt. Daß sich zum Beispiel Stramms Œuvre, die Lautgedichte Balls oder die Protestaktionen der Dadaisten, weniger dann Erzählungen Balls, Huelsenbecks oder Schwitters' einer sich einfühlenden Hermeneutik entziehen, darüber braucht nicht umständlich diskutiert zu werden, gleich, welche ihrer Spielarten man in Ansatz bringen wollte.

Diese Feststellung betrifft freilich mehr das, was man als Werk zu nehmen gewillt ist, weniger die vorgängige oder nachträgliche Explikation eines spezifischen und, wie es sich oberflächlich darbietet, in weiten Teilen 'abstrakten' 'Kunstwollens', ohne daß 'Wollen' an dieser Stelle so zu verstehen ist, wie Wilhelm Worringer diesen Begriff gebraucht. (Vgl. S. 66) Die relative und zeitweise 'hermetische Geschlossenheit' sich teilweise abstrakt gebender Kunstproduktionen hat denn auch zu dem freilich manchmal verständlichen Urteil geführt, man habe es im Bereich der Wortkunst, mehr noch im Dadaismus mit Unsinn zu tun, oder doch zumindest mit Werken 'ohne Sinn', wenn diese Prädikation eine Qualifikation des in Frage stehenden Kunstwerks bedeuten soll, wie man gelegentlich im Hinblick auf das Werk Trakls gemeint hat, wobei allerdings der Wert dieser auf den ersten Blick nobel nuancierenden Geste dahingestellt bleibt. Was freilich dem Werk Trakls fehlt, der wenn schon nicht theoretische, so doch erhellende Begleitkontext, der einem wie auch immer gearteten Erkenntnisinteresse auf die Sprünge helfen könnte, ist, so scheint mir, sowohl bei den Wortkünstlern als auch bei den Dadaisten in einem Maße gegeben, das den Interpreten nicht ganz ratlos beläßt angesichts abstrakter Gebilde, wie es Lautgedichte oder/und zum Teil phantastische Dichtungen, deren 'Realität' wir von den uns zugänglichen und erfahrbaren Horizonten nur schwer zu teilen vermögen, nun einmal sind.

Freilich hat man auf die scheinbar sekundären Zeugnisse schon immer geschaut und von da aus versucht, eine Perspektive für die Deutung zu gewinnen. Dann und nur dann, wenn man gewillt ist, sekundären Texten ein Mitspracherecht bei der Interpretation einzuräumen, wenn man der Tatsache Rechnung trägt, daß allgemein in moderner Kunst, worauf schon Hugo Friedrich verwiesen hat, die Theorie oder das, was man dafür hält, wenn schon eine nicht größere, so doch zuweilen mindestens genauso große Aussagekraft habe wie das einzelne Kunstwerk, kann eine Deutung gelingen. Ich möchte, vielleicht eher im Hinblick auf die Wortkünstler, von einer Prävalenz der Theorie gegenüber der dichterischen Praxis sprechen, was verständlich wird, wenn man sich die künstlerischen Bemühungen Waldens oder Schreyers anschaut, die oft nur in einem Kreis von Freunden zu wirken vermochten und darüber hinaus, bis eben auf das Werk Stramms unter den Wortkünstlern, gänzlich vergessen sind, keinesfalls jedoch deren extreme Position, wenn sie sich zu definieren anschickten, was da Wortkunst sei und was Dichtung. Daß demgemäß die Voraussetzungen zu hermeneutischer Reflexion gänzlich andere sind, daß im Grunde genommen die Bedingungen ungehinderter Kommunikation eines hermeneutisch zu initiierenden Verstehensprozesses vielleicht gar nicht erreichbar sind, scheint mir, und dies mehr im Hinblick auf DADA, ziemlich sicher. Denn wenn die Theorie die Aufgabe hat, gleichsam das Sein-Sollende eines Gegenstandes zu beschreiben, sein Wesen und die notwendigen Bedingungen, die es ausmachen, wenn also, um ein Beispiel zu geben, eine Sprachtheorie zu sagen hätte, worin das Wesen der Finalität der Sprache, ihre Tendenz zur Kommunikation bestünde und welche Mittel dazu notwendig seien, so wird klar, daß in diesem Sinne auch bei allem Optimismus eine Theorie des Dadaismus oder der Avantgarde kaum oder nur sehr schwer zu gewinnen ist. Peter Bürger hat diesen Versuch gewagt, und wir werden auf ihn eingehen, weil er auch einige methodologische Prämissen setzt. (89) Bei aller Heterogeneität dadaistischer Äußerungen, diverser Kommentare, die das Geschehen der Kunstszene zwischen 1914 bis zirka 1918 und teilweise darüber hinaus begleiteten, sei es in Manifesten, Artikeln, Tagebüchern oder schlechtestenfalls in retrospektiven Erinnerungsbüchern, wie sie von Arp, Huelsenbeck und Hausmann existieren, kommt dennoch so etwas wie eine Verstehensbewegung zustande, und vielleicht gerade da, wo man sie nicht vermutet hätte. Denn der Berliner Dadaismus gibt sich ja von Anfang an, was an seinem z. T. ganz undadaistischen Interesse an Politik liegen mag, viel explikativer; sein Gesicht ist, so, wenn es um die Aktionen des Ober-Dada's Baader geht, exzessiv offener als die Züricher Kunstszene, offenbar auch noch als Schwitters' Dichtung.

Wenn Interpretieren ein theoretisch zu verantwortendes Geschäft ist, das bislang nicht Gehobenes freilegen will, so bedürfte Berlin-Dada im Grunde keiner Interpretation, es sei denn, man wollte die Aktivitäten dieser Leute in einen geschichtlichen Prozeß einordnen. Wobei letzteres leichter sein dürfte als eine Thematisierung dessen, was der sogenannte hermeneutische Zirkel an Varianten insgesamt zuläßt, von der Präponderanz für eine seiner diskutierten Varianten ganz zu schweigen. (Vgl. dazu 208) Vermuten ließe sich also ein interpretationsträchtiger und methodologischer Ansatz gerade bei den Berliner Dadaisten, weil diese das Visier so weit offen haben, daß ein durchgängiger 'Text' als Voraussetzung für eine kommunikative Korrektur im Sinne des Gadamer'schen Gesprächsmodells gegeben wäre, so daß das Nicht-Vorhandensein, die Negativität der Erfahrung des Rezipienten, oder besser: des Gesprächspartners in eine andere Erfahrung gerückt werden könnte. In der Tat hat man sich die verschiedenen Physiognomien DADA's zu Nutze gemacht und gemeint, die Berliner Spielart des dadaistischen Spektakels sei die recht eigentliche, weil sie den unzweideutigen Versuch gemacht habe, wenn schon nicht in den Fernhorizont der Politik, so doch in die Chronik der laufenden Ereignisse einzugreifen. Meyer et alii (109) haben sich darüber gefreut und gemeint, man könne DADA nun gleich auf den Marxismus verpflichten, insbesondere die Gebrüder Herzfelde oder Franz Jung, die zwar, wie ich meine, bei näherem Betracht keine Dadaisten, dennoch politisch engagiert gewesen sind. Das jedoch reicht für eine Bewertung und Interpretation nicht hin und führt letzten Endes, vergröbert ausgedrückt, zu dem allerdings konsequenten Ergebnis, den Rest der Dadaisten lamentierend zu bedauern, sie seien keine Marxisten gewesen. Ich mache keinen Hehl daraus, daß ich den umgekehrten Weg gegangen bin und mich fragend zunächst dort eingerichtet habe, wo an fixem Sinnverständnis nicht viel zu holen war, wo – um es linguistisch auszudrücken (und hier darf man das) – die Syntagmen[1] nicht mehr solidarisch schienen, wo semantisch Inkompatibles auf einmal kompatibel wurde, wo in Sätze und Abfolgen von Versen Keile hineingetrieben wurden, zum Teil nach Art der Collage, wo man praktisch – um es metaphorisch auszudrücken – nur noch ein 'poème déchiré' in den Händen hatte, eine 'langue détruite', wo sich scheinbar ganz sinnlos sonst nicht zueinandergehörige Morpheme einfanden und Lautgedichte bildeten, wo mit Materialien aus der 'historischen Rede' (Coseriu), wie im Falle Arps oder Schwitters, gearbeitet wird, und wo letzten Endes nicht so sehr eine hermeneutisch zu postulierende Offenheit und Erfahrungsbereitschaft gegenüber dem Gebotenen vonnöten ist, als vielmehr ein erster Versuch, freilich über Umwege, das Gesagte im nicht-hermeneutischen Verstande als sinnvoll strukturiert oder auffaßbar darzubieten. Freilich gilt auch hier noch, was Gadamer über das Gespräch als Konstituens des hermeneutischen Verstehensprozesses sagt:

> "Wer einen Text verstehen will, ist bereit, sich von ihm etwas sagen zu lassen. Daher muß ein hermeneutisch geschultes Bewußtsein für die Andersheit des Textes von vornherein empfänglich sein. Solche Empfänglichkeit setzt aber weder sachliche 'Neutralität' noch gar Selbstauslöschung voraus, sondern schließt die abhebende Aneignung der eigenen Vormeinung und Vorurteile ein. Es gilt, der eigenen Voreingenommenheit innezusein, damit sich der Text selbst in seiner Andersheit darstellt und damit in die Möglichkeit kommt, seine sachliche Wahrheit gegen die eigene Vormeinung auszuspielen." (144,253 f.)

Denn Vorurteile gegenüber der Wortkunst und vor allem gegenüber dem Dadaismus sind auch heute noch abzubauen. Dennoch ist eine dialogische Selbstaufklärung, wie sie Gadamer und auch Habermas beim Umgang mit Texten fordern, wenigstens in dem Sinne nicht zu leisten, als die "Gemeinsamkeit, die auf der intersubjektiven Geltung sprachlicher Symbole beruht, …" (145,199) angesichts dadaistischer Produktionen von vornherein verweigert wird und sich dergestalt auch keine 'Identifikation' des einen Gegenstandes mit dem Interpretierenden herstellt, mithin der hermeneutische Abstand der Individuen nicht aufgehoben werden kann.

Wenn Habermas im Anschluß an Dilthey bemerkt, daß aus der verschiedenen Stellung des Subjekts im Erkenntnisprozeß in Natur- und Geisteswissenschaften sich eine "jeweils andere Konstellation von Erfah-

---

[1] Zu den linguistischen Begriffen vergleiche die Erläuterungen nach dem Literaturverzeichnis.

rung und Theorie" (145,182) ergäbe und die Geisteswissenschaft gerade dadurch charakterisiert sei, daß in ihr die Ebene der Theorie und die der 'Daten' noch nicht auseinandertrete, wie angesichts der klassischen Physik, die Dilthey vor Augen hatte, als er den Unterschied zwischen Geistes- und Naturwissenschaften bestimmen wollte, so ist doch anzumerken, daß sich in der Moderne prinzipiell die Möglichkeit ergibt, ein theoretisches Substrat, zumal wenn es von Dichtern oder Künstlern selber formuliert wurde, in Geltung zu bringen, insbesondere dann, wenn 'Poiesis' als Sinnschöpfung in einem Werk nicht unmittelbar auszumachen ist, wenn also Sprache nicht mehr "Boden der Intersubjektivität" (145,198) ist, jenes Allgemeine im Sinne einer sprachlich strukturierten Gemeinsamkeit fehlt, durch die sich Subjekte untereinander und miteinander identifizieren und sich "gegenseitig als gleichartige Subjekte ebenso erkennen wie anerkennen", freilich auch "voneinander Abstand halten und gegeneinander die unveräußerliche Identität ihres Ichs behaupten". (145,198 f.) Das heißt freilich nicht, theoretische Texte, Kommentare oder Manifeste als Anlässe letzten Endes doch nur scheinbar objektiver Raster und Modelle zu nehmen, die den eigentlichen Gegenstand gerade wegen einer theorie-immanenten Methode unter den Tisch fallen lassen. Ich meine damit weniger die Theorie Bürgers, von der zu reden ist, als vielmehr die der Wortkünstler, die stellenweise den Anlaß gegeben hat, zumal in der Verquickung mit Äußerungen der Futuristen, Interpretieren zu einer objektivistischen Fahndungsmethode zu machen. So, wenn es gilt, in der Dichtung Stramms Begriffe Schreyers, wie 'Konzentration' oder 'Dezentration' zu belegen, an Verben aufzuzeigen, sie seien im Infinitiv gebraucht und mithin auch als Substantivierungen anzusehen. Das zu sagen ist nicht wenig, aber es hilft kaum weiter und läßt uns nicht verstehen, warum sich diese Dichtung so abstrakt gibt, warum wir in dieser Sprache, von der wir doch gewiß, wenn auch in anderen Zusammenhängen, Teile gebrauchen, so schwer hineinkommen. Und daß uns der oft beschworene 'innere Klang' Kandinskys aus den Versen entgegenwehen würde, wir an inneren Gesichten und Visionen gar, wie Schreyer sie in die Dichtung gebannt wissen wollte, partizipierten, das alles wird man bei der ersten, aber auch nach der zweiten und mehrmaligen Lektüre nicht behaupten wollen, es sei denn, und das ist der springende Punkt, man lebt und erlebt eine zeitlang dieses Denken der Wortkünstler, versetzt sich hinein in jene Aura, mit der sich Walden nach Berichten seiner Frau umgab. (Vgl. 80) Hier, so möchte man meinen, würde jene deutliche Asymmetrie, von der Habermas — entgegen der Dilthey'schen Annahme, das Innere würde sich 'symmetrisch' in's Außen projizieren — spricht, würde jenes Ungleichgewicht, das sich durch die prinzipielle Inadäquanz der Sprache gegenüber einem ekstatischen Gefühl und einem visionär begründeten, sich intentional rhythmisch gebendem Kunstwollen ergibt, durchbrechen. Indes, wer gerade die Erinnerungen Nell Waldens liest, kommt nicht umhin, auch diese zu bewerten, ihnen zumindest etwas Zeitfernes, Fremdes, wenn nicht gar Sektiererisches zu attestieren.

Nun kann man nicht so tun, als sei die Wortkunsttheorie eine und sogar die entscheidende Dominante, die das Werk Stramms geprägt habe. Der Kenner weiß, daß manches Gedicht Stramms, vor allem Texte, die er im Krieg verfaßte, eine nachträgliche Korrektur durch Walden erfahren haben, doch dürfte davon alles in allem die Physiognomie seines Werkes nicht betroffen worden sein. Ohnehin ist es möglich, mit seiner Dichtung in eine Art kommunikativen Dialog zu treten und nicht nur einige Verfahren, die mehr die Technik — die allerdings vom Inhalt nicht zu trennen ist — zu beschreiben, sondern auch den Gehalt seines Œuvres im Hinblick auf sein philosophisches Erkenntnisinteresse zu deuten. Einigermaßen anders sieht es im Dadaismus aus. Die zahlreichen Äußerungen der Mitglieder, gleich aus welcher Zeit sie stammen, scheinen stellenweise eher hinderlich als förderlich zu sein. Am meisten wird man jenen Darstellungen glauben können, die nicht unmittelbar während oder kurz nach Ende der relativ kurzen Phase des Zürcher Dadaismus geschrieben worden sind. Dazu gehört Huelsenbecks 1920 erschienene Schrift "Dada siegt" (36), weniger sein mit Dokumenten reichlich versehener Band "Dada. Eine literarische Dokumentation." (67), der erst 1964 erschien, und wo man hört, Dada sei ein anomischer Geisteszustand gewesen, was man natürlich glauben kann oder nicht. Auf alle Fälle scheint mir für die Einschätzung DADA's sein zuerst zitierter Beitrag wesentlicher, nicht deshalb, weil er sich durch übergroße Objektivität auszeichne, sondern weil Huelsenbeck die Gelenkstelle zwischen dem Zürcher Dadaismus und der Berliner Filiale war, er also Gründe nennt, die ihn — neben anderen freilich — veranlaßt haben könnten, nach Berlin zu gehen. Für die Beurteilung DADA's ist das insofern wichtig, weil hier die von Miklavž Prosenč behauptete Einheit der 'geschlossenen Gruppe' (114,54) in Frage gestellt wird, die sicher einige Monate — etwa ab Frühjahr 1916 — bestanden haben wird, aber aus Gründen mehr äußerlicher Art. Die Schrift verdient auch Interesse, weil sie zeigt, auf welchem Boden das freilich auch von Huelsenbeck immer schon interpretierte Spektakel 'DADA' gedeihen konnte, weil sie etwas bündelt, was, wenngleich nicht so deutlich, auch in Balls Tagebuch 'Flucht aus der Zeit' zum Ausdruck kommt: daß dadaistische Provokationen, gleich, wie immer sie sich manifestierten, nur von einem Bürgertum konservativer Art getragen werden konnten. Dieses Publikum fand Huelsenbeck – und nicht nur er – in der Schweiz und im Berlin des Ersten Weltkriegs: dort konnte er sich über die Dummheit der Schweizer mokieren, hier über die Kaste der Militärs, die damals das Sagen hatte. Beide, das Schweizer Bürgertum als auch die deutsche Soldateska scheinen ihm von ihrem Verhalten her durchaus vergleichbar. Über die Züricher liest man:

> Mir ist heute noch die Naivität unverständlich, mit der wir damals ganz indifferenten Bürgern unsere Kunst vorsetzten. ... Ja, mir ist das ganz unverständlich. Die Züricher, von den Franzosen mit dem ehrenvollen Titel Triple-Boches belegt, ein intelligentes Völkchen, aber sehr dumm – mit dem herrlichen deutschen Bestreben, etwas zu verstehen, aber etwas beschränkt in ihren Mitteln – also wie gesagt, die Züricher hörten sich den 'bellenden Hund' von Ball mit offenen Ohren, aber wenig geneigtem Herzen an... In diesem Lande der Rohköstler, Jogurthfanatiker, Konkubinatsschnüffler, in der freien Schweiz, die Friedrich Schiller besungen hat, in diesem Lande des Kropfs, der Seen und landschaftlichen Schönheiten, das von Alfieri als ein Abort und von Madame de Staël als ein Paradies bezeichnet wurde, wo die Kühe wie Menschen und die Menschen wie Kühe sind, in diesem Land, in dem Gottfried Keller als totes Schemen die Lebendigen mehr sekkiert als je ein Torquemada die Häretiker sekkiert haben kann – hier wurde eines Tages Dada geboren, ... (36,7 ff.)

Solange sich in Zürich die Möglichkeit bot, das Publikum zu provozieren, solange die ''Phantastischen Gebete'' ''zum erstenmal in deutscher Sprache'' (36,21) jene Buntheit schockhaft zu vermitteln vermochte, die das Leben ''als ein wahnwitziges Simultankonzert von Morden, Kulturschwindel, Erotik und Kalbsbraten'' nahm, solange konnte Huelsenbeck in Zürich bleiben. Als Tzara die Leitung des Cabarets übernahm, die Galerie DADA eröffnete, war für Huelsenbeck der Zeitpunkt für den Abschied gekommen, da der Dadaismus in eine Phase der Erstarrung eintrat, zu der Tristan Tzara, nicht nur nach Aussagen Huelsenbecks, wesentlich beigetragen hatte:

> Es folgten noch einige Ausstellungen und Soiréen in der Galerie Dada, die insofern nichts Neues bieten, als sie nie auch nur von ferne versuchen, sich dem großen, in allen Ländern xmal heiliggesprochenen Bonzen der Abstraktion zu emanzipieren. Man spielte Schönberg, wo man beim Geschnarr des Brodway-Glide die Treppen hinuntersausen müßte, man läßt sich unter der Direktive eines Herrn Laban die gutbestrumpften

Beine gelangweilter Bürgerinnen in einer Art Rokoko-Neger-Rhythmus vorführen, während man die Dickwänste in die krachenden Stuhlreihen hätte werfen müssen. Immer die Lasso um die Schweinsköpfe schwirren und die Revolver knallen lassen. Ich vermisse den Geruch der Pampas und den langhallenden Schrei der Bremsen in der New Yorker Metropolitain. Ich vermisse die Phosphordämpfe, die aus den Gehirnen der Kommis steigen, wenn sie die 142. Treppe in dem Singer-Wolkenkratzer erklommen haben und von der Angst sehe ich nichts, die die vergilbten Schenkel der Rentiersgattinnen zusammenzucken läßt, wenn das Geräusch der aufgefahrenen Maschinengewehre die Fenster durchklirrt. Ein Geruch von Louis quatorze liegt für meine Nase über den Räumen der Galerie Dada; ich sehe Herrn Tzara, wie er in Escarpins mit etwas geneigtem Kopf vor den Teetassen der älteren Damen herumschwirrt, die sich – ach, wie entzückend – für die junge Kunst interessieren. (36,19)

In der Tat war es Tzara, nach Huelsenbeck der 'Troubadour der Bewegung', der den Namen DADA als Etikett für eigene Aktivitäten benutzte, und die mündeten zwangsläufig in einer mehr oder weniger offiziellen Absegnung dessen, was einst, freilich in anderen von den Dadaisten gestifteten Zusammenhängen, so etwas wie 'neue Kunst' sein mochte; ein Begriff, der von Tzara mehr oder weniger unterschiedslos für Werke der Expressionisten, Futuristen u.s.w. verwendet wurde. Huelsenbeck:

Die Galerie Dada bringt es am 12. Mai 1917 noch einmal zu einer Soirée, bei der vor leeren Bänken bewiesen wird, daß die alte Kunst der neuen Kunst nicht gleiche und doch gleiche insofern, als eine alte Kunst und eine neue Kunst, beide behaftet mit den Tendenzen der Verinnerlichung und der Verlogenheit – etc. unter dem Reklameschild Dada Kunst genannt werden können. (36,24)

Es sei nicht verschwiegen, daß Huelsenbeck selbst noch ein gut Teil seiner Künstlerexistenz dem Etikett DADA verdankte. Dennoch: was Prosenč in seiner erwähnten Arbeit hervorhebt, daß die Gruppe nur relativ kurze Zeit 'geschlossen' war und was man in der Schrift Huelsenbecks eher beiläufig konstatiert, daß Dada seinen Geist dort aufgab, wo den Mitgliedern ein sie bindendes gemeinsames 'Triebkonzept' verlorenging, wo sich die Provokation zur Masche, zur wiederholten Geste modifizierte, das gewinnt methodische Bedeutsamkeit, wenn es darum geht, DADA gegenüber ähnlichen Erscheinungen abzugrenzen. Das wird weniger in Zürich als in Berlin vonnöten sein, wo es Skandale und dadaistische Umtriebe zwar auch gab, sich

aber dennoch ein Ende insofern abzeichnete, als die Stadt selbst jene Toll-
hausatmosphäre bot, die Huelsenbeck zuletzt in Zürich vermißte und die
zu erzeugen sich die Dadaisten dort angeschickt hatten.

Relativ 'günstige' Texte, die in oben genanntem Fall nicht nur zum Verständnis der Bewegung, sondern auch zu deren Abgrenzung beitragen,
finden sich selten; was ihre Hilfsfunktion hinsichtlich des Textverständnis-
ses angeht, geben allenfalls einzelne Bemerkungen etwas her, in weitaus
höherem Maße dann Texte Hugo Balls. Dies nicht so, als seien sie Fundgru-
ben für unmittelbar kommentierende Äußerungen; dennoch bieten sie bei
der Annahme fremder Kunstobjektivationen eine nicht zu unterschätzende
Hilfe, weil sie – und dies gleichzeitig – auf omnipotente Substrate aufmerksam machen, die sich mehr oder weniger stark durch den ganzen
Dadaismus, mit freilich unterschiedlicher Wirkung legen. Da ist Friedrich
Nietzsche, von dem die Rede sein wird, der sowohl die Futuristen, die
Wortkünstler und auch die Dadaisten beeinflußt hat, von dem Huelsenbeck
sagt, sie alle hätten ihn damals zur Kenntnis genommen, wenn auch nicht
so ernst, wie Hugo Ball. Aus diesem Grunde, gleichzeitig aber um zu zeigen,
wie perspektivisch sich den Dadaisten die Wirklichkeit zeigen mußte, haben wir das Kapitel über Nietzsche aufgenommen, das gleichzeitig Hinfüh-
rung zu einem Teil der Schriften Huelsenbecks, aber auch Balls ist. Funktionen solcher Texte werden im Analyseteil sicher deutlicher, vor allem bei
Ball. Halten wir aber fest, daß ein Verständnis dadaistischer Texte kaum
und an einigen Stellen überhaupt nicht möglich ist ohne den Bezug auf die
sie kommentierende Literatur. Ein weiteres ist zu erwähnen. Mehr als bei
anderen Texten ist im Falle DADA's deutlich, daß Literatur auf ihre Entstehungszeit hin verfaßt wurde. (104,223) Die Dadaisten hatten nicht den
missionarischen Drang, Texte für Jahrhunderte zu konzipieren, die durch
divergierende Auslegungen sukzessive ihr Sinnpotential entfalten können,
und dies deshalb, weil in ihnen, um es metaphorisch auszudrücken, 'semantische Lücken' wären, die eine jeweils andere Aktualisierung zuließen. Das
will nicht meinen, der Dadaismus wäre im Verlauf der Jahre nicht ganz
anders zu sehen, könne nicht anders bewertet werden; nur war hier zunächst Arbeit in dem Sinne zu leisten, Texte – das gilt nicht nur für
Lautgedichte – zur 'Sprache zu bringen', sie damit, wenn möglich, einer
relativen Beliebigkeit der Meinungen zu entziehen.

So scheint mir sicher – und wir werden diese These erhärten –, daß Balls
Lautgedichte nur im Zusammenhang mit seinen theologischen Studien
zu sehen sind, daß Schwitters fast nur ein einziges Thema kennt: die Auseinandersetzung mit der zeitgenössischen Literatur- und Kunstkritik.
'Appellstrukturen' im von Iser (214) und Kemper beschriebenen Sinn ha-

ben sie freilich alle nicht, denn es ist ihnen wesentlich eigen, daß sie 'Strukturen' – nimmt man diesen Begriff einmal ernst – allererst verwischen. Denn von Struktur kann nur dort gesprochen werden, wo sich funktionelle Relationen als Konstanten ausmachen lassen, die uns sagen können: so und so hat der Dichter oder Verfasser den Leser/Hörer ansprechen wollen. Im Ganzen sind auch die Texte der Dadaisten Appell. Weniger, wie schon bemerkt, durch ihre Struktur, die oft auch vom Vortrag abhängig war, von der Intonation, als vielmehr durch ihren Anspruch auf totale Autonomie, durch ihren Herausforderungscharakter, durch ihr protestlerisches Potential, das zunächst, allgemein ausgedrückt, darin bestand, den Erwartungshorizont des Publikums/Lesers nicht zu bedienen. Daß sie in ihrer Verweigerung oft mit 'Unsinn' verwechselt werden, liegt gleichwohl in der Natur der Sache.

Ich habe an anderer Stelle für Georg Trakls Gedichte drei Modi der Rezeption geltend gemacht und dort von 'drei Leseweisen' gesprochen. (228, 25 ff.) Auch Kemper bemüht im Expressionismus-Band dieser Reihe 'drei Lektüren' angesichts der relativ hermetischen Dichtung Trakls, freilich in allgemeinerem Sinne (130,222). Was sich dort der Struktur nach belegen läßt, daß die erste Lektüre durch die zweite als falsch entlarvt wird – dies mindestens unter funktionell-semantischem Aspekt –, die dritte schließlich eine Art Synthese im Sinne einer strukturellen Operation ist: ich gebe dem Wort Bedeutungen, die es an anderen Stellen des Gedichts oder des Werks in einer gleichsam verlängerten Achse hat, was mir also dort zwingend erschien, kann angesichts dadaistischer Texte bis zu einem gewissen Grade plausibel gemacht werden.

1. Ich stelle mich auf ein erstes, offen zutage liegendes 'semantisches System' ein, oder besser: auf ein semantisches Wirkpotential. In den meisten Fällen kann gesagt werden, daß dieses erste Lesen zu einer Desorientierung des Lesers führt und das hermeneutische Vorverständnis des Lesers negiert.

2. Ich stelle mich auf den Kontext des Wortes ein, der zugegebenermaßen im Falle der Wortkunst und Dadaisten groß, vielleicht in seinem Umfang noch gar nicht überschaubar ist. Das heißt nichts anderes, als die Transzendentalien des Werks anzugeben und auszuleuchten im Hinblick auf ihre Interpretationsrelevanz. Die zweite Lektüre führt mich also weg vom Text, ist aber nichtsdestoweniger integraler Bestandteil der Lektüreoperation. Solche Transzendentalien können natürlich in der Geistesgeschichte liegen, die, und das wäre ein gänzlich falscher Vorwurf, nicht um ihrer selbst willen, nicht im Sinne einer geisteswissenschaftlich orientierten Philologie bemüht werden, sondern als semantisches Faktum, das als sol-

ches freilich selbst wieder diskutierbar ist, sich jedoch nicht funktionslos emanzipieren darf. So gesehen ist dieser Band nicht der Ort für eine Untersuchung, inwiefern Nietzsche noch dem Positivismus verhaftet bleibt, ob er nicht dennoch Metaphysik treibt oder gar ein Hochethos (O. F. Bollnow) in der Umwertung aller Werte anvisiert.

In einer dritten Lektüre nun wende ich das dergestalt gewonnene semantische 'Potential' an, um es als eine, in vielen Fällen oft als die entscheidende Textkonstituente zu verstehen. Man könnte den Einwand erheben, daß die drei beschriebenen Schritte in gewisser Weise für jede Art von Interpretation konstitutiv sind. Denn sieht man von der freilich hier nicht in Betracht kommenden 'Methode' der werkimmanenten Interpretation ab, so ist es bei jedwedem Werk so, daß es in einer ersten Lektüre zur Kenntnis genommen wird, es dann in größere Zusammenhänge, gleich welcher Art, die wesentlich von der angewandten Methode bestimmt werden, gestellt wird, um dann nochmals unter veränderten Gesichtspunkten gelesen zu werden. Der Einwand ist richtig, nur verlaufen die Verstehensprozesse angesichts relativ oder total abstrakter Dichtung gänzlich anders. Die Tatsache, daß angesichts dadaistischer Kunstprodukte von Unsinn gesprochen wird, belegt, daß im Grunde nur der erste Rezeptionsmodus vollzogen wird, nicht der zweite und dritte. Die erste Lektüre allein bleibt zweifellos relativ 'leer', es sei denn, man betrachtet den Text als Auslösemoment für letzten Endes unbegründete Assoziationen. Daß sie zum Beispiel Lautgedichte Balls, aber auch Gedichte Stramms evozieren können, sei nicht bestritten. Nur es geht nicht um sie allein. Schließlich: Die erste Lektüre ist lediglich ein Appell, Sinn überhaupt, und nicht immer schon einen so und so gearteten zu suchen, was ja voraussetzen würde, man könnte sich vorauslegend in einen Text hineinbegeben.

Was man sich also bei der Auslegung dadaistischer Kunstwerke zwangsläufig einhandelt, ist sozusagen ein hermeneutischer Kompromiß. In der ersten Lektüre gehe ich von der freilich nicht immer begründeten Annahme aus, ein Text habe mir etwas zu sagen, frage sodann nach Konstituentien und lasse mich dann auf das Werk ein. Der Kompromiß besteht in der Aufhebung der relativen Folgelosigkeit der ersten Lektüre. Er wird, anders als bei anderer Dichtung, fast niemals zu einer Identifikation, zu einer aus einem dialogischen Verhältnis abzuleitenden Gemeinsamkeit im Sinne von Habermas führen. Was die dreifache Lektüre jedoch leisten kann, ist die Stiftung eines Objekts im Sinne einer kommunikativ relevanten Freisetzung seiner Tiefenstruktur. Zwar leitet die zweite Lektüre, die ja auf einen ganz anderen Text ausweicht, eine hier nur gleichsam so zu bezeichnende 'dialogische Selbstaufklärung' ein, weil der Autor nur 'nebensächlich' Partner ist; auf der anderen Seite bleibt das Verstehen eben doch relativ. Zuletzt deshalb, weil die Dadaisten – weniger die Wortkünstler –, Wert darauf legten, mißverstanden zu werden, die anderen ins Abseits zu stellen, denn aus dieser Intention heraus ergibt sich ein gut Teil der provozierenden Wirkung.

Aus einem anderen Grund noch zieht der Einwand, daß auch das Verstehen 'normaler' Kunstwerke sich in drei Phasen zu bewegen habe, nicht. Während dort die zweite Lektüre besagen könnte, daß ich methodologisch begründet das Werk anders verstehen will und die erste Lektüre damit nur nuanciere, ergänze oder akzentuiere, ü b e r w i n d e t man hier bei der zweiten Lektüre – und dazu gehört das im Teil ''Problem – Zusammenhänge'' Ausgeführte – den generellen W i d e r s t a n d, der an der Oberfläche moderner Kunst angelegt zu sein scheint. Sie modifiziert nicht nur, sie konstituiert. Dieser Zwang zu einer zweiten Lektüre, der Verweis des Textes auf sein 'alibi' (lat. anderswo) scheint für einen Teil der Wortkunst, mehr dann für DADA konstitutiv zu sein.

# Teil II: Probleme – Zusammenhänge

## 1. Die Namen: 'Wortkunst' und 'DADA'

Im dritten Jahrgang des "Sturm", der von Walden herausgegebenen Zeitschrift des "Sturmkreises", schreibt Walden über Arno Holz:

> In diesen Sätzen (aus der Vorrede zu 'Ignorabimus', Anm. E. P.) sagt
> Arno Holz seine unsterblichen Verdienste um die Kunst und um den
> Künstler so knapp, daß Zu-Sätze es nicht erweitern können:
> 'Jede Wortkunst, Lyrik wie Drama ... – jede Wortkunst, von frühester
> Urzeit bis auf unsere Tage, war, als auf ihrem letzten tiefuntenstehenden
> Formprinzip, auf Metrik, gegründet. Die Metrik zerbrach ich und setzte
> dafür ihr genau diametrales Gegenteil. Nämlich Rhythmik. Das heißt:
> permanente, sich immer wieder aus den Dingen neu gebärende, kompli-
> zierteste Notwendigkeit, statt wie bisher, primitiver, mit den Dingen nie,
> oder nur höchstens ab und zu, nachträglich koinzidierender Willkür.'
> Das klingt sehr simpel und hört sich 'wie nichts' an, etwa ähnlich wie die
> Umkehrung des Satzes, die Sonne dreht sich nicht um die Erde, sondern
> die Erde um die Sonne, rund dreieinhalb Jahrhunderte, nachdem Koper-
> nikus tot ist, ... Statt Metrik Rhythmik. Mögen das die Künstler aller
> Künste endlich merken, sich merken! (Nr. 160/61, 1913, S. 26)

Arno Holz war freilich nicht ganz der Auffassung Waldens, die Wortkunst hätten dieser und Stramm erfunden; aber als er ihn fast vier Jahre
später an die obigen Zeilen erinnerte, mochte Walden, vielbeschäftigt wie
er war, diesen Beitrag im "Sturm" schon vergessen haben. Dennoch: den
Namen "Wortkunst" für einen 'abstrakten Expressionismus' oder, wie es
manchmal heißt: für eine 'absolute Dichtung' (Blümner) stellte Arno Holz
zur Verfügung. Vor allem nach Erscheinen der ersten Gedichte Stramms,
die Walden als Erfüllung seiner überall und ständig sowohl von ihm als
auch von seinem Mitstreiter Lothar Schreyer proklamierten Thesen zur
"Neuen Wortkunst", wie es in einer Wendung heißt, auffaßte, taucht der
Terminus wieder auf:

> Die Benennung Tonkunst ist glücklich, weil durch sie eindeutig das
> Material genannt wird, durch das diese Kunst in Erscheinung tritt. Mit

33

der Benennung Dichtkunst ist wenig gesagt. Viele Menschen halten es ja für ein besonderes Lob, wenn sie Werke der Musik oder der Malerei Dichtung nennen. Die richtige Benennung wäre Wortkunst. So wird das Material dieser Kunstgattung gleichfalls eindeutig bezeichnet. (In 74, 397)

So Walden im "Sturm" 1915. Daß es gleichwohl nicht nur um einen Namen ging, der vor allem zu verstehen gab, daß es Dichtung vornehmlich mit dem Wort zu tun habe, steht hier zunächst nicht zur Debatte.

Wer den Namen 'Dada' er- oder gefunden habe, darüber streitet man noch heute. Daß er erst n a c h Gründung des Cabarets Voltaire am 2. Februar 1916 benutzt wurde, scheint sicher, nicht so sehr, ob ihn Ball nicht schon zuvor kannte. 1914 trat Ball in der Künstlerkneipe "Simplicissimus" in München auf und verfaßte zusammen mit Klabund folgende Verse:

> Ich bin in Tempelhof jeboren
> Der Flieder wächst mich aus die Ohren.
> In meinem Maule grast die Kuh ...
>
> O Eduard steck den Degen ein.
> Was denkst du dir denn d a d a bei'n
> Des Morgens um halb fünfe?
> Er sagte nichts mehr d a d a rauf
> Er stützt sich auf den Degenknauf
> Und macht sich auf die Strümpfe. (96,150)

Betrachtet man diese Brett'l-Lyrik und die ausdrücklich kursiv gedruckten Morpheme 'da da', sieht man schnell, daß die Reduplikation von 'da' auch durch andere Worte hätte ersetzt werden können.

Dagegen behauptet Huelsenbeck:

> Das 'Wort' DADA wurde von Hugo Ball und mir zufällig in einem deutsch-französischen Diktionär entdeckt, als wir einen Namen für Madame Le Roy, die Sängerin unseres Cabarets, suchten. Dada bedeutet im Französischen Holzpferdchen. Es imponiert durch seine Kürze und Suggestivität. Dada wurde nach kurzer Zeit Aushängeschild für alles, was wir im Cabaret Voltaire an Kunst lancierten. Unter 'jüngster Kunst' verstanden wir damals im großen und ganzen: abstrakte Kunst. (10,88)

Am 18. 4. notiert Ball in seinem Tagebuch:

> Tzara quält wegen der Zeitschrift. Mein Vorschlag, sie Dada zu nennen, wird angenommen. Bei der Redaktion könnte man alternieren: ein gemeinsamer Redaktionsstab, der dem einzelnen Mitglied für je eine Num-

mer die Sorge um Auswahl und Anordnung überläßt. Dada heißt im Rumänischen Ja, Ja, im Französischen Hotto- und Steckenpferd. Für Deutsche ist es ein Signum alberner Naivität und zeugungsfroher Verbundenheit mit dem Kinderwagen. (10,78)

Dem wäre nichts hinzuzufügen, hätte nicht Raoul Hausmann 1960 behauptet, den Namen habe er erfunden (115,10), was jedoch angesichts seiner Äußerungen in "Am Anfang war Dada" nicht stimmen kann, denn in Berlin wartete er 1917 sehnsüchtig auf den Mitbegründer des Cabaret Voltaires, um endlich auch eine Dada-Filiale in Berlin gründen zu können. Eine eigenwillige, im Hinblick auf sein Werk indes durchaus stimmige Deutung gab Ball dem Etikett 'Dada' in einer Tagebuchnotiz:
"Als mir das Wort 'Dada' begegnete, wurde ich zweimal angerufen von Dionysius. D.A. – D.A. (über diese mystische Geburt schrieb H … k; auch ich selbst in früheren Notizen). Damals trieb ich Buchstaben- und Wortalchimie." (10,296)
Daß Hugo Ball, vor allem in seiner Interpretation des Dionysios Areopagita dem Namen Dada die wohl größte Tiefe verliehen hat, steht außer Zweifel. Nach all seinen Äußerungen im Tagebuch "Die Flucht aus der Zeit" kann angenommen werden, er habe sich bereits während seiner kurzen 'Dadaisten-Zeit', womöglich noch früher, mit dessen Leben befaßt. Wir kommen darauf zurück.

## 2. Kalendarium wichtiger kultureller Ereignisse zwischen 1908 und 1918 in Hinblick auf das Thema

Daß der Dadaismus von Mißverständnissen ebenso wie von Freundschaften und Beziehungen zur internationalen Kulturszene lebte, ist gesagt worden. Richter meint, daß es um 1915 eine ganze Reihe von Kunstbewegungen gab, die alle irgendwie etwas mit dem zu schaffen hatten, was dann später das Etikett DADA trug. Bei Picabia, einem Mitglied der Zürcher Dadaisten, will man schon 1915 Anklänge dadaistischer 'Techniken' in seinen Bildern erkannt haben, aber das gilt auch für die Malerei der italienischen Futuristen, für den russischen Maler Gabo, für die Manifeste der Italiener überhaupt, für Morgenstern und Apollinaire, ebenso wie für André Bretons "Anthologie d'humour noir".
Man ist versucht, weitere Namen zu nennen, und wer in Balls Tagebuch

schaut, weiß, daß es eine Reihe von Mitarbeitern gibt, die alle einen Patentanspruch auf DADA hätten, würden sie das Markenzeichen nur mit genügend Ausdauer reklamiert haben. Indes geht es weniger darum, nur Namen von Leuten zu nennen, die damals mitwirkten, entweder die Schweizer Bürger zu provozieren, sie mit der neuen Kunst bekanntzumachen, oder ganz einfach den Gebildeten unter ihnen ihre Kulturideologie zu zerschlagen, sondern auch diejenigen zu zitieren, die maßgeblichen Anteil sowohl an der Konstitution der Wortkunst als auch am Dadaismus hatten; und darunter verstehe ich nicht nur Mitglieder der genannten Bewegungen.

Es sind daher Ereignisse und Arbeiten zu nennen, die sowohl den Expressionismus, die Wortkunst als auch den Dadaismus beeinflußt haben. 1908 löst sich Kandinsky zum ersten Mal vom Gegenständlichen in der Malerei, Picasso und Braque schaffen ihre ersten kubistischen Bilder, Minowski hält einen Vortrag über 'Raum und Zeit' und spricht in diesem Zusammenhang von einer vierdimensionalen Raum-Zeit-Welt. Einsteins Relativitäts-Theorie war drei Jahre vorhergegangen; Minowskis neue Mathematik wird später von Bergson aufgenommen, jedoch zu gänzlich spekulativen Zwecken, die, wie wir zeigen werden, vor allem Hugo Ball interessierten. Im gleichen Jahr erscheint Wilhelm Worringers Dissertation "Abstraktion und Einfühlung", die in 18 Sprachen übersetzt wurde und eine Fülle von Auflagen erlebte. 1909 verfaßt Filippo Tommaso Marinetti, der zuvor sowohl auf Französisch als auch auf Italienisch publiziert hatte, das "Futuristische Manifest", die wohl bis dato ungeschminkteste Kriegserklärung an alles Tradierte in der Kunst. Bereits 1905 hatte Marinetti mit dem Nietzsche-Verehrer Lucini die Zeitschrift "Poesie" gegründet, in der sich die gesamte 'Prä-Avantgarde' versammelte. (Vgl. 84, 13 f.) Verse von Francis Jammes, Verhaeren, Laforgue, Jean Maréas, Paul Adam, Gustave Kahn, Henri Regnier, Paul Fort, Alfred Jarry, Jean Cocteau, Arno Holz, Richard Dehmel und Richard Schaukal, um nur ein paar Namen zu nennen, füllen die Blätter dieser bis 1909 erschienenen Zeitschrift, die 1905 ihren Lesern die provokante Frage vorlegte, wie sie es denn mit dem italienischen 'verso libro' hielten, ein Verwandter des von Gustave Kahn in Frankreich eingeführten 'vers libre', der den alten Alexandriner ablösen sollte. (84, 17) Was Emile Verhaeren dazu schrieb, könnten ähnlich Walden oder andere Mitstreiter des "Sturm" gesagt haben:

Der Rhythmus ist die Bewegung des Gedankens. Dem Dichter stellt sich der Gedanke, jede — auch die abstrakteste — Idee in der Form eines Bildes dar. Der Rhythmus ist also nichts anderes als die Geste, der Gang oder der Ablauf dieses Bildes. Die Worte übertragen seine Farbe, seinen

Duft und seine Klangfülle; der Rhythmus seine Dynamik oder Statik. Die alten Formeln, die nur auf das Silbenmaß Rücksicht nahmen, zwangen den Dichter, jede Geste, jeden Gang und jedes Verhalten seines Gedankens in eine unveränderliche Form einzusperren, sie kümmerten sich niemals um das Eigenleben jedes Bildes. (In 84,35 f.)

Indes dürften die Wortkünstler in ihrer Auffassung von den Futuristen, von Verhaeren oder anderen Adepten des 'verso libro' eher bestärkt als inspiriert worden sein, denn Arno Holz hatte bereits 1899 "Über die Revolution in der Lyrik" geschrieben, und sein "Phantasus" lieferte ihnen ein Beispiel für das, was er theoretisch meinte. 1909 wird die "Neue Künstlervereinigung" gegründet, deren Präsident Kandinsky heißt, im gleichen Jahr konstituiert sich um den Elsässer Hans Arp eine Gruppe in der Schweiz (mit Wilhelm Gimmi und Oskar Lüthy), die sich als Opposition gegen alles Herkömmliche in der Malerei versteht. Nicht unwichtig ist in unserem Zusammenhang, daß in dieser Zeit sektiererische Philosopheme veröffentlicht werden, für die sich vor allem Hugo Ball interessiert haben dürfte, so Paul Dreussens "Die Geheimlehre des Veda" − eine Erläuterung der altindischen Philosophie −, Rudolf Steiner veröffentlicht eine "Farbensymbolik", der Ethnologe und Völkerkundler James Frazer publiziert ein Jahr später ein Buch über Totemismus, das u. a. magische Rituale der Südseevölker erklärt und das Hugo Ball − wir kommen darauf zurück − gekannt haben könnte.

1911 stellen François Picabia und Marcel Duchamp zusammen mit Delaunay und Léger im "Salon des Indépendants" aus, in der Schweiz gründet Arp zusammen mit anderen den "Modernen Bund" und eröffnet mit Bildern Picassos und Matisse' in Luzern eine Ausstellung. Als Sezession entsteht die Künstlergruppe "Der Blaue Reiter", zu der Kandinsky, Javlensky, Burljuk und Marc gehören. 1911 publiziert Hans Vaihinger die "Philosophie des 'Als-ob'", von der in diesem Buch mehrmals die Rede sein wird.

Das Jahr 1912 ist in gewissem Sinne Höhepunkt einer nur auf den ersten Blick sich heterogen gebenden Kunstszene, in der alles Abstrakte, mit anderen Künsten Verfranste zugelassen zu sein scheint. Kandinskys Schrift "Über das Geistige in der Kunst" erscheint, ebenso das "Manifesto tecnico della scultura futurista" (In 84,166−171), in München die Zeitschrift "Der Blaue Reiter" (149a), im "Sturm" erscheint das "Manifest des Futurismus", das einen nicht zu unterschätzenden, wenn auch nicht entscheidenden Einfluß, wie Arnold meint (82,28 ff.), auf Stramm gehabt hat. Der "Sonderbund" veranstaltet eine Ausstellung, auf der zum ersten Mal Bilder von Cézanne, van Gogh, Gauguin, Munch sowie anderer Künstler anderer Stilrichtungen gezeigt werden.

1913 eröffnet Herwarth Walden, der bereits 1910 die Zeitschrift "Der Sturm" herausgegeben hatte — der Titel sollte die neue Kunstszene deuten —, den "Ersten deutschen Herbstsalon", eine Meisterleistung, in der sich gleichermaßen Geschäfts-, Kunstsinn und Mäzenatentum verbanden. Eine Heerschau allererster Namen: Carrà, Russolo, Severini, Picabia, Chagall, Delaunay, Boccioni, Max Ernst, Feininger, Kandinsky, Klee, Kokoschka, Kubin, Macke, Marc, Mondrian und andere versammelten sich Henri Rousseau zu Ehren. Auch Arp ist dabei. Im gleichen Jahr verkündet der Russe Kasimir Malewitsch seinen "Suprematismus" und mit ihm den Geist der gegenstandslosen Empfindung, der sich, ähnlich wie es Wilhelm Worringer in seiner Dissertation dargestellt hatte, aus Scheu und Angst vor "Der Welt des Willens und der Vorstellung" (Schopenhauer), die sich für ihn nicht mehr als existent erwies, ergab und zum beglückenden Gefühl befreiender Gegenstandslosigkeit führte. Der schopenhauerische Skeptizismus, der in all diesen Jahren im Schwange war und den Nietzsche gleichsam verlängerte, sollte auch auf Hugo Ball Wirkung haben. 1914 publiziert Henri Bergson "La concience" und verkündet neue, dem Uranfänglichen nahestehende Wahrheiten.

In Zürich stellen zunächst noch Abstrakte und Expressionisten aus, polychrome Reliefs von Arp sind 1917 in der "Galerie Dada" zu sehen, Marcel Janco, der für das Cabaret Voltaire Negermasken fertigte, ist mit von der Partie. 1918 erscheinen "Expressionismus, die Kunstwende", ein Sammelband mit Beiträgen der Sturm-Künstler, 1919 Waldens Schrift "Die neue Malerei" (55), dem 1917 Lothar Schreyers Buch "Die neue Kunst" vorausgegangen war. (39) Ich möchte das Kaleidoskop nicht erweitern. Was diese keineswegs überflüssige Aufzählung von Namen, Ausstellungen, Künstlergenossenschaften und Werken zu leisten vermag, ist der Hinweis, daß Expressionismus, Wortkunst und schließlich auch der Dadaismus keineswegs isoliert gesehen werden dürfen, sondern daß manches, was man gelegentlich als Innovation bei diesem oder jenem Künstler empfindet, entweder von anderen schon vorweggenommen wurde oder ganz einfach in der Luft lag. Daß aber all diese Tendenzen, wie differenziert sie auch im einzelnen gesehen werden müssen, dies gemeinsam haben: daß sie sich ihrer geistigen Substanz nach mehr oder weniger an der Peripherie der uns allen zugänglichen Erfahrung und Realität aufhalten.

### 3. Einige realhistorische, gesellschaftliche und soziologische Voraussetzungen

Ich unterscheide im folgenden realhistorisch-politische, gesellschaftliche, gelegentlich auch soziologische Voraussetzungen; auf kulturelle ist kurz im vorausgehenden Abschnitt hingewiesen worden, was im Analyseteil gegebenenfalls erweitert wird. Sie betreffen insgesamt mehr die Dadaisten als die Wortkünstler, zu denen im vorausgehenden Band von Viëtta/Kemper einiges gesagt wurde. (Vgl. 130)

Mir ist deutlich, daß Voraussetzungen nennen nicht bedeutet, Kausalinstanzen anzugeben, die als leitende Prämissen das Œuvre hier aufgeführter Künstler gleichsam monokausal determiniert hätten. Daß dem nicht so ist, zeigen Texte Stramms, Balls oder Huelsenbecks, die ganz unterschiedlich auf den relativ gleichen Zeitkontext, vor allem auf die politische Wirklichkeit reagierten. Dabei ist zunächst erstaunlich, welch geringe Rolle der wohl von allen Künstlern leidvoll erfahrene Erste Weltkrieg spielt, wenigstens in dem, was sie schrieben. Zwar berichtet August Stramm in seinen zumeist an Walden oder dessen Frau gerichteten Briefen vom Krieg, zwar meint er, er könne angesichts des Mordens und Gemetzels nicht mehr dichten, denn "alles ist Gedicht umher" (74,47), doch geht von seiner Kriegserfahrung relativ wenig in seine Dichtung ein. Das liegt, wie wir sehen werden, nicht so sehr daran, daß Stramm von den Ereignissen nicht betroffen gewesen sei, sondern an seinem Stil, mittels Analogien Beziehungen herzustellen. (Vgl. S. 97–140) Stramms Briefe sind wohl Dokumente für eine Kriegswirklichkeit, die er stellvertretend für seine Freunde unter den Wortkünstlern erlitten und schließlich mit dem Leben bezahlt hat; auf der anderen Seite ist zum Beispiel im Erinnerungsbuch von Nell Walden (80) kaum vom Krieg die Rede, von inniger Freundschaft, von gegenseitiger Zuneigung und Verbundenheit viel, so daß man fast vergessen kann, daß ein gut Teil dessen, was sich vor oder während des Ersten Weltkrieges aber auch danach als Wortkunst gerierte, sich unter nicht immer wirtlichen realen Bedingungen abspielte. Bei Lothar Schreyer, aber auch bei Herwarth Walden liegen die Dinge nicht viel anders. Freilich, wer wie Stramm in Berlin Vorlesungen über Lebensphilosophie hörte, über Nietzsche, Schopenhauer, aller Wahrscheinlichkeit nach bei Georg Simmel, wer alles Leben als schöpferischen und vitalen Urgrund des Seins auffassen mußte, ein Leben, das aus einem irrationalen schöpferischen Chaos kam, der mochte vielleicht in den Geschehnissen des Krieges oft nicht mehr sehen als die Bestätigung solchen Denkens, solcher philosophischer Prämissen, die es erlaubten, den Krieg als 'Hygiene der Menschheit' (Marinetti), als 'Neubeginn' zu interpretieren, wie er von vielen anderen Expressionisten gedeutet wurde.

Für Stramm war es Pflicht, ins Feld zu ziehen; auch Hugo Ball meinte zunächst, der Krieg sei jenes vitalistische Überschußphänomen, das der Welt Heilung bringen könne, doch bald gab er den Kriegsdienst auf, emigrierte in die Schweiz und stellte fest, daß in dieser Zeit jedwede Beschäftigung mit Kunst sinnlos sei, eine Ansicht, die er sicher nicht nur, wohl aber auch deshalb aufgab, weil er sich ernähren mußte. Über die eigentlichen Gründe des Krieges erfährt man in Schriften sowohl der Sturmkünstler als auch der Dadaisten wenig; daß er vor allem von den Zürcher und Berliner Dadaisten abgelehnt wurde, steht fest, weniger allerdings, ob das gleich ein Grund sei, sie als Pazifisten zu bezeichnen. Denn wenn sie vorher noch bei Scheler gelesen haben mochten, der Krieg sei ein gleichsam natürlicher "Wachsens- und Werdensprozeß", wenn sie mit Darwin – einem freilich falsch verstandenen – der Meinung huldigten, hier spiele sich ein 'Kampf ums Dasein' ab, ein natürlicher Ausleseprozeß, wo sich Leben gleichsam 'transzendiere', nachdem er einmal begonnen hatte, lehnten ihn mindestens die Dadaisten sämtlich ab. Dies weniger durch konkrete Eingriffe in die Zeit oder dadurch, daß sie seine Fratze literarisch gestaltet hätten; vielmehr legt vor allem Balls freilich nicht an allen Stellen authentisches Tagebuch den Gedanken nahe, daß hier eine Menschheitskatastrophe sich vollzogen habe, weil rechte Werte abhanden gekommen seien: von daher auch sein Bemühen um verschüttete geistige Horizonte (Vgl. Kap. II,2). Weit mehr haben die Zeitläufe die Berliner Dadaisten beschäftigt. Davon am Schluß des Buches ein Wort.

Freilich soll nicht verharmlost werden, daß – wie Prosenč bemerkt –, vor allem für die in die Schweiz emigrierten Künstler der Erste Weltkrieg zum Teil schicksalhafte Bedeutung hatte. Viele von ihnen verloren den Kontakt zur Heimat, Möglichkeiten zum Gespräch, sahen sich – wie etwa Ball, wovon seine Briefe zeugen – (vgl. 15 passim) vor Schwierigkeiten gestellt, wenn es darum ging, das Brot für den nächsten Tag zu verdienen. Dadaistische Aggressionen, der hohnlachende Umgang mit dem Publikum, wie er vor allem in Texten Huelsenbecks, in seinen "Phantastischen Gebeten" zum Ausdruck kommt, dürften zum Teil ein Ergebnis der generellen Ausnahmesituation der Exilierten gewesen sein. Freilich nicht nur. Aber die Isolation, ganz sicher auch die biedere Schweizer Bevölkerung, die Huelsenbeck anschaulich in "Mit Licht, Witz und Grütze" beschreibt, dürften Auslösemomente gewesen sein, das Publikum etwa im Cabaret

Voltaire zu dupieren, zu provozieren, oder es einem Shok-Treatment zu unterziehen.

Hinzu kam eine tiefe Enttäuschung der damals Zwanzig- bis Dreißigjährigen über die politische Führung bei Ausbruch des Krieges. In die Sozialdemokratie hatte man im Hinblick auf eine revolutionäre Zukunft besonderes Vertrauen gesetzt, sie schien der linksorientierten Intelligenz eine "Festung des Friedens" (114,31), die nunmehr von sogenannten 'nationalen Interessen' gebeutelt und zerstört wurde, denn schließlich stimmten auch die Sozialdemokraten für Kriegskredite (114,31); der Glaube an sie war zerbrochen, die Hoffnung auf Reformen aufgegeben. Die Materialschlachten an der Westfront des Krieges ab 1915, in denen unzählige Geschütze, Mörser, Granaten aufgefahren, Flugzeuge eingesetzt, ebenso aber Menschen als Material gebraucht wurden — in der Schlacht um die Festung Verdun gab es allein mehr als eine halbe Million Tote —, mochten nun auch die Wissenschaften, die Technik in ein neues Licht rücken. Ab 1915 führte die englische Blockade zu erheblichen Einschränkungen in der Lebensmittelversorgung, die Hauptnahrungsmittel mußten rationiert werden, es gab 'Kohlrübenkarten', 'Eier- und Milchkarten', für Kinder eine 'Reichsfleischkarte'. 12 Millionen deutsche Soldaten waren bis dahin zu den Waffen gerufen worden, Frauen und Kriegsgefangene vertraten ihre Stelle in der Heimat. Was viele junge Menschen, auch Künstler der Avantgarde, bestürzen mußte, war das Verhalten eines Teils der deutschen Intelligenz, die vielfach eine nationalistische Haltung einnahm. Viele ehemalige Pazifisten hatten plötzlich ihre nationale Seite entdeckt, Professoren veröffentlichten in Manifesten vaterländische Ideen in dafür eigens gegründeten Zeitschriften (vgl. 114,39); Dehmel, Lissauer und Richard Nordhausen wurden 1915 für patriotische Verdienste gekürt.

Der Krieg versagte der jungen Generation auch Kontakte mit dem Ausland, die zuvor stets gepflegt worden waren. Freundschaftliche Beziehungen zu Frankreich, Italien, aber auch zu Rußland rissen ab. Was vielleicht weniger Menschen anderen Schlages, aber doch wohl Künstler besonders traf, war der Umstand, daß ihnen die Zeitumstände ihr Publikum entzog. Bis auf "Die Aktion" von Pfemfert, die Gruppe um "Die Neue Jugend" oder der Kreis um Schickeles "Die Weißen Blätter" lösten sich alle Zirkel auf, in denen sie diskutieren und auf Verständnis hoffen konnten, und die Bevölkerung hatte schlechterdings kein Interesse an ihren Aktivitäten. "Der Künstler, falls er sich nicht für Propagandazwecke zur Verfügung stellte, war überflüssig geworden und sah sich plötzlich von einer Gesellschaft umgeben, die bis ins letzte manipuliert wurde. Nicht mehr den geringsten Einfluß vermochte er auf sie auszuüben, insbesondere, da auch seine Stütze, die Gruppe, nicht mehr vorhanden war." (114,36)

Bevorzugtes Ziel der Emigranten war die neutrale Schweiz, die Arp, Ball, Hennings, Richter, den Rumänen Janco und Tzara Asylrecht gewährte. Schon Ende des 19. Jahrhunderts fanden hier der Anarchist Bakunin und schließlich Lenin eine Bleibe. Zwischen 1910 und 1920 lebten ca. 500 000 Ausländer in der Schweiz (109,54), von denen die meisten nach Zürich oder Genf gekommen waren. Vor allem Zürich war Mittelpunkt politischer Emigranten, die sich um den Schweizer Arzt Dr. Brupbacher scharten, der zunächst Mitglied der anarchistischen Internationale, ab 1918 Mitglied der Kommunistischen Partei war. (114,39) Indes war es nicht so, daß sich alle in Freundschaft gefunden hätten, vielmehr bestimmten politische Interessen, künstlerische Vorstellungen und nationale Zugehörigkeiten auch das Verhalten der Emigranten untereinander. Ein kulturelles Leben im normalen Verstande war wegen der konservativen Widerborstigkeit der Schweizer nicht möglich, und so mag Prosenč recht haben, wenn er meint, daß auch für die Dadaisten in Zürich jenes von Brandes 'entdeckte' allgemeine 'Gesetz' der Emigrantenliteratur gilt: die Flucht in die Opposition. (114,44)

Wenn sich die emigrierten Künstler nun nicht, wie Meyer es will (109, 58), den politischen Aktivisten anschlossen, die es immerhin so weit brachten, daß nach einer Anti-Kriegsdemonstration in Zürich im November 1917 der Belagerungszustand verhängt wurde, so kann man, wenn man das Verhalten der einzelnen Künstler, insbesondere der Dadaisten, politisch bewertet, nicht so tun, als habe es damals schon eine marxistische Geborgenheit gegeben, als sei allen klar gewesen, daß nur eine Revolution größeren Stils die Lage auch der Emigrierten hätte bessern können.

Für die Künstler spielte sich das Leben nach wie vor in Cafés ab, hier versammelten sich Politprofis, Neutöner, Künstler der Avantgarde, gestandene Expressionisten, Verleger, gelegentlich auch Spione und Huren, wie Emil Szitta zu berichten weiß. (125,165)

Huelsenbeck schildert die Atmosphäre, wie sie die Dadaisten angetroffen haben mochten, in der sie sich bewegten und ihren Gedanken nachhingen:

Damals war Zürich von einer Armee von internationalen Revolutionären, Reformatoren, Dichtern, Malern, Neutönern, Politikern und Friedensaposteln besetzt. Sie trafen sich vorzüglich im Café Odéon. Dort war jeder Tisch exterritorialer Besitz einer Gruppe. Die Dadaisten hatten zwei Fenstertische inne. Ihnen gegenüber saßen die Schriftsteller Wedekind, Leonhard Frank, Werfel, Ehrenstein und ihre Freunde. In der Nachbarschaft dieser Tische hielt das Tänzerpaar Sacharoff in preziösen Attitüden Hof, und mit ihnen die Malerin Baronin Werefkin und der Maler von Jawlenky. Kunterbunt steigen andere Herrschaften in meiner Erinnerung auf: die Dichterin Elsa Lasker-Schüler, Hardekopf, Jolls, Flake, Perrotet, der Maler Leo Leupi, der Gründer der 'Allianz', der Tänzer Moore, die Tänzerin Mary Wigman, Laban, der Erzvater aller Tänzer und Tänzerinnen, und der Kunsthändler Cassirer. Unbekümmert saß General Wille bei einem Gläschen Veltliner allein unter diesen schwankenden Gestalten. (66,19)

Nun hatte Huelsenbeck ein ohnehin anderes Naturell als etwa Hugo Ball oder Arp, und die Motive ihrer Emigration sind durchaus nicht identisch. Arp ging ganz sicher nicht aus politischen, sondern mehr aus künstlerischen Motiven in die Schweiz, Ball nicht nur, wohl aber auch der politischen Lage in Deutschland wegen. Zufällig, so Meyer (109,59), sei auch Richter in die Schweiz gekommen.

## 4. Zur Bedeutung des Anarchismus

Daß wenigstens zeitweise die Züricher Dadaisten Kontakt zu Anarchisten hatten, kann Balls Tagebuch entnommen werden. Auf solche Beziehungen weisen Meyer et alii (109) und Prosenč (114) hin, betonen aber mehr den rein politischen Aspekt, ohne anzudeuten, daß, wenn beileibe nicht alle, so doch einige Gedanken der Anarchisten als im Kunstwerk vermittelte begriffen werden könnten.

Es geht nicht darum, mit dem Anarchismus die Dadaisten zu bewerten, ihr Interesse an gesellschaftlichen Ideen oder Utopien als Indiz für politisches Engagement zu markieren, sondern um die hier freilich unvollständige Skizze anarchistischen Gedankenguts, das die Dadaisten mit Sicherheit kannten, und das als eine Komponente in dadaistische Kunstwerke eingegangen sein dürfte, ohne daß diese gleich als Verwirklichung eines Vorgegebenen aufgefaßt werden kann, oder besser: darf. Denn einfach an einem Gedicht, an einer Schrift beweisen kann man das nachstehend Gesagte nicht, denn das Kunstwerk ist nicht Exempel aufzuzählender Prämissen, wohl aber der Ort, wo sich auf den ersten Blick scheinbar selbständige Transzendentalien versammeln und eine Konstituente bilden, die dem

Werk durchaus 'immanent' ist, faßt man diesen abgegriffenen Terminus etwas weiter. (Vgl. hierzu 223,15 ff.)

Was die Dadaisten bei Nietzsche gelernt haben mochten, die kritische Überprüfung fixer Begriffe, Normen oder Gesetze, das fanden sie bei den Anarchisten um jenes Moment weitergetrieben, das aus dem allgemeinen Relativismus und Perspektivismus heraus die Formulierung eines freilich stellenweise problematischen Programms erlaubte.

In den Jahren 1890 bis 1900 berührten überall in Europa neue Bewegungen politische, ethische und künstlerische Traditionen und Konventionen des Bürgertums. Die gigantische Ausbreitung der Industriegesellschaft schien die Individuierungsmöglichkeiten des Einzelnen zu beschränken und zu ersticken, der Kapitalismus und seine sozialen Werte vermochten die Intellektuellen nicht mehr zu überzeugen, je reicher die einen wurden, desto ärmer schienen die anderen. Aus dieser Spannung heraus schien sich zu Beginn des 20. Jahrhunderts die Möglichkeit einer neuen moralischen Ordnung anzubahnen, eines sozialen Wandels, durch den jedermann an den Errungenschaften des neuen Säkulums partizipieren sollte und konnte. Einer solch 'gerechten' Gesellschaft redeten vor allem die Anarchisten das Wort; ihr Mittel zur Durchsetzung ihrer Ziele war indes die 'Propaganda durch die Tat': die Gewaltanwendung. Indes wäre es ein Trugschluß zu glauben, sie seien für die Dadaisten deshalb von Bedeutung gewesen, weil sie sich als Rächer der Intellektuellen gegenüber der Bourgeoisie fühlten. Es mag sein, daß, wie Prosenč meint, Ball mit dem Schweizer Anarchisten Brupbacher die Philister haßte, den Bürger, der ewig mit seiner Selbsterhaltung beschäftigt ist. (114,95) Krapotkin dürfte ihn indes angezogen haben, weil er wie ein Heiliger von den Anarchisten verehrt wurde, weil er die Gewalt ablehnte und schließlich auch, weil er nachdrücklich – im Gegensatz zu anderen Anarchisten, die den Kampf gegen den ganzen Erdball wollten – den Krieg gegen Deutschland allein rechtfertigte, was ganz den Einstellungen anderer Dadaisten entsprach. Für Ball selbst mögen das nur äußere Gründe gewesen sein, es gibt hinreichend andere. Zu Brupbachers Bibliothek hatte er, zumal er anfangs an dessen Zeitschrift "Der Revoluzzer" mitarbeitete, jederzeit Zugang und konnte sich Bücher ausleihen.

Die Verbindung zum Anarchismus bedeutet zunächst auch Kritik am Marxismus, der das 'Lumpenproletariat' im Stich gelassen hatte, die einfachsten, primitivsten Menschen, die sich nicht einmal zur Klasse der Arbeiter zählen konnten. In "Flametti" hat Ball ihnen ein Denkmal zu setzen versucht. Denn wie Krapotkin war er der Überzeugung, daß in einer primitiven Gesellschaft durch Zusammenarbeit und gegenseitige Hilfe aller

44

untereinander eine Lebensform möglich sei, in der alle gleichwertig behandelt und leben würden. (Vgl. 148,110 ff.)

Krapotkin unternahm in Sibirien Expeditionen und war durch seine Erfahrungen überzeugt, daß die Menschen besser würden zusammenleben können, wenn sie wie dort kein Macht- oder Staatsapparat regieren und dirigieren würde. In "Mutual Aid" (152) versuchte er zu erweisen, daß nicht, wie es beispielsweise die Evolutionstheorie Henry Huxley's glauben macht, Leben ein ständiges Ringen um die Existenz im Sinne der Darwin'schen Entwicklungstheorie sei, nicht ständiger Ausleseprozeß, ein Kampf ums Dasein, sondern daß sich in der Tierwelt auch Formen der Zusammenarbeit, gegenseitiger Unterstützung finden, und das Prinzip gegenseitiger Hilfe das Prinzip des gegenseitigen Kampfes dominiere. Solche Theorien übertrug Krapotkin auf die Primitivformen menschlicher Gesellschaft, auf städtische Kommunen im Mittelalter, auf die griechischen Stadtstaaten. Das Prinzip gegenseitiger Hilfe beruhe auf einem menschlichen Fundamentaldrang, den die moderne Gesellschaftslehre verschüttet habe. Auch die Ethik versuchte er in den Menschen zu verlegen: Pflichten wurden nicht, wie bei Kant, durch ein Sollen definiert, durch ein abstraktes Vernunftgebot, sie würden sich vielmehr aus der menschlichen Natur selbst, nicht durch Weisung eines kategorischen Imperativs ergeben. Für ihn gab es eine Moral ohne Zwang, eine Solidarität der gesunden Instinkte. (Vgl. 148,116)

Was nun Ball oder die anderen Dadaisten an Bakunin fasziniert haben soll, ist weniger klar.

Zunächst dürfte ihn sein Aufenthalt in der Schweiz, die ja Anarchistentradition hat und in Zürich Wilhelm Weitlinger, den 'Lehrer' Bakunins, beherbergte, zu ausführlicherem Studium anarchistischer Schriften veranlaßt haben. Weitlinger selbst, 1808 geboren, lernte Bakunin in Zürich kennen, verfaßte die 1845 in Berlin verlegte Schrift "Evangelium eines armen Sünders", in der er behauptete, Christus sei der erste Kommunist gewesen, ein Mann des Volkes, der auch mit Dirnen verkehrte, gegen Besitz und Reichtum war. Demokratische Ideen waren ihm eine Emanation des Christentums, das ohne Gesetze auskommt, ohne Herrschaft. Sowohl Bakunin als auch Weitlinger sprachen sich für eine Revolution durch rohe physische Gewalt aus; Bakunin, der zeitweise Mitglied der Internationale war, wollte nicht wie Marx die Arbeiter zu Theoretikern machen und auf eine Revolution als Ergebnis eines historisch-dialektischen Prozesses warten.

Es ist zu vermuten, daß Ball letzten Endes ein gespaltenes Verhältnis zur Kirche hatte, zu seinem Glauben, selbst da noch, wo er den Konvertiten spielte. Prosenč weist ganz zu recht darauf hin, daß sich Ball oder seine Stieftochter Schütt-Hennings wohl bemüht haben dürften, Spuren des Revoluzzertums aus seinen Schriften, wahrscheinlich auch aus seinem Tagebuch zu tilgen. (114,97) Was ihn indes mehr als die Gewalt-Theorie interessiert haben dürfte – und nicht nur ihn –, ist der durchaus dadaistische Einschlag im Auftreten Bakunins, sein prinzipielles Revoluzzertum um jeden Preis, seine provokanten Attitüden, seine Neigung, Geheimbünde zu gründen und Untergrundorganisationen, die es nicht gab, für die er aber Ausweise verteilte und damit seine Umgebung narrte und verunsicherte. Die Idee, die Zürcher Bevölkerung durch Zeitungsinserate auf fiktive Duelle aufmerksam zu machen, könnte aus der Beschäftigung mit anarchistischem Schrifttum entwachsen sein. Auch die provokatorische Haltung der Dadaisten paßt eher zu Bakuninschen Verhaltensweisen, weniger zum Motto Proudhon's: 'destruam ut aedificabo!'. Einem Journalisten hat Bakunin nachweislich einen Ausweis mit dem Text verpaßt: "Der Inhaber dieses Ausweises gehört zu den akkreditierten Vertretern Rußlands in der Weltrevolutionären Allianz, Nr. 2771." (148,64) Das erinnert an den dadaistischen Zentralrat, an die dadaistische Weltbehörde, der abwechselnd einige Dadaisten, so Huelsenbeck, dann Johannes Baader vorsaßen, die aber nie existierte.

Durch Brupbacher dürften die Dadaisten über die anarchistische Szene informiert gewesen sein, und es ist sicher auch kein Zufall, wenn sich ihre Anhänger zu den Vorstellungen des Cabaret Voltaire einfanden und die Dadaisten sogar künstlerisch in ihre Pflicht nehmen wollten.

Dies gedankliche Substrat macht unter anderem verständlich, warum DADA mit dem Expressionismus brach, mit dem Symbolismus oder der Neoromantik. Pfemfert hatte schon in Berlin zu Ball ein gespanntes Verhältnis, weil Ball die "Aktion" zu wenig radikal fand, die literarischen Beiträge schließlich zu wenig avantgardistisch. 1916 erfolgt der Bruch; Pfemfert schreibt öffentlich, daß Ball nicht mehr das Recht habe, sich als Mitarbeiter der "Aktion" zu bezeichnen. Das sind freilich äußere Gründe. Tiefer ist in allen Dadaisten das Bewußtsein verwurzelt, etwas 'Urtümlicheres' als expressionistisches Gefühl darstellen zu müssen. Sie betonen das Primitive, das Einfache, Urwüchsige, Uranfängliche, Spontane, durchaus auch in anarchistischem Sinne, wobei freilich gleich hinzugefügt werden muß, daß auch das Gedankengut Kandinskys, Balls theologische Studien, Gedankengut Worringers, die Lektüre Nietzsches eine entscheidende Rolle gespielt haben, wiewohl auch die Anarchisten Nietzsche kannten. Solch gemeinsamer geistiger Horizont hat unterschiedliche Charaktere und Temperamente wenn schon nicht nur, so doch auch zusammengeführt.

## 5. Die Dadaisten als Gruppe

Daß die Dadaisten zeitweilig eine Gruppe waren, hat Miklavz Prosenč dargelegt. Was zu ihrem Zusammenschluß führte, ist zum Teil gesagt worden: ihre Situation als Exilierte, die allgemeine Desozialisierung der Künstler überhaupt, die freilich auf einem generellen 'Strukturwandel der Öffentlichkeit' beruhen mochte, die gemeinsame Gegenstellung gegen den Krieg, gleiche Auffassung in Sachen Kunst, der Zwang zur Solidarisierung um verbesserter Lebensbedingungen willen u.s.f. Die Gruppenbildung beschränkt sich allerdings auf den Züricher Raum, gilt nicht für den Berliner Dadaismus, nicht für Dada Hannover oder Köln. Prosenč unterscheidet eine 'offene' und eine 'geschlossene' Gruppe, was letzten Endes mit der von den späteren Dadaisten gepflegten Kontaktfreudigkeit zu Beginn ihres Eintreffens in Zürich zusammenhängt. Denn im am 5. Februar 1916 von Hugo Ball gegründeten Cabaret konnte anfangs jeder ausstellen oder zum besten geben, was er wollte. Huelsenbeck hat in seiner ersten Dada-Dokumentation Tristan Tzaras "Chronique Zurichoise" aufgenommen und damit belegt, daß in den ersten Wochen Kunstwerke aller Stilrichtungen ausgestellt wurden, daß man Musik aller Art spielte. Voltaire und Wedekind wurden rezitiert, Ball las aus seinem Roman "Flametti oder vom Dandyismus der Armen" (8), Soldatenlieder waren ebenso zugelassen wie ein Wiegenlied oder klassische Musik, und getanzt werden durfte auch. Erst als Huelsenbeck, der bis dato im Kreis um Pfemfert gearbeitet hatte, im Februar 1916 nach Zürich kam, scheint es mit der generellen Offenheit der Gruppe vorbeigewesen zu sein.

Hugo Ball kannte er aus München, der dort die Kammerspiele leitete, er selbst hatte an einer Münchener Zeitschrift zusammen mit Hans Leybold und Klabund gearbeitet. Es scheint so, als seien beide nicht nur Gegner des Kriegs gewesen, sondern grundsätzlich auch gegen das kaiserliche Deutschland, worauf im Fall Huelsenbeck nur seine Aktivität an der Zeitschrift "Die Revolution" in München hinweist, weniger sein späteres Mitwirken am Cabaret Voltaire. Hatte man zuvor noch klassische Musik gestattet oder gar Tanzmusik, so plärrte man jetzt Negerrhythmen, die Huelsenbeck vom Besitzer der 'Holländischen Meierei', wo man gastierte, zur Verfügung gestellt wurden. Simultangedichte wurden vorgetragen, wobei dieser Terminus ambivalent ist, und nicht nur eine Abfolge beliebiger Zeilen oder Bilder meint, sondern auch Verfertigungen, die von mehreren Personen entweder zugleich, oder in Abwechslung gesprochen wurden. Weiter werden Lautgedichte gelesen, bruitistische Gebilde schließlich, wie sie schon der Futurist Russulo gefordert hatte; endlich machte sich ein Manifestismus breit, der den Darbietungen als quasi-theoretisches Substrat dienen sollte. Sowohl Huelsenbeck als auch Ball und Tristan Tzara bekunden für diese Zeit ein ausgesprochenes Gruppengefühl, das sich in geplanter Provokation des Publikums, in kollektiver Zusammenarbeit, in gemeinsamen künstlerischen Grundsätzen ausdrückte. (114,56 f.)

Ständige Mitarbeiter waren damals Hugo Ball, der Gründer des Cabaret Voltaire, dann Tristan Tzara, der mit falschem Paß in die Schweiz gelangte und durch seine organisatorischen Talente und weitreichenden Beziehungen dem Unternehmen förderlich war; Emmy Hennings, Balls spätere Lebensgefährtin, gehörte ebenso dazu wie der Elsässer Hans Arp, der sich schon länger in der Schweiz aufhielt, Hans Richter, der aus dem Berliner Aktions-Kreis nach Zürich kam, um einen 'abstrakten Film' zu drehen. Zu erwähnen wären Walter Serner, Christian Schad, ebenfalls aus dem Aktions-Kreis, der Schwede Victor Eggeling, ein Maler. Schon vor Gründung des Cabarets hatte Ball den rumänischen Maler Marcel Janco kennengelernt, der dann Tristan Tzara vorstellte.

Das Zusammengehörigkeitsgefühl der 'Gruppe' verflog indes recht bald, doch die relativ kurze Zeitspanne mochte genügt haben, DADA als Etikett über die Schweiz und den deutschsprachigen Raum hinaus in andere Länder zu exportieren.

## 6.  Zur Philosophie Friedrich Nietzsches

### 6.1.  *Vorgängige Bemerkungen zum Stellenwert einzelner Probleme*

DADA als désordre, als willentlich betriebene Provokation läßt anarchistische Einflüsse vermuten. Verbindlicher als das zu diesem Problemkomplex Gesagte ist die Philosophie Nietzsches, von der mit Sicherheit gesagt werden kann, daß die Dadaisten, vermutlich aber auch die Wortkünstler – bei Stramm bestehen Zweifel in dieser Hinsicht nicht – sie kannten.

Der Verdacht, daß die folgenden dargestellten 'geistesgeschichtlichen Voraussetzungen' einen Blick begünstigen, der nicht am Kunstwerk verweile, täuscht, weil manches, was im Kapitel "Zusammenhänge und Probleme" erörtert wird, bereits Teil der Interpretation auch einzelner, im Analyseteil näher besprochener Werke ist. Denn Nietzsche steht nicht a u ß e r h a l b des Werks beispielsweise Balls oder Huelsenbecks, er ist in das

Kunstwerk eingegangenes Substrat, das vom Gehalt her freilich zuerst in diesem Teil dargestellt werden muß.

Nun kann man nicht so tun, als seien solche Zusammenhänge den Verfertigungen zitierter Künstler unmittelbar abzulesen. Daß diese Komponenten aber immer schon das Kunstwerk zu thematisieren vermögen, und im Hinblick auf neuere Kunst explikativen Charakter haben, hat neben anderen ausführlich Peter Szondi begründet und demonstriert. (233) Folgendes ist so gesehen ein erster Erkenntnisschritt in Richtung auf das im Analyseteil Ausgeführte und dort Vertiefte. Ich möchte das kurz an Hugo Ball verdeutlichen. Bekannt ist, daß er eine Dissertation mit dem Titel "Nietzsche und die Erneuerung Deutschlands" verfassen wollte. Das Manuskript gilt als verschollen, beenden konnte Ball ein solch globales und anspruchsvolles Thema wahrscheinlich nicht.

Aufgrund des Ball'schen Œuvres lassen sich Rückschlüsse auf den möglichen Gang und auf das Gesicht der Dissertation ziehen, die hier nur insoweit aufgeführt werden, als sie über Ball hinaus für den geistigen Humus auch der anderen Dadaisten von Belang sind und die folgenden Seiten legitimieren helfen, also zur Transparenz des Ganzen beitragen.[1]

Der Titel der Doktorarbeit, über den sich Ball, selbst wenn es sich um einen Arbeitstitel gehandelt haben sollte, mit einem Universitätsdozenten unterhalten haben mußte, impliziert eine eingängige Beschäftigung mit dem Gedankengut Nietzsches. Einige der Schriften Balls geben Hinweise auf das, was Ball gekannt haben muß, andernfalls die Formulierung des Themas unvorstellbar wäre. Neben in "Also sprach Zarathustra", dort freilich mehr verschlüsselt, in "Menschliches, Allzumenschliches", in "Die fröhliche Wissenschaft", in "Die Geburt der Tragödie" und in den "Unzeitgemäßen Betrachtungen", hier vor allem im Zweiten Stück "Vom Nutzen und Nachteil der Historie für das Leben" finden sich Gedanken, die in verschiedenen Schriften Balls in abgewandelter Form, vor allem im Pam-

---

[1] Nach Abfassung dieses Manuskriptes erschien das Hugo Ball-Almanach 1978 der Stadt Pirmasens, in dem ein Teil der geplanten Dissertation unter dem Titel "Nietzsche in Basel. Eine Streitschrift" auf den Seiten 1−52 abgedruckt ist. Auch nach Lektüre des Almanachs sehe ich keinen Grund für eine Korrektur des auf den weiteren Seiten Dargelegten, zumal nicht im Hinblick auf die Funktion der unmittelbar folgenden Zeilen. Die im Almanach zitierte Streitschrift ist wohl von Ball nicht, worauf der Untertitel hindeutet, als ernsthafter Versuch und Schritt im Hinblick auf eine Promotion gewertet worden. Von daher ist mir unverständlich, warum der Herausgeber W. Sheppard angesichts der doch offen zutageliegenden Selbstbescheidung Balls diese fünfzig Seiten als 'Dissertation' (S. 53) aufgefaßt wissen möchte.

phlet "Die Folgen der Reformation" aufgenommen wurden, ohne daß Ball seinen Ahnherren nennt. Das ist nicht als Vorwurf aufzufassen, da sich Nietzsche in verschiedenen Schriften wiederholt und Ball vielleicht gar nicht genau zitieren konnte. Aber auch in "Tenderenda der Phantast" oder in "Kritik der deutschen Intelligenz", eine Sammlung von Aufsätzen Balls, finden sich mit Regelmäßigkeit Gedanken, die unzweideutig Nietzsche verpflichtet sind.

Indes geht es nicht allein um den Beweis, d a ß Ball Nietzsche gekannt hat, sondern um die Frage, was er ihm generell vermittelt hat.

Die Kritik des Protestantismus und Luthers, ein leises Lob für den 'ursprünglichen' Katholizismus finden sich bei Nietzsche ebenso wie der freilich durch alle Schriften hindurchgehende Negativismus allem scheinbar Verbindlichen gegenüber. Ein Perspektivismus, der sich durch den Willen zur Wahrheit zwangsläufig ergibt durch die Absicht, die im Prinzip religiös fundierte Täuschung, wie sie sich in einer 'linearen Symbolik' der Begriffe und in imaginären Kausalitäten manifestiert, aufzudecken. Die Kritik des Materialismus und des Idealismus findet Ball gleichermaßen bei Nietzsche, wie auch den Hinweis auf Vorzüge des Mittelalters.

Kurzum: es ist das Bewußtsein des Trugs, daß "alle Prädikationen des Seins solche des Scheins" seien, das Nietzsche ihm vermittelt haben dürfte. (Vgl. 162,II,73 f.) Reflex dieser Erschütterung ist Balls Tagebuch "Flucht aus der Zeit" in allen Teilen, auch da noch, wo in Aphorismen dargebotene 'Tageslösungen' seiner Probleme den Relativismus und Perspektivismus in ein kalkuliertes Begehren nach Sinn ummünzen: der schönen Sentenz im Tagebuch, der bündig formulierten Maxime haftet der Makel des Datums an, des temporär Begrenzten.

Doch das wußte Ball. Er wußte, daß das Begehren nach Sinn auch die stete und stetige Position eines Subjekts zur Voraussetzung hat, die den Sinn verantworten muß sowie die Herrschaft über Worte, in denen dieser Sinn präsent ist.

Wenn Ball über eine Erneuerung Deutschlands schreiben wollte, hatte er den Relativismus, der im älteren Positivismus angelegt war, zu überwinden. In "Jenseits von Gut und Böse" oder in "Vom Nutzen und Nachteil der Historie für das Leben" konnte er nachlesen, daß über eine historische Zeitauffassung hinaus die Anfänge der Menschheitsgeschichte jener zeitliche Ort seien, in dem die im Verlauf der Geschichte 'umgeschriebenen' Begriffe eine 'Urheimat' haben, daß die Suche nach Sinn Rückkehr bedeuten kann.

Wenn also der ungeheure Relativismus und Perspektivismus Nietzsches in Ball zunächst einen 'blinden Fleck' hinterließ, eine Leerstelle oder wie sonst man diese Ratlosigkeit bezeichnen will, die z.B. von Hans Vaihinger philosophisch überwunden wurde, so machte seine Dissertation die 'Auffüllung' dieser Leere notwendig. Nietzsche weist nun selber gelegentlich auf die Welt des Orients hin, doch sind diese Belege eher spärlich, als daß angenommen werden kann, sie hätten Balls Beschäftigung mit Heiligenleben, von der die Rede sein wird, in Gang gesetzt. Man muß im Auge behalten, daß sich Ball, wie immer ihm die Promotion am Herzen gelegen haben mag, in erster Linie als Künstler fühlte. Und als solcher bemüht er die von Nietzsche proklamierte 'aktive Vergeßlichkeit'. Tradierte Formen und Themen der Kunst bedeuten ihm daher relativ wenig, und was lag näher, als sich Kandinskys 'abstrakten' Ansatz zu eigen zu machen, den Ansatz eines Künstlers, den er aus zahlreichen Gesprächen in München kannte, der das Geschichtliche überspringt oder es zumindest nur gering achtet.

Von daher legitimieren sich die folgenden Zeilen zu Kandinsky, über den Ball überdies einen Vortrag hielt. (21) Und alles, was sich nun − dieser Ausdruck sei gestattet − vom 'Uranfänglichen' zeitlich entfernt hat und zum Beispiel in philosophischen Systemen thematisiert wird, stellt sich vom Blickwinkel der Stunde Null der Geschichte aus als 'metaphorische Akkumulation' oder, um im Sinne Nietzsches aber auch Balls zu sprechen, als Verschiebung einer möglichen Wahrheit dar. Daß Nietzsches Denken es auch mit Problemen der Sprache zu tun hat, und sie − wenn man so will − der Versuch einer "Entmetaphorisierung" ist, werden wir unten darlegen. Von hier aus, aber auch von der von Kandinsky aus möglichen Überwindung eines 'Kunsthistorismus' ergeben sich sprachliche Konsequenzen, die schließlich zur Abstraktion führen.

Was freilich Kandinsky zur 'Schließung' der von Nietzsche hinterlassenen Lücke für den Künstler Ball leisten konnte, durfte er von einem philosophischen System nicht erwarten. Eine Erneuerung hatte Nietzsche nicht bündig formuliert, im Gegenteil: im "Zarathustra" wird der Übermensch problematisch.

Und hier nun wird es die mittelalterliche Philosophie gewesen sein, die Ball auf Schriften des Dionysios Areopagita stoßen ließ, mit dem er sich früh, wahrscheinlich schon vor seiner Zeit als Dadaist (vgl. oben S. 130 bis 196) und bis zu seinem Tode, wie das Tagebuch belegt, beschäftigt hat; mit dem Ergebnis, daß sein Denken zusehends abstrakter wurde, sich zum Teil von der Wirklichkeit entfernte, die ihm zum Ärgernis wurde, mit dem Resultat auch, daß er Nietzsche kaum, wie er es geplant hatte, als Erneuerer darstellen konnte. Dazu einiges im Analyseteil.

Zu den Abschnitten, die das Thema 'Abstraktion' behandeln, ein klären-

51

des Wort. Wer sich einem streng methodologischen – nicht 'methodischen' – Konzept verpflichtet fühlt, wird einwenden wollen, daß das Kapitel darüber aus dem Rahmen vertrauter und geübter Methoden fällt. Der Abschnitt bedarf daher einer besonderen Begründung, deren Platz nicht in einem allgemeinen, die Methoden erörternden Teil sein kann. Daß im Sinne Nietzsches jegliches Ausscheren aus dem Perspektivismus und die Bevorzugung oder Dominantsetzung nur e i n e r Sicht prinzipiell bereits a b s t r a k t ist, dürfte nach dem Gesagten deutlich sein. Doch dieser philosophische Ansatz mit seinen Konsequenzen, die auch psychologischer Art sind – die Dominantsetzung einer Sicht wäre nach Nietzsche gleichzeitig ein Quietiv, Aufgabe des L e i d e n s : konstitutiver Zug dessen, was Nietzsche 'Genius' nennt (162,I,550) – läßt sich, so weit ich sehe, nicht mit Darstellungen zur 'Abstraktion' zur Deckung bringen, die – wie nuanciert auch immer – das Ungegenständliche oder das von der empirischen Erfahrung abweichend gegenständlich Komponierte oder Formulierte als 'abstrakt' ansehen.

Über alle formalen Beschreibungen hinaus ist die Frage nach dem Movens der Abstraktion die wichtigere, und die im vorangehenden Band von Viëtta/Kemper ins Spiel gebrachte Kategorie der 'Ich-Dissoziation' eröffnet sogar den Horizont dieser Fragestellung.

Der anthropologisch-psychologisch verfahrende Ansatz Wilhelm Worringers scheint in diesem Betracht bislang nicht gebührend gewürdigt worden zu sein, wenn es über eine rein phänomenologische Beschreibung dessen, was 'abstrakt' genannt wird, hinausgehen soll. Daß sich in der Dichtung Abstraktion durch defizitäre Syntax, durch semantisch Inkompatibles ausweist, ist gesagt worden, wenngleich zu Einzelfällen präzisere und linguistisch orientierte Untersuchungen wünschenswert wären. Dabei denke ich nicht nur an Stramm, Blümner oder die Dadaisten, sondern mehr an Dichter, die auf den ersten Blick verstehbar erscheinen, bei näherem Besehen jedoch kaum. Trakl, Celan, Bobrowski zählen zu ihnen: sie sind 'abstrakter' als mancher Wortkünstler oder Dadaist, weil in ihren Worten semantische Potentiale entweder getilgt oder vom Satzverband her, in dem sie stehen, radikal umformuliert werden. Wenn wir im Anschluß an Worringer mit gebotener Vorsicht psychologische Gründe als explikatives Substrat des Phänomens Abstraktion geltend machen, dann entschlagen wir uns zunächst eines in der Germanistik üblichen, aber doch wohl keineswegs ausdiskutierten Methodenzwangs, sind aber der Meinung, daß der angesprochene Aspekt nicht um einer vordergründigen Stimmigkeit willen einer geraden methodologisch abgesicherten Linie geopfert werden darf.

## 6.2 Die Bedeutung des Bezugs geschichtlichen Fragens durch Nietzsche im Hinblick auf seine Zeit

Nietzsches Denken wird allererst verständlich vor dem Hintergrund des Positivismus, vor dem Hintergrund einer Wirklichkeitsauffassung, die der idealistischen entgegengesetzt ist, und nach der 'Realität' nicht mehr 'gedacht', nicht mehr spekulativ erfaßt noch auch durch Intuition antizipiert werden kann. 'Erfahrung' steht dabei als dichotomer Ausdruck für Phantasie, Spekulation u.s.w. Damit ist keineswegs klar, was Erfahrung besagt, welchen Stellenwert sie in einer von der Apriorritätsfrage gereinigten Wissenschaftslehre hat, wie sie zum Beispiel im sogenannten 'älteren Positivismus', der für unsere Überlegungen in Betracht kommt, formuliert wurde. Denn der ganze Problemkomplex, welcher die Nachprüfbarkeit, Sicherung und Geltung empirischer Aussagen betrifft, verschärft sich mit der zunehmenden Abstraktheit im Bereich der sogenannten Realwissenschaften, wenn es, um ein Beispiel zu nennen, um die Korrelation zwischen physikalischer und phänomenologischer Anschauungswelt geht. Und er spitzt sich zu angesichts der Frage nach einer 'inneren Erfahrung' und ihrer Wertigkeit, die sich auf innere Bewußtseinsvorgänge im Gegensatz zur ''sinnlichen Wahrnehmung'' (Auguste Comte) stützt, durch die alleine sich einzelne und allgemeine Aussagen machen lassen.

In der Geschichtswissenschaft schlug sich der Positivismus als 'Historismus' nieder, der sich — grob gesagt — bemühte, eine Vielzahl geschichtlicher Tatsachen zu bündeln, der jedoch Historie als summa von Ereignissen sah, die im hermeneutischen Verstande nicht weiter interpretiert wurden. Angesammelte Fakten blieben jeweils unaufgerechnete Weltanschauungsentitäten, die sich zum Teil relativierten. Erst Ernst Troeltsch hat die museale Ansammlung unreflektierter Vergangenheiten, über deren Geltungsanspruch durch rein positivistische Forschertätigkeit nichts ausgesagt war, kritisiert. (183) Es ist hier nicht der Ort, von einer ''Überwindung des Historismus'', wie sie L. Köhn für die Literatur der Zwanzigerjahre geltend gemacht hat, zu handeln (106), es soll lediglich aufgezeigt werden, in welcher Weise die vitale Bedeutung des Bezugs geschichtlichen Fragens auf die damalige Gegenwart durch Friedrich Nietzsche aufgegriffen wurde.

Welche Gefahren sah er in der totalen Historisierung — soweit sie damals gediehen war?

Sein Leben gibt eine erste Antwort: er, der mit großer Begabung zwar, aber auch mit Kraft sein eigenes Spezialistentum, die Gräcistik, aber darüber hinaus nun nicht nur die Tendenzen seiner Zeit, vielmehr auch deren

Wissensfülle kennenlernen mußte, um überhaupt zu den Ausgangspositionen seiner Philosophie zu gelangen, zerbrach schließlich an den Anforderungen des Lebens. Das ist simpel formuliert und in dieser Einfachheit nur zum Teil richtig. Aber mit ähnlichen Gefühlen, oder, um es genauer zu sagen: mit Gefühlen der Angst, ein Begriff, der sowohl bei Worringer, bei Kandinsky als auch bei Hugo Ball ein gut Teil der abstrahierenden Tätigkeit erklärt, mußten Nietzsches Nachkommen der Wirklichkeit entgegenstehen: wird das moderne Bewußtsein angefüllt mit Kenntnissen fremder Zeiten, Gebräuche, Sitten, Lebens- und Denkweisen, Religionen, Welt- und Wertvorstellungen, so bleibt Kenntnis nur Kenntnis als Gewußtes, kann aber nicht transformiert werden auf Gelebtes, Umgestaltendes, Neuschaffendes, dem die 'Kenntnis' Grundlage wäre. Im Bewußtsein bleibt alles zusammenhanglos, wird kaum integriert. So stellt sich die alles sammelnde Vernunft letzten Endes als Widersacher eines von einem bestimmten interessegeleiteten Erkennens und Denkens dar. Das ist die eine Gefahr. Die andere besteht im Überspringen realer Fakten und Wirklichkeiten sowie in der Umdeutung mittels einer ausgeborgten und undifferenzierten Metasprache, die sich den 'eigentlichen' Wirklichkeiten nicht stellt, sondern sie umgeht. Daß sowohl den Wortkünstlern als auch einigen Dadaisten die Wirklichkeit zum Ärgernis wurde – mit allerdings unterschiedlichen Konsequenzen –, sei in diesem Zusammenhang erwähnt. Dieses gleichsam nur tangentiale Verhalten der Realität gegenüber überträgt sich auf die präsentische Existenz des Menschen, insofern er keine Entscheidungen mehr zu treffen vermag, weil das Äußere nur als halb oder kaum Verstandenes in sein Innen kommt.

Und weiter: wenn sich die positive Naturwissenschaft gegen Ende des 19. Jahrhunderts veranlaßt sah, auf dem Dogma der Unbezweifelbarkeit des Faktischen zu insistieren, so bedeutet das die Entwirklichung des diesem Glauben verhafteten Ichs, denn es wird ebenfalls in seiner Perspektive reduziert auf das durch die Fakten Vermittelte, hat aber kein Verhältnis mehr zu Vergangenheit und Zukunft, die das präsentische Faktenmaterial transzendieren würden. Insofern ist der Historismus auch eine Einengung der Seinsgeschichte, eine Reduktion des Ichs. Köhn zeigt, wie vor allem Ernst Troeltsch, Karl Mannheim, schließlich auch Georg Lukács oder Martin Heidegger denkerisch solchen Historismus zu überwinden versuchten, der im Grunde schon bei Hegel angelegt erscheint: durch die Bestimmung eines objektiven Geistes setzt eine Kulturbetrachtung ein, die in seiner Nachfolge zu einer ausufernden Vergangenheitsschau gerät, die ohne prospektives erkenntnisleitendes Interesse die Vergangenheit folgenlos im Sinne einer 'Nur-Bildung' einholt, die schließlich zu einer Übersättigung an unreflektierter Historie führt. Köhn: "Zum Erbe des Historismus gehört die Grundkategorie des Individuellen als 'besondere Physiognomie einer Situation' (Mannheim), schließlich als Gedanke des je einmaligen Individuums selbst. Überwindung des Historismus impliziert, daß diese Kategorie problematisch geworden ist, sei es in der hypertrophen Form eines Carl Schmitt, der letztlich nur noch das Individuum des Diktators kennt, sei es in der Sehnsucht nach einer neuen Gemeinschaftsethik (Troeltsch u. a.), in den zahlreichen 'Typen' und 'Gestalten' von Dilthey bis zu Jünger, die das Individuelle aufsaugen, oder schließlich in der Übertragung des erkenntnis- und werttheoretischen Subjektbegriffs auf die Klasse wie bei Lukács." (106, 100) Was bei aller Epochenproblematik für Köhn Signum für die Literatur der Zwanzigerjahre ist, kann, in einem freilich ganz eingeschränkten Sinn, auch für die Wortkunst und für den Dadaismus reklamiert werden, ohne daß im positivistischen Verstande ein solcher Einfluß nur einfach aufzuzeigen wäre. Immerhin: ob die Theorien oder Kunstkonzepte sowohl der Wortkünstler als auch der Dadaisten nun bündig formuliert erscheinen, mit ihren doch wohl als extrem zu bezeichnenden Standpunkten greifen sie die gängige Kunstvorstellung eines wie auch immer genauer gearteten und strukturierten mimetischen Systems an. Zwar kannten die Dadaisten keinen Ideologiebegriff im Sinne Mannheims, Lukács' oder Adornos, daß aber auch für sie das 'Gegebene' und die mit ihm nur scheinbar verbundenen 'Ordnungssysteme' nicht mehr verbindlich waren, daß sie hinter ihm vor allem auf dem Boden der Lebensphilosophie ein 'eigentliches Substrat' suchten, aus dem heraus nunmehr 'ihre Wahrheit', die gleichwohl auch immer relativ ist, entstand, scheint sicher und läßt sich mannigfach belegen. Und dennoch: das Ich als Medium einer freilich nicht mehr historisierend die Fakten eruierender Instanz, sondern eines Ortes innerster Sammlung, der Fakten nunmehr übergehen wird, bleibt erhalten. Nicht nur bei den Wortkünstlern, sondern auch bei den Dadaisten.

In "Vom Nutzen und Nachteil der Historie" (162,II,210−285) hat Nietzsche die Übersättigung durch reflexionslos aufgenommene realhistorische Brocken dargelegt, Möglichkeiten der Entartung solcher Rezeption beschrieben. Er mißt ihr drei Funktionen zu: einmal bedarf derjenige, der einen Zukunftsentwurf wagt, einer Orientierung im Sinne einer Erinnerung an die Vergangenheit, die etwaige Zweifel seines Unterfangens ausräumt; der Orientierung bedarf er aber auch im Hinblick auf den schwachen Menschen der Gegenwart, der ihm in seiner Durchschnittlichkeit eine zukünftige Möglichkeit verbauen könnte. Insofern, aber auch nur insofern wird monumentalistische Geschichtsschreibung erhalten werden müssen. Schließlich hat die bewahrende Geschichtsschreibung die Funktion einer gleichsam transzendentalen Bedingung im Hinblick auf das gegenwärtig Positive und Gute. Nur freilich selektiert eine solche Geschichtsbetrachtung von der Position der Gegenwart aus unter dem Aspekt des Lebens und verwirft das, was, gemessen am Lebenden und Werdenden, nicht tauglich ist. Damit ist bereits die dritte Funktion der Historie angesprochen, die vor dem Überlieferten zu Gericht sitzt und darüber entscheidet, was dem Lebenden im Weg steht, wenn es sich immer wieder neu schaffen will. In einer solchen Position mochten sich zuweilen die Futuristen befinden, wenn sie die Weihestätten der Kunst zerstörten, die Dadaisten, wenn sie den Tod der Kunst proklamierten oder 'verdeckende Vorstellungen' als Ideologien entlarven wollten: "Dada hat die Weltanschauungen durch seine Fingerspitzen rinnen lassen, Dada ist der tänzerische Geist über den Moralen der Erde. Dada ist die große Parallelerscheinung zu den relativistischen Philosophien dieser Zeit, ..." (65,3) So Huelsenbeck.

## 6.3 *Perspektivismus und Wille zur Macht*

Am Ende des zweiten Abschnitts der 'Vorrede' zum "Zarathustra" heißt es:

> Als Zarathustra aber allein war, sprach er also zu seinem Herzen: 'Sollte es denn möglich sein! Dieser alte Heilige hat in seinem Walde noch nichts davon gehört, daß G o t t t o t i s t.' (162,II,279; vgl. auch II,343)

Wer immer von den Voraussetzungen DADA's redet, von einer relativistischen Philosophie wie sie oben Huelsenbeck erwähnt, wer von Anti-Kunst spricht, vom Bruch mit dem Überkommenen, wird sich daran erinnern müssen, daß alle Dadaisten mehr oder weniger, ebenso die Futuristen, die dann ihrerseits die Wortkünstler beeinflussen, oft eilfertige Adepten Nietzsches waren, was sich bis in einzelne Motive hinein verfolgen läßt.

Nietzsche bezeichnet mit jenem Satz den Ausgangspunkt seiner Philosophie, die auf einer vitalistischen Neigung zur Wahrheitssuche beruht, die im Gegensatz zur friedvoll sammelnden Gelehrsamkeit seiner Zeit steht, sodann zu jeglicher Philosophie, die abgeklärt und interesselos über den Dingen und Menschen schwebt. Die Leidenschaft der Erkenntnis ist dabei mit dem Prozeß der Selbstüberwindung verbunden. Erkenntnis geschieht nicht friedvoll, nicht in 'harmlosen', sondern in 'mächtigen Seelen'. Mit der Formel 'Gott ist tot' negiert Nietzsche das Höchste alles Seienden, mit dem sich traditionell die Metaphysik befaßte. In "Menschliches, Allzumenschliches" (162,II,435) richtet er seine Waffen gegen die idealistische Weltverdoppelung, das 'Ding an sich' einer intelligiblen Welt und deren Erscheinungen. Dem Menschen wird vorgeworfen, sich unter das 'Übermenschliche', beispielsweise unter die Unwahrheit von Religion und Metaphysik gestellt zu haben. Als Knecht des Geistes stellt ihn Nietzsche vor, der sich in einer metaphysischen Hinterwelt aufhält und durch überirdische Mächte eingeschränkt ist. Die Aufdeckung 'allzumenschlicher' Untergründe bedingt eine Wandlung der menschlichen Existenz, denn das zuvor als übermenschlich Aufgefaßte erliegt einer desillusionierenden Entdeckungsprozedur, wodurch der Mensch frei wird und den Wagnis-Charakter seiner Existenz erfährt, der er Ziel und Bahn geben soll. In immer neuen Bildern und Gleichnissen fängt Nietzsche diese Aufbruchsstimmung ein: der Mensch ist Schiff, der über das Meer zu neuen Ufern will – ein Bild, das in Huelsenbecks Novelle "Verwandlungen" bis zum Überdruß strapaziert wird –, er übersteigt sich selbst – eine Metapher, die Ball in seinem Roman "Tenderenda der Phantast" wörtlich nimmt –, und will die Welt in ihren Weiten ausloten. Wissenschaft hat für ihn nicht mehr den feierlichen Ernst, sie ist ihm "fröhlich", wie sie in den Bildern des "Prinzen Vogelfrei" charakterisiert wird:

> Mistralwind, du Wolken-Jäger (Strophe 1)
> Trübsal-Mörder, Himmels-Feger,
> Brausender, wie lieb ich dich!
> Sind wir zwei nicht eines Schoßes
> Erstlingsgabe eines Loses
> Vorbestimmte ewiglich?

> Raffen wir von jeder Blume (Strophe 7)
> Eine Blüte uns zum Ruhme
> Und zwei Blätter noch zum Kranz!
> Tanzen wir gleich Troubadouren
> Zwischen Heiligen und Huren,
> Zwischen Gott und Welt den Tanz! (162,II,272 f.)

Die Spannweite nietzscheanischen Menschentums liegt zwischen dem, was da Heiligtum und Hure ist, in einer je nach Standpunkt zu bestimmenden Perspektive. Wie Nietzsche nun auch seine Philosophie – so im "Zarathustra" – in immer neuen Bildern und Gleichnissen zu verdeutlichen sucht, die Basis seines Denkens sind geschichtlich gegebene Daten und Fakten.

Er kehrt die Metaphysik im beschriebenen Sinne um und sieht das Leben unter der Bedingung der Negation des Tradierten. Daraus resultieren folgerichtig zwei Bewegungen: im metaphysischen Nein zum Leben wendet es sich gegen sich selbst, da es sich durch keinerlei Wertsetzungen zu bejahen vermag. Andererseits: steht es unter der Bedingung bisher geltender Wertsetzungen, dann wendet es sich ebenfalls gegen sich selbst, weil es sich nicht als Werden und Wandel begreift. Es ist dann "Ohn-Macht", weil es sich an der von Nietzsche destruierten und nur scheinbar wahren Welt orientiert, die in Wirklichkeit ein Nichts ist, insofern Wahrheit durch ein vorgängiges Interesse gesucht wird, durch ein falsches Eingenommensein für das immer Ewige und Beständige. Im Gegensatz muß demjenigen, der Leben als Werden und Wandel begreift – setzt er nicht selber neue Werte – was er allerdings nur gemäß seiner subjektiven Perspektive kann –, im Gegensatz also dazu muß ihm die Welt sinnentleert vorkommen, also 'scheinbar'. Nietzsche ruft den Menschen daher zu einer Entscheidung auf: der Mensch bleibt entweder bei der bisherigen Seinsinterpretation und – um Nietzsches Bild aus 'Zarathustra' zu gebrauchen – ein 'Kamel', das sich unter der Last der transzendenten Gottesübermacht beugt; oder aber er wird zum 'Löwen', welcher die ihn bedrängenden Gewichte abwirft und mit dem 'tausendjährigen Drachen' kämpft, gegen die scheinbar 'objektiv' vorhandenen Werte, gegen den transzendenten Idealismus und seine intelligible Welt. Den Zustand der Unfreiheit kann er überwinden, indem er den scheinbar übergreifenden Lebenssinn als Quietiv und Regulativ durchschaut und dem von außen an ihn herangetragenen Befehl "Du sollst" ein "Ich will" gegenüberstellt. In einem solchen Dazwischen bleibt der Mensch befangen, solange er noch im Kampf ist, sich nicht auf ein neues Dasein hin entwirft. Im ersten Teil des Zarathustra, in "Von den drei Verwandlungen" (162,II, 293) wird der Mensch vom Löwen zum Kind, für Nietzsche der Inbegriff einer vollkommen neuen Daseinsstufe, für einen Neubeginn: "Unschuld ist das Kind und Vergessen, ein Neubeginn, ein Spiel, ein aus sich rollendes Rad, eine erste Bewegung, ein heiliges Ja-Sagen / Ja zum Spiel des Schaffens, meine Brüder, bedarf es eines heiligen Ja-Sagens; seinen Willen will nun der Geist, seine Welt gewinnt sich der Weltverlorene." (162,II,294)

Mit dem Tod Gottes wird der Wagnis- und Spielcharakter des Menschen offenbar. Der verwandelte, zum Kind gewordene Mensch ist der Schaffende, dessen Tätigkeit nicht mehr durch einen Gott beschränkt ist und der sich im Schaffensvollzug eins mit der schöpferischen Kraft der Erde weiß. Durch den ständigen Willen zur Übersteigerung seiner selbst wird er zum 'Übermensch'.

Wie immer nun auch Leben als Steigerung, als Sich-selbst-Überwinden thematisiert wird, Nietzsche setzt es in Relation zur Erde. Den Willen als Macht sieht er, darin Schopenhauer folgend, nicht nur organologisch, sondern auch die Erde hat 'Willen', sie ist Gebärerin, schenkt allem Sein ihr Dasein, gleich ob es sich um Menschen, Tiere, Pflanzen oder Steine handelt.

## 6.4. Zur Funktion des Zeitbegriffs

Am Ende des zweiten Teils und im dritten Teil des "Zarathustra" entwickelt Nietzsche den Gedanken von der 'ewigen Wiederkehr des Gleichen' und mit ihm das Wissen um die Zeit. Auf diese Problematik haben Fink und Löwith hingewiesen. (142 und 156)

Für Nietzsche ist Lebenssteigerung das erlösende Prinzip gegenüber dem Geist der Schwere, das vom Willen zur Macht in die Zukunft prolongiert wird. Indes ist die Übersteigerung endlicher Stufen, der unendliche Turm sich übersteigernden Lebens an die Macht der Zeit gebunden. Und hier stellt sich eine Aporie ein: im Kapitel "Von der Erlösung" steht der Mensch ganz unter der Perspektive des Zukünftigen. Zunächst erklimmt Zarathustra den 'höchsten Gipfel', aber schon anfangs des dritten Teils weiß er, daß er der 'Leitern' bedarf, um sich über sich selbst zu erheben. Bewußt ist ihm ferner, daß er auf dem Gipfel sein 'Woher' überdenken muß: "Und als er auf die Höhe des Bergrückens kam, siehe, da lag das andere Meer vor ihm ausgebreitet ..." (162,II,404) Oder: "Woher kommen die höchsten Berge? so fragte ich einst. Da lernte ich, daß sie aus dem Meere kommen." (162,II,405) Zarathustras Denken auf höchster Höhe ist zugleich auch das Mitdenken des Tiefsten, ist Einsamkeit. In "Vom Gesicht und Rätsel" (162,II,407) findet sich dieser räumliche Kontrast wieder. Zwar wird dort der Gedanke der Wiederkunft nicht voll entfaltet, doch macht der Zwerg auf den Widerspruch zweier Ewigkeiten aufmerksam, die im 'Augenblick' genannten Torweg zusammentreffen:

> Siehe, sprach ich weiter, diesen Augenblick! Von diesem Torwege ... läuft eine lange Gasse rückwärts: hinter uns liegt eine Ewigkeit. Muß nicht, was laufen k a n n, von allen Dingen, schon einmal diese Gasse gelaufen sein? Muß nicht, was geschehen k a n n, von allen Dingen, schon einmal geschehen sein, getan, vorübergelaufen sein? / Und wenn alles schon dagewesen ist: was hältst du Zwerg, von diesem Augenblick? Muß auch dieser Torweg nicht schon — dagewesen sein? (162,II,408 f.)

Wenn nun Zeit eine abgelaufene Ewigkeit ist, kann sie nichts mehr außer sich haben, sie ist inhaltlich schon immer voll bestimmt, womit der Gegensatz von Vergangenheit und Zukunft aufgehoben wird: Gewolltes kann ein Zurück, eine Rückwärtsbindung kann Zukunft sein.

Wenn man so will, hat Nietzsche, neben dem Angebot an die Adresse der Dadaisten, Geschichte zu vergleichgültigen, hier die Grundlagen auch für das Simultangedicht geliefert. Wir nehmen nicht an, daß die Dadaisten oder wer sonst auch immer den Wiederkunftsgedanken im Kopf gehabt hätten, wenn sie sich daran machten, ein Simultan-Poem zu verfertigen, dennoch entsteht der Simultanismus aus einem gewissen 'vanitas'-Denken, welches die Zeit tilgt und mithin im Raum alles präsent macht, oder – das wäre die andere Konsequenz – das Gewordensein der Dinge in der Zeit löscht, um an einer Stunde Null der Geschichte zu beginnen. Der dadaistische Simultanismus, der äußerlich nichts anderes besagt, als daß entweder mehrere Leute auf der Bühne verschiedene Melodien oder Texte vortragen konnten, oder daß im Einzelgedicht die Reihenfolge der Begebenheiten beliebig, der Zeit gegenüber also nicht verpflichtet ist, bedeutet lediglich, daß die Kategorie Zeit ihre Rolle ausgespielt hatte, gleichgültig, ob, wie bei Ball, eine Bewertung des in ihr Gewordenen dabei im Spiele, oder das Durcheinander, wie in Huelsenbecks ʺPhantastischen Gebetenʺ, fast eine Prozedur zur Erfüllung einer freilich nur approximativ beschreibbaren dadaistischen Werkkategorie war. In jedem Fall aber ist das simultane Durch- und Miteinander das Ergebnis einer kontingent empfundenen Erfahrungswelt, die den Begriff 'Zeit' gleichwohl noch kennt, in der aber die Dinge als Momentaneitäten aufgefaßt werden, zu kohabitieren beginnen und sich deshalb gegenseitig vergleichgültigen.

Eine derart zum Simultanismus umgedeutete Zeiterfahrung und ihre mystische Variante in der Philosophie Bergsons, auf die wir eingehen, stellt die Objekte der Erfahrungswelt in einen unmittelbaren Bezug zum Subjekt, so daß ihr Woher vergessen wird. Denn sie sind jeweils assoziativ vorhanden und präsentisch in dem Sinne, daß ihre Entwicklung in der Zeit geleugnet wird, mithin auch ihre Geschichte.

Bei Nietzsche wird die Zeitproblematik vollends im Kapitel ʺVon der großen Seligkeitʺ deutlich. Zarathustra redet mit seiner Seele, die er für vom Leib getrennt hält. Auch hier geht es um die 'ewige Wiederkehr des Gleichen', nur ist sich Nietzsche-Zarathustra schon eines gewissen Widersinns bewußt:

Siehe, wir wissen was du lehrst: daß alle Dinge ewig wiederkehren und wir selber mit, und daß wir schon ewige Male dagewesen sind, und alle Dinge mit uns! Du lehrst, daß es ein großes Jahr des Werdens gibt, ein Ungeheuer von großem Jahre: das muß sich, einer Sanduhr gleich, immer wieder von neuem umdrehen, damit es von neuem ablaufe und auslaufe: – – so daß alle diese Jahre selbst gleich sind, im Größten und im Kleinsten, so daß wir selber in jedem großen Jahre uns selber gleich sind, im Größten und im Kleinsten. (162,II,270)

Zarathustras Seele steht nun im Ganzen der Zeit, sie hat 'Allgegenwart', sowohl eine kosmische als auch eine terrestrische. Wenn Zarathustra über das Binnenzeitliche hinausdenkt, dann postuliert er eine Vereinigung des Unendlichen mit dem Endlichen. Er strebt sie nicht so an, daß er Binnenzeitlichkeit und Ewigkeit trennt, sondern Zeit und Ewigkeit werden als Einmaliges aufgefaßt. Im vierten Teil des "Zarathustra" ist die Ferne nicht mehr Ziel einer kleinen, sondern einer 'großen Sehnsucht', die das durch den Willen zur Macht bedingte durchgreifende Verlangen des Menschen einfangen will: die Seele unterscheidet nicht mehr zwischen Heute, Einst und Ehemals; solche Zeitdimensionen sind dem Wiederkunftsgedanken gemäß gleich, da Zeit ewige Wiederholung ist. Nun hat aber Zeit auch Inhalt, und es ist daher konsequent, wenn dieser für die in das All-Gegenwärtige stehende Seele gleich-gültig ist. Einmal im Raum des Alls heimisch geworden, kann die Seele über zeitbedingte Unterschiede und diverse Raumlagen 'hinwegtanzen'.

Verkehrt man dergestalt das Göttliche, dann erscheint der transzendente Gott nur als Schatten, die von Wolken einer noch nicht anwesenden Helle stammen. Die letzten, seltsam resignierend geschriebenen Seiten des "Zarathustra" zeigen – so im mit "Mittags" überschriebenen Kapitel – die Zeit der "kritischen Mitte" (156,104), in der sich der Mensch einer künftigen Epoche entscheiden soll, ob er nur noch sich selbst will. Als Mensch in der Krisis steht er zwischen Erde und Himmel, seine Seele ist den Trauben des Weinstocks ähnlich, die "in Fülle den Wandernden entgegen(stehen)". (162,II,512)

Auf der einen Seite aber kann die dionysisch berauschte Seele ihres Weltüberflusses nicht Herr werden, auf der anderen kommt sie nicht zur Ruhe und ist daher schwermütig, weil sie am Endlichen hängenbleiben wird. Schließlich stößt die Sonne Zarathustra, dem Verkünder der ewigen Wiederkehr des Gleichen, ins Herz, wodurch sich sein Empfinden, in der Stunde des Mittags sei die Welt vollkommen, relativiert; die "gelöste Heiterkeit zur Stunde des Mittags erweist sich von da aus als des Todes heimlichster Vorgenuß". (156,110) Löwith hat hervorgehoben, daß die Lehre von der ewigen Wiederkehr des Gleichen die extremste Form des Nihilismus und dessen Überwindung durch sich selbst sei. Die immer erneute Selbstüberwindung und deren kritische Mitte, im Bild des Mittags eingefangen, verwandle sich in ein immer gleiches Weltenspiel, in dessen Notwendigkeit der wollende Mensch hineingemischt sei. (156,161) Und auch die Natur bringe sich in ein immerwährendes Gebären und Vernichten, das allen Entwürfen des Menschen gegenüber gleichgültig sei. Mithin ist auch die Zeit des Mittags, an der Nietzsche-Zarathustra die Welt vollkommen dünkt, eine substantiell gleichgültige oder zufällige. Die assoziative Kunst des Dadaismus, und das ist die zunächst absehbare Konsequenz des hier Dargelegten, hat eine Zerstückelung des Zeitbegriffs zur Voraussetzung, weil allererst dann die Realität perspektivisch vorgestellt werden und der Schein von Wirklichkeit aufgedeckt werden kann. Die "Erkenntnis von der Simultaneität der Wirklichkeit verlangt, daß die Prinzipien ausgeschieden werden, denn sie verleiten zur Illusion einer geschichtlichen Realität". (122,37) Nach Balls eigenem Eingeständnis sind sie störend: statt Prinzipien geschichtlicher Erkenntnis möchte er Rhythmik und Bewegung, vor allem in der Sprache: "So sind unsere Debatten ein brennendes, täglich flagrantes Suchen nach dem spezifischen Rhythmus, nach dem vergrabenen Gesicht unserer Zeit." (10,81f.)

## 7. Kandinsky

Im III. Kapitel seiner Schrift "Über das Geistige in der Kunst", überschrieben mit "Geistige Wendung", nennt Kandinsky Mittel, mit denen der Mensch sich selbst zuwenden kann. Merkwürdigerweise nennt er zuerst die Literatur. Wohl deshalb, weil in ihr verständlicher wird, was seine Kunstprophetie meint. Als Beispiele werden Maeterlincks "Princesse Malaine", "Les Aveugles" und "Sept Princesses" genannt, Dramen, deren Figuren keine Menschen vergangener Zeiten mehr seien, wie etwa die Shakespeares, sondern was uns auf der Bühne begegne seien "direkt Seelen, die in Nebeln suchen, von Nebeln erstickt zu werden bedroht sind, über welchen eine unsichtbare, düstere Macht schwebt. Die geistige Finsternis, Unsicherheit des Nichtwissens und die Angst vor demselben sind die Welt seiner Helden." So Kandinsky. Und weiter heißt es: "So ist Maeterlinck vielleicht einer der ersten Propheten, der ersten künstlerischen Berichterstatter und Hellseher des oben beschriebenen Niedergangs. Die Verdüsterung der geistigen Atmosphäre, die zerstörende und gleichzeitig führende Hand, und die verzweifelte Angst vor ihr, der verlorene Weg, der vermißte Führer spiegeln sich deutlich in diesen Werken." (149,27)

Ähnlich hatte Nietzsche eine Kunst der Moderne gefordert, die durch Suggestion des Atmosphärischen tyrannisiert. Kandinsky meint, sie könne hauptsächlich durch rein künstlerische Mittel erzeugt werden. Im Hinblick auf Maeterlinck kann der Bezugspunkt nur das Wort sein. Seine Reflexionen darüber gemahnen aber eher an de Saussure. Wenn er unermüdlich wiederholt, das Wort sei 'innerer Klang', dann erinnert das an die 'image acoustique' des Genfer Linguisten. Zwar gibt Kandinsky, anders als Herwarth Walden, zu, der innere Klang entspringe teilweise dem Gegenstand, den das lautliche Substrat bezeichne, beim Hören des Namens löse sich jedoch die Lautkette vom in ihr referierten Gegenstand.

Kandinsky macht sich dabei die von de Saussure festgestellte Arbitrarität des Zeichens zunutze, die durch mehrmaliges Wiederholen einer Lautfolge deutlich würde, wenn sich ihr primärer Sinn verflüchtige oder zumindest doch als willkürlich eingesehen werde. Der Dadaist Hugo Ball zieht später eine ganz andere Konsequenz aus diesem Befund. Auf Kandinsky anspielend – er nennt wie dieser den Gegenstand 'Baum' – meint er, daß man für Baum auch 'plübusch' sagen könne und dreht so die Intention Kandinsky's radikal um. Während dieser immerhin das Wort potentiell an den in ihm referierten Gegenstand gebunden sieht – wobei es dann allerdings eine doch fragwürdige mediale Stellung bekommt –, macht Ball mit der Arbitrarität des Zeichens ernst: er tauscht den Signifikanten aus, nicht aber das Signifikat. Dergestalt radikalisiert er die Wortkunst, denn der Künstler wird zum phonetischen Demiurgen, der Gegenstände lautlich 'willkürlich' – nach welchen Gesichtspunkten auch immer – betrachtet, stellt also ein subjektiv motiviertes Zeichen her. Kandinsky versäumt nicht zu betonen, daß die lineare Kopplung von Lauten und den in sie gebannten Gegenständen durch akustische Repitition aufgelöst werden kann:

Geschickte Anwendung (nach dichterischem Gefühl) eines Wortes eine innerlich nötige Wiederholung desselben zweimal, dreimal, mehrere Male nacheinander, kann nicht nur zum Wachsen des inneren Klanges führen, sondern noch andere, nicht geahnte Eigenschaften des Wortes zutage bringen. Schließlich bei öfterer Wiederholung des Wortes (beliebtes Spiel der Jugend, welches später wieder vergessen wird) verliert es den äußeren Sinn der Benennung. Ebenso wird sogar der abstrakt gewordene Sinn des bezeichneten Gegenstandes vergessen und nur der reine Klang des Wortes entblößt. Diesen "reinen Klang" hören wir vielleicht unbewußt auch im Zusammenklange mit dem realen oder später abstrakt gewordenen Gegenstande. Im letzteren Falle aber tritt dieser reine Klang in den Vordergrund und übt einen direkten Druck auf die Seele aus ... Wirkliche innere Mittel verlieren nicht so leicht ihre Kraft und Wirkung. Und das Wort, welches also zwei Bedeutungen hat – die erste direkte und zweite innere −, ist das reine Material der Dichtung und der Literatur, das Material, welches nur diese Kunst anwenden kann, und durch welches sie zur Seele spricht. (149,28 f.)

Wer Kandinsky genau liest, wird feststellen, daß sich seine Klangkultur um ein grundsätzlich anderes Phänomen bemüht, als man es z. B. bei Dichtern der Romantik findet. Während dort, etwa in der Lyrik Clemens Brentanos, Klänge durch syntagmatisch gereihte Wörter ohne intendiertes Ausschalten der Semantik erzeugt werden, thematisiert Kandinsky nicht im eigentlichen Sinne Sprache, sondern das Einzelwort. Weder im "Blauen Reiter" noch in "Das Geistige in der Kunst" ist von Syntax die Rede, zur Debatte scheint nur das einzelne Wort und die ihm möglichen inneren Klänge zu stehen.

Will man Kandinsky verstehen, so muß man das, was er zum inneren Klang sagt, in Zusammenhang mit seiner Kunstauffassung sehen, die er für die Malerei entwickelt. Auch dort geht es um die Reduktion einer materiellen Ausprägung im Sinne einer Darstellung der Dinge, also um eine wenigstens partielle 'Vernichtung des Materiellen', damit aber um eine Hervorhebung der spezifischen Mittel der Malerei: der Linie und der Farbe. Das führt zwangsläufig zu einer Abstraktion von der Wirklichkeit, wie wir sie alle durch unsere empirische Erfahrung kennen und mit anderen teilen können.

Kandinsky rückt indes nicht vollständig die Natur aus dem Blickfeld des Künstlers; sie ist ihm gleichsam Anstoß zur Besinnung auf die 'innere Natur der Dinge', welche nun − gleichzeitig mit der Aufgabe des rein abbildenden Prinzips, der mimetischen Darstellung − in einer abstrakten Kombinatorik gesucht wird. "Wesen erfassen" nennt Kandinsky das und meint damit die Dominantsetzung der inneren Schau und Umfunktionierung der künstlerischen Materialien als Ausdruck des seelischen Lebens. Es ist nicht zufällig, daß sich Kandinsky häufig an der Musik orientiert hat, die ohnehin nicht einer vorgegebenen Wirklichkeit verpflichtet ist. Analog zu ihr nimmt er 'innere Klänge' der Farben an und untersucht deren psychische und physische Wirkung.

Seine Intentionen sind verständlicher − wenn auch nicht immer plausibler −, wenn man weiß, daß er mit der damals maßgeblichen Theosophin Blawatskaja befreundet war, die ihn auf die Idee gebracht haben könnte, Kunst als eine Art Religion zu verstehen. Sein Aufsatz "Über die Formfrage" im "Blauen Reiter" beginnt mit der Nennung des guten und des bösen Prinzips. Der "weiße befruchtende Strahl" (150,132) sei es, dem der Mensch gehorchen und folgen müsse, er, sein Medium, so kann angenommen werden, seien eben jene inneren Klänge, die in die "Epoche des großen Geistigen" führen (150,143), deren Anfänge für Kandinsky unmittelbar bevorstanden. Schließlich wird als Prinzip des Bösen die "schwarze todbringende Hand" (150,136) genannt, beides Vorstellungen, die sich in Schriften der Kabbala finden, von denen Kandinsky, vor allem aber sein Gesprächspartner aus seiner Münchner Zeit, Hugo Ball, einige gekannt haben dürfte. Sein Aufsatz endet mit einer Nachfolge-Aufforderung (150,180 f.), ein Indiz dafür, wie sehr sich Kandinsky als Prophet verstanden hat. Vollends ins Mystische umgebogen wird dieser Ansatz von Lothar Schreyer, neben Walden der bedeutendste Sturm-Theoretiker. In "Die neue Kunst" heißt es:

> Wir lösen uns vom Leiden. Wir leiden nicht mehr. Wir heben unser Bewußtsein auf im eigenen Selbst und im anderen Selbst. Das ist der Weg zur Neugeburt des Menschen. Er geht auf im Leidenlosen. Er ist das Nichts. (39,5)

Und weiter:

> Verläßt den Menschen die Gnade, so leidet er mehr als andere Menschen. Er erleidet Vorstellungen: das Gesicht. Ihm erscheinen Worte, Geräusche, Lichter, Dunkelheiten, Gerüche. Die Erscheinungen werden und vergehen, wandeln sich, sind Bewegung ... Der Künstler kann sich vom Erleiden des Gesichts nur dadurch befreien, daß er dem Gesicht Gestalt gibt, d. h., daß er das Gesicht außer sich stellt ... Diese Überwindung der Persönlichkeit ist Voraussetzung für die Gestaltung des Gesichts. (39,6)

Ein paar Seiten danach:

> Der gestaltende Mensch, der Künstler, ist der außer sich gestellte Mensch, der ekstatische Mensch. Der ekstatische Mensch ist das von der Notwendigkeit des Gesichts zur Gestaltung zubereitete Werkzeug ... Daher ist alles Wissen und jede Bildung und alles Können belanglos für die Gestaltung des Kunstwerks. (39,10)

Und schließlich glaubt man Nietzsche mit beschränkter Haftung zu hören:

> Wir sind außerhalb des Menschlichen gestellt und können über unsere Endlichkeit und Unendlichkeit teilhaftig sein. Wir erkennen uns als ein Teil der Unendlichkeit alles Werdens und Vergehens. Werden und Vergehen erkennen wir als ein Spiel der Erscheinungen, in denen wir gleich Stern und Tier und Blume schwinden und erscheinen ... Die Weltwende

stürzt den Menschen von dem selbsterrichteten göttlichen Thron der Persönlichkeit und schleudert ihn in das Nichts. (39,12)

## 8. Nietzsches Entmetaphorisierung der Philosophie

Formal und zum Teil auch substantiell eigen ist sowohl Kandinsky, Schreyer, Ball, sodann auch Walden, in einem anderen Sinne den Futuristen die Kritik am Überkommenen, das Ausbreiten eines neuen Kunstkonzepts, sodann dessen Überhöhung ins Religiös-Mystische. All die Genannten wenden sich wenn auch in differenter Akzentuierung zunächst gegen ein Kunstkritikertum, das von Gnaden eines akademisch erworbenen Wissens kunsthistoriographische Deutungsmuster an Gebilde jener Avantgarde legte, die sich selbst als 'Künstler der Kunstwende' oder ähnlich bezeichnete oder verstand. In ihrer negativen Funktion hat sich solche Kunst abzusetzen, in ihrer positiven hat sie das noch nicht Gesehene, noch nicht Seiende erahnen zu lassen.

Auch bei Nietzsche, dort, wo er zum Verkünder wird, verdeckt sich das Neue hinter Bildern der Sprache, hinter einer Rhetorik, die perspektivisch ausleuchtet. Ihm ginge es darum, so hat man gesagt, das Subjekt in einen dechiffrierenden Leseprozeß zu bringen, wobei dieses selbst schon immer perspektivisch und metasprachlich verfährt, weil Nietzsche dem Interpreten die Aufgabe stellt, "das Ensemble des metaphysischen Textes von einem anderen Schauplatz her" zu lesen. (164,139) Nur greift Nietzsche auch die Stellung des Subjekts an, das durch Glaubenssätze, Fiktionen, Instanzen usw. gleichsam überdeterminiert ist, mithin in einem fest internalisierten Code von Konzepten steht. Dabei überzieht Nietzsche bei weitem die Subjektposition des Idealismus, wenn er nach der "Ökonomie des Willens zur Macht" fragt (164,140), nach dem Ideal des "freien Geistes", dessen Absicht ist, hinter Vordergründigem und Vorurteilen wahre Gründe und Urteile zu finden, wobei, das sei nochmals erwähnt, das Subjekt eine fragile und problematische Größe ist, denn es ist im Laufe der Geschichte d i e Instanz geworden, die über die Signifikantenkette, die den philosophischen Text ausmacht, regiert.

Beim Hinterfragen aller Metaphysik muß Nietzsche aber die Frage bedenken, wie es jeweils zu deren Bedingungen gekommen ist. In "Jenseits von Gut und Böse" konzediert er eine Verwandtschaft aller Systeme:

Daß die einzelnen philosophischen Begriffe nichts Beliebiges, nichts Für-sich-Wachsendes sind, sondern in Beziehung und Verwandtschaft zueinander emporwachsen, daß sie, so plötzlich und willkürlich sie auch in der Geschichte des Denkens heraustreten, doch ebenso gut einem System angehören als die sämtlichen Glieder der Fauna eines Erdteils: das verrät sich zuletzt noch darin, wie sicher die verschiedensten Philosophen ein gewisses Grundschema von möglichen Philosophien immer wieder ausfüllen. Unter einem unsichtbaren Banne laufen sie immer von Neuem noch einmal dieselbe Kreisbahn: sie mögen sich noch so unabhängig voneinander mit ihrem kritischen oder systematischen Willen fühlen: irgend etwas in ihnen führt sie, irgend etwas treibt sie in bestimmter Ordnung hintereinander her, eben jene eingeborene Systematik und Verwandtschaft der Begriffe. Ihr Denken ist in der Tat viel weniger ein Entdecken als ein Wiedererkennen, Wiedererinnern, eine Rück- und Heimkehr in einen fernen uralten Gesamt-Haushalt der Seele, aus dem jene Begriffe herausgewachsen sind ... Gerade, wo Sprachverwandtschaft vorliegt, ist es gar nicht zu vermeiden, daß, dank der gemeinsamen Philosophie der Grammatik – ich meine dank der unbewußten Herrschaft und Führung durch gleiche grammatische Funktionen – von vornherein alles für eine gleichartige Entwicklung und Reihenfolge der philosophischen Systeme vorbereitet liegt: ebenso wie zu gewissen anderen Möglichkeiten der Weltausdeutung der Weg wie abgesperrt erscheint. (162, II,583 f.)

Seele und Sprache, welche die Begriffe trägt, werden ineins gesehen, da das Subjekt zwangsläufig an ein linguistisches System gebunden bleibt, in dem Begriffe – von Varianten abgesehen – immer schon einen bestimmten Stellenwert haben, einen semantischen Kern, der in ein oder der anderen Weise reaktiviert, wenngleich auch anders akzentuiert wird. Dergestalt gräbt sich jede Philosophie in die Spuren eines bereits festgelegten grammatischen Systems ein ohne den Ausweis ihrer sprachlichen Bedingtheit. Das bedeutet aber nichts anderes, als daß das sprachliche Zeichen jener Ort sein muß, an dem die Dechiffrierung anzusetzen hat, weil sich an ihm auch die sprachlichen Verdichtungsprozesse abgespielt haben, die Signifikanten gleichsam zu Dogmen haben erstarren lassen. (164, 143) Als Begriffe sind sie Schaltstellen, in die sich eine falsche Wahrheit eingeschrieben hat. Nicht nur Nietzsche, sondern auch seine Leser hatten das Empfinden, daß es in und hinter den Begriffen etwas anderes, Wahreres gäbe, etwa Hofmannsthal, Rilke, auf ihre Weise auch Kandinsky, Walden, Schreyer und schließlich Ball, obwohl sie aus dieser Ahnung verschiedene Konsequenzen zogen. Analog zu seiner Aussage "Gott ist tot" muß Nietzsche daher auch die Begriffe, oder besser: deren metaphorischen Status abbauen. Nietzsche:

> Die Bedeutung der Sprache für die Entwicklung der Kultur liegt darin, daß in ihr der Mensch eine eigene Welt neben die andere stellte, einen Ort, welchen er für so festhielt, um von ihm aus die übrige Welt aus den Angeln zu heben und sich zum Herren derselben zu machen. Insofern der Mensch an die Begriffe und Namen der Dinge als an aeternae veritates durch lange Zeitstrecken hindurch geglaubt hat, hat er sich jenen Stolz angeeignet, mit dem er sich über das Tier erhob: er meinte wirklich, in der Sprache die Erkenntnis der Welt zu haben. Der Sprachbildner war nicht so bescheiden, zu glauben, daß er den Dingen eben nur Bezeichnungen gebe, er drückte vielmehr, wie er wähnte, das höchste Wissen mit den Worten aus; ..." (162,I,453)

Solch Unglaube an das, was die Sprache zu leisten vermag, findet sich auch in "Umwertung aller Werte", wie überhaupt jegliches Werten auch ein Problem der Sprache ist. Auch eine existentielle Begründung im Sinne Descartes' will Nietzsche nicht mehr nachvollziehen:

> Seien wir vorsichtiger als Cartesius, welcher in dem Fallstrick der Worte hängen blieb. Cogito ist freilich nur ein Wort: aber es bedeutet Vielfaches (– Manches ist vielfach, und wir greifen derb darauf los, im guten Glauben, daß es eins sei.) In jenem berühmten Cogito steckt 1. es denkt, 2. ich glaube, daß ich es bin, der da denkt, 3. aber auch angenommen, daß dieser zweite Punkt in der Schwebe bliebe, als Sache des Glaubens, so enthält auch jenes erste "es denkt" noch einen Glauben: nämlich daß "denken" eine Tätigkeit sei, zu der ein S u b j e k t, zum mindesten ein 'es' gedacht werden müsse: und weiter behauptet das 'ergo sum' nichts! Aber das ist der Glaube an die Grammatik, da werden schon Dinge und deren Tätigkeiten gesetzt, und wir sind fern von der unmittelbaren Gewißheit. Lassen wir auch jenes problematische "es" weg und sagen wir 'cogitur' als Tatbestand ohne eingemischte Glaubenspartikel: so täuschen wir uns noch einmal, denn auch die passivische Form enthält Glaubenssätze und nicht nur Tatbestände – (163,II,78 f.).

Beim Abbau der zu recht oder zu unrecht beklagten falschen Sprachbilder, Metaphern, Metonymien, die Unverbindliches verbindlich festlegen, geht Nietzsche zwei Wege; seine 'subversive' metasprachliche Aktion zerstört zwar den das Signifikat beherrschenden Signifikanten, wenn er ihn in das Netz des philosophischen Diskurses spannt und Negativprozeduren aussetzt – so das Descartes'sche 'cogito' –, auf der anderen Seite wird durch die obige an die Grammatik gekoppelte Seins-Reflexion das Signifikat, soweit dieser Ausdruck hier gebraucht werden darf, wieder freigesetzt, um neuen Bedeutungszusammenhängen oder Konnotationen offen zu stehen.

Daß es Nietzsche dabei um die Beseitigung des Ideal-Dogmatismus und um 'wahre' Erkenntnis ging, bedarf nach dem Gesagten keiner Erörterung. Die Methode, mit Werten befrachtete Begriffe historisch in ihrer Relativität zu repräsentieren, hat zur Folge, daß sie perspektivisch werden und Erkenntnis nicht mehr verbürgen. Das Bemühen, im philosophischen Diskurs ein durch metaphorische Auftragungen entstelltes Signifikat freizulegen, scheitert letzten Endes daran, daß das Eigentliche, Wesentliche im Sinne des 'Urhaften' nicht mehr eingeholt werden kann, weil es auch im strikt linguistischen Verstande keine 'Urbedeutung', sondern allenfalls den Prozeß einer ersten Signifikation gibt. Was festgestellt und aufgedeckt werden kann, sind jene "Verschiebungsprozeduren" von Begriffen im Nacheinander philosophischer Systeme, die, dort einmal verankert, 'Eigentlichkeit' innerhalb des Systems beanspruchen.

Besonders in idealistischen Philosophien sah Nietzsche metaphorische Akkumulationen, die im Sinne von Wertsetzungen Imaginäres produzierten, Begriffe oft, deren Herkunft durch Anreicherung metaphorischer semantischer Merkmale überspielt wurde. Der Tatsachensinn, wie ihn Nietzsche reklamierte, ging dadurch verloren. 'Sinn' wäre für Nietzsche eine in den metaphorischen Kontext eingeschobene Unterjochung, ein Überwältigungsprozeß, der auf einem Schleichweg die Relation zwischen Signifikat und Signifikant aufbricht. (164,150 f.)

Wenn sich aber dergestalt keine Objektivität mehr findet, wenn alles nur Schein ist, wenn allgemeine Bestimmungen wie Vernunft, Freiheit etc. Kategorien sind, die in einzelnen Philosophien Verschiebungsprozessen anheimfallen, dann löst sich diese Subjektivität auch auf. Die sie definierenden Begriffe sind nur strategische Punkte im jeweiligen System, sie geben sich als 'geworden' und als 'fließend' zu erkennen. In diese Konsistenz des metaphysischen Textes sind notwendigerweise Lücken eingeschrieben, die der Möglichkeit Raum geben, daß künftige Menschen, 'Übermenschen', durch Einverleibung von heutigen, unzulänglichen Wirklichkeitsinterpretationen durch neue Perspektiven die Wirklichkeitssicht bereichern:

Dass der Werth der Welt in unserer Interpretation liegt – dass vielleicht irgendwo noch andere Interpretationen möglich sind, als bloss menschliche –, dass die bisherigen Interpretationen nur Schätzungen sind, vermöge deren wir uns im Leben, d. h. im Willen zur Macht, zum Wachstum der Macht, erhalten, dass jede Erhöhung des Menschen die Überwindung engerer Interpretationen mit sich bringt, dass jede erreichte Verstärkung und Machterweiterung neue Perspektiven auftut und an neue Horizonte glauben heißt – das geht durch meine Schriften. (Nachlaß, WM 616; GA XVI, 100)

Unser Ausflug in den mehr sprachlichen Aspekt der Philosophie Nietzsches ermöglicht es, Residuen seines Denkens im Werk Kandinskys zu entdecken. Das ist insofern ergiebig, als er einer der Erzväter auch des Sturmkreises war, wenngleich er ihm nicht angehörte. Ähnlich skeptisch und mit verweríerischer Pose destruiert Kandinsky den 'alten Geist' der Kunst. In "Über das Geistige in der Kunst" spricht er von einer soeben herangebrochenen 'Geisteswende' (vgl. Kap. III), ja mehr noch: er erbaut sich und seinen Mitstreitern einen Binnenraum, der im Prinzip unantastbar ist, weil er bewußt nicht als konstruiert beschrieben wird. Ganz im Sinne Nietzsches sucht er zu einer Unmittelbarkeit hindurchzustoßen, die kollektiv erlebt werden kann, aber auch nicht. In der Abhandlung "Über die Formfrage" wird ein Relativismus der Formen zugunsten eines Inhalts proklamiert, den er mit 'Geist' gleichsetzt. Feste Formen scheinen ihm eine "versteinerte Schranke", soweit sie nicht Ausdruck eines inneren Inhalts sind:

Also die Form kann angenehm, unangenehm wirken, schön, unschön, harmonisch, disharmonisch, geschickt, ungeschickt, fein, grob, usw. erscheinen, und doch muß sie weder wegen den für positiv gehaltenen Eigenschaften noch als negativ empfundenen Qualitäten angenommen oder verworfen werden. Alle diese Begriffe sind vollkommen relativ, was man in der unendlichen Wechselreihe der schon dagewesenen Formen auf den ersten Blick beobachtet. Und ebenso relativ ist die Form selbst. So ist die Form auch zu schätzen und aufzufassen. Man muß sich so zu einem Werk stellen, daß auf die Seele die Form wirkt. Und durch die Form der Inhalt (Geist, innerer Klang). Sonst erhebt man das Relative zum Absoluten. (150, 142)

Ähnlich wie Nietzsche macht Kandinsky nun nicht die Realität, sondern die Kunstwirklichkeit perspektivisch, erschüttert jede Logik mimetischer Erscheinungen, wenngleich er letztere zuläßt: er gibt auch der Realität eine Chance, weil sich möglicherweise auch in ihr ein innerer Klang zum Ausdruck bringen kann, und weil ihre Verdammung und Verneinung Kandinskys Position ins Absolute heben würde.

Was der Maler-Theoretiker in seinen Schriften bietet, ist eine verschämte

Installierung des Dionysischen gegen das Apollonische, also gegen Regel und Begriff. Verschämt, weil sich das 'Geistige' mit dem Dionysischen als urtümlicher, ekstatisch wirkender Schöpferkraft nicht unbedingt zur Deckung bringen läßt. Zwar schätzt er die Anarchie in der Kunst durchaus positiv ein, aber sie sei 'planmäßig' und werde aus dem Gefühl des 'Guten' geschaffen. (150, 147) Auch die Ineinssetzung von Geist und innerem Klang deutet mehr auf ein Schöpfertum im Sinne Nietzsches, nach welchem der Mensch, analog zum Alten Testament, nach dem Willen Gottes geschaffen wurde und als sein Ebenbild wesentlich Wille ist, dem eine natürliche Hervorbringungskraft eignet. Die "Wende" bei Kandinsky markiert eine deutliche Abkehr des Künstlers von der imitativen Kunst, bezeichnet die Rückübersetzung des Künstlers in die Natur und bindet dessen Mittel an das Natürliche an. Was das Kunstwerk in einer Zeit der Technik und des Krämergeistes nicht mehr kann, seiner Form nach organisch sein, soll es jetzt durch eine gleichsam magische Ausstrahlung, seinen 'inneren Klang' werden. Das zeigt die postulierte Annäherung der Worte an die Musik (vgl. dazu den im Almanach abgedruckten Aufsatz von Schönberg), die Auflösung der Signifikat-Ebene, die semantische Befrachtung der Farben, deren Wirkung 'ihrer Natur' genuin sei. Was Kandinsky verwirft, ist die Auffassung von Kunst als einer idealistischen Dublette, was er fordert, ist die Subversion des idealistischen Überschusses von Kunst zu Ungunsten eines exklusiven und ästhetisch reflektierenden Bewußtseins, das stets das Objekt in seiner Wesenheit reflektiert, es aber notwendig verfehlen muß, weil es von mehreren subjektiven Perspektiven abhängt. Die 'Hülse' des Gegenständlichen müsse fallen, damit sich der innere Klang als Vibration dem Betrachter mitteile. In "Die Geburt der Tragödie", die Kandinsky vermutlich kannte, heißt es:

Und während uns so die Musik zwingt, mehr und innerlicher als sonst zu sehen, und den Vorgang der Scene wie ein zartes Gespinst vor uns auszubreiten, ist für unser vergeistigtes, in's Innere blickendes Auge die Welt der Bühne ebenso unendlich erweitert als von innen heraus erleuchtet. Was vermöchte der Wortdichter Analoges zu bieten, der mit einem viel unvollkommeneren Mechanismus, auf indirektem Wege, vom Wort und vom Begriff aus, jene innerliche Erweiterung der schaubaren Bühnenwelt und ihre innere Erleuchtung zu erreichen, sich abmüht? Nimmt man zwar auch die musikalische Tragödie das Wort hinzu, so kann sie doch zugleich den Untergrund, die Geburtsstätte des Wortes danebenstellen und uns das Werden des Wortes, von innen heraus, verdeutlichen. (162, II,82)

Ähnlich wie Nietzsche will Kandinsky einem vorgängig idealistischem Code, sei es nun der der Malerei oder der Sprache, die fixierende Herrschaft entziehen, einem Code, der – wie im Fall der Sprache, oder besser: des Wortes – signifikantes Material vorzeitig arretiert. In nichts anderem liegt sein Bemühen, als im Versuch einer Freisetzung des den künstlerischen Mitteln inhärierenden Wirkpotentials um damit ineins die dunkle Bahn der Schöpfung zu enthüllen. In diesem Sinne spricht er eingangs seines Beitrags vom 'Schaffenden' als dem "weißen befruchtenden Strahl". Mit dem Begriff 'innerer Klang' bezeichnet er jenes unter dem Begrifflichen sich versteckthaltende Wirkpotential, das eine 'rationale' und räsonnierende Kunst, etwa die der 'großen Realistik', verdrängt hatte.

9. **Zum Problem 'Abstraktion': Wilhelm Worringers anthropologisch-psychologischer Ansatz**

Nach dem Vorausgeschickten, nach Nietzsche und Kandinsky, stellt sich das Problem des Abstrakten.

Wilhelm Worringer hat das Thema erstmals ausführlich in seiner berühmten Dissertation, die auch die Expressionisten beeinflußte, behandelt. Er bringt Kandinsky unter einer neuen Perspektive auf einen neuen Begriff. Wie dieser geht er dem sogenannten 'Naturschönen' (Kant) zu Leibe, worunter er die 'sichtbare Oberfläche der Dinge' versteht. Kunst sei 'organisch', habe aber keineswegs etwas mit 'Realistik' zu tun.

Auf zwei Ebenen wird argumentiert: einmal auf der Ebene des Rezipienten, zum anderen auf der des Kunstproduzenten. Zunächst wendet er sich gegen eine "Einfühlungsästhetik", wie sie Theodor Lipps aufstellte (191, 36), weil sie das betrachtende Subjekt in einen Konflikt bringe, da es das Bedürfnis der "Selbstbestätigung" (191,38) habe, die ihm bei der Betrachtung des Kunstwerks zugemutet werde. "Kann ich der zugemuteten Tätigkeit mich ohne innerliche Gegensätzlichkeit überlassen, dann habe ich ein Gefühl der Freiheit. Und dies ist ein Lustgefühl. Das Gefühl der Lust ist immer ein Gefühl freier Selbstbetätigung.", so Theodor Lipps. (In 191,38)

Worringer arbeitet den entgegengesetzten Standpunkt heraus, indem er den bereits von Lipps genannten Konfliktfall aufgreift und zeigt, daß die apperzeptive Tätigkeit negativ reagieren kann, also das Subjekt – um mit Schopenhauer zu sprechen – im Kunstwerk nicht zur Ruhe kommt. Folglich können Sätze über Kunst nicht vom einzelnen Subjekt geleistet werden, das einer wie auch immer gearteten und von Worringer als psychisch gekennzeichneten Vorauslegung seiner selbst anheimfällt.

Ein objektives Kunstverständnis kann nur erreicht werden, wenn der Kunstdeuter das Kunstwollen des Produzenten kennt. "Unter 'absolutem Kunstwollen' ist jene latente innere Forderung zu verstehen, die, gänzlich unabhängig von dem Objekte und dem Modus des Schaffens, für sich besteht und sich als Wille zur Form gebärdet." (In 191,42) Kunstgeschichte ist nicht mehr Geschichte des Könnens, sondern des Wollens. Die Psychologisierung der ästhetischen Betrachtung sieht sich allerdings vor die Schwierigkeit gestellt, das Wollen beschreiben zu müssen. Als Gradmesser für die Eruierung dessen, was da nun Kunst sei oder nicht, benennt Worringer das 'absolute Kunstwollen', für ihn auch Zeugnis der Qualität der dem Wollen zugrundeliegenden psychischen Bedürfnisse. Freilich muß er gestehen, daß eine Psychologie der Kunstbedürfnisse noch nicht geschrieben sei, doch das hilft nicht über die vertrackte Schwierigkeit hinweg, Qualitäten des Wollens zu bestimmen. Im Grunde – auch das ist eine Analogie zu Nietzsche – hinterläßt er nach der Entmaterialisierung der Kunst eine Lücke und versäumt es, Kriterien zur Findung von Urteilen über ein künstlerisch sich objektivierendes Wollen nachzuweisen. Zwar ist dies ein psychischer Drang, aber keineswegs ein "dionysischer". Im Gegenteil: eigentliches Movens zur Produktion abstrakter Gebilde sei die Angst, die dem Abstraktionsdrang zugrunde liege. "Während der Einfühlungsdrang ein glückliches pantheistisches Vertraulichkeitsverhältnis zwischen Menschen und den Außenwelterscheinungen zur Bedingung hat, ist der Abstraktionsdrang die Folge einer großen inneren Beunruhigung des Menschen durch die Erscheinungen der Außenwelt und korrespondiert in religiöser Beziehung mit einer stark transzendentalen Färbung aller Vorstellungen." (191,49)

Interessanterweise zeigt Worringer den Abstraktionsdrang am Beispiel sogenannter primitiver Völker auf, die einen durch keinen Intellekt getrübten Bezug zum 'Kosmischen' haben. "Es muß also ein kausaler Zusammenhang bestehen zwischen primitiver Kultur und höchster, reinster, gesetzesmäßiger Form. Und es läßt sich weiter der Satz aufstellen: Je weniger sich die Menschheit kraft ihres geistigen Erkennens mit der Erscheinung der Außenwelt befreundet und zu ihr ein Vertrauensverhältnis gewonnen hat, desto gewaltiger ist die Dynamik, aus der heraus jene höchste abstrakte Schönheit erstrebt wird." (191,52)

Das heißt aber für Worringer gleichzeitig, daß dieser Mensch "hilflos zwischen den Dingen der Außenwelt steht, weil er nur Unklarheit und Willkür im Zusammenhang und Wechselspiel der Außen- und Welterschei-

nungen sieht". Die Hervorbringungsgesetze abstrakter Kunstwerke sind ...
"implizite auch in der eigenen menschlichen Organisation" enthalten. In
seiner Funktion ist der Abstraktionsdrang ein Quietiv, seine Objektivationen ein Feld von "Beglückungsmöglichkeiten". (191,55)

## 9.1. *Abstraktion und ramponierte psychische Ökonomie*

Der folgende Versuch, der Kategorie des "abstrakten Kunstwollens" einige
psychologische Begriffe zu unterlegen, will Worringers These plausibler
machen. Er geht damit über eine rein formale Bestimmung, wie sie alles in
allem R. Brinkmann (87) exemplarisch versucht hat, hinaus, schließlich
auch über die Annahme Kempers, das Problem Abstraktion sei ein schein-
bares, weil der Rezipient letzten Endes doch das seinige bei der Lektüre/
Betrachtung hinzutue, so daß das im literarischen Werk phänomenologisch
sich abstrakt Gebende im Rezipienten eine Konkretion erfahre. Das ist
richtig, insofern der Rezipient beispielsweise über ein durchaus syntaktisch
defizitäres Gebilde August Stramms einen auf Grund einer veränderten
'Syntax' vagen Imaginationsraum aufbaut, der durch ein Lesen zwischen
den Zeilen konstituiert wird. Die Verbindlichkeit der Dichtung Stramms
besteht darin, daß er das Unverbindliche zum Prinzip erhebt, daß er Imagi-
nationsräume schafft, die durchaus nicht auf der Beliebigkeit 'willkürlicher' lexikalischer Solidaritäten im Syntagma 'Satz' beruhen.

Wir kommen aber mit der Beantwortung der Frage, was Abstraktion sei,
nicht weiter, wenn wir historische Belege beibringen oder eine formale
Beschreibung liefern. Es geht also darum, dem 'abstrakten Kunstwollen'
ein einigermaßen plausibles und aufgefächertes psychologisches Substrat
zu unterlegen.

Das Verfahren wird einmal durch das Vorgehen Worringers legitimiert,
der den Begriff 'Angst' ins Spiel brachte, zum andern dadurch, daß Kunst
für psychologische Deutungen unweit offener ist als zum Beispiel der Seelentext eines Patienten. Ich möchte aufzeigen, wie Abstraktes entsteht,
durch welche psychologischen Befunde ein abstrakter Code hergestellt
wird. Hier scheint mir vor allem B. Leuners Unterscheidung zwischen
'abstrakter' und 'emotionaler' Intelligenz weiterzuhelfen, zwei Kategorien,
die ihre Funktion im Rahmen eines Psychodynamismus erhalten, der sowohl Tief- als auch Höhepunkte im seelischen Leben des Menschen annimmt. "Tiefpunkte im seelischen Erleben sind deshalb notwendig, weil
die Seele ohne sie an Dynamik verliert, also auch das Vermögen zur Befriedigung, zu Erlebnissen positiver Art." (219,13) Der Begriff 'Intelligenz'

74

wird nicht definiert, steht aber im Gegensatz zum Intellekt, der mit "abstrakter Intelligenz" gleichgesetzt wird. Die emotionale Intelligenz qualifiziert individuelle Erlebnisqualitäten, die in der Neo-Psychoanalyse als 'aktive' Gefühlszuwendung zur Welt mittels der Sinnesorgane interpretiert worden sind. Aktive Gefühlszuwendungen implizieren eine Intention der Erlebnisfähigkeit und des schöpferischen Antriebs als Aktivität des Emotionalen. Leuner geht davon aus, daß es ein den Menschen differenzierendes Wechselspiel zwischen Emotion und Abstraktion, zwischen Erleben und Erkennen, Engagieren und Distanzieren gibt. Störungselemente der emotionalen Intelligenz sind Frustrationen, die bestimmte Symbole als Äquivalent der Mangelerlebnisse hervorbringen. Dominante Frustrationen bei gestörtem emotionalem Erleben zeitigen klinischen Untersuchungen zufolge präverbale Vorstellungen, die "symbolisch häufig in den Formationen des Anorganischen auftreten". (219,10) Ihnen liegen "Versteinerungs- und Vereisungserlebnisse" zugrunde. "Damit wäre die abstrakte Formgebung daraufhin zu überprüfen, ob und inwieweit sie eine Hemmung des Strukturvorganges der Technik vom einfach strukturierten Anorganischen zum komplizierter strukturierten Organischen hin sei." (219,10) Architektur, wie sie zum Beispiel vom Bauhaus konzipiert und verwirklicht wurde, gerät in die Nähe solcher von Leuner beschriebenen Versteinerungserlebnisse. Darauf wird eigens verwiesen. "Die Technik würde damit im circulus vitiosus zum frustrierenden Element für den Menschen, sie setzte erneut eine Flut von Mangelerlebnissen in den Symbolen des Anorganischen, die die menschliche Entfaltung verhindern, statt sie zu fördern, …" (219,10)

Den vor allem durch die Kälte anorganischer Materialien wie Stein, Glas, Beton usw. hervorgerufenen 'sekundären' Frustrationen gehen 'primäre' voraus, wie sie schon beim Säugling auftreten können. "Die erste Leistung, die … (er) vollbringt, und zu der die Mutter dem Kind Gelegenheit geben muß, ist die, Befriedigung und Versagung, Liebe und Haß zu integrieren, d.h. Unlust ertragen zu lernen mit der erfahrenen Gewißheit, daß sie in einer … angemessenen Zeit wieder von Lust abgelöst wird." (219,11)

Wenn die erste Realitätsbewältigung des Menschen positiv verlaufen soll, darf es mithin nicht zu Störungen der Erlebnisfähigkeit kommen. Dennoch besitzt schon das Kleinkind die von Freud konstatierte Fähigkeit zur Verdrängung: Es kann Lust- und Unlustgefühle, sobald sie nicht mehr rhythmisch verlaufen, verdrängen, so daß sie schließlich nicht mehr unterschieden werden können. Sie vergleichgültigen sich, wie ich es ausdrücken möchte.

Nun können primäre Frustrationen, die zeitlich in die präverbale Phase des Kindes fallen, therapiert werden, wenn sie in Heilungsprozessen 'aufgearbeitet', d.h. zur Sprache gebracht werden, jedoch ist die in diesen Seelencode eingeschriebene Symbolik die gleiche wie die der sekundären Frustrationen beim Erwachsenen. Leuner berichtet: "Die Patienten erleben gerade diese wieder wachgerufenen frühkindlichen Frustrationserlebnisse als besonders unheimlich, z.B. das Versteinertsein oder in Steinwüsten hilflos leben, das Vereistsein, Schmelzen und wieder in einem grenzenlos erscheinenden Vereisungsprozeß Ausgesetztsein, das in Beton Eingeschlossensein, die Erlebnisse einer schwarzen Dunkelheit, eines 'Nichts', aus dem keine Erfahrung eines vertrauten Ortsgefühls oder vertrauten Zeitgefühls, denn beides hat der junge Säugling noch nicht, erlösen, das Zerfallen in rasterhafte Bruchstücke im Fluß permanenter Vervielfältigung, ein die Brust zersprengendes Allmachtsgefühl, sowie die Qual und grenzenlose Unheimlichkeit der Substanzlosigkeit, ..." (219,15)

Hervorgehoben sei in unserem Zusammenhang noch, daß das Kind in der präverbalen Phase weder Zeit- noch Raumbegriffe kennt, woraus jene von Worringer als Movens der Abstraktion zitierte Angst resultiert: sie ist Furcht vor dem Grenzenlosen, dem nicht mehr Überschaubaren, das keine Orientierung mehr bietet.

Wenn wir an die Überlegungen zur Abstraktion, wie sie von Worringer oder Kandinsky angestellt wurden, ein psychisches Substrat herantragen, heißt das allerdings nicht, daß damit etwas über den Wert beispielsweise der Bilder Kandinskys ausgesagt ist, denn gerade das Spannungsfeld zwischen Leidensfähigkeit und sinnlich emotionaler Erlebnisfähigkeit ist der eigentliche Raum des künstlerischen Schaffens.

Leuners sowie andere Untersuchungen haben ergeben, daß unverarbeitete Frustrationen im Haushalt der Seele gleichsam 'hängenbleiben'. Sie kehren traumatisch wieder und zeigen sich im Code des Seelentextes, der ja sprachlicher Natur ist, als Repetitionen. Die Wiederholung des immer Gleichen betrifft die Thematik, die Symbolik und das Vokabular – mit Varianten natürlich. A. Görres hat in "Methoden der Psychoanalyse" (207) gezeigt, daß der Mensch auf unbewältigte Erlebnisse, eben weil sie psychisch fundiert sind, immer wieder reagieren muß; dergestalt, daß ein gewisser Wiederholungszwang entsteht. Zu diesem Befund schreibt B. Leuner: "Der präverbal traumatisierte Mensch reift und wächst also in diesem Bereich (der verdrängten Erlebnisse, Anm. E. P.) nicht mehr, er verarbeitet ihn nicht, er wiederholt ihn, er behilft sich mit dem erreichten Zustand, dessen Verfeinerung schließlich im Erwachsenenalter einen hochqualifizierten Differenzierungsgrad erreichen kann, ohne den Stachel unkorrigierbarer Infantilität je zu verlieren, ohne integrationsfähig zu sein, d. h. im Verzicht, Neues mit einem lebendig reagierenden Eigenleben in Einklang zu bringen. Zudem reagiert der Mensch auf jede Frustration, d. h. auf Mangelerlebnisse, mit Aggressionen, d. h. im Wiederholungszwang werden die traumatisierten Elemente verschärft und verhärtet empfunden und gelebt." (219,16)

Damit ineins verkehrt der traumatisch Befangene seinen Kommunikationsmechanismus, auch in seiner Eigenschaft als Künstler. Gewiß mögen ihm hier und dort sinnlich vermittelte Eindrücke – wir wollen sie als 'Sender' bezeichnen – zu schöpferischem Tun veranlassen, doch haben seine unverarbeiteten Traumata, soweit sie sich in künstlerischen Objektivationen zeigen, eine Schubkraft, die das Bild, das Gedicht etc. mit 'gesendeten' Repetitionen abstrakter Art überziehen. Unterstellt man, das oben Skizzierte entbehre einer Richtigkeit nicht, dann läßt sich ein entscheidender Unterschied zwischen abstrakter Kunst und beispielsweise dem Impressionismus aufzeigen. Man sieht die Impressionisten gerne als Vorreiter der Abstrakten an oder spricht ihrem Verfahren doch eine gewisse Ähnlichkeit beispielsweise mit der Technik der Wortkunst nicht ab. (Vgl. 86) Mit ihrem Stil werde eine Entsubstantialisierung eingeleitet, die sich bis in neuere Zeit fortsetze. Richtig ist, so meine ich, wenigstens auf kommunikativer Basis, das Gegenteil. Gerade der Impressionist ist nicht primär Sender, sondern 'Empfänger' eines Naturschönen, das er lucide in eine malerische Technik transformiert, die freilich trügt, weil sie nicht das geschmeidig Glatte der dem Naturalismus verpflichteten Technik hat. Vielmehr ist der Pointilismus die konsequent erdachte Umsetzung einer intakten Apperzeption, und – so würde der Psychologe sagen – einer gesunden emotionalen Intelligenz. Von den Wortkünstlern wird man hingegen kaum sagen können, ihre Kunst sei Wiedergabe einer wie auch immer und durch welche Organe geleisteten Apperzeption, vielmehr verstellt sich hier der Intellekt, gefaßt als abstrakte Institution, die mögliche Unbekümmertheit gegenüber der Außenwirklichkeit. In diesem Sinne sagt Walden, daß Kunst nicht Wiedergabe, sondern Gabe sei.

Das vorgängig abstrakte Denken, von dem wir annehmen, es korrespondiere mit einer genuinen psychologischen Erfahrung, begrenzt das Virtuelle emotionalen Erlebens. Freilich: im Hinblick auf die Entwicklung der Literatur, ja der Kunst überhaupt, kann diese psychologische Dichotomie nicht mehr rein ausgespielt werden; sie kann im beginnenden zwanzigsten Jahrhundert nur noch approximative Geltung beanspruchen und als Raster gelten, in welches ein oder das andere Phänomen, von dem hier sowie im Fortgang der Studie die Rede sein wird, gleichsam theoretisch eingebettet ist. Das Prinzip der umgekehrten Kommunikation zwischen Künstler und Wahrnehmungsobjekt, jenes hier versuchsweise fundierte Phänomen, nach welchem der Seelenhaushalt gleichsam ein präformiertes Netz über die Dinge und Erscheinungen legt und sie dergestalt zu Abstraktionen verkümmern läßt, jenes Prinzip zeitigt gleichsam nebenbei eine andere Erscheinung, die für die Moderne gleichermaßen konstitutiv ist: die Dominanz der Theorie vor der künstlerischen Objektivation. Hugo Friedrich hat meines Wissens als erster diese Erscheinung über Baudelaire hinaus für die moderne Lyrik insgesamt geltend gemacht (206,25 f.), wobei freilich gleich hinzuzufügen wäre, daß bei Baudelaire die Theorie, wenn schon gleichrangiges, doch noch nicht notwendiges Explikandum neben der eigentlichen Dichtung ist. Aber schon bei Arno Holz, gelegentlich auch bei Georg Trakl, ganz sicher bei den Wortkünstlern, bei August Stramm und den Dadaisten, bei Künstlern also, die relativ 'abstrakt' dichten und malen, scheint zeitweilig das Kunstwerk nur noch von Gnaden der Theorie zu leben, scheint es so zu sein, als seien das Manifest, die Programmschrift oder der Tagebucheintrag notwendige Begleiter der künstlerischen Produktion. (Vgl. 228) Für Kemper ist das Manifest eine Art Gattung der Avantgarde, und Merleau-Ponty bemerkt, daß in der modernen Malerei das Auge nicht mehr die dominante Instanz sei, die Wahrgenommenes mehr oder weniger äquivalent ins Bild setze. (224,19 ff.)

## 9.2. Ich-Theorie und Ich-Reduktion bei Abstraktionsprozessen

Um den Modus der psychischen Steuerung bei Prozessen der Abstraktion besser zu verstehen, sei auf einzelne Bereiche der Ich-Theorie hingewiesen. Denken wird dort als organische Plastizität aufgefaßt, die maschinell nicht kopiert werden kann. Versuche Husserls, Apperzeptionsvorgänge zu erklären, decken sich in ihren Ergebnissen mit bestimmten kybernetischen Abstraktionen, insofern sie einen Sender und Empfänger, mithin ein Kanalsystem voraussetzen, in dem bestimmte Strukturen oder Matrizen auf der Rezipientenseite angenommen werden und Wahrnehmungen zur Gleichheit oder zur Bekanntheit reduzieren. Man kann mithin von einem "Apperzeptionsraster" mit Invarianten sprechen, die sozusagen apriorische Momente bilden und sich phylogenetisch in das Bewußtsein eingeschrieben haben. Als Stützen bilden sie für die Wahrnehmung einen 'Informationsrahmen'. Die Differenzierung des Erkennens kann so gedacht werden, daß durch höhere Beanspruchung der Sinnesorgane die Umweltreize in ein dialektisches Verhältnis zu den Invarianten treten, so daß das Apperzeptionsgerüst verfeinert wird. Daß dabei Sprache und hierbei vor allem die Semantik eine entscheidende Rolle spielen, belegt der Prozeß der Begriffsbildung, der durch Aufnahme von Details im Sinne von 'Merk-'malen vor sich geht, die sich im Begriff verdichten. (Vgl. dazu 235)

Die Problematik der Wahrnehmung und ihrer Verarbeitung, die von Invarianten und semantischen Engrammen ausgeht – ihre Genese steht hier nicht zur Diskussion – mündet insofern in eine Ich-Theorie, als das Reizreservoir der Außenwelt gesteuert verarbeitet wird. Freud versteht Denken als eine Art Probehandlung, in der das 'Ich'-Ziel den Modus des Denkens bestimmt, und zwar auf möglichst ökonomischem Weg. Zur Erklärung seiner These bemüht er das Lustprinzip und macht die Wahrnehmungsselektion des Ichs von der Libidozuwendung abhängig: die 'emotionale Intelligenz', so würde vermutlich Leuner formulieren, speist sich aus einer Dialektik zwischen Mundanem und Ego, wodurch eine Realitätsbildung in Gang gesetzt wird, die einer anzunehmenden Teleologie des Ichs entspricht, die freilich bedroht werden kann, wenn sich Trieb, Über-Ich und Außenwelt in Widerspruch bringen, wenn es zu einer Ich-Abwehr kommt, die sich letztlich – aus dem Gefühl der Angst heraus – in einer Quasi-Harmonisierung äußert. (143,25) Das Ich selbst ist nun als Konstitut mehrfach wiederholter Erfahrungen zu denken, die entweder bewußt sind oder im Vorbewußten liegen. Wichtig ist eine gewisse Stabilität und Kontinuität der Erfahrungen, weshalb auch Faktoren wie Permanenz und Sicherheit Kriterien der Ich-Beurteilung sind, das sich seiner selbst vergewissern können muß. In unserem Zusammenhang ist wichtig, daß Außenwelt nur dann apperzipiert werden kann, wenn das Ich konturierte Grenzen hat. Eine Ich-Entfremdung setzt dann ein, wenn die 'Ich-Grenze' nicht mehr mit Libido besetzt ist; andererseits verwischt eine z u s t a r k e Hinwendung zur Außenwelt die Grenzen, es kommt zur Distanzlosigkeit, deren Ausdruck bei Überspielung der Ich-Grenze die Ekstase ist.

Dieser mehr formalen Deskription des Ichs fehlt eine inhaltliche Füllung. E. und W. Menaker gehen davon aus, daß das Ich von kulturellen Konflikten eingeschrieben sei, die es bewältigen kann durch erlernte Fähigkeiten, die auch aus dem Wissen um vorausgegangene kulturelle Situationen stammen können. (223) Die Verfasser berücksichtigen die zunehmende Komplexität der Welt, die eine größere Konzentration des Ichs verlange, damit aber auch eine größere Stabilisierung, die wiederum andere Stabilisierungsfaktoren des Ichs zerstört. Der psychische Haushalt wird ramponiert und kann nicht mehr mit der Freud'schen Ökonomie des geringsten Widerstandes gleichgesetzt werden.

H. Willenberg legt sich die Frage vor, "auf welchen Wegen Gesellschaftliches in das Denken oder die Wahrnehmung gelangen kann", er sucht ein Modell, "das auch berücksichtigt, wie die Formen der kognitiven Bereiche durch Inhalte beeinflußt werden". (235,48) Wer so fragt, setzt notwendigerweise eine Ich-Identität voraus, die eine gewisse Objektkonstanz erlernt hat, an die sich sprachliche und inhaltliche Strukturen angliedern. Er postuliert damit gleichsam eine Meta-Ebene gesellschaftlicher Art, die bei der Analyse von Sprache – Sprache steht dem Bewußtsein am nächsten – explikativ werden kann. Nur so könne die Gesamtsituation des Sprechenden berücksichtigt werden. Über die Beobachtungen Leuners, die er allerdings nicht erwähnt, geht er insofern hinaus, als er nicht einen dumpfen traumatischen Seelentext zitiert, sondern Kategorien sucht, die verbal verzerrtes Verhalten erklären. Dann wohl doch analog zu Leuner spricht er von 'Klischees' – die von Leuner angeführte anorganische Symbolik des Frustrierten wäre ein solches –, die symbolische Prozesse absperren, wobei Willenberg offenbar – darin einem Teil der Symbol-Diskussion der Germanistik folgend – Symbolbildung als Prozeß auffaßt, also als Gegenteil von Klischee im genannten Sinne. Mit Lorenzer (221) ist Willenberg der Meinung, daß verbale Verzerrung aus unterdrückter Interaktion herrührt, aus lebensgeschichtlicher Verstümmelung, aus der Vergesellschaftung des "Es". Für das 'Ich' spiele die Erfahrung der Identität eine strukturierende Rolle, als es das 'Mich' aus einem Vorhof von Erfahrungen herausbildet, auf die das Ich reagiert und entsprechend handelt. Im Zusammenhang mit dem Identitätsproblem, das die Selbstgewißheit des Ichs problematisiert, sieht Willenberg auch die Funktion der Rolle, durch die sich einerseits das Ich-Verhalten stabilisiere, aber andererseits die Ich-Spontaneität verloren gehe.

Auch von der Ich-Theorie aus zeigt sich das Phänomen der Abstraktion als Reaktion des seiner nicht mehr selbstgewissen Ichs auf einen Zwang. Wir versuchten darzulegen, daß dieser bereits im frühesten Kindesalter manifest wird, wenn der Rhythmus zwischen Lustempfinden und Befriedigung sowie durch Ausbleiben der Erwartungshaltung einer Bezugsperson gestört wird. Die derart ausbleibende Integration einer ersten Realitätsbewältigung im psychischen Haushalt manifestiert sich als Leiden oder Haß.

Es wurde angedeutet, daß ein Abbau dieses von uns als Frustration gekennzeichneten Leidens im Erwachsenenalter noch möglich ist, wenn nur versucht wird, die präverbale Phase bewußt zu durchlaufen. Ohne nun Kandinsky oder andere abstrakt verfahrende Künstler an diesen Mechanismus binden zu wollen, legt doch das kategoriale Repertoire der Psychologie die Annahme nahe, daß sowohl Kandinsky als auch seine Mitstreiter dem Andrang der Wirklichkeit unterlagen u n d zumindest Kandinsky, was entscheidend ist, sich aus den Fallstricken der erlebten Wirklichkeitsfülle herauszuwinden verstand und einen neuen Ich-Aufbau wagte. Die These vom Ich-Aufbau steht nur scheinbar im Gegensatz zur Interpretation Kandinskys durch B. Leuner, die – vom Biographischen ausgehend – in allen Bildern das Hervorbrechen präverbaler Frustrationssymbole sieht und sucht. Das ist nicht unbedingt falsch, aber auch nicht ganz richtig. Zwar – so hat es den Anschein – gelingt ihm nicht mehr der Aufbau einer psychischen Teleologie im Sinne einer notwendigen Transzendentalie für die Darstellung einer pluralen Dingwelt, doch macht er in seinen theoretischen Schriften den Versuch, das künstlerische Bewußtsein von Randthematiken auf ein Zentrum hin abzulenken, um dort einen Halt zu finden. Auf der anderen Seite scheint es selbstverständlich, daß da, wo, wie im "Blauen Reiter" aber auch in "Über das Geistige in der Kunst" immer wieder betont wird, die Last der Dinge das Bewußtsein ramponiert, intuitiv – und mithin könnte man dann eigentlich nicht mehr von einem vorgängigen Bewußtsein sprechen – zu allereinfachsten Mitteln der Neukonstituierung des Ichs gegriffen wird. Das gilt zunächst für nicht mehr dingfixierende Apperzeptionsprozesse, denn Dinge besitzen Namen mit womöglich mehrdeutiger semantischer Befrachtung, die eine Erkenntnis des "Wesens" der Dinge versperren würden. Doch bedeutet der Verzicht auf eine Dingfixierung nicht, daß der Gegenstand prinzipiell ausgesperrt bleiben muß, vielmehr kann sich in Verschiedenem, freilich nicht als Ensemble Gestaltetem, das 'innere' Wesen des Gegenstandes auftun. Doch das ist eine mehr prinzipiell gedachte Möglichkeit, die sich Kandinsky offenhält, die er aber nichtsdestoweniger vernachlässigt. Denn er münzt seine Fähigkeit, im scheinbar trivialen Mittel der Malerei, der Farbe, der er im Grunde keine eindeutigen Randzonen mehr zubilligt, Wesenheiten zu erkennen dergestalt um, daß er einer auflastenden Differenzierung der Dingwelt entgeht; er lernt sehen, ohne schwerfaßbare Objektrelationen zu stiften. Wie das Kind anthropomorphisiert er Farben, spricht von 'Farbwesen', die an und für sich "selbständig" seien. (219,31) In seiner abstrakten Zeit malt er Bilder, die von anorganischen Symbolen durchsetzt sind: Felsen, Steine, Quader, unstrukturiertes Material. Mehrmals betont er, daß er die Gegenstände geschauter Bilder nicht mehr erkennen könne, daß sich ihm nur der Farbklang mitgeteilt habe.

Von hier aus ließe sich eine Brücke schlagen zur Wortkunst. Auch dort werden innere Gesichte bemüht, wird der 'innere Klang', den es durch das

Wort vernehmbar zu machen gelte, zitiert, nur ist freilich fraglich, ob sich eine zwar überprüfbare psychologische These so nahe an Erscheinungen der Wortkunst herantragen läßt. Nicht deshalb, weil dem Germanisten der Umgang mit psychologischem Vokabular schwer fällt, sondern weil es auch im Bereich der abstrakten Kunst 'Techniken' gibt, Muster sozusagen, die keineswegs durch den Verweis auf ihr psychodynamisches Substrat erklärt werden können.

Daß nun aber dennoch eine nicht nur temporäre Affinität Waldens zu Marc, zu Kandinsky grundsätzlich bestanden hat, belegen nicht nur Waldens Mäzenatentum dem Kandinsky'schen oder Marc'schen Œuvre gegenüber − ihre Bilder waren ab 1912 in vielen Sturm-Ausstellungen zu sehen −, sondern auch manche Stelle aus "Expressionismus, die Kunstwende" (1918) aus Waldens Buch "Die neue Malerei" (1920), stärker dann Schreyers Schrift "Die neue Kunst" (1919), die zuerst in der Zeitschrift "Der Sturm" erschien. Deutlich wird dort, daß Kunst nicht mehr die Aufgabe habe, Wirklichkeit abzubilden, daß sie nicht mehr Wiedergabe, sondern Gabe sei, wie es Walden im Ausstellungskatalog zum 'Ersten Deutschen Herbstsalon' formulierte. Und wenn gesagt wird, diese Gabe sei wesentlich Geist, der durch seine wie auch immer geartete Materialisation allererst Kunst schaffe, dann meint das in etwa das Gleiche, was die Psychologen handfest bezeichnen, wenn sie von 'umgekehrter Kommunikation' sprechen: der abstrakte Künstler apperzipiere recht eigentlich nicht mehr; nicht mehr die Dinge reden durch das Wort, durch Farben oder welche Medien auch immer, sondern "das Wort soll reden, bevor es in den grammatischen Zusammenhängen Vehikel einer darin gebotenen Weltauslegung wird" (87, 102), und das gilt mutatis mutandis auch für die Farben.

## 10. Peter Bürgers "Theorie der Avantgarde" und einige Merkmale der Bewegungen Dadaismus und Wortkunst

Ein Wort zur bislang einzigen systematischen Theorie, die speziell die Kunst der Avantgarde zum Gegenstand hat. Was das rein Methodische angeht, von dem in Peter Bürgers Buch "Theorie der Avantgarde" (89) gelegentlich und im Hinblick auf notwendige Formulierungen zur Synthese griffiger Kategorien die Rede ist, wurde eingangs in Teil I einiges angemerkt. Insgesamt stellen wir Bürgers Thesen aus folgenden Gründen an den Schluß dieses Kapitels:

Eine Theorie versammelt in Basissätzen und Thesen Materialien, die über Einzelanalysen hinaus für ihren Gegenstand Konstitutives sagen möchte und versucht, brauchbare Kategorien zu erarbeiten. Die in sich stimmige Theorie Bürgers, die wir mit gebotener Kürze darstellen werden, läuft jedoch in ihrer Allgemeinheit der Wahrheit nach. Nicht, daß das Buch Kategorien nicht bereitstellen würde, vielmehr stellt sich das hohe Reflexionsniveau auch angesichts der hier zuvor erörterten Probleme als Voreingenommenheit dar, die den Bezug zum konkreten Fall zuweilen peinlich vermissen läßt. Im Prinzip sieht das Bürger, doch das ändert nichts an der Tatsache, daß einige Beispiele — ich greife extreme heraus: die Interpretation des Urinoirs Marcel Duchamps oder der Polit-Collagen Heartfields — ein nur geringer Trost für das in den theoretischen Ausführungen Versprochene sind.

Gerechterweise muß hinzugefügt werden, daß, bei aller Unschärfe der von Bürger entfalteten Kategorien, denen gelegentlich nur ein aus Einzelanalysen zu gewinnender Mehrwert fehlt, ihnen dennoch im Gesamtzusammenhang seines Denkens ein präziser Stellenwert zukommt. Überdies, das ist ein vorläufig nicht zu unterschätzendes Plus, erschaffen sie, allen Einwänden zum Trotz, eine approximative Konturierung dessen, was DADA war, oder besser: gewesen sein könnte. Auch deshalb haben die Bürger'schen Thesen ihren Platz n a c h den von uns behandelten Problemen und noch v o r dem Analyseteil. Als Avantgarde bezeichnet Bürger bei seinem Versuch, eine materialistisch fundierte Ästhetik auf die Beine zu stellen, die Futuristen, Surrealisten und Dadaisten. Bestimmte Basissätze oder Thesen seines Buchs könnte man durchaus als konstitutiv für die Epoche oder Bewegung halten, andere wiederum nicht. Bürger übernimmt zunächst die Marx'sche Einsicht, daß erst die historische Entfaltung in den Zeitverhältnissen etwas über die Gültigkeit einer Kategorie auszusagen vermag. Seine erste These lautet, "daß der von Marx am Beispiel an der Kategorie Arbeit aufgezeigte Zusammenhang zwischen der Erkenntnis der Allgemeingültigkeit einer Kategorie und der geschichtlich realen Entfaltung des Bereichs, auf den diese Kategorie zielt, auch für künstlerische Objektivationen gilt. Auch hier ist die Ausdifferenzierung des Gegenstandsbereichs die Bedingung der Möglichkeit einer adäquaten Gegenstandserkenntnis. Die volle Ausdifferenzierung des Phänomens Kunst ist aber in der bürgerlichen Gesellschaft erst mit dem Ästhetizismus erreicht, auf den die historischen Avantgardebewegungen antworten." (89,22) Damit ineins sei zu denken der Prozeß künstlerischen Schaffens als bewußte Selektion künstlerischer Mittel, die nach der Stufe des Ästhetizismus verfügbar seien. In ihrer Totalität können diese Kunstmittel erst seit den historischen Avantgardebewegungen erkannt werden, denn bis dato war deren Gesamtheit nicht disponibel, weil sie z. B. an Epochenstile gebunden waren. Das Charakteristische historischer Avantgardebewegungen bestünde gerade darin, daß sie keinen Stil entwickelt hätten. Die genannten Kunstrichtungen haben vielmehr die "Möglichkeit eines epochalen Stils liquidiert, indem sie die Verfügbarkeit über Kunstmittel vergangener Epochen zum Prinzip erhoben haben. Erst die universale Verfügbarkeit macht die Kategorie des Kunstmittels zu einer allgemeinen." (89,24) Bürger will damit nicht sagen, daß alle Kunstmittel in der Moderne zu voller Entfaltung gekommen seien, viele würden sogar negiert, daß sie aber in dem Moment, wo von Epochenstilen abgesehen wird, wo Kunstmittel nicht mehr einem Stil gegenüber dienende Funktion haben, verfügbar werden und nunmehr auch die Form-Inhalt-Dialektik zu Ungunsten des Inhalts lösen: gegenüber der Form tritt die inhaltliche Seite des Kunstwerks zurück. Und wie bei Marx das Proletariat die Gesellschaft in Frage stellt, hinterfrage die Avantgarde gleichsam von einer höheren Warte aus auch die Institution Kunst, übt also 'Selbstkritik' in Form des Protests. Gegenüber anderen ästhetischen Theorien der Moderne, etwa denen Adornos oder Lukács', differenziert er zwischen einer Autonomisierung der Institution Kunst bereits im 18. Jahrhundert – man denke an die Ästhetik Baumgartens – und der Autonomisierung ihrer Gehalte im Ästhetizismus um die Mitte des vorigen Jahrhunderts. Erst wenn beide Stränge entwicklungslogisch zusammenlaufen, so Bürger, wenn also sowohl die Institution Kunst als auch die Kunstwerke selbst autonom werden, können beide ineins angegriffen, können beide als Folgenlosigkeit bürgerlicher Kunst begriffen werden. Kritik freilich richtet sich nicht mehr gegen Stile, gegen Werkkategorien oder Gehalte, wie immer diese auch bedingt sein mögen, sondern fundamentaliter gegen die Institution Kunst als eine von der Lebenspraxis des Menschen abgehobene. Das meint nicht, daß Kunst oder das, was man so bezeichnen will, in der Blässe ihrer Gedanken einfach eine Umarmung mit der Lebenspraxis vollziehen würde, meint nicht, im Sinne einer romantischen Reprise, Leben und Kunst sollten oder könnten wieder eins werden, sondern lediglich, daß Gehalt und Funktionsmodus der Werke neu zu bestimmen wären. Indes, so konstatiert Bürger, wird von der Avantgarde dieses Postulat gerade nicht realisiert, wiewohl sie sich selber in ihren Attacken transparent gemacht, sich zu erkennen gegeben hat und mithin auch hier noch den Eindruck der Folgenlosigkeit bürgerlicher Kunst vermittelt. Das mediale Phänomen – von Bürger mit dem Terminus 'Prinzip' belegt –, in der sich all diese Gedanken gleichsam an der Oberfläche manifestieren, sei die Collage als relative Dichotomie zu vorausgehenden Techniken. In ihr würden heterogene Realitätspartikel als Zitate einer plural empfundenen Wirklichkeit wenn schon nicht integriert, so doch aufgenommen. Um seine These zu erhärten, bemüht Bürger Benjamins Allegorie-Begriff aus "Ursprung des deutschen Trauerspiels", freilich ohne dessen theologische Transzendentalien zu erwähnen, was sicher auch im Hinblick auf den Dadaismus, zumal bei Hugo Ball ergiebig gewesen wäre. Ihren Stellenwert erhält die Collage in einer Theorie der Avantgarde durch die Aufgabe der Theorie, den Begriff eines nicht-organischen Kunstwerks zu entwickeln. (89,92 ff.) Organisch sei die Allegorie deshalb nicht, weil der Allegoriker "ein Element aus der Totalität des Lebenszusammenhangs" herausreiße, weil er es isoliere und seiner Funktion beraube. (89,94 f.)

Die Benjaminsche Allegorie-Definition hat den Vorteil, daß sie auf der einen Seite zwei produktionsästhetische Begriffe, den der Materialbehandlung — Herausbrechen von Elementen aus ihrem Kontext —, sodann die Werkkonstitution, andererseits auch den Rezeptionsprozeß, durch den sich "Geschichte als Verfall" (89,94) darstelle, umfaßt.

Bürger kann den Benjaminschen Allegoriebegriff für den Künstler der Avantgarde insofern bemühen, als dieser das Material nicht als etwas Lebendiges behandelt, das "aus konkreten Lebenssituationen" mit Bedeutung erfüllt ist, die er respektiert, vielmehr bestehe dessen künstlerische Tätigkeit darin, das Leben des Materials zu zerstören, es "aus seinem Funktionszusammenhang herauszureißen" (89,95); sein künstlerisches Schaffen ist nicht mehr darauf aus, ein organisches Ganzes herzustellen, sondern Material so zu montieren, daß es neuen Sinn stiftet, wenn mitunter auch den, daß es keinen Sinn mehr gibt. (89,95) Benjamin hatte das Verhalten des Allegorikers als melancholisch charakterisiert, was mit Einschränkungen freilich auch auf die Geisteshaltung des Künstlers der Avantgarde zutreffe, denn dieser vermag die eigene gesellschaftliche Funktionslosigkeit nicht mehr zu verklären.

Auch die zweite mehr rezeptionsästhetische Deutung des Allegorikers übernimmt Bürger von Benjamin, insofern auch in der Avantgarde z. B. der Surrealist die Ursprünglichkeit von Erfahrungen dadurch wiederherzustellen sucht, daß er die "vom Menschen produzierte" Welt als natürliche setzt. "Dadurch wird ... die gesellschaftliche Wirklichkeit gegen den Gedanken möglicher Veränderung abgeschirmt." (89,96)

Bürger macht noch einen anderen, die Rezeption des avantgardistischen Kunstwerks betreffenden Unterschied. Das organische Kunstwerk sei nach einer syntagmatischen Struktur gebaut, das anorganische sei paradigmatischer Struktur. Sieht man davon ab, daß der europäische Strukturalismus nicht der Meinung ist, es gäbe so etwas wie eine syntagmatische Struktur, denn die Kombination sprachlicher Einheiten auf der Linie des Syntagmas ist keine Struktur, und sie macht eben deshalb, wie auch Bürger meint, da die Elemente im Syntagma nahtlos ineinander übergehen, ihren ‚Bau‘ vergessen, so scheint mir diese Unterscheidung dennoch bedeutsam, weil sich mit ihr auch die von uns angegebenen Leseweisen verknüpfen lassen. (Vgl. S. 21ff.) Während die adäquate Lektüre des organischen Kunstwerks mit dem hermeneutischen Zirkel beschrieben werde, mache, so Bürger, der Rezipient des anorganischen Kunstwerks "die Erfahrung, daß sein an organischen Kunstwerken ausgebildetes Verfahren der Aneignung geistiger Objektivationen dem Gegenstand unangemessen ist". Weder erzeugt das avantgardistische Werk einen Gesamteindruck, der eine Sinndeutung erlaubt, noch läßt der möglicherweise sich einstellende Eindruck im Rückgang auf die Einzelteile sich klären, da diese nicht mehr einer Werkintention untergeordnet sind. Diese Versagung von Sinn erfährt der Rezipient als Schock. Ihn intendiert der avantgardistische Künstler, weil er daran die Hoffnung knüpft, der Rezipient werde auch diesen Entzug von Sinn auf die Fragwürdigkeit seiner eigenen Lebenspraxis und die Notwendigkeit, diese zu verändern, hingewiesen. "Der Schock wird angestrebt als Stimulans einer Verhaltensänderung, er ist das Mittel, um die ästhetische Immanenz zu durchbrechen und eine Veränderung der Lebenspraxis des Rezipienten einzuleiten." (89,108)

Freilich weiß Bürger, daß darin eine Problematik beschlossen liegt, die die Dadaisten selbst gespürt haben mögen. Denn wenn immer man davon ausgeht, der Schock initiiere eine veränderte Lebenspraxis – wobei dahingestellt sein mag, ob alle Dadaisten das auch wollten –, so ist die Wirkung des Schocks temporär begrenzt, er ist kein Durativum in dem Sinne, daß er insistiert. Jedwede Repetition ist ihm eigentlich fremd, und wenn gelegentlich in Huelsenbecks "Phantastischen Gebeten" Zeilen wiederholt werden, dann nur als Bündelung des Schocks, gelegentlich als Echo auf Reaktionen des Publikums. Weniger scheint mir sein Einwand wichtig, daß vielleicht die Wut des Publikums über Provokationen, von denen die Dadaisten anläßlich ihrer Soireen im Cabaret Voltaire gelegentlich berichten, ihre Verhaltensweisen eher bestärkt denn in Frage gestellt hätten, denn wir wissen zwar durch Tzaras "Chronique Zurichoise", was an einzelnen Abenden geschah, und wenn Prominenz im Lokal war, wurde das zumindest in Balls Tagebuch festgehalten, wer aber darüber hinaus anwesend war, wer also – von der Crème im Publikum abgesehen – sich schockiert fühlen konnte, ist gänzlich unklar, oft mochten es Ausländer sein, wie Ball anmerkt, angetrunkene Studenten ebenso, die von dem ganzen Spektakel ohnehin nicht viel mitbekommen haben dürften.

Problematisch scheint mir Bürgers Bemerkung, der Schock verzichte, immer unterstellt, er sei maßgebliches Konstituens dadaistischer Produktionen, um die es hier geht, auf jedwede Sinndeutung. Das gilt für ein gut Teil der literarischen Produkte, soweit sie auf Dadaisten-Soireen zum Vortrag gelangten, nicht jedoch für graphisch fixierte Objektivationen, ganz und gar nicht für Bilder des Avantgardetums. Und wie schließlich ist es zu verstehen, wenn auf der einen Seite der Zuhörer oder Zuschauer "die Unangemessenheit der am organischen Kunstwerk ausgebildeten Rezeptionsweise" gegenüber dem anorganischen Kunstwerk dingfest verspüren soll, wenn er auf der anderen Seite nach Bürger gleichsam durch den Schock hindurch Strukturen erkennen darf? Denn der Schock impliziert als adäquaten Rezipienten den Aufpasser der Sekunde, der Strukturerkennende jedoch ist nicht der Statiker des Augenblicks, sondern der Statiker des näheren Hinsehens. Man wird einwenden wollen, Bürger habe das so nicht gemeint und billige dem Rezipienten durchaus auch ein zeitliches Quantum zu, um Strukturen zu erkennen, doch ist davon nicht die Rede. (Vgl. 89, 109) Vielmehr heißt es, nachdem die Kurzlebigkeit des Schocks eigens betont wird: "Zwischen der im Schock registrierten Erfahrung der Unangemessenheit am organischen Kunstwerk ausgebildeten Rezeptionsweise und der Bemühung um eine Erfassung der Konstruktionsprinzipien liegt ein Bruch: 'der Verzicht auf Sinndeutung'." (89,109) Angesichts des avantgardistischen Kunstwerks schrumpfe die Sinndeutung "zur bloßen Füllung eines Strukturmusters..." (89, 109) Daß dabei der hermeneutische Zirkel auf der Strecke bleibt, ist nur konsequent, wiewohl Bürger meint, daß formale und hermeneutische Methoden "im Hegelschen Wortsinne irgendwann einmal zu einer Synthese aufgehoben werden würden". (89, 109) Dieser fromme Wunsch an die Adresse des Hegelschen Weltgeistes verfängt jedoch nicht, denn schließlich muß auch Bürger zugeben, daß die 'formale Methode' zur Analyse avantgardistischer Kunstwerke eine Präponderanz vor anderen Methoden habe. (89,111)

Wie immer man zur Theorie Bürgers stehen mag, gewisse Fundierungsprobleme wird man im Hinblick auf Adornos "Ästhetische Theorie" (132) und auch im Hinblick auf Walter Benjamins Allegorie-Begriff diskutieren müssen, so scheint mir sicher, daß zumindestens einige der Kategorien für die Konturierung DADA's geeignet erscheinen, wobei ich von der Art der Genese absehe, aus der heraus sie entwickelt werden. Dabei kann man zunächst von der freilich auf den ersten Blick mehr nackten Kategorie des Protests ausgehen und sagen, daß mehr oder weniger alle Dadaisten, zum

Teil auch die Wortkünstler, nun nicht nur eine prinzipielle Gegnerschaft zu den realhistorisch bedingten Erscheinungen ihrer Zeit offenbaren, sondern auch, wenngleich in zuweilen unterschiedlicher Art und Weise, gegen die tradierten Formen der Kunst, gegen die Institution Kunst überhaupt. Dies jedoch in eingeschränktem Sinne. Wenn die bürgerliche Kunst, wie sie sich am Ende des 19. Jahrhunderts vor allem im Ästhetizismus konstituiert hat, zum Protest greift, zu seinen lautstarken Mitteln, zu Manifesten, Soireen, zu chaotischen Publikumsbeschimpfungen, wenn sie schließlich, so vor allem im Berliner Dadaismus, der Kunst zuruft, sie solle endlich abdanken, so tritt sie nicht schon allein dadurch in das Stadium ihrer Selbstkritik, wenn sie sich — mit welchen Aussichten auch immer — wieder dem Leben anvermählen will. Denn welch innovative Tendenzen sich auch immer im Dadaismus, vorher in der Wortkunst abzeichnen, sie brechen zwar radikal mit künstlerischen Traditionen, mit dem vom Historismus verantworteten musealen Ansammlertum von Kunst- und Kulturgütern, mit gängigen in Kunst umgesetzten Erfahrungsbereichen, indes sind die Beweggründe dafür nicht einheitlich, sie lassen sich nicht immer auf die gleiche gesellschaftliche Erfahrung verpflichten. Auch die Institution Kunst scheint mir nicht so gebeutelt zu sein, wie das Bürger will. Solche Sicht hängt freilich davon ab, was man zur Avantgarde rechnen will. Bemüht man allein Formprinzipien, dann gibt es nach dem von Bürger Gesagtem kein besseres Beispiel als August Stramm und seine Gedichte, denn nirgendwo, es sei denn bei Schwitters oder Arp, aber nicht einmal bei Ball, wird die Verfügbarkeit über die Mittel manifester als bei ihm, nirgendwo ist das Prinzip, Wörter auf der paradigmatischen Achse der Sprache anzusiedeln, greifbarer, als in einer Vielzahl seiner Gedichte. Dennoch wird man Bedenken haben, Stramm und die Wortkünstler in die Nähe jener von Bürger beschriebenen Avantgarde zu rücken. Wie innovativ sie allemal waren, im Grunde lief ihr Bemühen auf eine Restitution des Auratischen hinaus, das sie bis in ihre Privatsphäre hinein verlängerten. Liest man das von Nell Walden und Lothar Schreyer herausgegebene Erinnerungsbuch an Herwarth Walden (80), dann ist man oft berührt von der Sprache dieser in Freundschaft verbundenen Seelen. In fast sektiererischer Manier lebten und kommunizierten die Freunde um Herwarth Walden, und in zahlreichen Briefen attestierte man sich nach persönlichen Begegnungen nur Glückhaftes, nur inniges Erleben. Beide, sowohl Nell als auch Herwarth Walden, waren unablässig bemüht, sich als Künstler zu prononcieren. Walden schrieb fast immer über Liebe, dies freilich nicht im üblichen, sondern im kosmisch überhöhtem Sinne. 1917 entstehen die 'Komitragödie' "Das Weib", 1918 der Roman "Die Härte der Weltenliebe" und "Die Sünde", ein Drama ebenfalls, weiter die 'Komitragödien' "Glaube" und "Letzte Liebe". Auch Nell Walden, die ihren Mann durch einige erkaufte Rezensionen unterstützte, betätigte sich künstlerisch, im Eifer keineswegs ihrem Mann unterlegen. 1914 fuhr sie nach Murnau und traf dort Gabriele Münter, die Gefährtin Kandinskys, bei der sie Hinterglasbilder sieht, die zu eigenen Arbeiten anregen. Ab 1915 malt sie religiöse Bilder und Landschaften mit deutlich abstraktem Charakter. Die Collagetechnik, die Kandinsky von der russischen Ikonenmalerei her kannte, dürften die Waldens erst über die Münter, also nicht schon über die Futuristen, die bereits 1912 im "Sturm" veröffentlichten, kennengelernt haben. Aber die Wortkünstler wandten sie an, wenn sie die Realitätszitate auch noch nicht 'vermerzten', wie später Schwitters, der bei Stramm in die Schule gegangen ist und Gedichte à la Stramm verfertigte. Die Gewichtung von Wort gegen Wort, oder besser: von Klang gegen Klang, damit im scheinbar inkompatiblen Gegeneinander der eine gegenüber dem anderen umso besser zu hören sei, das hat im Prinzip wenigstens der Wortkünstler Stramm bereits praktiziert, wenngleich nicht mit derselben technischen Lucidität wie später Schwitters, mit der gleichen Reflexionskraft dem Material, dem Mittel gegenüber. Was Stramm letzten Endes daran gehindert haben dürfte, die totale Emanzipation der künstlerischen Mittel aus ihren ursprünglichen historischen Zusammenhängen zu proklamieren und sich ihrer autonom und frei verfügend zu bedienen, dürfte einer philosophischen Einstellung zuzuschreiben sein, einem Gefühl für über terrestrische Zusammenhänge hinausgehende Bindungen zu einem einheitsstiftenden Kosmos, dessen Emanation bestimmte Grundprinzipien unabdingbar macht. Vorweg sei gesagt, daß diese Einschätzung Stramms und seines Œuvres nicht Spekulation ist, nicht Ausfluß einer einfühlenden Attitüde, sondern sich konkret – wie wir im Analyseteil zeigen – belegen läßt.

Das Problem 'Stramm', von dem einerseits gesagt werden kann, er erfülle bestimmte von Peter Bürger in Ansatz gebrachte Kriterien, verschärft sich, wenn man die Einflüsse auf die Wortkunst bedenkt.

Nach der Bürger'schen Definition der Avantgarde fällt aus diesem Begriff, so man sich ihn landläufig vorstellt, ein Name heraus, der mit der Konstituierung sowohl der Wortkunst als auch im Hinblick auf DADA untrennbar verbunden ist: Kandinsky. Rein formal vermag er alle Bürger'schen Kriterien zu erfüllen. Seine Position steht sowohl im Hinblick auf den Ästhetizismus als auch auf die Institution Kunst in diametralem Gegensatz zum bislang Gewohnten. Die Konzessionen, die er gegenüber einer mehr mimetisch verfahrenden Kunst in "Zur Formfrage" (vgl. S. 70) macht, vermögen darüber nicht hinwegzutäuschen. Auch er dürfte die

Sackgasse gesehen haben, in die "bürgerliche Kunst" hineinführt, nur ist seine Entgegensetzung, sein 'Anti', sein Protest nicht darauf aus, Schock zu bewirken, sondern führt bewußt in ein freilich letzten Endes als Labyrinth aufzufassendes Reflexionsgebäude, in dem der ins Innere des Künstlers abschattierte Protest zu Hause ist.

Wie immer auch Bürgers Genese der Avantgarde zu interpretieren ist, er übersieht schlicht, daß es auch eine Avantgarde gibt, die zwar stellenweise vom Formalen her ebenso betroffen macht, wie Werke jener Künstler, die Bürger meint, die ebenso radikal alle bis dato gängigen Kategorien und Kriterien in Frage stellt, nichtsdestotrotz Kunst aber mit einer neuen Weihe zu versehen versucht und sie stellenweise sogar mit Religion gleichsetzt. Im Kapitel über Kandinsky habe ich darauf verwiesen.

Was den Dadaismus angeht, so beschränken sich Bürgers Verweise auf Herzfeldes Fotomontagen, auf Marcel Duchamp, auf Dada-Abende schließlich, die natürlich seine Theorie bestätigen, aber kaum typisch für DADA sind. Die Brüder Herzfelde waren ohnehin nur Außenseiter der Berliner Dada-Szene; in Hausmanns Erinnerungsbuch "Am Anfang war Dada" (59) spielen sie kaum eine Rolle, vielleicht deshalb, weil Hausmann die Erfindung der Fotomontage für sich beansprucht, die Herzfelde mit Meisterschaft weiterentwickelt und in den Dienst politischer Agitation gestellt hat.

Bleibt zu fragen, was man mit Bürgers Theorie im Hinblick auf den Zürcher Dadaismus anfangen kann.

Auf die geistige Verwandtschaft zwischen Kandinsky und Ball, ja auch Hans Arp wird hinzuweisen sein. Bei allem unleugbaren Spektakel, bei dem nicht zu übersehenden Gegenzug der Dadaisten gegen herkömmliche Kunst ist doch eine Verwandtschaft zum Ästhetizismus nicht zu übersehen. Sowohl Ball als auch Arp haben zeitweise an Novalis gedacht, als sie dichteten, an Rimbaud, an Mallarmé, an Kandinsky, der mit seinem 'inneren Klang' nun gerade das neue Kunstwerk wieder organisch substantialisieren und es dem innersten menschlichen Fühlen anverwandeln wollte, damit dem Leben: freilich in einem ganz anderen Sinn, als Bürger es meint, denn für ihn bedeutet Leben lediglich die Aufhebung der Folgenlosigkeit bürgerlicher Kunst, was sich insgesamt aus seinen Ausführungen ergibt; ist Leben die hinter der fundamentalen Selbstkritik sowohl der Kunst als auch ihrer Institution sich latent zeigende Möglichkeit des Subjekts, in der vitalen Entäußerung künstlerischer Manifestation Kunst oder was man dafür halten mag und Leben ineins zu setzen, oder besser: auf diese Einheit hinzuweisen. Abgesehen davon, daß nun Hugo Ball ähnlich wie Kandinsky, aber mit unterschiedlicher Intention und Begründung, in seinen Lautgedichten wenigstens theoretisch das Auratische wieder einführt, ist die Avantgarde im Bürger'schen Verstande nicht allein exemplarisch für das Infragestellen der Institution Kunst. Generell, so scheint mir, ist ein Protest, wogegen auch immer, in der Kunst nur dann möglich, wenn die auseinanderklaffenden Sphären von Produktion und Distribution im Kunstschaffen durchbrochen werden, wenn das korrelative Verhältnis von Produzent und Distribuent, das Folgen auch für den Rezipienten hat, eliminiert wird, so daß der Produzent nicht mehr für ein anonymes Publikum schreibt oder gar dichtet, sondern seine Intentionen dadurch zu lancieren versucht, indem er gleichermaßen die "Produktionsmittel" samt anhängigen Apparat in die eigenen Hände nimmt, wenn er also nicht mehr vermittelt und einem 'falschen' Warenverkehr ausgesetzt wird. Zu solch für den Künstler idealen Verhältnissen haben zugegebenermaßen die Dadaisten nicht selber beigetragen, sondern es war die Ungunst der Stunde, die sie mit forciertem Eifer zwang, entweder ihre Hofverleger zu suchen, oder sich aber ohne Umwege direkt vor dem Publikum, nicht also durch schriftlich druckreif niedergelegte Texte – zu artikulieren. Nicht zuletzt also spielen die mit der Situation des Exilierten gegebenen Zwänge eine Rolle für die Konstituierung des Protests, keinesfalls n u r der dialektisch zu denkende Gegenzug zum Ästhetizismus, wiewohl diese Komponente nicht zu überhören ist. Unter ähnlichen Auspizien haben nun aber nicht nur die Künstler der Avantgarde gearbeitet, sondern auch eine Gruppe um Bert Brecht, der anfangs der dreißiger Jahre ein ästhetisches Programm zur Aufhebung der skizzierten Widersprüche mit Gesinnungsgenossen wie Eisler, Piscator, Jahn Heartfield und Walter Benjamin ausarbeitete, worüber uns W. Mittenzwei belehrt hat. (225) Auch ihnen ist das Material, seine relative Verfügbarkeit Ausgangspunkt für die Neubestimmung von Kunst und ihres gesellschaftlichen Zwecks. Dadaistische Aspekte fließen – so darf angenommen werden – über J. Heartfield direkt ein. Was sie, gegenüber den Dadaisten, die es nicht konnten, bewußt negieren, ist der Zwang der Distributionssphäre, die die Produktion immer schon im Hinblick auf den Rezipienten, ob nun bewußt oder unbewußt, kanalisiert, nicht immer zu Gunsten des künstlerisch Tätigen, wie die Geschichte belegt. Ineins damit intendierten sie eine Kunst, die bloße 'Rezeption' – worunter man sich ja allerlei Unverbindliches vorstellen kann – im Sinne von Konsumption negiert. Rezipient und Produzent werden sozusagen 'anvermählt'. Nun nicht durch 'Indoktrination', wie man meinen könnte, sondern durch das Aufreißen eines mehr oder weniger festgelegten ästhetischen Sensoriums zwecks Möglichkeit einer Entscheidungsfindung. In diesem Sinne schrieb Bertolt Brecht seinen eigenen Werken nur mehr einen "Materialwert" zu, einen Wert, der sich dem Rezipienten zur Verfügung stellt, um der Ungeselligkeit des autonomen Kunstanstrichs zu entgehen. (Vgl. 198,411)

In diesem Verstande aber sind auch die Bemühungen eines Teils der Dadaisten zu sehen, wenngleich die Mittel unterschiedlich sind. Wie heterogen auch immer ihrer Substanz nach Bemühungen Kandinskys, Stramms, Balls oder Arps zu sehen sind, in einem treffen sie sich: in der Intention, den Geist des Rezipienten entweder abstrakt zu heiligen oder mehr konkret zu heilen. Utopisch war beides damals ohnehin; mit dem Unterschied freilich, daß die Dadaisten in ihrer Gegenstellung zur Zeit bereits die geeignete Stunde zur Durchsetzung ihrer Ziele für gekommen halten mochten, der junge Brecht weniger. Eine gerichtliche Vorladung des von Traditionen prädeterminierten Rezipienten inszenierten aber beide Gruppen, wobei freilich die Geschichte, was die Wahl der Mittel anbelangt, der einen mehr Recht gibt als der anderen. Und verkannt werden soll hier gar nicht, daß der Kreis um Brecht mit der Avantgarde einen Bruch aufgrund strategischer Überlegungen, aber auch aufgrund eines geschärften politischen Bewußtseins veranstalten mußte, weil der dadaistische Exzeß und seine Outriertheit nur, wie Bürger mit Recht betont, zeitlich eingeschränkte defetischisierende Entlarvungsprozesse auszulösen vermochte. Daß dennoch die Avantgarde Vorreiter einer Materialreflexion im Kreis um Brecht war, dürfte außer Frage stehen.

Sämtliche Kategorien Bürgers auf ihre Praktikabilität hin zu untersuchen kann im Rahmen dieses Bandes nicht gelingen, wiewohl Einzeluntersuchungen dringende Desiderate sind. Was die Beschreibung und nun nicht die Theorie – der Bewegung anlangt, so sind einige Begriffe Bürgers unabdingbarer Bestandteil einer descriptio auch der dadaistischen Bewegung. Ich nenne sie zusammenfassend:

1. Die Avantgarde, und hierunter verstehe ich sowohl Dada, Wortkunst als auch den Futurismus, stellt sowohl die vorausgegangene Kunst als auch zum Teil – mit der oben erwähnten Modifizierung – die Institution Kunst in Frage.

2. Mittel hierfür stellen die zum Teil aufgelösten klassischen Werkkategorien zur Verfügung: das Wort, nun nicht mehr im Rahmen des Syntagmas; den Sprachlaut anstelle des von der Wirklichkeit befrachteten Wortes; das Realitätszitat als Fragment einer ehemals einheitlich begriffenen Wirklichkeit; die provozierende Rede in Form von Manifesten, die allerdings der sprachlichen Intaktheit nicht entbehren kann. Die leiblich ekstatische Entäußerung mit punktuell intendierter Wirksam-

keit, wie sie auf Dadaisten-Soireen im Sinne eines happenings dem Publikum dargeboten worden sein dürfte.

3. Der 'Schock' ganz allgemein, gleich, welche Beweggründe ihm zu unterstellen sind.

4. Die letzthinnige Sanktionierung avantgardistischen Tuns durch die Lebensphilosophie und damit die Installierung eines hermeneutischen Übertextes, der die scheinbare Sinnlosigkeit der ersten Lektüre entweder legitimiert oder aber aufhebt. Letzteres im Gegensatz zur Meinung Bürgers.

5. Die Restituierung des Auratischen und die Rekonstitution des Organischen in der abstrakten Kunst bei Kandinsky und in der Wortkunst, zum Teil auch bei Hugo Ball und Hans Arp.

6. Die relative Überwindung des Historismus im erwähnten Sinne (vgl. S. 53 ff.).

Die beiden letzten Punkte bedürfen einer Erläuterung. L. Köhn hat versucht, die Literatur der Zwanzigerjahre auf die genannte Formel zu verpflichten und gemeint, daß teilweise auch der Dadaismus dem Historismus entronnen sei, wenn dieser die "Auflösung der Metaphysik, Historisierung und Individualisierung des Wahrheitsbegriffs (vor allem zunächst in Bezug auf Geschichte und Gesellschaft selbst) und der Wertbegriffe (Handlungs- und Orientierungsnormen einschließlich religiöser Bindungen)" (106,750) bedeutet. Solche Überwindungsversuche hat es gegeben, und sie finden sich vor allem dort, wo die Dadaisten im Horizont politisch-praktischen Denkens agierten, also eher im Berliner Dadaismus. Köhn zitiert dann auch vor allem Hausmann, Baader oder Huelsenbeck, die im Berlin um 1918 nicht umhin konnten, gelegentlich zu erklären, die Kunst sei tot, was soviel meinte, dadaistisches Artistentum sei den Erfordernissen der Zeit und des Lebens anzupassen. Auch Peter Bürger zitiert im Grunde einen Dadaismus – so, wenn er die Fotomontagen Heartfields erwähnt –, der in seinem politischen Engagement mehr schon zur sogenannten Neuen Sachlichkeit tendiert, wie die Übergänge in Berlin überhaupt fließend sind. Nun resultiert jenes "Umschlag-Denken" (106,128), das Köhn den Dadaisten attestiert und das sie mit anderen weitaus bekannteren Namen verbindet, aus einer gewissen Blindheit für die Zeitläufte und ist demnach, wie Köhn bemerkt, durchaus 'präkategorial'.

Die Gründe für eine im Dadaismus, aber auch in der Wortkunst sich zeigende ansatzweise 'Überwindung' des Historismus sind denn auch durchaus ambivalent zu bewerten, und sie geraten stellenweise in die Nähe naiver Ungeschichtlichkeit im Sinne eines Unvermögens, geschichtliche Zusammenhänge zu bewerten oder allererst zu sehen, womit gleichzeitig die Frage verbunden wäre, was hier im eigentlichen Sinne überwunden worden sei. Zunächst dürfte die Abkopplung des Historismus durch die Wortkünstler und Dadaisten auf eine einseitige Interpretation Nietzsches zurückzuführen sein, der in "Vom Nutzen und Nachteil der Historie für das Leben" vor den Gefahren einer einseitig betriebenen Geschichtswissenschaft gewarnt hatte. Wiewohl nun Nietzsche einen Ausgleich zwischen Historischem und Unhistorischem fordert, hatten bereits die Futuristen sich die ihnen genuine Sicht zu eigen gemacht: sie adaptierten die 'kritische' Variante, nach der der Mensch der Geschichte den Prozeß zu Gunsten des Lebens macht. Und schon bei Kandinsky, aber auch im Kreis der Wortkünstler wird aus dem dunkel treibenden Leben die vitalistische Potenz in eine spirituelle Essenz überführt, die ihrer Natur nach freilich ebenso abstrakt ist, auch in ihrer künstlerischen Objektivation, wie die vitalistische Komponente der Tilgungsversuche von Geschichte. Was Hugo Ball angeht, so könnte man sein Werk mit den Sätzen Nietzsches als den Versuch umreißen, sich gemeinsam a posteriori "eine Vergangenheit zu geben, aus der man stammen möchte, im Gegensatz zu der, aus der man stammt:..." (162,I,230) Und er teilt auch noch die Maßlosigkeit, mit der Nietzsche Geschichte überhaupt zum Verschwinden bringen möchte. Denn spätestens ab Luther und der Relativierung des Katholizismus schrumpfen ihm geschichtliche Ereignisse zum unwichtig Anekdotischen. Sicher: auch die Thesen Bürgers legen die Vermutung nahe, daß es im Dadaismus so etwas wie eine ansatzweise Überwindung des Historismus gegeben hat, die denn auch eine Komponente dieser kurzen Epoche, oder besser: Bewegung ist, aber eben in dem eingeschränkten Sinne, 'präkategorial', wie Köhn zu Recht sagt.

Ein Weiteres: die Entfaltung der Bürgerschen Kategorien und ihre notwendige Ergänzung und Perspektivierung bergen über das Gesagte hinaus ein Problem: Wie denn nun verlaufen die Grenzen zwischen Wortkunst und DADA? Daß die Wortkunst generell eher der messianischen Variante des Expressionismus verpflichtet ist, läßt sich nach dem bei Viëtta/Kemper im vorausgehenden Band dieser Reihe Gesagten ohne breite Diskussion sagen. Daß darüber hinaus Bezüge zum Dadaismus, freilich mehr formaler Art bestehen, wird der Analyseteil erweisen. Dennoch: daß die Trennungslinien zwischen Wortkunst und Dadaismus trotz vieler zutageliegender Gemeinsamkeiten und Unterschiede nicht immer gleich sichtbar, in manchen Fällen auch nicht bündig ausgemacht werden können, sei eigens betont.

Was Richard Huelsenbeck, Schwitters, Hausmann, schließlich J. Baader angeht, so wird man kaum zögern, sie dem Dadaismus zuzurechnen.

Daß nun aber Hugo Ball, an dessen Namen man sich zuerst erinnert fühlt, wenn von DADA die Rede ist, nicht ohne weitere Erklärung als Dadaist bezeichnet werden darf, ebenso nicht Hans Arp, scheint ebenso gewiß. Die Radikalisierung des Sprachgebrauchs, der auf den ersten Augenblick chaotisch wirkt, das von Arp forcierte Spiel mit sprachlichen Versatzstücken, seine Neigung, semantische Einheiten wörtlich zu nehmen und sie im Rahmen einer sprachimmanenten Logik anzureichern oder zu erweitern, also – um ein Beispiel zu geben – dem 'Herrn Je' eine 'Frau Je' anzuverloben, all das kann nicht darüber hinwegtäuschen, daß ihre Kunst, wenn auch nur zum Teil, in den Vorhof des Auratischen hineinragt und mithin dem Ästhetizismus nahe steht. Daß also die Trennungslinie zwischen Wortkunst und Dada nicht eindeutig verläuft, sei laut gesagt.

Auf der anderen Seite: weder die Gedichte Stramms, noch Werke Waldens oder Schreyers hätten auf den Brettern des Cabaret Voltaire Platz gehabt, mindestens nicht ab jenem Zeitpunkt, von dem an die dort agierenden Künstler sich ausdrücklich als Dadaisten bezeichneten.

Jener kurze Zeitraum von Frühjahr 1916 bis zum Herbst des gleichen Jahres, in dem sich die Dadaisten, wie Proscenč dargelegt hat, als 'geschlossene Gruppe' (s.o. S. 47f.) betrachteten, erweist sich als entscheidende methodische Komponente für die Beurteilung dessen, was als 'dadaistisch' gelten kann und was weniger, weil von ihr aus eine freilich grobe substantielle Bestimmung ausgehen kann, die eine Grenze zwischen DADA und Wortkunst sichtbar macht. Wenn überhaupt, dann wird sie hier sichtbar. Denn von all dem, was in jener relativ kurzen Zeitspanne dem Publikum im Cabaret geboten wurde, kann gesagt werden, es sei 'dadaistisch'. Neben Simultangedichten, bruitistischen Darbietungen, Huelsenbecks ''Phantastischen Gebeten'', Versen Arps – genauere Auskunft gibt uns für jene Zeit Tristan Tzaras ''Chronique Zurichoise'' – gehören auch, trotz möglicher Einwände, die Lautgedichte Hugo Balls.

Die Grenze zur Wortkunst ergibt sich indes nicht schon durch die Verwendung des Etiketts DADA, unter dem die Agierenden firmierten, sondern aufgrund der Tatsache, daß die damaligen Mitglieder ungefähr seit der Ankunft Huelsenbecks in Zürich alles 'undadaistische' aus ihrem Programm verbannten. Der Behauptung, daß allererst durch eine freilich an dieser Stelle nicht näher zu erörternde Reduzierung dadaistischer 'Sekundärphänomene' sich das typisch 'Dadaistische' zeige, widerspricht das Auratische, das Balls Kunst anzumelden hätte, keinesfalls. Man muß sich vor Augen führen, daß Balls Gedichte einen gleichsam 'mythischen' Charakter haben, denn der Mythos besitzt neben seiner nach außen gewandten Oberflächenschicht, die man als seine 'primäre Bedeutung' bezeichnet hat (vgl. 195), ein gleichsam 'zweites' Signifikat, das keineswegs immer präsent ist. Ein Beispiel: Brot und Wein sind Nahrungsmittel. Dies ist ihre erste Bedeutung. Daß sie darüber hinaus – indem sie den Leib Christi und dessen Blut bedeuten – in den Bereich des Kultischen verweisen, darin liegt ihr zweites Signifikat, das gleichsam das 'alibi' (lat. anderswo) der ersten Bedeutung ist.

Angewandt auf die Lautgedichte Balls: als dadaistischer Jokus hatten sie ihren Platz durchaus auf den Brettern des Cabaret Voltaire, als konsequente Ausformung seiner religiösen Vorstellung nicht, aber als solche wird sie aus dem Publikum auch niemand verstanden haben, als solche erweisen sie sich allererst in Zusammenhang mit seinem Tagebuch und anderen Schriften.

# Teil III: Analysen

## 1. August Stramm

### 1.1. *Hans Vaihingers Philosophie des 'Als ob' oder über die relative Unverbindlichkeit des Seienden*

> Schrecken Sträuben
> Wehren Ringen
> Ächzen Schluchzen
> Stürzen
> Du!
> Grellen Gehren
> Winden Klammern
> Hitzen Schwächen
> Ich und Du!     (49,34)
>
> Der Himmel flaumt das Auge
> die Erde krallt die Hand
> die Lüfte sumsen     (49,25)

Das sind Verse aus Gedichten Stramms, aus "Trieb" und "Gefallen". Was auffällt, läßt sich in wenigen Worten sagen. Wörter, die sowohl als Verben oder substantivierte Derivate angesehen werden können, was an der fehlenden determinierenden Kraft der Syntax liegt, die zumindest in den ersten Versen keine Rolle mehr zu spielen scheint, werden unter einen Oberbegriff, den der Titel 'Trieb' markiert, subsumiert und helfen, ihn, den Intentionen und Vorstellungen Stramms gemäß, zu verdeutlichen. Gleichwohl scheint im zweiten Beispiel die Syntax noch intakt zu sein, auf den ersten Blick wenigstens, wenn auch nicht gleich deutlich ist, was 'flaumt' oder 'sumsen' bedeuten sollen. Doch wer 'krallt' wen? Die Hand die Erde, oder umgekehrt? Das bleibt in der Schwebe, und wenn Stramm es hätte deutlicher sagen wollen, er hätte sich des Passivs bedienen müssen.

August Stramm hat, um mit Lothar Schreyer zu reden, 'konzentrische' und 'dezentrische' Gedichte geschrieben, wobei das erste Beispiel mehr das dezentrierende Verfahren verdeutlicht: der Begriff 'Trieb' wird gleichsam 'auseinandergelegt' und in Handlung überführt, deren Kulminations-punkte jeweils die an- und untereinandergereihten Wörter bezeichnen. Als solche 'konzentrieren' sie aber auch ein Geschehen, das hier nicht narrativ ausgebreitet wird. Und Wörter wie 'flaumen' oder 'sumsen' beinhalten mehrere Wörter zugleich, wie Pflaume, Flaum, Blau u.s.w., wirken also 'konzentrierend'.

Daß solche Wortgedichte in geistesgeschichtlichen Zusammenhängen stehen, ist gesagt worden und überdies leicht nachzuprüfen, wenn man die Ausgaben der Zeitschrift "Der Sturm" liest, die Stramm gekannt hat. Es war die Zeit, da Wittgenstein, Husserl oder auch Karl Kraus über die Sprache nachdachten, ebenso Cassirer oder Mauthner, dessen "Beiträge zu einer Kritik der Sprache" (1901–1903) allgemein bekannt waren und die auch Blümner, ein anderer Vertreter der 'Wortkunst', gelesen haben dürfte.

Indes reichen diese aus der Forschung bekannten Verweise nicht aus, um die typisch Stramm'sche Art des Dichtens zu erklären, auch nicht der Fingerzeig auf den italienischen Futurismus. (Vgl. 82) Weit weniger wurde gesehen, geschweige denn berücksichtigt, daß Stramm in Berlin Vorlesungen über Philosophie besuchte und sein mündliches Doktorexamen unter anderen mit Themen über Schopenhauer und Nietzsche bestritt.

Man kann annehmen, daß er vor 1914 Georg Simmel hörte, der bis zu diesem Zeitpunkt nicht nur Vorlesungen über die genannten Lebensphilosophen, sondern auch über Themen zur Kunst, beispielsweise "Von Nietzsche bis Maeterlinck" hielt. (Vgl. 178) Simmel als vermittelnde Instanz dürfte auf den Studenten Stramm eine andere Wirkung gehabt haben, als sie z.B. Gunter Martens für den Expressionismus insgesamt geltend macht. (Vgl. 108)

Hinzu kommt, daß Stramm innige Beziehungen zum Werk Hans Vaihingers gehabt haben muß, dessen opus magnum "Die Philosophie des 'Als ob' " (186) nach Aussagen der Tochter sein Lieblingsbuch war. (49,420) Vor dem Hintergrund seiner philosophischen Aktivitäten wird man prüfen müssen, inwieweit er lediglich ein Adept des Futurismus war, ob sich die Eigenart seiner Dichtung und insbesondere die der Sprache mit Blick auf den Futurismus oder auf dessen deutschen Anbeter Walden erklären läßt.

Auf den ersten Blick ist man geneigt, seine ohne Zweifel sprachliche Potenz als das ihm Genuine in den Mittelpunkt zu rücken, in ihm eine Art modernen 'Über-Opitz' zu sehen, der sich streng den Anordnungen der Wortkunsttheorie unterwarf, die ihm als eine Art normativer Poetik allererst Dichten und seinen unverwechselbaren Stil und Klang ermöglichten. Es mag sein, daß, wie Armin Arnold einigermaßen überzeugend darlegt, Stramm seine Bestätigung in der Kunstauffassung des Futurismus fand, doch ob seine in den von Arnold akribisch abgezählten Infinitiven dargelegte Auffassung alleine dem Marinettismus zu verdanken sei, mag einstweilen dahingestellt sein, denn solch rein phänomenologische Koinzidenz sprachlicher Mittel ist kein Indiz für die Motivation des Stramm'schen Stilgebarens. (Vgl. dazu 82)

Wir wollen versuchen, Stramms Themen, soweit es sich um seine Gedichte handelt, zunächst substantiell, sodann sprachlich-funktionell zu erörtern, ohne den Zusammenhang beider Aspekte aus den Augen zu verlieren.

Hans Vaihinger hat lange gezögert, sein Werk, die "Philosophie des 'Als ob'" zu veröffentlichen. Aus zwei Gründen: auf der einen Seite wußte er sich dem damaligen positivistischen Wissenschaftsbetrieb verbunden und konnte nicht einfach dessen Ergebnisse ignorieren; auf der anderen Seite war er philosophisch zu beschlagen, um nicht zu bemerken, daß dort, wo strenge Kausalität zu walten schien, oft nur hypothetische Annahmen standen, die zwar einen gewissen Plausibilitätscharakter hatten, sich aber bei näherem Betracht als Krücken des Denkens, als hypothetisch gesetzte Fiktionen erwiesen. Vaihinger nennt seine Philosophie daher einen "idealistischen Positivismus" (186,XVIII), der nicht auf Erkenntnisse der einzelnen Naturwissenschaften verzichten möchte oder auch nicht kann, gleichwohl aber das hypothetische Denken oder Vernunftpostulate nicht nur in exakten Wissenschaften, sondern auch in Religion, Ethik, Ästhetik als freilich im pragmatischen Sinn notwendige aber als nichtsdestoweniger s c h e i n - bare diskreditieren mußte. Zwar geht auch Vaihinger von der Zweckmäßigkeit organischer und logischer Funktionen aus und erklärt die Welt der Vorstellung als notwendiges Instrument zur Orientierung an der Wirklichkeit, doch eben weil a l l e Wahrnehmung, a l l e ethischen Sätze letzten Endes Wirklichkeit nicht abbilden, sondern durch denkerische Kunstgriffe fiktiven Charakter bekommen und mithin nur so tun, a l s o b es absolut wahre Erkenntnisse, absolut wahre Richtlinien gäbe, die das Handeln jedes Menschen verbindlich bestimmen könnten, bleibt eine nicht zu übersehende Kluft zwischen dem, was Vaihinger 'Ideal' nennt − man könne, so heißt es, ohne bestimmte Fiktionen gar nicht auskommen − und dem, was in Wirklichkeit i s t.

Wenn es ihm dabei auch nur − wie es stellenweise den Anschein hat − um methodische Fragen geht, um Methoden der Hypothesen- oder Theoriebildung, so wird ihm die Wirklichkeit grundsätzlich perspektivisch und relativ. Wie sehr er auch betont, daß es trotz des 'Als-ob-Charakters' der Vorstellungen, wie sie sich in den Naturwissenschaften als Gesetze oder in der Tugendlehre in ethischen Postulaten oder religiösen Fiktionen niederschlagen, quasi-verbindliche Maximen gäbe, so sehr wird die Wirklichkeit, werden die Dinge und ihre Eigenschaften erkenntnistheoretisch in einen

Horizont gestellt, in welchem sie letzten Endes unbegriffen und perspektivisch atomisiert werden.

Es ist kein Zufall, daß Vaihinger, der schon als Fünfundzwanzigjähriger eine Art Theorie der fiktiven Vorstellungsgebilde verfaßt hatte, sich erst nach dem Studium Nietzsches zu einer Veröffentlichung durchrang. (Vgl. Vorwort zur 3. Aufl. v. 1918)

Vaihinger in der 'Einführung':

> Als ich Ende der 90er Jahre Nietzsche las, dem ich bis dahin, durch falsche sekundäre Darstellungen abgeschreckt, fern geblieben war, erkannte ich zu meinem freudigen Erstaunen eine tiefe Verwandtschaft der ganzen Lebens- und Weltauffassung, die teilweise auf dieselben Quellen zurückgeht: Schopenhauer und F. A. Lange. Damals, als ich Nietzsche, diesen großen Befreier, kennenlernte, fasste ich den Entschluß, mein im Pulte liegendes Werk ... doch noch bei Lebzeiten erscheinen zu lassen. Denn ich durfte hoffen, daß der Punkt, auf den es mir ankam, die Lehre von den bewußt falschen, aber doch notwendigen Vorstellungen, eher Verständnis finden werde, da er auch bei Nietzsche sich findet: ... (186,XV)

Es ist an dieser Stelle nicht von Belang, ob Vaihinger Nietzsche richtig interpretiert; er sieht in ihm eine 'historische Bestätigung' (so im Anhang) seiner Grundthese, daß der pragmatisch denkende Mensch, obwohl er sie durchschaue, notwendig zu Fiktionen greife und sich damit in einem Feld von Irrtümern einrichte. Zu Nietzsches Fragment "Über Wahrheit und Lüge im außermoralischen Sinn" merkt er an:

> 'Lüge und Wahrheit im außermoralischen Sinne' nennt N., mit seiner bekannten Vorliebe für outrierte Ausdrücke, die b e w u ß t e Abweichung von der Wirklichkeit im Mythus, in der Kunst, in der Metapher usw. Das absichtliche Festhalten des Scheines, trotz der Einsicht in seine Beschaffenheit als Schein, ist eine Art 'Lüge im außermoralischen Sinne': 'Lügen' ist ja eben nur bewusstes, absichtliches Erregen von Schein ... (186,772)

Und weiter:

> Zur Kunst wie zum Leben ist der Schein, die Illusion, die notwendige Voraussetzung, darin läßt sich das Ergebnis der Jugendschriften zusammenfassen, und schon hier bricht der Gedanke durch, dass diese Illusion beim höheren Menschen eine bewusste sei und sein müsse. (186,773)

Für Vaihinger und nach seiner Interpretation für Nietzsche auch ist der

"Abschluss der Philosophiegeschichte die Philosophie des Scheins". (186, 774) Wie Nietzsche sagt auch Vaihinger: "Das Erkennen ist nur ein Arbeiten in den beliebtesten Metaphern." (186,774), wie überhaupt der Fundamentaltrieb des Menschen die Metaphernbildung sei.

Wie sehr nun Vaihinger mit Nietzsche dartut, daß das erkenntnissuchende Subjekt immer in Illusionen und Irrtümern befangen bleibt, so überbetont er doch den regulativen Charakter solcher Fiktionen; abgesehen davon, daß seine Philosophie selbst sich dem Bannspruch des Scheinbaren oder Scheinhaften aussetzt. Mag nun aber der Mensch in seinem Drang, Wahrheit zu erkennen, der erkenntnismäßig ausstehenden Beschaffenheit der Dinge nicht gewachsen sein, so ist doch eines gewiß, nämlich daß er lebt. Es ist anzunehmen, daß Stramm aus seinem Lieblingsbuch diese ganz einfache Konsequenz zog, die dann sein Denken und Dichten bestimmen sollten.

## 1.2. *Georg Simmels Methode des analogischen Denkens*

Während Hans Vaihinger trotz allen Erkenntnispessimismus' dem Leben ein Telos abringen konnte und hinter Kausalitäten gleichsam nur ein Fragezeichen setzte, damit aber den Menschen als Mängelwesen definierte, versucht Georg Simmel über das bloß Relative hinauszugehen und eine in sich sinnvolle Gegenwelt zu entwickeln. Auf der Basis durchaus subjektiven Erfahrungsstoffes betritt er erst gar nicht das Schattenfeld des kruden Positivismus, auf dem er doch immer nur vergeblich Suchender wäre, sondern durchmißt das Leben und macht es am Menschen als Träger seelischer Empfindungen dingfest.

Auch an metaphysischen Problemstellungen ist ihm nicht eigentlich gelegen, worüber der Gebrauch dieses Begriffs nicht hinwegtäuschen kann. Warum sich Simmel der Lebensphilosophie zugewandt hat, mag eine Stelle aus dem Vortrag "Der Konflikt der modernen Kultur" (175) erhellen:

Jenseits all seines (Schopenhauers, Anm. E. P.) spekulativen Hinausgreifens über das Leben, ist 'Wille' eben seine Antwort auf die Frage nach der Bedeutung des Lebens als solchem. Und diese besagt, daß das Leben keinen Sinn und Zweck außerhalb seiner selbst erreichen kann, weil es immer seinen eigenen, in tausend Formen verkleideten Willen ergreift; gerade indem es seiner metaphysischen Wirklichkeit nach nur in sich selbst bleiben kann, kann es an jedem scheinbaren Ziel nur Enttäuschung und endlos weitertreibende Illusion finden. Nietzsche aber, ganz ebenso von dem Leben als der alleinigen Bestimmung seiner selbst, als der alleinigen Substanz aller seiner Inhalte ausgehend, hat den dem Leben von außen versagten sinngebenden Zweck im Leben selbst gefunden, das seinem Wesen nach Steigerung, Mehrwerden, Entwicklung zu Fülle und Macht, zu Kraft, zu Schönheit aus sich selbst heraus ist, – nicht an einem angebbaren Ziele, sondern an der Entwicklung seiner selbst, dadurch, daß es m e h r Leben wird, einen Wert gewinnend, der sich ins Unendliche erhöht. Aus wie tiefen Wesensgegensätzen heraus, jeder verstandesmäßigen Vermittlung oder Entscheidung spottend, hier auch die Verzweiflung am Leben und der Jubel über das Leben einander entgegenstehen – die Grundfrage ist ihnen gemeinsam und scheidet sie von allen früheren Philosophen – die Grundfrage: Was bedeutet Leben, was ist sein Wert bloß als Leben? Nach dem Erkennen und der Moral, nach dem Ich und der Vernunft, nach der Kunst und Gott, nach Glück und Leiden können sie erst fragen, nachdem sie sich jenes erste Rätsel gelöst haben, und seine Lösung entscheidet über all solches; erst die Urtatsache des Lebens gibt allem Sinn und Maß, positiven oder negativen Wert. (175,11)

Die zitierten Sätze, die freilich im Kontext seines Vortrags eine andere Funktion haben, bezeichnen die Fragestellung Simmels. Das Rätsel Leben versucht er zu lösen, indem er es zunächst als Gegebenheit hinnimmt, dann aber dessen Tiefenschichten freilegt und auf die Tätigkeit der Seele und des Geistes, also hinter das rein Phänomenologische zurückgeht, zugleich aber eine Verbindung zum Allgemeinen, zum Anderen und seinen Mitmenschen herstellt. Simmel entdeckt so Gesetzmäßigkeiten des Gemeinschaftslebens (vgl. G. S., Soziale Differenzierung) und analysiert gesellschaftliche Strukturen (vgl. 'Philosophie des Geldes'), behält jedoch immer den Menschen als Kulturträger im Blick, wobei Kultur im weitesten Sinne als die dem Menschen genuine Möglichkeit angesehen wird, aus seiner Seelenkraft und Geistigkeit schöpferisch tätig zu sein. (182,250) Als grundlegende Konstituenten seiner Philosophie setzt Simmel immer wieder eine Subjekt-Objekt-Relation voraus, um über das sich selber transzendierende Subjekt das Feld 'objektiver' Werte auszumachen. Wir werden bei Stramm auf diesen nicht unwichtigen Gesichtspunkt zu sprechen kommen.

Damit sind allerdings nur Themenkreise Simmels angedeutet, weniger ist die A r t seines Denkens erfaßt. Wenn Simmel die Kategorie 'Leben' bemüht und die mit ihr verbundenen Begriffe 'Seele' oder 'Geist', die er auf andere Gebiete ausdehnt, dann kann er im Prinzip nicht das vom Leben total Differente ausmachen, sondern nur ihm Ähnliches. Dies dann allerdings in all seinen Ausprägungen.

Seine Philosophie ist 'terrestrisch' in dem Sinne, als vom Begriff 'Leben' aus Zusammenhänge zwischen scheinbar differenten Ausprägungen eingeholt werden, was nicht weniger bedeutet, als das Fürsichsein der Dinge in der Mannigfaltigkeit der Welt aufzuheben, und sie durch Äquivalenz auf einer höheren Ebene in einen neuen Zusammenhang einzubetten. Siegfried Kracauer (151) hat dargetan, daß Simmel Wesenszusammenhänge vor allem durch Analogien aufdeckt, indem er das die Dinge scheinbar Trennende auf ein Prinzip bringt.

Kracauer geht in seiner Darstellung ausführlich auf den Unterschied Gleichnis – Analogie ein. (151,221ff.) Während das Gleichnis stets erklärenden Charakter hat und unseren Eindruck, unsere Auffassung von einer Erscheinung, von einem Geschehnis widerspiegelt und schließlich die Darstellung einer Beziehung zwischen Subjekt und Objekt ist, also etwas herausheben möchte, was dem Subjekt besonders wichtig erscheint – Kracauer führt Goethes Gedicht "Gedichte sind gemalte Fensterscheiben" an –, ist die Analogie entweder richtig oder falsch; sie vermittelt Beziehungen nur zwischen Objekten. "Der Wert der Analogie gründet sich ausschließlich in ihrer objektiven Gültigkeit, da sie lediglich die Vorgänge miteinander vergleicht, die wirklich nach einem und demselben Schema verlaufen. Wo eine echte Analogie vorliegt, da muß die von ihr behauptete Parallelität der Ereignisse tatsächlich bestehen, deren Gleichsinnigkeit ist jeder subjektiven Willkür entzogen, sie wird von uns aufgedeckt, aber nicht freigesetzt." (151,222) Um ein für Simmel bezeichnendes Beispiel zu geben: sehr oft bringt er das Leben mit dem Bild des Stromes zusammen. Man kann vergleichend sagen: "Das Leben ist w i e ein Strom", doch zur Analogie wird der Vergleich dann, wenn Leben und Strom als Parallelerscheinungen aufgefaßt werden, die sich, wie Kracauer sagt, nach der gleichen allgemeinen Regel und nach dem gleichen Prozeß bestimmen. Kennzeichnend für Simmel ist, daß er, darin wie Schopenhauer und Nietzsche verfahrend, das Leben nicht durch I n h a l t e bestimmt, sondern als Bewegung und Prozeß auffaßt, womit er sich freilich einer strengen Systematik entschlägt. Denn, so Simmel: "Ich bin durchaus nicht mehr geneigt, die Fülle des Lebens in eine symmetrische Systematik einzusperren."

Die Bloßlegung der zwischen den Erscheinungen waltenden Beziehungen hat weiter zur Voraussetzung, daß sie nicht als fixe Begriffe genommen werden, daß sie nicht mehr "antivitale Momentaneitäten" (176,41) sind, die in ihrem Sosein und in ihren Prädikationen, die von ihnen ausgesagt werden können, immer schon festliegen, sondern die durch stets neu zu stiftende Beziehungen – so relativistisch das auch immer klingen mag – neue Perspektivierungen erfahren. Nichtsdestoweniger aber ist für Simmel

'Leben', wie dynamisch es immer auch ist, nicht das heraklitisch stets Fließende, sondern findet seine Form als feste Begrenzung, über die als "Mehr-Leben" (182a,13) die selbstüberwindende Tat hinausgelangen muß, weil die selbsttranszendente Bewegung des Subjekts dem Simmel'schen Lebensbegriff selbst immanent ist.

Mit dem Insistieren auf der Form rückt Simmel gleichzeitig von seinen lebensphilosophischen Vorgängern ab. Weder Nietzsche noch Schopenhauer in seiner Ästhetik, in der der blinde Wille eher beiläufig ein Quietiv findet, setzen der zentralen Kategorie 'Form' etwas Gleichwertiges an die Seite. Überlegungen zur Ästhetik beginnen bei Simmel erst da, wo Form der Herausforderung des Lebenwollens gegenübertritt.

### 1.3. Die Ich-Du-Beziehung als konstitutives Verhältnis in der Lebensphilosophie Simmels

Der Begriff 'Leben' konstituiert sich bei Simmel aus der grundlegenden Annahme, daß die dem Leben inhärierende Dynamik einer Bewegung zwischen Sosein und Anderssein entspringt, einem Dualismus, der nicht dichotomisch aufzufassen ist, sondern als Einheit, als spannungsgeladene Bewegung, als "Lebensrhythmus", der die "Stilbestimmtheit" des Lebens ausmacht. Gegenüber der Sphäre des Geistes kommt der Vitalsphäre die Aufgabe zu, sich zu transzendieren, sich in 'Formen' und 'Ideen' zu manifestieren und einzubetten, woraus sich eine Wechselwirkung ergibt: in den Formen des Geistes wendet sich der Mensch vom rein Vitalen ab und mithin von dem, was Leben im ursprünglichen Sinne bedeutet. Auf der anderen Seite schafft er durch 'abstrakte' Formen, wie Wissenschaft, Religion und Ethik Kategorien und Bereiche, in denen sich das Leben wieder einordnen kann. Sie erhalten für das Leben dienende Funktion, die der Bewegtheit des Lebensstromes einen nachträglichen Sinn gibt. Doch einmal auf einen diesen Bereichen entstammenden Begriff gebracht, auf das, was Simmel 'Form' nennt, widersetzt sich das Geistige der ideellen Welt dem Drang des Lebens nach Überwindung der Form. In "Tragik des Geistes" (1916), in "Konflikt der Kultur" (1916), aber auch schon in seiner Berliner Vorlesung über Schopenhauer und Nietzsche 1910, von der Stramm etwas mitbekommen haben dürfte, ist immer wieder von einer Synthese, vom All-Leben die Rede, einer Stufe, die Simmel in "Die Lebensanschauung" (1918) als "drittes Reich" (182,24) bezeichnet. Der gleiche Gedanke wird in "Zur Metaphysik des Todes" (1910), später in "Rembrandt" (1916) formuliert. Erst ein solch absolutes Leben kann die von Simmel stets als tragisch gewertete Zerstörung der Form durch den Lebensrhythmus überwinden.

Innerhalb des Lebensrhythmus ist für Simmel die Beziehung zum Du die Verwirklichung des wollenden Ichs, wenn sich aus diesem Dualismus eine objektive Formung ergibt. Nach dem Gesagten stellt sich aber für Simmel zunächst nicht die Frage nach dem 'Erfolg', den die Verwirklichung des Ichs als objektive Formung des Seins hat. Denn von der Perspektive des Lebensstromes aus ist sie nur momentane Station gegenüber dem ausstehenden 'Mehr-Leben', so daß der Dualismus nur für Augenblicke versöhnt, im Hinblick auf die Zukunft durchaus unversöhnt bleiben kann. Eine solch fundamentale Ich-Du-Beziehung findet der Lebensphilosoph Simmel in der Liebe. In mehreren Abhandlungen wird sie als grundlegende Relation beschrieben, so schon in seinem Vortragszyklus über Schopenhauer und Nietzsche (1907); weiter, so darf vermutet werden, in seiner 1910/11 gehaltenen Vorlesung "Philosophie des letzten Jahrhunderts, von Fichte bis Nietzsche und Bergson", und ganz ausdrücklich in einigen kaum datierbaren Fragmenten: "Fragment über die Liebe" und "Der platonische und moderne Eros".

Um dem Phänomen 'Eros' der Griechen gerecht zu werden, klärt er zunächst deren Weltbild:

> Der Grieche schaut sein Weltbild gemäß der Idee des Seins, des einheitlich wirklichen Kosmos, dessen in sich geschlossene Plastik er göttlich verehrte. Auch wo sein Denken auf die Weltprinzipien der Bewegtheit, der Relativität, des Dualismus führte, bestimmte doch das feste, allumfassende, selbstgenügsame und anschauliche Sein die letzte Form und letzte Sehnsucht seiner geistigen Weltgestaltung.
>
> Seit dann das Christentum die Bedeutung der Menschenseele ins Unendliche gesteigert und alle Daseinswerte in dem persönlichen Gott gesammelt hat, der der Welt gegenübersteht — seitdem ist die feste Abgerundetheit des Kosmos zerrissen, der in jedem Teile als einfach daseiender wertvoll und göttlich war. (180,129)

Die Griechen, so Simmel, fühlten sich noch von kosmischen und idealen Notwendigkeiten getragen. (180,129) Aus dieser Sicht entwickelt er die Charakteristik der platonischen gegenüber der modernen Erotik. Ausgehend von der Schönheit eines Menschen als Anlaß der Liebe folgert Simmel, daß diese, weil sie in der irdischen Welt nicht dauernd geboten wird, von Plato als substantielle Reinheit und Schönheit in die Idee verlagert werde, da der Grieche in seinem Lebensgefühl durch das "Eingesenktsein in den Kosmos" (180,132) bestimmt sei. Ihm stelle sich der seelische Gehalt als von einem Daseienden bezogen dar, nicht von der Seele

105

selbstschöpferisch erzeugt. Schönheit und mithin Liebe werden dem Griechen durch den Anblick einer irdischen Erscheinung vermittelt, die 'tiefere Schicht', das Gefühl, jemanden als schön zu empfinden, den man aufgrund der Eigenproduktivität der Seele liebt, kenne der Grieche nicht.

Folglich gelte auch alle Liebesleidenschaft, die Plato zeichne, einem Überpersönlichem, "der Idee des absolut Guten und Schönen, die sich in der Person des Geliebten gewissermaßen zufällig und immer fragmentarisch verirdischt hat". (Ebd., 136) Für den modernen Menschen seien Schönheit und Individualität untrennbare Wirkungskräfte, oder besser: eine Wirkungseinheit. Denn: "...was uns von Plato am tiefsten trennt..., ist, daß ihm Individualität und Schönheit ablösbar sind und gerade die Liebe den Trennungsschnitt zwischen ihnen führt; daß sie die Schönheit ergreift und die Individualität draußen läßt." (180,137)

Simmel folgert, daß Plato, der das Phänomen Eros auf 'vernünftige' Weise klären will, die Liebe an eine benennbare Eigenschaft, nämlich 'Schönheit' binden müsse, während ihr Geheimnis gerade in der relativen Nichtanalysierbarkeit liege. Im Fragment "Über die Liebe" (173,47) begreift er sie als akausale Lebenskraft, die als Relation zwischen Ich und Du zu erkennen sei, aber weder das Fürsichsein des Du noch das des Ich aufhebt, dennoch aber eine Einheit bildet und weder mechanistisch noch durch eine Parzellierung der Gefühle zu klären sei. Simmel betont die schöpferische Kraft des Ichs, das aus sich heraus erst seinen Gegenstand, obwohl er faktisch schon vorher existent war, schafft. Liebe als Ausgestaltung eines Grundverhältnisses zwischen Seele und Welt wird formal dem 'erkannten', dem 'geglaubten' und dem 'beurteilten' Gegenstand gleichgesetzt:

> Ihn liebend vollziehen wir eine Ausgestaltung des Grundverhältnisses Seele und Welt: daß die Seele zwar an ihr Zentrum gebunden bleibt – woran sie ihre Grenze wie ihre Größe besitzt, daß aber diese Immanenz nun doch die Form ist, mit der sie transzendent wird, die Inhalte der Welt zu erfassen, in sich einzubeziehen vermag. Wäre sie nicht in sich, so könnte sie sich nicht außer sich begeben; welcher unvermeidlich temporale Ausdruck jedoch kein scheidendes Nebeneinander, sondern die fundamental einheitliche Lebensbestimmtheit ist. (173,56 f.)

Einheitlichkeit des Subjekts der Liebe bedeutet nicht, wie Simmel ausführt, zuerst theoretischen Äußerungen Platz zu geben, um dann ihre qualitative Bestimmtheit gleichsam im Nachtrag an den Begriff 'Leben' anzuhängen, sondern als fundamentale Gestaltungskategorie ist sie ein originäres einheitliches Gebilde, daß dem liebenden Subjekt immanent ist. Sie ist, wenn man es so ausdrücken darf, einsinnige Gerichtetheit und somit völlig unabhängig vom Gegenstand der Liebe selbst, wenngleich dieser erst in das Blickfeld des Liebenden kommen muß, um im Subjekt aufzugehen, wodurch sich eine einheitliche Schöpfung erstellt, die sich nicht aus einfach aufzählbaren oder analytisch zu isolierenden Elementen erklären ließe. In Simmels Lebensphilosophie spielen Liebe und Eros, die beide ineins gesehen werden, eine besondere Rolle, weil sie mit der umfassenden Einheit des Lebens vollständiger verbunden sei, als die meisten anderen Gefühle, wie z.B. Lust und Schmerz. Die Exklusivität der Kategorie Liebe wird auch deshalb betont, weil sich zwischen sie und den Gegenstand und Objekt der Liebe keine Instanz mehr schiebt im Sinne irgendeiner Eigenschaft, wodurch zum Beispiel die Liebe zu Gott ausgezeichnet wäre, von dessen Güte, Gnade oder Gerechtigkeit man spricht. Liebe als sich vitalisierende Lebensdynamik kennt desweiteren auch keine Moralität in dem Verstande, daß letztere ein Definiens der ersteren wäre.

### 1.4. Die Reduktion der empirischen Erfahrung auf die Liebesbeziehung in der Sammlung "Du"

Stramms Liebesgedichte der Sammlung "Du" zeigen keinerlei Bedingungen der Ich-Du-Beziehung auf, keinerlei Erlebnishintergrund. Ich und Du erscheinen als nackte Pronomina ohne Eigenschaften und schalten, weil nur die Ich-Du-Relation im Mittelpunkt steht, scheinbar alles Welthafte des Lebens aus.

Stellt man die Frage, warum Stramm diese im eigentlichen Sinne depersonalisierenden Pronomina in den Mittelpunkt der Sammlung stellt, wird man sich der Kritik Vaihingers erinnern dürfen, der den Positivismus und damit einen Teil der jedermann zugänglichen Erfahrung als 'fiktiv' erklärte und einen Sinn des durch die empirische Anschauung Gewonnenen nachträglich nur durch die Pragmatik der ihr zugrundeliegenden Hypothesen legitimierte, wobei letzten Endes jede Wirklichkeitsauffassung als Irritation gelten mußte. Von allen perspektivischen Verschiebungen ist nun aber die Kategorie 'Leben' ausgenommen, mit ihr auch die Liebe als fundamentale menschliche Beziehung, die Leben allererst ermöglicht. Aber hier macht August Stramm eine Einschränkung: Liebe, begriffen als Ich-Du-Relation im oben genannten Sinne in ihrem Für-sich-Sein, ist gleichsam 'eigenschaftslos', wenn sie dem Leben gegenüber nicht als 'Zweck' aufgefaßt werden soll. Und ihre Darstellung als eigenzentriertes So-Sein bedarf für Stramm keiner Prädikationen, die in irgendeinem Telos, in irgendeiner Dienerschaft dem Leben gegenüber aufgingen. Das bedeutet, daß innerhalb des eigenzentrierten Gefühls Liebe durchaus Prädikationen zugelassen sind, aber keine das Gefühl oder die Liebe transzendierende. Das Gedicht "Schön" klammert, um ein Beispiel zu geben, bewußt semantisch Welthaftiges aus, obwohl ein analoger Bezug zu ihm schon immer – der Möglichkeit nach – angelegt ist.

> Wissen Tören
> Wahr und Trügen
> Mord Gebären
> Sterben sein
> Weinen Jubeln
> Haß Vergehen
> Stark und schwach
> Unmöglich
> Kann!
> Dein Körper flammt
> Die Welt
> Erlischt!     (49,33)

Was Stramm mit dem Titel "Schön" bezeichnet, erzeugt sich aus semantischen Gegensatzpaaren, die allesamt aus dem Wortschatz der Lebensphilosophie oder der Liebe stammen. In jeweils zwei Zeilen werden zunächst die Erkenntnis, Werden und Vergehen, sodann durch 'Haß' und 'Jubeln' Extrempunkte des Weltgefühls oder der Stimmung benannt, die schließlich in den letzten drei Zeilen zur Ruhe kommen und in der typisch vitalistischen Wendung "dein Körper flammt" aufgefangen werden, wobei 'erlöschen' und 'flammen' als Synthese anzusehen sind, da im Liebesvollzug als Höhepunkt der Ich-Du-Beziehung das Welthafte momentan außer Kraft gesetzt wird. Das Wort 'Gebären' bedeutet nichts der Liebe Transzendentes, ist nicht ein sie überformender Ausdruck, sondern dem Wesen der Liebe selbst immanent. Schließlich sind die Aussagen "Dein Körper flammt" und "Die Welt/Erlischt" keineswegs Kontraste, sondern vom Prozeß der Liebe aus gesehen zwei analoge Erscheinungen im besprochenen Sinne.

Das Beispiel mag verdeutlichen, daß sich alle Prädikationen auf eine Ich-Du-Beziehung festlegen lassen, und daß Stramm nur solche Aussagen macht, die sich auf die Zuständlichkeit ihrer Träger beziehen, oder besser: auf Aussagen des Ichs, denn dem Wesen der Liebe entspricht es, daß 'Du' und 'Ich' zur Einheit werden. Auch in anderen Gedichten halten sich die Aussagen im genannten Rahmen. Simmel betont mehrmals, daß der Liebende trotz seiner Beziehung zum Anderen sein Fürsichsein nicht verliert, und daß das Miteinandersein nur die "Erfüllung" – so der Titel eines anderen Gedichts von August Stramm – seiner Sehnsucht und seiner Qual ist. Ähnlich begegnen uns auch andere Texte. Das erste Gedicht ist mit "Liebeskampf" überschrieben und endet mit der Negation des liebenden Ichs: "Das Wollen steht!/Nicht/Ich!" (49,10) Der anfangs einheitliche Bezug der Wörter auf das Objekt der Liebe scheint vergeblich zu sein.

Bezeichnend ist, daß Stramm – entgegen der Forderung Marinettis, die er freilich zu jener Zeit noch nicht gekannt haben mag – ein Mondgedicht schreibt: "Mondblick". (49,12) Dennoch ist der Mond nicht mehr romantisches Requisit, sondern Gegenbild zu 'Flamme' und 'Sonne'. Die Sonne ist für Nietzsche Indikator der Zeit des Mittags, an dem der Mensch sich selbst überwindet und die Bejahung des Lebens erreicht: "Unschuld und Schöpfer-Begier ist alle Sonnenliebe" heißt es in "Zarathustra". (162,II, 380) Und vom Mond, er sei unredlich, schleiche dahin und schiele lüstern auf die Erde. (162,II,377f.)

Im Gedicht "Erfüllung" konkretisiert Stramm die Ich-Du-Beziehung als metaphorisch verschleierten Geschlechtsakt, der durch Verben wie "wiegen Verlangen" (Z. 6) oder "ringeln herunter", "Seelen ringen und kollern abseits" (Z. 14), sowie durch die letzten acht Zeilen in Bewegung aufgelöst wird:

> Sinken Sinken
> Schweben und Sinken
> Schwingen im Sturme
> Im Sturm
> Im schreikrollen Meer!
> Ziegelrot
> Über uns segnet der Tod
> Säender Tod!      (49,13)

Daß Erfüllung gleichzeitig Tod im freilich wenn man so will 'metaphorischen' Sinne bedeutet, deuten bereits die vorangehenden Zeilen an:

> Flamme zischt in das Hirn
> Und sticht mir das Schaun aus!

Die Flamme der Sinnlichkeit, ein im vom Vitalismus beeinflußten Expressionismus oft gebrauchtes Bild (108,49), bedeutet das Ausschalten der Erkenntnis, meint 'Nicht-Sehen'. In der Erfüllung wird der Lebensstrom abgebrochen, da ein Telos des Gattungsmäßigen durch das egoistische Füreinander und Sich-Verselbsten ausgeschaltet wird.

In ähnlicher Manier sind auch die anderen Gedichte Stramms geschrieben. Nicht durch Gleichnisse oder durch Bilder legen sie die Beziehungen zwischen dem, was da Ich und Du genannt wird, frei, sondern Stramm genügt es, die Beziehungen selbst sprechen zu lassen, ohne alle quasi-poetische Dekoration, die sich störend zwischen eine derart urtümlich aufgefaßte Ich-Du-Relation legen würde.

Nichtsdestoweniger evozieren sie gerade dadurch die konzentrierte Gestimmtheit eines dichtenden Ichs, das nicht zu verwechseln wäre mit dem lyrischen Ich, weil die Ich-Du-Relation Objekt der in den einzelnen Gedichten jeweils modifizierten Darstellung ist. Im Gedicht "Wankelmut" (49,15) wird die Einsinnigkeit der Liebe vielleicht am deutlichsten:

> Mein Suchen sucht!
> Viel tausend wandeln Ich!
> Ich taste Ich
> Und fasse Du
> Und halte Dich!
> Und Du und Du und Du
> Viel tausend Du
> Und immer Du
> Allwege Du
> Wirr
> Wirren
> Wirrer
> Immer wirrer
> Durch
> Die Wirrnis
> Du
> Dich
> Ich!

Das Suchen wird als tastende, haptische Tätigkeit durch die Wirrnis hindurch ausgewiesen, das schließlich bei seinem Ziel anlangt.

Gefühlszustände des liebenden Ichs, das stets sein 'Du' mit umgreift, sind Thema auch aller anderen Gedichte Stramms, sieht man von den sogenannten 'Kriegsgedichten' ab. Denn in "Freudenhaus" (49,14) scheint sich das Ich transvitalisieren zu wollen, scheint ein vordergründiger Bezug auf das Menschengeschlecht gegeben zu sein, der jedoch zurückgenommen wird, weil er der Liebe nicht genuin ist.

Das vielleicht bekannteste Gedicht Stramms kann erst durch das kontextuelle Nebeneinander mit Stramms anderer lyrischer Produktion verstanden werden, weil es zeigt, was für Stramm Liebe eben nicht ist: eine außerseelische Kategorie. In Vers 5 heißt es: "Frauenseelen schämen grelle Lache." Alles, was außerhalb des transvitalen Naturvollzugs der Liebe, zu der die Erotik immer schon dazuzurechnen ist, was außerhalb dieser von Simmel apriorischen Kategorie, die dem Begriff 'Leben' am nächsten steht, sich ansiedeln ließe, so etwa der Liebesgenuß am Objekt der Liebe, das im Liebenden nicht immanent ist, das also der N a t u r der Liebe widerspricht und mithin auch dem Leben, ist dem 'Geschlecht' entgegengesetzt. Ganz in diesem Sinne heißt es in den letzten drei Zeilen:

> Scheu
> Im Winkel
> Schamzerpört
> Verkriecht sich
> Das Geschlecht!     (49,14)

Nicht moralisierend ist diese Aussage aufzufassen, denn das Erotische ist für Stramm Natur und erfüllt eine dem Leben immanente Teleologie, wobei nicht entscheidend ist, ob sie dem Leben oder dem Genuß dient; sie ist Selbstzweck, wenn sie im Bereich dessen bleibt, was ihr naturhaft gemäß ist. In "Freudenhaus" wird indes die unverwechselbare Individualität der fundamentalen Kategorie 'Liebe' im ersten Teil des Gedichts aufgegeben und steht somit gegen das, was dem Geschlecht als solchem genuin ist.

Von der Heraufbeschwörung des Geschlechts zu dem, was 'Menschheit' überhaupt ist, ist kein weiter Weg.

Das Gedicht "Menschheit" wurde erstmals 1914 im "Sturm" (Jg. V. Nr. 8. Juli 1914) veröffentlicht und dürfte zwischen Mai 1913 und Juni 1914 entstanden sein. (Vgl. 49,460) Weniger die Art der Sprache, sondern die Semantik dürfte Probleme aufgeben. Zunächst befremdet der Titel, weil sich Stramm anschickt, mit der ihm eigentümlichen Sprache, auf die wir zu sprechen kommen, die Totalität der Menschheit zu interpretieren. Während in der Sammlung "Liebe" ein individueller und in seiner Selbstbezogenheit vom All-Leben abgetrennter Mikrokosmos eingefangen wurde, der gleichwohl schon immer Bezüge auf die Totalität der Welt erkennen ließ, so werden in "Die Menschheit" Fühlen, Werden und Vergehen des Menschen zyklisch dargestellt. Die Anfang-Schlußbindung "Tränen kreist der Raum" (49,45 u. 55) darf keinesfalls als Rahmen interpretiert werden, vielmehr deutet der Schluß des Gedichtes auf dessen ewige Repetierbarkeit, auf Nietzsches 'ewige Wiederkehr des Gleichen'. Doch wäre solche Sicht einseitig, weil sie verkennt, daß Nietzsche, indem er 'ja' zum Leben sagt, dieses auch vergleichgültigt, wenn es ihm nur noch amor fati ist. Der Verlauf des Gedichtes macht nun aber eine negative Umkehrung des rhythmisch dargestellten Lebens der Menschheit nicht sichtbar oder mündet nicht ein in dessen Problematisierung, wiewohl auch der Krieg ein Thema des Gedichts ist. Jedoch gehören Höhe und Tiefe, Licht und Dunkel, Not und Freude, – "Freude Fluchen Weh" – ebenso zu den Qualitäten des menschlichen Daseins, wie Zeugen und Gebären, und schließlich die Zerstörung umwillen des Mehr-Lebens.

### 1.5. *Die Reduktion der Welt umwillen der Totalität: Zur Substanz und Form der Sprache August Stramms*

Man kann Stramms Dichtung kaum würdigen, ohne ein Wort zur Sprache zu sagen. Ihre Substanz ist nicht vom eigentümlichen Sprachgebrauch zu trennen, und es genügt nicht, auf den Futurismus zu verweisen, um aus ihm eine Stramm'sche Linguistik zu destillieren (vgl. 82), die freudig den Gebrauch des Infinitivs, den Wegfall der Syntax oder der Epitheta konstatiert, wie Marinetti und seine Anhänger es wollten. Auffällige Wortbildungen, wie "Schamzerpört" (49,14) oder "dirnen" in: "Lichte dirnen aus den Fenstern" – um Beispiele zu nennen –, können morphologisch beschrieben oder ihrer semantischen Vergegenwärtigungsleistung nach diskutiert oder gewürdigt werden, angebbaren und aus der Wortbildungslehre bekannten Gesetzen unterliegen sie nicht, selbst wenn man sie 'generativ' als Transformate zugrundeliegender Tiefenstrukturen auffassen würde, was man wohl letzten Endes muß, doch das erhellt keineswegs prinzipielle Verfahrensweisen.

Schon eher wird man, denkt man an die Gedichte Stramms, vom Reihungsstil sprechen wollen oder Kandinsky's 'inneren Klang' bemühen dürfen, denn in der Tat wird durch die ständige Repetition der Wörter, wie auch Kemper meint, so etwas wie die 'Innenseite der Sprache' vernehmbar. (Vgl. 170) Wenn jedoch von Wortkunst die Rede ist, muß sogleich hinzugefügt werden, daß Stramm sowohl Exemplum als auch theoretisches Substrat dieser 'Theorie' war.

Auf die Bedeutung der Futuristen ist hingewiesen worden, doch mit der Feststellung, Stramm habe nach der Lektüre der italienischen Manifeste seine Gedichte in den Papierkorb geworfen, ist solange nichts gewonnen, als das Motiv dafür gänzlich außer Betracht bleibt. Vermutlich dürfte – das wurde bereits gesagt – Stramms philosophische Schulung dafür e i n, wenn auch nicht mit letzter Sicherheit auszumachender Grund gewesen sein. Allein die sich durch sein ganzes Werk hinziehenden Analogien, auf die wir zu sprechen kommen, sind Indiz für die Beschäftigung mit der

Lebensphilosophie, weil der Begriff 'Leben', gefaßt als oberstes Prinzip aller Dinge, dem Denken keine andere Möglichkeit läßt. Dazu später ein Wort.

Zunächst zu einer zentralen These, die immer wieder vorgetragen wird, wenn von Stramms Dichtung die Rede ist, und die fast unbesehen vom Futurismus oder von Walden übernommen wird: Stramm sei deshalb ein Neuerer der Dichtung, weil er das Wort in den Mittelpunkt gestellt, die Syntax aufgelöst und damit die zunächst im Bewußtsein des Redenden kleinste linguistische Einheit — das Wort — zu Ansehen gebracht habe, hierin übrigens vergleichbar mit Mallarmé. Es gibt zwei Möglichkeiten, das 'Warum' und vor allem das 'Wie' der Substanz dieser These zu überprüfen. Entweder man argumentiert mit dem Futurismus für oder gegen Stramm, oder man argumentiert rein linguistisch. Das erste Verfahren halte ich im Prinzip für möglich, aber nicht für gut, weil Stramms Rolle dann auf die eines Tarifpartners reduziert wird, der dem Futurismus einerseits Tribut zollt, andererseits wieder von ihm lebt. Argumentiert man linguistisch — was wir versuchen wollen —, so wäre festzuhalten, daß es weder eine Stramm'sche Linguistik per se noch eine des Futurismus gibt.

Zu den wichtigsten Punkten, die den Futurismus und dessen Sprachauffassung betreffen, folgendes:

Die Ratschläge, die Marinetti den Dichtern erteilt, ergeben sich insgesamt aus einer antitraditionalistischen Haltung, die das italienische Kulturerbe negiert, die vertechnisierte Welt bejaht und vor modernistischem background Dichtung revolutionieren will. 'Modernolatria' nannten die Futuristen den Kult des Modernen und verstanden darunter die Ablehnung des Vergangenen, des Tradierten und die Verherrlichung des modernen Lebens in all seinen Ausprägungen, insbesondere den Zusammenhang zwischen Leben und Technik. Die Feier der Moderne geht mit Sicherheit auf drei Quellen zurück: auf Marinettis Lektüre von Mario Marasso's Werk "Il nuovo aspetto meccanico del mondo" (1907; vgl. 84) und "La nuova arma: la macchina" (1905; vgl. 84), schließlich auf das Œuvre Nietzsches, zu dessen Anhängern Morasso ebenso wie die Futuristen selbst zählten. (Vgl. 84,127ff.)

In "Die fröhliche Wissenschaft" standen Sätze wie dieser: "Baut eure Städte an den Vesuv! Schickt eure Schiffe in unerforschte Meere! Lebt im Kriege euresgleichen...! Seid Räuber und Eroberer..." (162,II,283) Die Leistung der Futuristen besteht zu einem nicht geringen Teil in der Uminterpretation solcher Losungen Nietzsches an die "Erkennenden" und reicht bis in einzelne Manifeste hinein. Was Nietzsche bildlich meinte, nehmen die Futuristen wörtlich, wenn sie vom 'gefährlichen Leben', vom

Krieg als "Hygiene" der Menschheit oder der Welt (Gründungsmanifest) reden und schreiben. Zu Recht weist Christa Baumgarth darauf hin, daß der Krieg längst aufgehört hatte, Bewährungsprobe eines einzelnen zu sein und daß der tägliche Umgang mit der Gefahr sich auf andere Gebiete zu verlagern begann. (84,123) Sonderbarerweise verbindet Marinetti im "Technischen Manifest der futuristischen Literatur" (84,166) formale und substantielle Argumente für die Handhabung einer neuen Dichtersprache, doch sein Votum für ein und das andere Mittel zur Darstellung dessen, was Futurismus sei, vermag nicht immer zu überzeugen.

Von der freilich nicht absolut zu setzenden linguistischen Warte aus ist sein Ansatz, ähnlich wie mit dem Flugzeug mittels der Dichtung das Universum zu umspannen – eine Prämisse, die diskussions- und fragwürdig bleibt – und die von 'Homer ererbte Syntax' zu zerstören, durchaus legitim. Wenn es sich darum handelt, den Kosmos und universal-terrestrische Dinge gleichsam aus der Vogelperspektive – Marinetti schreibt seine Gedanken im Flugzeug nieder – zu verbinden, dann ist die Frage gestattet, ob die herkömmliche Sprache für Marinettis Unterfangen ein taugliches Instrument ist. Auf ein solches Ansinnen gibt es im Grunde nur zwei Antworten. Vorausgesetzt, ich bleibe im Bereich natürlicher Sprachen, dann kann eine Einzelsprache nur so erweitert werden, daß das Unsägliche sagbar wird; oder aber ich reduziere die Sprache auf ihre universalen Momente, stelle mir also die Frage, welche Elemente einer Sprache notwendig und wesentlich sind, damit sie als Sprache überhaupt gelten kann.

Die zweite Lösung führt zu einer Abstraktion von all dem, was eine Sprache als Einzelsprache ausmacht, stellt Äquivalenzen semantischer Art zwischen einzelnen Sprachen her und macht sie sichtbar; die erste führt zu einer totalen Überbewertung des semantischen Potentials, soweit die Wörter im Gedicht noch Ausdrucksträger sein wollen. Nach Marinetti, aber auch nach Walden, fällt ihnen diese Funktion zu.

Indes: Marinetti schlägt weder den einen noch den anderen Weg ein, wiewohl sein Vorschlag, den Infinitiv zu gebrauchen, in seiner Tendenz eher universalistisch ist, weil das Tempussystem einer Einzelsprache entfällt und zwei Wortarten, Substantiv und Verb, angenähert werden. Man wird in diesem unter Punkt 2 des technischen Manifests aufgeführten Vorschlag die Vorliebe Marinettis für das Dinghafte, für die Materie herausspüren, die, wie unter Punkt 3 zu lesen ist, durch Adjektive nicht nuanciert werden darf: "Man muß das Adjektiv abschaffen, damit das blosse Substantiv seine wesenhafte Färbung behält." (84,166) Über die Materie heißt es im Anschluß an Punkt 11 des Manifests:

Die Materie ist weder traurig noch fröhlich. Ihr Wesen ist Mut, Wille und absolute Kraft. Sie gehört ganz dem seherischen Dichter, der es versteht, sich von einer Syntax zu befreien, die konventionell, schwerfällig, eingeengt, dem Boden verhaftet ist, die weder Arme noch Flügel hat, weil sie nur vom Verstand geleitet wird. Nur der asyntaktische Dichter, der sich der losgelösten Worte bedient, wird in das Wesen der Materie eindringen und die dumpfe Feindschaft, die sie von uns trennt, zerstören können. (84,169)

Mit dem Begriff 'Syntax' verbindet Marinetti nur den Satzbau, obwohl es auch eine Syntax des Substantivs gibt, die zumal dann nicht ganz aufgegeben werden kann, wenn, wie Marinetti unter Punkt 5 fordert, jedes Substantiv sein "Doppel" (84,166) haben soll oder der Dichter Analogien bilden darf.

Vollends entzieht sich Marinetti einer universalistischen Linguistik, wenn er in den Mittelpunkt seiner Poetik die Analogiebildung rückt. Es ist nicht ganz unwichtig, auf diese einer jeweiligen Einzelsprache natürlichen Potenz hinzuweisen, weil sehr oft die sog. Konkreten auf den sich universalistisch gebenden Ansatz der Futuristen verweisen, um damit ihre Internationalität historisch zu belegen. Analogiebildungen, wie Marinetti sie versteht, fallen indes in den Rahmen innersprachlicher Semantik, wobei man sogleich hinzufügen muß, daß nicht klar wird, was Marinetti unter Analogie versteht. Durch Tilgung der Partikel 'wie', 'gleich', 'so wie' oder 'ähnlich', aufgeführt unter Punkt 5 des Manifests, entsteht allein noch keine Analogiebildung. Und auch die zahlreichen Beispiele verfangen in diesem Betracht nicht. Um die Dinge ihres Fürsichseins zu entheben, bietet Marinetti eine sowohl auflösende als auch verbindende analogiebildende Verfahrensweise an:

In manchen Fällen wird man die Bilder je zwei zu zwei vereinigen müssen, wie Kettenkugeln, die in ihrem Flug ganze Baumgruppen umreißen.
Um alles zu umfangen und zu erfassen, was es an Flüchtigem und Unfaßbarem in der Materie gibt, muß man ENMAGISCHE NETZE VON BILDERN ODER ANALOGIEN bilden, die man in das geheimnisvolle Meer der Erscheinungen auswerfen wird. (84,167f.)

An anderer Stelle heißt es:

Um die aufeinanderfolgenden Bewegungen eines Gegenstandes darzustellen, muß man die Kette der Analogien, die er hervorruft, wiedergeben, und jede Analogie muß verdichtet, in einem essentiellen Wort zusammengefaßt werden. Hier ein eindrucksvolles Beispiel einer Kette von Analogien, die noch durch die traditionelle Syntax getarnt und beschwert sind:

"Gewiß, Sie sind, kleine Mitrailleuse, eine bezaubernde Frau, unheilvoll und göttlich, am Steuer eines unsichtbaren 100 PS, der schnaubt und voll Ungeduld stampft. Bald werden Sie in den Todeskreis springen, in Trümmern abstürzen oder siegen! Wollen Sie, daß ich Ihnen Madrigale voll Anmut und Farbe darbringe? Nach Ihrem Belieben, gnädige Frau... Ich finde, Sie gleichen einem gestikulierenden Volksredner, dessen beredte, unermüdliche Zunge die um ihn herum versammelten Zuhörer bis ins Herz rührt. Sie sind in diesem Augenblick ein allmächtiger Bohrer, der den starren Schädel der halsstarrigen Nacht anbohrt... Sie sind auch ein Walzwerk, eine elektrische Drehbank, und was noch? Ein großes Sauerstoffgebläse, das brennt, ziseliert und nach und nach die metallischen Spitzen der letzten Sterne zusammenschweißt." (84,167)

Abgesehen davon, daß Marinetti nicht nur hier, sondern auch an anderer Stelle seine in den Manifesten formulierten Postulate nicht einzulösen vermag, verwechselt er Bild, Analogie und Assoziation. Ein dichterisches Bild will stets eine Erscheinung, ein Phänomen sinnfällig ausdrücken. Semantisch gesehen hat es verdeutlichend-konnotierenden Charakter und steht dem Gleichnis nahe. Eine Analogie zwischen A und B kann nur gebildet werden, wenn beide Phänomene einem ersichtlich gleichen Prinzip gehorchen, einer gleichen Regel. Wenn Marinetti, um "alles zu umfangen und zu erfassen, was es an Flüchtigem und Unfaßbaren in der Materie gibt..." (84,167), die Analogie bemüht, dann ist das prinzipiell kein falsches Verfahren, nur entdeckt er nicht, daß dazu eine gewisse Intersubjektivität in der Auffassung der Dinge vorhanden sein muß, die sie allererst ermöglicht. Die Richtigkeit einer Analogie auch in der Poesie bemißt sich am Grad ihrer Genauigkeit und ist kein Produkt einer gespreizten Phantasie. Marinetti exerziert am zitierten Beispiel vor, was Analogien gerade nicht sind: nämlich heterogen ineinanderverschlungene Lexeme, die allenfalls auf die Hektik eines forcierten Gemüts deuten. Selbst die zwischen die jeweiligen Bezugsworte eingeschobene Syntax, die Marinetti zwar selber bemängelt, kann nicht darüber hinwegtäuschen, daß sich nach ihrer Tilgung allenfalls ein assoziativer Reihungsstil ergeben würde, der der Frau 'Mitrailleuse' ein paar beliebige Konnotate beisteuert, nicht aber 'Welt' einfängt. Beim Leser stellt sich dergestalt keine Weltmannigfaltigkeit ein, die der flugzeugbesessene Poet erhaschen und darstellen möchte. Die bildhafte und assoziativ gewonnene Dimension der 'mitrailleuse' läßt eher das Bewußtsein schrump-fen, weil der Bezugspunkt stets der gleiche bleibt. Eher noch wird durch die willkürlichen Assoziationen das 'welthafte' Erscheinungsgefüge zerris-sen und somit gerade das Gegenteil dessen erreicht, was Marinetti bezwek-ken will: die Vielfältigkeit der Dinge und Erscheinungen durch Analogien zu verbinden, um sie poetisch aus ihren begrifflichen Versteinerungen zu lösen.

Ein anderer Einwand noch: der zitierte Text demonstriert mehrere assoziative Gleichsetzungen. Wer aber, wie Marinetti, durch 'enmagische Netze' von Analogien Weltmannigfaltigkeit darstellen möchte, muß sich gerade ein Gefühl für Oppositionen und Differenzen bewahren. Die Netze, die der Erscheinungswelt übergestülpt werden sollen, nivellieren sie gerade und widersprechen der Vielfalt der verherrlichten technischen Erlebnis-welt, die in den Sog eines alles einebnenden Alltagsverstandes zu geraten droht.

Es genügt nicht, wir betonten das, Stramm am Puls Marinettis zu messen, an einer scheinbar stimmigen und in sich widerspruchsfreien futuristischen Linguistik, sondern es muß dargetan werden, was Stramm aus den Mani-festen des Futurismus gelernt haben k ö n n t e.

Auf den ersten Blick wird man sagen können, daß es sicher nicht das Substantielle des Marinettismus ist, das Stramm übernimmt, sicher auch nicht — um es in der Terminologie der Wortkunst auszudrücken — das dezentrierende Sprachgewaber des oben angeführten Textes, der freilich nicht paradigmatisch für den Futurismus schlechthin ist. Dennoch war und ist man der Meinung, Stramm habe die Syntax zertrümmert und dem tech-nischen Manifest gemäß das Adjektiv als dekorativ-poetisches Mittel er-ledigt. Letzteres ist z.T. richtig, doch wird dadurch semantisch gesehen nichts abgeschafft, seine Funktionen oder Gehalte verlagern sich in andere Wortarten.

Was Stramm allerdings ausschaltet — und das wäre e i n e Funktion der Syntax — ist alles Explikative im Sinne eines Verweises auf das Wo und Wie dessen, was sich z.B. im Gedicht "Patrouille" abspielt:

> Die Steine feinden
> Fenster grinst Verrat
> Äste würgen
> Berge Sträucher blättern raschlig
> Gellen
> Tod.      (49,86)

Hier gibt es keine Andeutung eines 'narrativen' oder pragmatischen Kontextes, in dem sich Sätze lokalisieren ließen. Vielleicht beruht gerade darauf ihre Faszination. Solch Fehlen eines situativen Zusammenhangs verweist den Rezipienten indes mehr auf das Einzelwort, das nun auf den ersten Blick nicht von seinen Kontextpartnern im Satz determiniert erscheint, doch irrt die Wortkunsttheorie darin, wenn sie ihm eine nackte Theatralik zubilligen möchte, denn ein nicht determiniertes Wort zeigt sich in seiner ganzen lexikalischen Potenz und damit in seiner Unverbindlichkeit. Mag sein, daß Walden daran dachte, als er forderte, das Wort solle herrschen: "Das Wort herrscht, das Wort beherrscht den Dichter. Und weil die Wörter herrschen wollen, machen sie gleich einen Satz über das Wort hinweg... Das Wort zerreißt den Satz, und die Dichtung ist Stückwerk. Nur Wörter binden. Sätze sind stets aufgelesen." (74,404) Solch Loskommen von der "Wirklichkeit", die im Wort durch seine diachrone wie synchrone Gebrauchsfrequenz immer schon verankert ist, und die Verknüpfung der Wörter zum freien Spiel der Assoziationen, welche die Lebendigkeit der Sprache gegenüber ihrer Mortifizierung im tradierten Gedicht garantierte, hat Walden, nicht ohne Anklang an Bemühungen in der Romantik, gefordert. Das Dichten Stramms und die Postulate Waldens formuliert R. Brinkmann: "Das Wort will reden, bevor es in den grammatischen Zusammenhängen Vehikel einer darin gebotenen Weltauslegung wird. Es soll den Reichtum seiner Assoziationsmöglichkeiten behalten, ... seinen 'inneren Klang' erspüren lassen, der 'Wesensanschauung' gewährt, ehe es gestört oder versteckt ist vom Aussagesystem einer Grammatik,..." (87, 102)

Aber wie wird diese Wesensanschauung gewährt? Die conditio für den Reichtum eines Wortes an Assoziationsmöglichkeiten ist seine Geschichtlichkeit, die es nur in Verbund mit anderen Wörtern, also mittels der Syntax, erhalten kann. Aber auch in der Wortkunst muß, will ein Wort reden, noch ein reziprokes Verhältnis von geschichtlich bedingtem Inhaltszuwachs und Bewußtsein des Lesers/Hörers angenommen werden. Karl Löwith sagt: "Von Natur aus gibt es keine Zeichen, wohl aber gehört es zur Natur des Menschen, daß er auf etwas Entferntes hinzeigen und es mit etwas anderem bezeichnen kann...; das Zeichen meint etwas, was es nicht selber ist. Dies Meinen ist meine eigene Zutat, denn das mit einem Zeichen Gemeinte liegt nicht in der Bestimmtheit des Zeichens selbst." (156a,106) Das ist in der Tat ein entscheidender Zug. Das 'Meinen' des Zeichens ist nicht etwas, was in ihm selbst liegt, noch meint es das, worauf es verweist; es kann nur in denen, das heißt in deren Bewußtsein liegen, für welche es Zeichen ist. Das ist, bei näherem Betracht, das eigentliche 'Reden' des

Wortes, von dem Walden spricht: es verweist auf memorielle Bewußtseinsspuren dessen, der es gebraucht oder hört.

Stramm dürfte am Postulat der Analogiebildung gelernt haben, daß durch rein assoziative Verknüpfung – mitrailleuse = Dame – einmal im von uns angeführten Sinne keine Analogiebildung zustande kommt, daß aber durch richtige Anwendung dieses Verfahrens jedem der verknüpften Wörter ein Teil ihres Sinnes genommen, ihnen aber auch neuer hinzuwächst.

Wie ist das zu verstehen? Wir kommen nochmals auf den Unterschied Gleichnis–Analogie zurück. Zum Gleichnis greift der Dichter als subjektiv Gestaltender dann, wenn er den Kern oder das Wesen von etwas veranschaulichen will. Ob das Gleichnis gut ist oder nicht, ist eine Frage der Wertung und braucht uns hier nicht zu interessieren. Dabei ist übrigens ganz gleichgültig – das gilt entgegen der Meinung Marinettis auch für die Analogie –, ob er sich des Wörtchens 'wie' etc. bedient, entscheidend ist der Bildcharakter des Gleichnisses und seine Fähigkeit, den Sinn einer Erscheinung, eines Geschehens oder einer Sache aufzuschließen.

Für die Analogie gilt, und hier sieht Marinetti im Prinzip richtig, daß sie ein dem Denken genuines Mittel für die Erfassung von Weltmannigfaltigkeit als Totalität ist.

Nicht nur Kracauer, Simmel selbst hat in seinen Werken auf das analogische Verfahren hingewiesen, sei es in soziologischen Forschungen oder in Schriften zur Kunst, am deutlichsten vielleicht im Aufsatz "Die historische Formung" (177), wo es ihm um die Darstellung von Leben als Geschichte und um den Stellenwert der Einzelfakten im Zusammenhang der Ereignisse und ihrer Darstellungsform geht:

Am unverkenntlichsten ist das historische Prinzip des Weglassens um der Ganzheitsform willen und die Wichtigkeit seiner Modifikation angesichts der Verschiedenheiten des Umfangs, in dem eine und dieselbe Geschehnisperiode dargestellt wird. Der Siebenjährige Krieg, auf hundert Seiten erzählt, fordert nicht nur gegenüber einer Darstellung auf tausend Seiten eine Komprimiertheit des Ausdrucks, sondern das radikale Weglassen von soundsovielen Einzelheiten. An dieser Selbstverständlichkeit ist uns wichtig, daß diese und jene von solchen Einzelheiten, in die kurze Darstellung eingefügt, gerade deren Ganzheit zerreißen würde. Innerhalb der historischen Forschung verzahnen sich, bei gegebenem Verhältnis zwischen Gesamtumfang und Gesamtgeschehen, nur Geschehnisse bestimmter Größendimensionen. Was unterhalb dieser bleibt, fällt aus der Verbindung heraus und schafft eine Lücke in ihr, während es bei Änderung jenes Verhältnisses gerade als Verbindung dienen kann. In jenem ersteren Fall nämlich wirkt es als Anekdote, die durchaus das Gegenteil des historischen Prinzips darstellt. Denn dessen Wesen ist der Zusammenhang der Ereignisse. Gewiß müssen sie auch unabhängig von ihm und ihrem selbständigen Inhalt nach gewisse Bedeutsamkeit besitzen, um in das historische Blickfeld einzutreten. Allein abgesehen davon, ob diese Bedeutsamkeiten nicht etwa in wirklichen oder potentiellen Zusammenhängen bestehen, in Vergangenheiten, die sich an diesem Punkt konzentrieren, Zukunftserfolgen, die von ihm ausstrahlen – davon noch abgesehen und den Eigenwert dieses Wirklichkeitsmomentes zugegeben, wird er doch zum historischen erst durch Einstellung in die vielgliedrige Kette weiterer Momente, durch die Fühlbarkeit des Lebensstromes, der die Ereignisse durchflutet, und jedes mit jedem verbindet. Die Anekdote aber bedeutet die herausgehobene Pointiertheit eines einzelnen als solchem, die Vergleichgültigung der Kontinuität, in der er steht. Auch wenn sie ein historisches Subjekt hat, so liegt doch der Akzent des Interesses an ihr auf dem Amüsanten oder Charakteristischen, dem Exzeptionellen oder Ergreifen ihres Inhaltes als eines selbstgenügsamen Bildes: dies allein ist das Motiv ihres Erzähltwerdens. Innerhalb eines dargestellten Ganzen eine Einzelheit als solche zu empfinden, zeigt an, daß sie sich aus dessen Rhythmus oder allgemeinen Dimensionen in diesem Sinne isoliert und das Ganze dadurch zerbröckelt; was sie, ohne eigne Änderung, bei einem Maßstab von größeren Dimensionen und breiterer Fülle nicht bewirken würde. (177,180 f.)

Die Passage macht sowohl Leistung als auch Misere des analogischen Verfahrens deutlich. Individuelles und Einzelerscheinungen – Simmel nennt es das 'Anekdotische' – werden aufgerechnet zugunsten eines Allgemeinbegriffs oder einer Ganzheit, die für ihn der 'Lebensstrom' ist. 'Geschehen' im Sinne einer Aneinanderreihung von Fakten wird erst dann zur Geschichte, wenn es gleichsam elastisch, damit aber auch abstrahiert in einen größeren Zusammenhang eingebettet werden kann. Es leuchtet ein, daß sich Simmel diesen 'Zusammenhang' oder das 'Ganze' durch Hinnahme ausstehender Explikationen der Einzeldinge erkauft. Mit anderen Worten: Individualitäten oder individuelle Objektivationen beispielsweise der Kultur haben für ihn nur solange einen Aussagewert, als sie der 'makrokosmischen' Dimension dienlich sind, und so ist es erklärlich, daß er in seinem eigenen Œuvre nur wenige Persönlichkeiten, etwa Künstler wie Rembrandt oder Goethe individuell gewürdigt hat. Auf der anderen Seite versteht er es, von Allgemeinbegriffen ausgehend, den untergeordneten Begriffen soviel semantisches Potential abzuziehen, daß erstaunliche Beziehungen deutlich werden.

In jener Mitte, die einerseits das Mikrokosmische, andererseits das Makrokosmische im Auge hat, siedelt sich die Dichtung August Stramms an. Die Ich-Du-Beziehung seiner ersten Sammlung 'Du' meint mit der liebenden Person auch immer die Geliebte, meint mit der Liebe immer das Kosmische, Raum und Zeit und das in diesen Dimensionen sich abspielende Menschliche schlechthin. Wie die Liebenden in die Gesetzmäßigkeiten von Raum und Zeit, von Welt und kreisendem All eingewoben sind, so ist es auch die Menschheit, sie unterliegt per analogiam den gleichen Gesetzen.

In "Die Menschheit" (44–55) kehren fast alle Vokabeln aus der Sammlung "Du" wieder, nur daß sie einem anderen Oberbegriff verpflichtet sind. Der Rhythmus vom Werden der Liebe, von Bangen und Hoffen, von Erfülltsein und Gotteshingabe und schließlich von Erinnerung und Enttäuschung tritt unter die Kategorie von Werden und Vergehen ebenso im genannten Gedicht. Dazu eine kurze Textpassage:

> Mäuler
> Gähnen klappen
> Klappen schnappen
> Schnappen Laute
> Schüttern Ohren
> Horchen Horchen
> Schärfen Horchen
> Schwingen Schreie
> Töne Töne
> Rufe Rufe
> Klappen Klarren
> Klirren Klirren
> Surren Summen
> Brummen Schnurren
> Gurren Grugeln
> Pstn Pstn
> Hsstn Hsstn
> Rurren Rurren
> Sammeln Sammeln
> Stammeln Stammeln
> Worte Worte Worte
> Wort
> Das Wort!    (49,46 f.)

Das Ausrufezeichen steht in "Menschheit" am Ende einer 'Etappe' des Gedichts und markiert einen Oberbegriff, unter den sich die meisten der vorausgehenden Worte subsumieren lassen. Es ist nicht Zufall, daß vor der von uns wiedergegebenen Textpassage nur noch drei solcher jeweils mit einem Ausrufezeichen abgeschlossenen Wortlisten stehen, von denen die eine mit dem Wort 'Licht!', die nächste mit dem Wort 'Schaun!', die letzte mit dem Wort 'Schrei!' endet. Auch hier ließen sich axiale, auf das mit einem Ausrufezeichen versehene Bezugswort hinführende Hierarchien feststellen.

Im ersten Inhaltskontinuum scheint es auf 'Erden' noch keinen Halt zu geben, das Gegengewicht bildet der Raum, oder, wenn man so will, der durch Verben wie 'wirbeln', 'quirlen', 'sinken' oder 'springen' rhythmisierte All: ein rotierendes Weltsystem, das als erste Lebensbedingung 'Licht' erzeugt. In der zweiten Wortreihe wird das Wort 'Tränen', das immer schon das Wort 'Augen' impliziert, aus der ersten Zeile wieder aufgenommen, die Nacht wird durch die Fähigkeit zum 'Schauen' durchbrochen. Schließlich wird in der dritten, unmittelbar vor der von uns zitierten Passage stehenden Wortkolonne der durch Verben wie 'fließen', 'wellen', 'wogen' evozierte Lebensrhythmus durch einen angedeuteten Liebesakt (Leiber/Leiber/ Walzen wälzen/ Stalten/ sondern) in eine 'Form' übergeführt (Runden/ Formen).

In den dargestellten Vorwärtsorientierungen des Lebens, oder besser: der Menschheit, die Stramm vermöge des jeweils anderen Inhalts wie durch Pflöcke mit Ausrufezeichen untereinander scheidet, ist die 'Wortfindung' ein erster Kulminationspunkt, ein herauskristallisierter Zustand als Fundament für freilich nur fragmentarisch angedeutete Ereignisse dessen, was Stramm insgesamt als Wesen der Menschheit ansieht.

In der zitierten Passage ist 'Wort' Ende und Oberbegriff einer Reihe von Wörtern, die untereinander wiederum zwei Felder bilden, die alle etwas mit dem Vorstadium wörtlicher Artikulation zu tun haben und entweder vom produzierenden oder rezeptiven Akt aus gesehen werden: 'Maul', 'klappen', 'Laute' etc. oder 'Töne', 'Surren', 'Klappen', 'Klirren', 'Klingen', 'Summen', schließlich 'Stammeln' gehören hierher, ebenso wie 'Horchen', 'Schärfen', 'Ohren' zum rezeptiven Akt. Die entsingularisierende und deshalb allgemeingehaltene Bewegung des Gedichts, die auch das Kosmische einbezieht (49,51) und in ihre Rhythmik das Düstere des Lebens, endet schließlich wieder am Kreis des Werdens, am Ausgangspunkt der Entwicklung. (49,55)

Unter der Kategorie des Werdens und Vergehens stehen — analog zu den Gedichten der Sammlung 'Du' — auch die unter den Begriff 'Menschheit' gebrachten Abschnitte menschlichen Lebens, das in seinen Schüben jeweils durch die Zeichensetzung aufgegliedert wird.

## 1.6. 'Patrouille' – semantische Probleme

Am Bilde der Bewegung, das Werden und Vergehen, oder, modifiziert, Sein und Nichts umspannt, bleibt Stramm auch in seinen Kriegsgedichten stehen. Auf konkrete Situationen weisen meist nur die Titel hin, ansonsten wird das Einzelgeschehen nicht dargestellt in seiner einmaligen Unvergleichlichkeit, sondern in einem gleichsam distanzierten Erinnerungsblick, der immer wieder gleiches Vokabular bemüht, um die freilich subjektiv gesehene 'Wesenheit' des Krieges herauszustellen.

Das analogische Prinzip der Gedichte, die alle mit mehrfachen Nuancierungen dem Gesetz des Werdens und Vergehens zu gehorchen scheinen und in ihren höchst allgemeinen Aussagen kaum differenzierbar erscheinen, auch wenn sie in ihren Themen zunächst nicht vergleichbar sind, rückt die Kriegsgedichte in einen Horizont, unter dem das Kriegsgeschehen entschieden entproblematisiert wird. Nell Walden berichtet, daß Stramm zwar nicht als Begeisterter in den Krieg zog, er aber in ihm einen Aufruf der Wirklichkeit an jeden einzelnen sah, den er angesichts eines höheren Prinzips zu erledigen hatte. Stramm – so belegen seine Äußerungen – kommt gar nicht auf den Gedanken, irgendeine Alternativlösung in Betracht zu ziehen, wie sehr er auch seine Kümmernisse über den Krieg selbst ausbreitet. Wenn er die konkreten Inhalte des Begriffs 'Krieg' unter den weitgefaßten Begriff 'Leben' subsumieren kann, dann liegt die Vermutung nahe, er sei ihm eine freilich ins Schreckenvolle und Grauenhafte gewandte Metapher für das, was Leben immer schon ist. In einem Brief vom 12. Januar 1915 heißt es:

Nach schweren Tagen voll Kämpfen, Wirren Stürmen und Kanonendonner innen und draußen finde ich wieder heim. Nell (Walden, Anm. E. P.), Du tausendjährig jung Geborene! Ich grüße Dich und hülle Dich ein in die stolzesten Wünsche. Mehr habe ich nicht zur Zeit arm wie ich mich fühle unendlich arm und machtlos und doch voll wirbelnder Kraft, daß ich eine Welt zertreten könnte und möchte! Und wieder aufbauen. Unermeßliche Kraft und unermeßliche Ohnmacht! Können und Nichtkönnen. Wollen und Nichtwollen! Ach wo ist Ende und Ziel. Alles erschüttert unter mir, um mich in mir und ich stehe wie ein Krampf haltlos fundamentlos im Nichts geklammert verankert und erstarrt in der Grimasse des Willens und Trotzens. (74,49)

Das Vokabular ist bekannt: abgesehen vom Wort 'Kanonendonner' kommen Wörter wie 'wirren', 'stürmen', 'wirbeln', 'Kraft' und deren Derivate sowie schließlich das 'Nichts', aus dem ein neuer Aufbau möglich sein soll, in vielen, um nicht zu sagen in den meisten seiner Gedichte vor. Sie können sämtlich in der paradigmatischen Achse unter dem Begriff 'Krieg' aufgeführt werden, tauchen aber als Gegensatzpaare auch in anderen Gedichten der Sammlung "Du" oder "Die Menschheit" auf.

Es ist hier nicht der Ort, einen ausführlichen Nachweis über die sprachliche und denkerische Verwandtschaft der Stramm'schen Gedichte mit seinen Briefen zu erbringen; sicher ist, daß Stramm nicht in die Reihe der Expressionisten zu stellen ist, denen der Krieg im Sinne Marinettis "Hygiene der Menschheit" war. Dennoch sieht er ihn als e i n e Ausprägung des Lebens, die den ständigen Wandel, das Werden im Sinne des Durchbrochenwerdens exemplarisch repräsentiert. Die Exklusivität des Krieges als Ausprägung des Lebens zeigt sich für ihn darin, daß in ihm wie auf einer Skala alle Regungen zwischen Leben und Tod durchmessen werden. Die nicht umkehrbare Einsinnigkeit des Lebensstromes, für den es nur ein Werden gibt, wird deutlich. Am 21.3.1915 schreibt er:

Ich spüre noch kein Sein, nur ein Werden überall. Sein natürlich nicht in dem Sinn des Kritikers (Stramm bezieht sich auf eine Rezension, Anm. E. P.). 'Stillgestanden', 'fertig'! Für mich ist nur Werden = Sein, das Sein aber ist der Tod. (74,53)

In einem anderen Brief vom 27.5.1915 heißt es:

Was und wie ich bin, weiß ich nicht. Ich fühle mich stark dem Augenblick gegenüber. Alles darüber hinaus, oder dahinter zurück ist tot. Und doch! Eigenartig, Tod und Leben ist eins. Es ist ein Kunstweben. Tod und Leben ist eins. Leben ist die Fläche, und Tod ist der unendliche Raum dahinter. Die Basis. Beide sind eins. Ununterbrochen gleitet das Leben durch den Raum, versinkt und taucht wieder auf oder auch nicht mehr. Ewig leben und tot sein ist ein Gefühl... Ein Schwimmer (bezieht sich auf Str., Anm. E. P.) der immer wieder hochtauchte und staunend in die Sonne blinzelt und den Abgrund unter sich fühlt, den Abgrund in sich trägt. Die Nachtigall lockt und ich bin stark. Das stark ist kein Wort für mich, für alles hier. Das ist einfach der Krieg. Und weil wir das Grausen selber sind, eins damit, graust uns nicht mehr. Schlacht und Not und Tod und Nachtigall, alles ist eins! es gibt keine Trennung! Es geht

alles in eins und verschwimmt und erschimmert wie Sonne und Abgrund
– Nur mal herrscht das vor, mal das. So kämpfen, hungern, sterben,
singen wir. Alle! Soldat und Führer. Nacht und Tag. Leichen und Blüten.
Und über mir scheint eine Hand. Ich schwimme durch alles! Bin alles...
(74,56)

Es gibt zwar qualitativ bessere, aber keine deutlichere Textpassage bei
Stramm, die seine Auffassung vom Leben als Strom – man beachte die
Metapher 'schwimmen' – erweisen könnte. Die relativ geringe Trenn-
schärfe zwischen den Dingen – "es gibt keine Trennung" (vgl. oben) –
setzt sich in Stramms vielzitierte "abstrakte Dichtung" um: wer sich mit
allem verwoben weiß, fällt notwendigerweise aus den Differenzierungen
heraus und verschreibt sich dem Allgemeinen.

Auch Krieg ist für Stramm "Werden", insofern er im Simmel'schen Sinne
nicht nur bildlich, sondern konkret Formen 'sprengt'.

Vor diesem Hintergrund ist Stramms bekanntes Gedicht "Patrouille" zu
lesen, das nochmals erwähnt sei:

> Die Steine feinden
> Fenster grinst Verrat
> Äste würgen
> Berge Sträucher blättern raschlig
> Gellen
> Tod.     (49,86)

Das Gedicht befolgt in etwa die Anweisungen des Supplements zum technischen Manifest der futuristischen Literatur. Doch nur in etwa. Denn
konjugiert werden Verben, ein Adjektiv findet sich, schließlich sind die syntaktischen Verhältnisse so gut wie intakt. Auch der Punkt – Marinetti hat
die Abschaffung der Zeichensetzung gefordert – deutet den Stillstand einer
rhythmischen Bewegung an, die Geschlossenheit des Gedichts. In anderen
übernimmt das Ausrufezeichen diese Funktion. Es gibt kaum ein Wort, das
nicht mit dem durch den Titel evozierten Erfahrungszusammenhang deutbar wäre. Allerdings kann man den Text nicht in ein festes Koordinaten-
system von Zeit und Raum bringen. Expositorische Momente fehlen ihm,
wie wir das bereits bei anderen Texten feststellten, ganz. Auch das macht
seine Abstraktheit aus. Aber auch die Assoziationsmöglichkeiten werden,
entgegen manch anderer Annahme, entscheidend dadurch reduziert, daß
sich die Wörter alle auf das Wort 'Tod' beziehen.

Schon das erste Wort 'Steine' wird der vermeintlichen Freiheit entschieden durch sein Nebeneinander mit dem negativen Wort 'feinden' beraubt.

Gleiches gilt für andere Wörter. Das Fehlen genauerer syntaktischer Ausformung vor allem in Zeile vier, macht die Aussagen der in "Patrouille" verwendeten Wörter semantisch gesehen nicht wesentlich offener. Das bedeutet nicht, Assoziationen seien nicht zugelassen; im Gegenteil: sie bilden eine Brücke zwischen einzelnen Zeilen und den Wörtern untereinander, weil sie sich alle e i n e m Erfahrungszusammenhang zuordnen lassen. Indes erlauben die 'extreme Form', die Konzentration (Schreyer) und Intensität der Aussage und schließlich die Unmittelbarkeit des Sprachgestus eine ausschweifende Assoziation nicht. Was Konzentration im Sinne Lothar Schreyers meint, läßt sich wesentlich besser an Stramms erwähntem Gedicht "Freudenhaus" aufzeigen, wo sich Verse wie "Lichte dirnen aus den Fenstern" (s. o.) oder Wortbildungen wie "schamzerpört" (s. o.) finden, die sich indes sämtlich, ohne assoziative Spekulationen, in ein Deutsch übersetzen lassen, wie es jedermann auf der Straße spricht. Arnim Arnold hat das exemplarisch versucht darzustellen, dabei in Kauf nehmend, daß der Kunstcharakter dieser Gebilde aufgelöst wird. (Vgl. 82) Indessen betreffen solche Feststellungen nur den Modus, wie sich innere Bewegtheit im Rahmen des je Möglichen und des innersprachlich Vertretbaren und Zulässigen in Szene setzt.

Man hat schließlich die Stramm'sche Wortkunst in Zusammenhang gebracht mit dem 'inneren Klang' Kandinsky's, der schreibt:

Das Wort ist ein innerer Klang. Dieser innere Klang entspringt teilweise (vielleicht hauptsächlich) dem Gegenstand, welchem das Wort zum Namen dient. Wenn aber der Gegenstand nicht selbst gesehen wird, sondern nur sein Name gehört wird, so entsteht im Kopfe des Hörers die abstrakte Vorstellung, der dematerialisierte Gegenstand, welcher 'im Herzen' eine Vibration hervorruft. So ist der grüne, gelbe, rote Baum auf der Wiese nur ein materieller Fall, eine zufällige Materialisierung des Baumes, welchen wir in uns fühlen, wenn wir das Wort 'Baum' hören. Geschickte Anwendung (nach dichterischem Gefühl) eines Wortes, eine innerlich nötige Wiederholung desselben zweimal, dreimal, meherere Male nacheinander kann nicht nur zum Wachsen des inneren Klanges führen, sondern noch andere nicht geahnte geistige Eigenschaften des Wortes zutagebringen. Schließlich bei öfterer Wiederholung des Wortes (beliebtes Spiel der Jugend, welches später vergessen wird) verliert es den äußeren Sinn der Benennung, ebenso wird sogar der abstrakt gewordene Sinn des bezeichneten Gegenstandes vergessen und nur der reine Klang des Wortes entblößt. (149,45 f.)

Wir wenden uns für einen Augenblick vom Gedicht "Patrouille" ab und erörtern die zitierte Passage. Verwunderlich ist, daß Kandinsky's 'innerer Klang' die ganze Wortkunst-Theorie zu domestizieren scheint.

Was Kandinsky als probates Mittel für die Reinigung des künstlerischen Mediums Sprache empfiehlt, ist mehr als widersprüchlich. Anfangs soll das Wort deshalb 'innerer Klang' sein, weil es mit dem Außersprachlichen, dem in ihm referierten Gegenstand korrespondiert. Im zweiten Satz tilgt er diese synchron zu sehende Arbitrarität, denn nun wird der Gegenstand nicht mehr gesehen.

Es folgt eine Anweisung, den Bezug zwischen Signifikat und Signifikant zu lösen: durch mehrmaliges Sprechen soll die willkürlich festgelegte Korrespondenz zwischen Bedeutendem und Bedeutetem aufgehoben werden, damit durch die Bloßlegung des phonetischen Substrats Klangliches, wenn nicht Musikalisches gewährt werde. Spätestens da, wo Kandinsky vom "später abstrakt gewordenen Gegenstande" spricht, wo die scheinbare Knechtschaft der Dinge durch die über sie verfügenden Laute aufgehoben wird, um nun nicht den Dingen wie im Nominalismus, sondern den Lauten eine Autonomie zu geben, die gleichwohl nicht umhin können, sich in der subjektiven Anverwandlung mit der Seele anzupassen, spätestens da stellt sich eine Quasi-Freiheit von den suspendierten Dingen ein, die auch ein tief sitzender Sprach-Skeptizismus oder ein verdinglichtes Bewußtsein nicht rechtfertigen kann. Denn abgesehen davon, daß uns die derart geläuterten Laute nicht als einzelne begegnen, sondern in der chaîne parlée, entsteht das Wort in unserem Bewußtsein nicht durch das Ding, auf das es verweist, sondern durch eine Vorstellung von diesem Ding. "In bewußtseinsfremder Betrachtung sind die Wörter arbiträr: der Sprachbetrachter vermag in ihrem Inhalt (oder ihrem Intentum) kein Motiv für ihr lautliches Sosein zu entdecken." (206a,107) Es ist also zweifelhaft, ob – auch durch mehrmaliges Repetieren des gleichen Wortes – die bewußtseinseigene Inhaltsvorstellung, die sich mit dem Hören einer Lautkette einstellt, aufgelöst wird.

Was Kandinsky 'inneren Klang' nennt, hat eine gewisse Verwandtschaft zu dem, was für Ball später das 'Schwingen göttlicher Kadenzen' ist, wenn bei ihm von Lauten die Rede ist, die in ihren Kombinationen freilich mit denen einer natürlichen Einzelsprache nur noch bedingt etwas zu schaffen haben. Aber auch Kandinsky scheint mir nicht immer das zu meinen, was einige Interpreten der Wortkunst darunter verstehen, wenn sie vom 'inneren Klang' sprechen und diesen dann einfach gleichsetzen mit dem, was ja schon bei den Vertretern der Wortkunst so genau nicht bezeichnet ist, wenn Schreyer von "rhythmischer Harmonie" spricht, die sich aus dem Wortklang, dem Worttonfall oder Wortsinn, gelegentlich auch, wie es heißt, aus dem Wortinhalt ergeben soll. (78,91f.)

Kandinsky läßt in seinem Aufsatz "Über die Formfrage" sowohl die 'große Realistik' (150,147) als auch die 'große Abstraktion' zu, und so haben denn auch die Wortkünstler begriffen, daß 'abstrakt' nicht unbedingt heißen muß, Sprache bilde Wirklichkeit nicht mehr ab, nur müsse die vom Subjekt durch die Worte gesetzte Erfahrungswirklichkeit sich Kriterien der künstlerischen Logik fügen, der 'inneren Anschauung', wie Walden sagte. Sicher scheint indes, daß Kandinsky mehr als nur auf die Gesichte eines individuellen Schöpfersubjekts rekurrierte, wenn er vom 'befruchtenden weißen Strahl' sprach und von der todbringenden 'schwarzen Hand', (vgl. S. 62 ff.) ein Sinnbild für den 'Widersacher' Materie gegenüber dem schöpferischen Geist, der erleuchtet sein muß, will er durch innere Vibration im Kunstwerk innere Klänge vermitteln. Es ist wahrscheinlich, und ich stelle das zur Diskussion, daß Kandinsky vor allem in "Über die Formfrage" (150), aber auch in "Über das Geistige in der Kunst", theosophische Gedankengänge wiedergibt, die ihm seine Bekannte H. P. Blawatzkaja vermittelt haben dürfte, die ihrerseits auf kabbalistisches Gedankengut zurückgreift. Denn der naive Leser stellt sich doch die Frage, von allen anderen Vagheiten abgesehen, welche Quellen Kandinsky inspiriert haben könnten, wenn da vom weißen Strahl und von der schwarzen Hand die Rede ist. Mit Sicherheit kann das hier nicht entschieden werden, ein möglicher Hinweis könnten die Zeilen einer berühmten Stelle sein, in denen der Sohar den Urbeginn der Schöpfung in Gott schildert:

Am Anfang, als der Wille des Königs zu wirken begann, grub er Zeichen in die himmlische Aura, Eine dunkle Flamme entsprang im allerverborgensten Bereich aus dem Geheimnis des Unendlichen wie ein Nebel, der sich im Gestaltlosen bildet, eingelassen in den Ring (jener Aura), nicht weiß und nicht schwarz, nicht rot und nicht grün und von keinerlei Farbe überhaupt. Erst als jene Flamme Maß und Ausdehnung annahm, brachte sie leuchtende Farben hervor. Ganz im Innersten der Flamme nämlich entsprang ein Quell, aus dem Farben auf alles Innere sich ergossen, verborgen in den geheimnisvollen Verborgenheiten des Unendlichen. Der Quell durchbrach und durchbrach doch nicht den ihm umgebenden Äther und war ganz unverkennbar, bis infolge der Wucht seines Durchbruchs ein verborgener höchster Punkt aufleuchtete. Über diesen Punkt hinaus ist nichts erkennbar, ... (I, 15a; zit. nach 169,139)

Das erwähnte 'Nichts' wird später im Sohar ausdrücklich mit Gott gleichgesetzt, es ist die "Wurzel aller Wurzeln" (169,138) aus denen sich der Baum nährt, von dem auch Kandinsky im Aufsatz "Über die Formfrage" spricht. Und jener verborgene höchste Punkt ist als formende, väterlich-männliche Potenz der 'Weltensame', (169,139) den Kandinsky meint, wenn er vom 'weißen befruchtenden Strahl' (s. o.) spricht. Trotz aller vor-getragener Einwände ist kaum zu bestreiten, daß das Wort in den Stramm-schen Texten mehr als nur Transportmittel für einen mehr oder weniger festen Inhalt ist oder für einen einfach nur zu konstatierenden Sinn, der sich bei der ersten Lektüre gleich einstellt. Daß es im banalen Sinne 'frei' wäre, daß seine mehrmalige Repetition, von der auch im futuristischen Manifest zur Literatur die Rede ist, seine "Innenseite" (Scholem) zum Vorschein brächte, wird man schwerlich behaupten können. Dennoch gehen die Wör-ter untereinander Verbindungen ein, die sie zwar auf den ersten Blick relativ eigenständig erscheinen lassen, weil ihre Kompatibilität scheinbar verletzt wird, bei näherem Betracht jedoch ergeben sich unter den im Syntagma kombinierten Lexemen Sinnmittelpunkte, die ihre vermeintliche Freiheit aufheben und willkürliches Assoziieren nicht zulassen. Was man ge-legentlich bezüglich der Metapher 'metaphorischen Überschuß' genannt hat, zeigt sich auch in etlichen Gedichten Stramms, wenn zwei Wörter kontextuelle Beziehungen eingehen. (Vgl. 228,122) Die Wörter überlassen dem Leser ein semantisches Restpotential, über das er imaginativ verfügen kann, aber ein Teil ihres Bedeutungshaushalts ist — so im Gedicht "Pa-trouille" — den Worten 'Verrat' und 'Tod', also Oberbegriffen verpflichtet. Das Verstehen, im gewöhnlichen Gedicht kaum problematisch, ist in Stramm'schen Gedichten angewiesen auf etwas noch Ausstehendes, auf etwas erst nach mehreren Versen Folgendes. Im Gedicht "Menschheit" wird das deutlich, in nuce auch in "Patrouille". Um dem Gedicht einen Sinn zu geben, macht Stramm an den jeweiligen Wortkombinationen nur das Allernotwendigste deutlich, er heftet mit dem Wort 'feinden', aber auch mit der Prädikation 'grinst Verrat', den Substantiven 'Stein' und 'Fenster' gleichsam 'Erkennungsmarken' an, damit der Leser durch Assozia-tionen, aber auch durch die Kenntnis anderer Wörter ihnen Bedeutungs-konturen zuweisen kann. Wohl wird das Wort dadurch seiner intentionel-len Geradlinigkeit beraubt, nicht aber der Intention überhaupt.

Abstrakt ist das Gedicht nur insofern, als es semantische Potentiale zur Verfügung stellt, die — um ein Beispiel zu nennnen — durch das Wort 'feinden' nicht gebunden sind. Auf der anderen Seite folge ich schon immer den von Stramm im Gedicht angelegten Spuren und gebe dem Gedicht etwas, konstituiere also Bedeutung. Dergestalt kristallisieren sich Sinnmit-telpunkte heraus, die durchaus mit der uns allen zugänglichen Erfahrung koinzidieren. Im Prinzip und formal gesehen verfährt auch hierin Stramm ähnlich wie der Analogiker, denn auch dieser zieht von den Begriffen, die er in Verbindung bringen will, jeweils nur soviel semantisches Potential ab, als es der Oberbegriff, gefaßt als das den verschiedenen Dingen oder Erscheinungen durchwaltende Prinzip, verlangt.

Ich bin nicht sicher, ob die beschriebene semantische Distribution – ich lege durch Prädikationen schon immer Spuren eines Sinnes an, überlasse aber dessen Konzentrierung dem Leser –, ob die derart geschaffene Korrespondenz zwischen Text und Leser dem entspricht, was Kandinsky, Walden oder Schreyer unter 'innerem Klang' verstanden wissen wollten. Sicher kann man das nicht am Gedicht "Patrouille" allein beurteilen, indes liegen die Dinge im angeführten Poem "Die Menschheit" nicht wesentlich besser. Auch da schieben sich semantische Potentiale einzelner Wörter in der Kolonne derart ineinander, daß sie – um beim von uns aufgeführten Beispiel zu bleiben – die Inhaltseite des Wortes gleichsam etappenweise 'generieren'.

## 2. Hugo Ball

### 2.1. *Balls Skeptizismus und seine Mündung in private Theologie*

Überall finden sich in Werken Balls, am deutlichsten in den Schriften "Die Flucht aus der Zeit" (10) und "Die Folgen der Reformation" (11), aber auch in "Kritik der deutschen Intelligenz" (13) Gegenstellungen zur Philosophie. Ihr auslösendes Moment ist Friedrich Nietzsche, über den Ball seine Dissertation mit dem Titel "Nietzsche und die Erneuerung Deutschlands" verfertigen wollte. Doch projiziert Ball sein Denken nicht in die Antike, sondern in das christliche Mittelalter und seine geistigen Vorläufer, aus Gründen, die zum Teil genannt worden sind. Von dort aus gedenkt er heilsgeschichtliche Aspekte für seine innere Gesundung zu beziehen.

Indes kritisiert Ball keineswegs philosophische Gedankengebäude als solche, sondern die Tatsache, daß es überhaupt Systeme gibt, die einer gewissen Stimmigkeit nicht entraten können und einer immanenten Logik verpflichtet sind. In all ihnen kann er nicht finden, wonach er eigentlich fragt: gibt es auch oder gerade angesichts seiner Zeit einen Ermöglichungsgrund für sinnvolles Leben, damit es sich erhalten und steigern kann?

Zunächst wird der Skeptizismus verdammt: "Der europäische Skeptizis-

mus, das europäische Heidentum hat in Deutschland sogar den Katholizismus (ich weiß es von mir selbst) durch klassizistische Studien, durch die
humanistischen Gymnasien unterminiert." (10,24)

In Bern, ab 1917, so belegt das Tagebuch, beschäftigt er sich mit der
Frage, wie Gott und Menschheit zusammenfinden können. Obwohl er
hektisch Makro- und Mikrokosmos zu binden versucht, kann er dennoch
nicht umhin, eine Letztbegründung als Sinnbestimmung auf Basis der Erfahrung anzustreben. Das ist bei all seiner Polemik gegen Vernünftiges
doch ein Akt der Vernunft: methodisch holt er diese wieder ein, um mit ihr
das Prinzip 'Leben' dogmatisch zu setzen. Das bringt ihn in Schwierigkeiten, denn seine Verabsolutierungstendenzen, die zunächst auf einen mittelalterlichen Nominalismus zielen und eine neue Gottesschau an den Schriften
des Dionysios Areopagita dingfest machen, legen auch den Stil im Umgang
mit der Schulphilosophie fest: die Auseinandersetzungen mit Spinoza,
Kant, Nietzsche u.s.f. wollen nicht Systeme überwinden, sondern beschäftigen sich mit ärgerlichen Gedankenbrocken von einer vermeintlich höheren Warte aus. Denn wer wie Ball schon recht frühzeitig Gedanken absolut
setzt und deren Ausformung in der Tasche zu haben glaubt – denn nichts
anderes bedeutet die Anverlobung von Leben und katholisch-mittelalter-
licher Kirche, auf die in "Flucht aus der Zeit" schon im frühen ersten
Kapitel verwiesen wird –, der wertet natürlich um, und zwar so, daß wenn-
möglich die Skepsis getilgt wird. Torturiert vom Schicksal, mit Blick auf
eine chaotische Wirklichkeit, ist die Skepsis dennoch immer da, obwohl
man erwarten könnte, daß auf der Suche nach Heilung irgendwann ein
Fundament gelegt wird, das erneute Skepsis ausschließt. Mit Flucht allein
ist nichts bewältigt, desgleichen nicht mit magischer Verprellung der Dinge,
von der wir reden werden. Daher überzeugt auch die dogmatische Ausspie-
lung der katholischen Kirche gegen jedwede Art von Philosophie nicht.
Gegen Ende seines Tagebuchs muß er sich eingestehen:

"Meine Kritik ist eine Absage, eine Flucht, nach ungefährer Benennung der diese Flucht bestimmenden Gründe." (10,292)

Ball verstrickt sich dergestalt in eine Legitimationsproblematik: sein
skeptisches Gedankengut wird als gegeben angenommen, ohne ausdrück-
liche Überprüfung für vernünftig gehalten, und es springt dabei heraus,
was so vernünftig nicht mehr ist: das vage Ungefähr, was sich nach, oder
besser: schon während seiner Tätigkeit als Dadaist zeigt: katholische
Kirche und Mittelalter als Refugium und Garant der Dauer gegenüber dem
zeitlich Bedingten. Es geht dabei nicht um die katholische Kirche als Institution, die für Ball nur ein Vorhof der zu eruierenden Urwesenheit ist, sondern um den Einwand, daß, wenn schon die Sinnbestimmung ein Ungefähr

ist, an ihre Stelle jederzeit ein Substitut treten kann. Balls Denken ist derart fremder als auch eigener Skepsis freigegeben, zumal für ihn Erkenntnis nur insofern sinnvoll ist, als sie der Handlungsorientierung dient. Handeln wiederum ist nur sinnvoll, wenn es dem Leben förderlich ist.

Balls Setzung der mittelalterlichen katholischen Kirche, wie er sie als Hagiograph betreibt, vor allem in "Byzantinisches Christentum" und dort in seinem Aufsatz zu Dionysios Areopagita, mit dem er sich schon während seiner Dadaisten-Zeit beschäftigt, ist gedanklich und methodisch nicht abgesichert, für spätere Zweifel also offen. Des Dionysios Bemühen, zwischen Überirdischem und sinnlicher Erscheinungswelt zu vermitteln, begreift Ball – z. T. mit gnostischem Gedankengut – als Legitimation des irdisch Unvollkommenen. Dies vorweg, denn anders läßt sich seine dadaistische Unbekümmertheit nicht erklären. Empörend, meint denn auch J. Stiglmeyer, müsse auf katholisches Denken der Satz wirken: "Bezeichnend für die Art, wie Dionysios die mystischen Geheimnisse in christliche verwandelt, ist seine Lehre vom Aufstieg" (124,203). Und weiter, daß die ersten gefeierten Wüstenheiligen, die ersten christlichen Mönche, Gnostiker der neuen Religion gewesen seien, die die komplizierte Aeonenlehre durch die Kreuzigung ersetzt und die Fülle der Mysterien auf wenige Sakramente zurückgeführt hätten. (Ebd.)

Der skeptische Gedanke dem Genauen gegenüber ist pragmatischer Natur: Ball beruhigt sich lieber an Spekulationen, dabei in Kauf nehmend, daß sich Skepsis irgendwann wieder einstellt. So gesehen ist für die Inthronisierung eines Sinn-Verborgenheitsgedankens die katholische Kirche nur Zitat aus der Realhistorie, hinter das sich der Skeptiker zeitweilig flüchtet, denn seine eigentliche Heimat sind Gnosis und Mysterienbünde, die ihn für die "Flucht zum Grunde" – so der letzte Teil seines Buches "Flucht aus der Zeit" – "ganz unverkennbar den letzten Schlüssel" (10,297) liefert.

Zu seiner Ehrenrettung muß gesagt werden, daß er die Skepsis nicht im Dogmatismus verschwinden läßt, wiewohl er stellenweise die Nähe eines solch sicheren Bodens gesucht hat. Am gleichen Tage, da ihm Gnosis und Mysterienbünde Aufschluß geben, notiert er: "Ich habe mich in Fragen verrannt, die vielleicht nicht meine Sachen sind." (10,297) Und gleichsam als Selbstschutz zitiert er andere Forscher, denen es bei der Einsicht in tiefere Ursachen nicht anders gegangen sei. Aus Horneffers Buch "Die Symbolik der Mysterienbünde" referiert er:

In diesem Buche gelangt die theatralische Symbolik zu besonders klarer Anschauung. Es handelt sich nicht mehr um die individuelle Askese, die durch die Bundesweihe berichtigt wird, sondern um den Tod und die

Auferstehung der Gemeinde, des Volkes, der Nation. Das Ziel der Mysterienbünde ist die Zusammenraffung und Bindung aller Kräfte; ihre Steigerung und Erhebung. Der Novize wird zum Mörder Gottes erklärt und der Selbstverurteilung übergeben. Die Mordsühne ist die Bundesweihe. Es genügt dabei nicht, daß er nicht mehr atmet und sich regt; er muß sich ganz auflösen. Dann wird er wiedergeboren. Er ist kein erwachsener Mensch mehr, sondern ein Kind. Er bekommt wie die kleinen Kinder Milch und Honig. Muß nackt dastehen vor aller Umgebung. Er kann nicht mehr sprechen; die übliche Sprache nicht mehr verstehen. So trifft ihn die Sprache der Engel und Geister: dunkle, unverständliche Wortreihen. Der Tod wird zum Mittelpunkt des Denkens, die Sterbestunde zur Geburt. Der Kränkste wird Führer und Wegweiser zu Gott. Die eigentliche Mysterien-, die eigentliche Priesterkunst aber ist diejenige des Menschenmachens. ( 10,298 f.)

Vor dem Hintergrund der hier skizzierten und zu vertiefenden Problematik sind die literarischen Werke Balls zu sehen.


## 2.2. *"Flametti oder vom Dandyismus der Armen"*

### 2.2.1. Vom Vitalismus künstlerischer Randexistenzen

Balls literarischer Erstling, der Roman "Flametti oder vom Dandyismus der Armen" wurde 1918 in Berlin verlegt, seine Entstehung fällt in die vordadaistische Phase, als er in einem Schweizer Cabaret als Pianist auftrat. Man kann annehmen, daß er nachträglich Korrekturen anbrachte, um den Inhalt atmosphärisch näher an das erst 1916 gegründete Cabaret Voltaire zu rücken.

Das Buch ist nicht eben leichte Kost. Wer den Roman gelesen hat, wird ihn verwirrt beiseite legen und sich fragen, welcher Art von Spektakel er da beigewohnt hat, ob man das Gebotene ernst nehmen müsse. Wer DADA als permanente Folge von Unsinntaten, als künstlich erzeugtes 'désordre' begreift, wird sich auf den ersten Blick bestätigt fühlen, denn die Decouvrierung des nur Allzumenschlichen dieses Artistenvölkchens, die Aufdeckung aller von Zwang befreiten Lüste und triebhafter Regungen ist nicht hinwegzuinterpretieren und konstituierender Bestandteil des Romans. Ob freilich sein wichtigster, bleibt zu fragen.

Denn wer genauer liest, wird den dahinter stehenden Ernst und das Engagement für die deklassierte Species Mensch, wie auch das geistige

Klima des als realhistorische Transzendentalie ins Spiel gebrachten Ersten Weltkriegs entdecken. Zu sagen, was dieser für viele Künstler an Enttäuschung und Leid mitbrachte, ist Gemeinplatz. Was er indes für die in die Schweiz Emigrierten bedeutete, muß eigens betont werden. (Vgl. dazu 88 u. 114) Die Schweiz war das erste europäische Land, in dem sich in der zweiten Hälfte des 19. Jahrhunderts die Pressefreiheit durchsetzte, und es ist kein Zufall, daß auch aus diesem Grunde in der Vorahnung eines kommenden Krieges Ausländer in die Schweiz emigrierten, wo sie ein ihnen genuines Tätigkeitsfeld zu finden hofften. Ball selber setzte sich ab, um als Journalist arbeiten und seine Nietzsche-Studien zum Abschluß bringen zu können. Er war kurze Zeit Mitarbeiter an der "Freien Zeitung", eine Gazette, von der er annahm – wie andere übrigens auch –, man könne sich in ihr frei äußern. Doch die von der Polizei forcierte Neutralität des Landes bewirkte das Gegenteil des von den Emigranten Erhofften: sie spürte die teilweise unter Pseudonymen arbeitenden Skribenten auf, um sie mundtot zu machen. (109,60 ff.)

Von den Zürcher Dadaisten wird Ball der einzige gewesen sein, der die als Neutralität kaschierte Unfreiheit erfahren haben dürfte; nicht nur, weil er unmittelbar davon betroffen war, sondern weil er sich mit den Anarchisten beschäftigte, von deren Bewegungen er, wie erwähnt, wußte. Den Ausführungen R. Meyers, daß nur sehr wenige der Dadaisten oder der Gruppe nahestehende Personen aus wahrhaft politischen Motiven in die Schweiz kamen, ist nur schwer zu widersprechen. Dennoch sind Meyer et alii einseitig orientiert, wenn sie mit einladender Durchsichtigkeit meinen, den politischen Aktivisten allein habe sich die Schweiz verweigert. Denn es ist falsch, n u r die auch in der Schweiz damals vollzogene Repression politischer Aktivitäten auf Kosten des Künstlers und dessen gespaltener Existenz zu akzentuieren. Viele der Emigranten hofften, dort ihre Arbeit fortsetzen zu können, Kontakte untereinander zu pflegen. Prosenč legt in seiner soziologisch orientierten Studie dar, wie sehr die Künstler dennoch isoliert waren, wie ihre soziale Lage zusehends schlechter wurde, sich die Verdienstmöglichkeiten auf ein Minimum reduzierten. Ball notiert: "Noch immer beschäftigt mich das Theater, und es hat alles doch gar keinen Sinn mehr. Wer mag jetzt noch Theater spielen oder auch nur spielen sehen." (10,21)

Nachdem Ball seine Regietätigkeit an den Münchner Kammerspielen aufgegeben, den Kriegsdienst quittiert hatte, verließ er, ziemlich verhungert, seine deutsche Heimat, wo ihm alles fehlgeschlagen war. Das bezeugen seine Briefe. Seine Hoffnung, bald wieder oben zu sein, erfüllte sich, was die finanzielle Seite betraf, nicht. Als er seinen Roman "Flametti" über Annette Kolb im Berliner Verlag Erich Reiß untergebracht hatte, schrieb er, damals bereits im Tessin, an August Hofmann: "Oh, mein Gustile, ich bin sehr glücklich, von meinem Verleger einige hundert Franken zu besitzen, die ich in ruhiger Ausarbeitung meiner Ideen benutzen will." (15,82)

Seit seiner Ankunft in Zürich erlebt Ball die relative Unmöglichkeit der Emigranten, je in die Schweiz integriert zu werden. Prosenč: "Mit dem totalen Verlust der Hoffnungen erwies sich aber auch die angestrebte Möglichkeit der Eingliederung in die neue Gesellschaft als nichtig. Der literarische Trotz zeigte sich in dieser Situation nicht mehr als mögliche Alternative einer Eingliederung, sondern als Notwendigkeit und einzig gangbarer Weg, um dem Gespenst der künstlerischen Anonymität zu entkommen. Die Flucht in die Opposition, ein von Georg Brandes im Hinblick auf die Emigranten gleichsam entdecktes Gesetz, war unausweichliche Konsequenz." (114,44)

In "Flametti" schildert Ball das Milieu einer Artistenfamilie, die isoliert und bis gegen Schluß des Buchs als geschlossene Gruppe auftritt. Ihre Mitglieder offenbaren zwar innerhalb des Handlungsraumes Defekte und mitgebrachte Schicksale, doch sind sie nicht 'namenlos', erscheinen 'personalisiert' im freilich engen Rahmen ihrer Funktion.

Im Titel des Romans liegt nicht einmal ein Widerspruch, denn auch der Arme kann Dandy eigener Art sein. In Balls Roman in ganz spezifischem Sinn: die Urbanität des weltoffenen Dandys scheint eingeschränkt auf ein paar Quadratmeter Stadt, ironisch als Flamettis 'Fuchswiese' bezeichnet. Signifikant ist, daß der Roman mit einer abgedruckten Rechnung beginnt, die Auskunft über die Vermögensverhältnisse Flamettis gibt. Angesichts der Tatsache, daß er seinem Ensemble Gagen zahlen muß, sind sie mehr als desolat. Flametti geht daher angeln, verkauft Fische und zahlt mit einem Teil des Geldes seine Künstler aus. Fast immer kommt es zu Auseinandersetzungen und Spannungen in seiner Truppe, die Clownerie des Varietés setzt sich privat fort, bestimmt Stil, Sprache und Wahrnehmung dieses vom Schicksal malträtierten Völkchens, das gerade deshalb isoliert erscheint, weil es sich bis zur Selbstentäußerung vitalistisch gibt. Die auf der Bühne dargebotene Artistik, die im Privaten ihre Parallele in der gekonnten Bemeisterung der Geschlechtsakrobatik hat — Flametti wird der Prozeß wegen sexueller Ausschweifungen an einer Minderjährigen gemacht —, ist nur ein Teil der Intention Balls.

In der Forschung wird der Roman einmal als Zitation des Vitalismus, sodann als einer dem Konkretismus verpflichteten Anklage "beiseitegeschobener Personen" im Hinblick auf das "Recht der kleinen und — alltäglichen Begebenheiten, …" verstanden. (122,11) Gerd Stein zieht zahlreiche Zitate aus Balls Tagebuch "Flucht aus der Zeit" heran, die seine

These belegen sollen, der Roman appelliere an jene Liga der Menschen, die durch ihr 'Nicht-anders-Können' notwendig von der Gesellschaft ins Abseits gestellt werden. "Deklassierte Menschen sind geborene Artisten", sagt Hugo Ball. Dem ist kaum etwas hinzuzufügen, zumal hier nichts, sieht man von der Vorliebe Balls für outrierte Situationen ab, erdichtet sein dürfte. Ähnlichkeiten mit Balls Lebensweise, sicher aber auch mit ihm bekannten Personen, sei es aus seiner Berner, aber auch aus seiner Züricher Zeit, sind nicht zufällig, obwohl ein erstes Manuskript des Romans schon 1914 vorlag.

Dennoch scheint mir Steins Deutung nur zum Teil richtig. Denn je betriebsamer Flamettis Ensemble nach Novitäten für das Publikum fahndet, je ärger das Gezänk um Gagen, Essen und Objekte der Geschlechtslust wird, desto mehr verrät sich die Schwäche der rein vitalistischen Position, die Ball durch den angemaßten Dandyismus nochmals zu verlängern sucht. Denn es scheint, als sanktioniere sich in allen Aktionen nochmals die Triebschicht als letzte unaufhebbare Instanz: in der Freude an der künstlerischen Prostitution, im Verlangen nach Geld, in der Wahrnehmung des anderen, der in einer gleichsam 'vitalistischen Optik' nur nach Brust- und Schenkelumfang gemessen wird, sodann in der ungetrübten Freude am Konkubinat und an der Vielweiberei. Höhepunkt der 'künstlerischen' Bemühungen ist ein Indianertanz, Symbol ekstatischer Selbstentäußerung, der dem Ensemble größten Erfolg und damit wenigstens einmal den ersehnten Gewinn bringt.

Einziger Lichtblick in dieser Anhäufung von Menschen, die gleichwohl alle ihr eigenes, wenn auch nur umrißhaft angedeutetes Schicksal haben, scheint Flamettis Frau Jenny zu sein. Mehr als anderen Personen hat ihr Ball eine relativierende Funktion angedeihen lassen, ihr mehr Distanz zum Geschehen gewährt, wiewohl diese nur auf ihrer 'Beschränktheit' gegenüber dem outrierten Artistentum der anderen beruht:

> Sie konnte in ihrer offenbaren Beschränktheit nicht einsehen, daß Flametti dieses Indianerspielen ein Bild, ein Symbol war, ja eine Lebensfrage; begriff nicht, wie ein vernünftiger Mensch, ein Mann, sich so kindisch benehmen konnte. Sie hatte, kurzum keinen Sinn für die Illusion, verstand auch nicht, was der Farolyi gekauderwelscht hatte. Spielen, Wetten, Revolverschießen; Pariser Apachen, Felsengebirge und Honolulu; ein Ritt durch die Wüste, Komantschen, Bluthunde und Polizei, das alles waren ihr spanische Dörfer. (8, 134)

Ganz schüchtern kehrt Ball durch Jenny sein Befremden, oder doch mindestens seinen Zweifel am Sinn des artistischen Unternehmens hervor, an den

Aufgipfelungen des steten Aktionismus, für die im Roman kein Grund angegeben wird, es sei denn der, die Artisten müßten sich immer wieder 'verselbsten' und 'entselbsten'; das freilich nicht im Goethe'schen Sinne, sondern nach den Regeln einer ihnen eingeschriebenen Mechanik, die sie in ihrer ganzen chaotischen Kreatürlichkeit zeigt.

Das hat freilich seinen Sinn, der nicht allein durch den dürren Begriff 'Vitalismus' erklärt werden kann. Nach einem Ausflug in eine andere Stadt trifft die Truppe wieder in Basel ein. Doch hier bleibt der Erfolg aus. Die 'beschränkte' Jenny ist es, die den Untergang der Truppe einleitet, wissend, daß sich die Zeiten geändert haben. Sie engagiert eine 'echte' Zirkustruppe und nimmt an, daß sie im Verein mit Flamettis Ensemble Höchstleistungen produziere. Doch abgesehen davon, daß dadurch nur Rivalitäten entstehen, sind die Zeitläufte den Artisten nicht günstig:

Welch ein Schreck für das ganze Ensemble und auch für Herrn Schnepfe, als eines Tages in der Vorstellung die Eisenstütze des Drahtseils, die am Parkett des Herrn Schnepfe festgeschraubt war, ganz unvermittelt herausbrach, samt einem halben Meter Parkett. Raffaela tanzte gerade den Mastchiche. In fliederfarbenen Satinröckchen, den einen Fuß vorschiebend, über dem 'Telegrafendraht', wie Flametti zu sagen pflegte, den anderen Fuß nach rückwärts hoch in die Luft geschlagen, den Japanschirm in gezierter Hand, hielt sie bedacht Balance, so heftig schaukelnd und mit dem Japanschirm schlagend, daß die Petroleumlampen des Herrn Schnepfe in blutiger Majestät sich verfinsterten. – Schon hatte sie die Mitte des Seils erreicht, da krachte der Boden. Der Eisenträger neigte sich und das ganze Spektakel, Raffaela im Fliederkostüm, der Japanschirm, das vorgeschobene Bein und das hochgeschlagene Bein, fielen auf dem geknickten Telegrafendraht ineinander – 'Ach Gott, meine Schwester!', schrie Lydia, als stürze ein Neubau zusammen, 'helft doch! Zieht sie doch heraus! Ach, ihr lieben Leute, helft ihr doch!' Es war jedoch nicht viel passiert. Das Seil war nur ein Meter achtzig hoch gespannt. Raffaela lag wohl am Boden, der Schirm daneben. Aber sie schien sich nur auszuruhen. Abgestürzt war sie aus luftiger Höhe und dem Publikum bot sich die Gelegenheit, ihre Schenkel zu besehen, wie man eine Schwalbe besieht, die sich an schwindelnder Kirchturmspitze den Kopf einstieß und nun plötzlich, den Blicken der Gaffer preisgegeben, ganz nahe am Boden liegt. – Von der Bühne fiel sie herunter und hätte sich fast das Bein gebrochen. – Von der Treppe fiel sie herunter; polternd kam sie angerutscht. Und man mußte den Arzt holen. Vom Draht, der jetzt der Länge nach durch das Lokal gespannt war,

fiel sie ein zweites Mal herunter mitten auf einen mit Gästen be-
setzten Tisch, wo sie, zwischen Biergläsern, verdutzt und verschämt
einen Augenblick lächelnd, stehen blieb, eine schaumgebadete Venus.
(8,161f.)

Symbolisch steht diese "Untergangsszene" für eine im Roman aufkom-
mende Frostigkeit, die sich auch anders zeigt: der Erste Weltkrieg und seine
moralischen Träger werden zitiert, die Polizei, die 'Sitte', das ganz und gar
nicht dandyistische Bürgertum schweizerischer Prägung, wie es später auch
von Huelsenbeck beschrieben wird. Ein für das quasidandyistische
Artistenvolk tödlicher Frost, der sich im Roman als Winter manifestiert, als
Kälte, in der alle Artisten um den einzigen in ihrer Unterkunft vorhandenen
Ofen ringen. Flametti reist am Ende des Romans zu 'seinem Prozeß' in Bern
ab und kehrt nicht mehr wieder. Er verliert seinen Dandyismus konsequenterweise zu jenem Zeitpunkt, als sich die von Ball negativ gezeichneten
'moralischen Instanzen' zu institutionalisieren beginnen. In einem Reich
vermeintlicher Ordnung, wo Polizei, Presse und schließlich die Artistenloge
das Sagen haben, mithin auch den Inhalt der Artistik bestimmen, wird der
Dandyismus als ein Stück Protest kassiert, als Rechts- und Normenverwei-
gerung gegenüber der bürgerlichen Gesellschaft.

Man wäre geneigt, von einem 'Gesellschaftsroman' zu sprechen, besonders im Hinblick auf den Schlußteil, würde nicht gerade der vertrackte
Vitalismus auch oder gerade angesichts des Romanschlusses kaum eine
weiterreichende Perspektive vermitteln. Wer derart kritisiert, muß sich die
Frage stellen, warum Hugo Ball diese präziös-ridicülen Variété-Existenzen,
dieses Gauklermilieu vorführt, in welchem sich jeder mit sich selbst beschäftigt und mit anderen nur, soweit es seine Varieté-Nummer, sein Geld,
sein Essen und seine Unterkunft angeht. Gleichwohl aber kann man den
Roman nur verstehen, wenn man die ausgesparte Gesellschaft mitdenkt,
sie einerseits als allerdings negativen Ermöglichungsgrund des Artisten-
tums ansieht, sie aber andererseits, weil sie sich von der gleichgültigen zur
ruppig-präfaschistischen wandelt, die den Artisten in den Rücken fällt, als
Grund dafür nimmt, daß mit Beginn des Weltkriegs mit künstlerischen
Randexistenzen aufgeräumt wird.

Das ist die eine Aussage des Romans, die konsequenterweise in einer
weiteren Frage mündet. Wenn, wie Gerd Stein meint, Ball in "Flametti"
den Versuch unternehme, im Dunkel gebliebene Randexistenzen innerhalb
ihres kleinen Reichs zu Personen zu machen, sie zu 'benennen' gegenüber
ihrer Diskriminierung durch das Bürgertum, sie nicht als Menschenmate-
rial und Lumpenproletariat vegetieren zu lassen, dann ist zu fragen, warum

das Ganze an einer Artistengruppe aufgezeigt wird, warum an ihr die Vollstreckung durch die Gesellschaft demonstriert wird.

Schon zu diesem Zeitpunkt – der Roman wurde vor Eröffnung des Cabaret Voltaire geschrieben – zeigt sich ein zumindest für Ball typisches Dilemma. Der im Roman angedeutete Verweis auf die geschundene Kreatur mißlingt, weil sich Ball nach eigenem Eingeständnis einem frag-würdigen Vitalismus verschreibt, der das zugrundeliegende gesellschaftliche Substrat zwar noch am Rande notiert, es aber nicht reflektiert. Das Wollen der Artisten bleibt bis zum Schluß das gleiche: ihr Verselbstungsdrang bei unmittelbarem Erleben der Realität; nur ändert sich eben diese und läßt das Gauklertum hinter sich, das sich durch keine leitende Erkenntnis den veränderten gesellschaftlichen Bedingungen entgegenstemmt, sondern lediglich intuitiv und benommen reagiert. Ganz im Sinne Bergsons, auf den auch Stein verweist, wird Erkennen herabdimensioniert auf die Koinzidenz zwischen unmittelbarem Bewußtsein und Realität, zwischen die sich Reflexion nicht mehr einschiebt. Um Bergson zu persiflieren könnte man sagen, daß die an der unmittelbaren Realität sich bemessenden Artisten an der unter ihnen vorbeifließenden Zeit mit all ihren Entwicklungen vorbei-'dauern'.

### 2.2.2. Abstraktion als konkrete Negation

Balls Roman "Flametti" legt den Gedanken nahe, daß die Darstellung konkreter Personen zunächst die Negation einer von ihm erfahrenen Entsubstantialisierung durch den Zeitkontext, durch Wissenschaft und schließlich auch durch die Philosophie bedeutet. Zwar gibt sich der Roman 'vitalistisch', doch er vermag nicht darüber hinwegzutäuschen, daß nur vordergründig dem Realen der Vorzug gegeben und mit dem Hineinnehmen der Schicksale des "Lumpenproletariats" nur scheinbar jenes "Gefühl für Persönlichkeit" vermittelt wird, das Emmy Ball-Hennings ihrem Mann attestiert. Scheinbar, weil das große Soziale nicht in den Blick kommt. Denn die Beschränkung auf das Kolorit des Varietés, auf Buntheit, Exotik und Magie ist gewollter und forcierter Konkretismus, ein Rückfall – um mit Nietzsche zu sprechen – in die Philosophie des 'Vormittags'. Das ist nicht als Vorwurf gemeint, bezeichnet dennoch ein für Ball typisches Spannungsverhältnis: auf der einen Seite vermag Ball Nietzsche nicht zu verleugnen, überschaut "auf der Spitze der Modernität" (Löwith) den Intellektualismus seiner Zeit, gibt sich als Freigeist, auf der anderen Seite entdeckt er prädadaistisch sein faible für Personnagen, für deklassierte Menschen, für deren 'Persönlichkeit', für jene Species Mensch also, die Nietzsche in "Also sprach Zarathustra" abqualifizieren möchte. Die These, daß Balls gesamtem Schaffen von Anfang an ein mehr oder weniger kaschierter Nominalismus zugrundeliege, hat Gerd Stein vertreten. (122) "Flametti" sieht er als Beitrag zum Universalienstreit, den er zugunsten der Einzeldinge der Erfahrung als den "ersten Substanzen" entscheidet. Das leuchtet ein, zumal Ball auch in seinem Tagebuch nicht müde wird, jedweden begriffsbildenden Intellektualismus zu diskreditieren, um vor das Individuelle, Besondere das Schutzschild eines lebendigen Organismus zu legen, den er aus der 'geistigen Welt' ableitet, die das Resultat des Absehens vom Zeitkontext im Hinblick auf eine isolierte Species Mensch ist.

Was Ball unter 'Geist' versteht, zeigt sich am besten in seinem 1921 erschienenen Buch "Die Folgen der Reformation", dessen vier Kapitel zwischen 1914 und 1918 entstanden, und das Martin Luther, dem "erbötigen Doctor der Theologie", gewidmet ist. Für Balls Denken ist es signifikanter als manches, was in seiner Dadaistenzeit in Hektik und Erregung geschrieben wurde. Doch den Anflug von Haß kann Ball auch hier nicht verdrängen; der demaskiert ihn und legt deshalb Zentralstellen seines Denkens bloß. Was ihn in einer Art Haßliebe mit Luther verbindet, ist die Bewunderung für den Umstürzler, der die 95 Thesen an die Schloßkirche zu Wittemberg nagelte; gescholten wird er wegen seines Kompromißlertums in Sachen Bauernkrieg, abgelehnt wird der Mönch, der es wagte, ein Religionssystem in Frage zu stellen, in dem er die "Zentralverwaltung der Gewissensfragen" (11,11), einen abstrakten ekklesiastischen Apparat sah. (11,11) Aber der Schluß zeigt, wie sehr sich Ball nach einer Sinngebung seines eigenen Lebens gesehnt haben muß, und sei es nur in Form einer Instanz, die dem Streben nach transzendentem Heil entsprach: der katholischen Kirche, die er zeitig, aber für seinen Bedarf unzeitig ramponiert vorfand.

Im Stile Nietzsches, den er stellenweise wörtlich übernimmt, beendet er seine denkerische Hatz von der Reformation bis in die Moderne durch eine Kritik des Philosophen, den er Luther gleichstellt:

Statt die mittelalterliche Weisheit zu exaltieren, wie Schopenhauer es tat, hält er (Nietzsche) ihre Ideen für erschöpft und verbraucht, wirft er wie Marx sie beiseite und kann doch keinen Ersatz dafür finden. Er statuiert eine Herren- und eine Sklavenmoral und rechnet zur letzteren die Freiheitsideale der französischen Revolution und der Evangelien, zur ersteren aber die Selbstvergötterung der Renaissance und des klassenbewußten Hellenentums. Er hofft die Instinktkonfusion, den Mangel an Distanzgefühl, die deutsche Bassesse zu treffen, und zieht in seiner Verblendung vor, es eher mit der Arroganz preußischer Zucht- und Disziplinarvorschriften, als mit der hierarchischen Rangordnung der katholischen Kirche und der geistigen Disziplin der Mönche zu halten. Er glaubt, den Todesschlaf der Welt zu erschüttern, indem er dem Teutonentum seine letzten Gewissensketten abnimmt, und wird wider willen der Herold und Totengräber jener Rastaquäre mit hellblauen Augen, die nun aus Gründen der Philosophie die nationalen Leidenschaften aufputschen. (11,144 f.)

'Mittelalter' meint nicht Land und Sehnsucht Novalis-Hardenbergs, den man gelegentlich aufgrund zufälliger Ähnlichkeiten der Sprachauffassung in Nähe Balls brachte:

"Nun stehen wir nicht gerade auf dem Standpunkt des Novalis, der da schrieb: 'Es waren schöne glänzende Zeiten, wo Europa ein christliches Land war, eine Christenheit diesen menschlich gestalteten Erdteil bewohnte.' Wir sind nicht romantische Lobredner der Vergangenheit auf Kosten der Zukunft und Gegenwart. Auch reden wir nicht einer obskuren Propaganda das Wort, die das 'schöne Werk des Mittelalters' wiederherzustellen hofft oder verzweifelt durch einen Sieg des geeigneten deutschen und christlich-europäischen Geistes über die abgefallene Welt ringsum." (11,10)

Aber wenn es nicht das Mittelalter Novalis' oder der Romantiker überhaupt war, welches Verhältnis hatte Ball zu jener Zeit?

Mit dem Hinweis auf den Universalienstreit ist ein erstes Stichwort gegeben. Balls Leben und Entwicklung zeigen, daß er in gewisser Weise diesen Streit selber durchlebt: seine Werke sind auf der einen Seite vom Nominalismus her zu verstehen, auf der anderen nur durch eine übergreifende Idee, die er in den Schriften des Dionysios findet, auf die wir eingehen. In "Die Folgen der Reformation" reflektiert Ball scheinbar monokausal seinen eigenen Zustand und den von ihm freilich immer schon vorausgelegten Zeitkontext, wenn er sich in einer ihm fremden Welt bewegt, die ihn − die Emigration trägt das ihrige dazu bei − zusehends isoliert, wenn er gegen die materialistische Philosophie klagt, über einen gesellschaftlichen Pluralismus, wenn er gegen die Intellektuellen vom Leder zieht, die in einer Welt zunehmender wissenschaftlicher Spezialisierung ursprünglich zusammenhängende Gegenstandsbereiche auseinanderbrechen lassen, wenn er dergestalt die Fragmentierung alles Wissens erlebt in einer Zeit des Aufstiegs der Städte, des Kapitalismus und fortschreitender Technologie, in der immer mehr die industrielle Produktion vor dem Menschen rangiert. Für

Ball mochte sich die Frage stellen, woher das alles komme und wie das Individuum reparabel sei. In "Die Folgen der Reformation" scheint er sich eine Antwort auf die erste Frage gegeben zu haben, wiewohl dort nur gebündelt erscheint, was sich in seinem Tagebuch, im Kapitel "Vorspiel und Kulisse" findet. Dionysios Areopagita gab ihm eine mögliche Antwort auf die zweite Frage.

Zwischen beiden Polen, dem christlichen Mittelalter und dem, was er als Folge der von Luther angezettelten Reformation ansieht, siedeln sich sein Denken und künstlerisches Bemühen an. Ball durchlebt dabei das 'homo-duplex'-Problem: er weiß sich einerseits durch die Zeit determiniert, andererseits will er sich autonom setzen und sein Subjekt gegen die − wie er meint − vom Protestantismus eingeläutete Entsubstantialisierung stellen.

Die Frage bleibt, wie er beide Komponenten in Einklang bringt oder gar synthetisieren kann. Erster Reflex dieser Problematik ist sein Roman "Flametti oder vom Dandyismus der Armen". In einer Zeit sozio-kulturellen Verfalls, der Entwertung aller Werte gruppiert Ball um den Magier Flametti Randexistenzen einer chaotisch und vielfältig schillernden Alltagswelt, um sie einer zeitweilig abstrakten Harmonie unterzuordnen. Anarchismus und Gotteskindschaft wirken zusammen: der re-vitalisierte Mensch bezieht seine Legitimation aus dem, was Bakunin unter "natürlicher Gotteskindschaft" verstand:

> Als Lehre von der Einheit und Solidarität der gesamten Menschheit ist der Anarchismus ein Glaube an die allgemeine natürliche Gotteskindschaft, ein Glaube auch an den produktiven Höchstertrag einer zwanglosen Welt. Rechnet man die moralische Verwirrung, die katastrophale Zerstörung ab, wozu überall das zentralistische System und die systematisierte Arbeit geführt haben, so wird kein vernünftiger Mensch die Behauptung abweisen, daß eine in primitiven, unbefangenen Zuständen faulenzende oder arbeitende Südseegemeinde unserer gepriesenen Zivilisation überlegen ist. Solange freilich der Rationalismus und mit ihm seine Quintessenz, die Maschine, noch Fortschritte machen, solange wird der Anarchismus ein Ideal für die Katakombe und für Ordensleute sein, nicht aber für die Masse, interessiert und beeinflußt, wie sie es einmal ist und voraussichtlich bleiben wird. (10,27)

## 2.2.3. Magie als Kategorie der Auswegslosigkeit

Anarchismus und Gotteskindschaft im Roman "Flametti" durch die soli-
darische Zusammenschweißung von Randexistenzen vorgeführt, sind zu
jener Zeit noch akzeptabel, insofern sie sich "zwanglos" geben, jedweder
Determination entgehen und sich Subjektiv-Individuelles in einem freilich
begrenzten Maße entfalten kann. Doch der in "Flametti" revitalisierte
Mensch, der gleichwohl in seinem absoluten und daher reflexionslosen
Selbstgefallen von Ball bereits infragegestellt wird, lebt nicht als Persönlichkeit im herkömmlichen Verstande. Er ist – dies freilich nicht in ausschließlich negativem Sinn – der Faulenzer in unbefangenem Zustand.
(Vgl. oben)

Denn mit Faulenzerei kann zwar die Truppe nicht leben, sehr wohl aber
Flametti, der als Magier auftritt. Als Beispiel folgende Passage:

> Er (Flametti, Anm. E. P.) beschloß, alle minderen Qualitäten aus seiner
> Gepflogenheit auszumerzen, beschloß, seine Gastfreundschaft auszu-
> dehnen, und selbstverständlicher zu gestalten. Beschloß, mehr zu sitzen,
> mehr zu liegen. Weniger Aufregung, mehr Schwere, mehr Weihe...
> Nicht soviel Anpassung. Mehr Würde, mehr Magie, mehr lautlose Tat.
> Im Ganzen: Vereinfachung. Wucht. (8,73 f.)

In "Flucht aus der Zeit" findet sich spätestens ab Frühjahr 1917 das Wort
'Magie' zu wiederholten Malen und wird oft mit 'Zauber' gleichgesetzt.
Schließlich, so scheint es, will Ball generell Kunst und Magie auf eine Ebene
stellen, faßt sie als das gleiche auf. (10,15)[1]

"Die Selbstbehauptung liegt der Kunst der Selbstverwandlung nahe. Der
Isolierte sucht sich zu behaupten unter den ungünstigsten Bedingungen: er
muß sich unangreifbar machen. Die Magie ist die letzte Zuflucht der individuellen Selbstbehauptung." (136) So Ball in "Flucht aus der Zeit". Dort
heißt es an anderer Stelle: "Die letzte Konsequenz des Individualismus ist
die Magie, sei sie schwarz, weiß oder romantisch-blau. Nach diesem werde
ich zurückkehren zu meinem 'phantastischen Roman' (gemeint ist 'Tenderenda der Phantast', Anm. E. P.), in dem ich eine magisch-anarchische

---

[1]  Ich halte es für wahrscheinlich, daß Ball, was zu beweisen nicht im Rahmen
dieses Buches steht, Frazers damals bekanntes Buch "The Golden Bough" gekannt hat, das dieser Tage in deutscher Übersetzung wieder aufgelegt wurde. In
'Der goldene Zweig' beschreibt Frazer das Ritual eines Volkes, dessen Priester
ihre Vorgänger mit dem Zweig eines heiligen Baumes töten müssen. Das Buch
hat nachweislich S. Freud (Totem und Tabu) u. mehrere Dichter beeinflußt.

Welt, eine gesetzlose und darum verzauberte Welt bis zur Absurdität zu entfalten suche." (10,141)

Auch sein Verhältnis zu den Dingen, so Ball an anderer Stelle, sei 'magisch'. Offenbar hat 'Magie' einen zweifachen Sinn: der zunächst mit negativen Konnotaten besetzte Individualismus, der für ihn nicht Freisein, sondern Isolierung bedeutet, kann sich der chaotischen Vielfalt der Alltagswelt nur noch mittels 'Magie' bemächtigen. Im Hinblick auf die Selbstbehauptung hat sie Schutz-, im Hinblick auf seine Kunst Entlastungsfunktion, da sie alles Unwesentliche aus dem Blick bringt, also 'Vereinfachung' ist.

Von der Beschäftigung mit Dionysios und der dem Protestantismus angelasteten Verunsicherung des Individuums, der damit gleichzeitigen Konstituierung des Subjektiven, das im mittelalterlichen ordo-Denken nicht mehr aufgehoben ist, bis zum von Ball fast süchtig gewitterten Verfall der Societät und Kultur im Zeitalter der Technik führt ein gerader Weg zum Magischen, dem, wie wir sehen werden, konstitutive Funktion insofern zukommt, als es einen an sich nicht mehr begründbaren Zusammenhang der Dinge und Existenzen heraufbeschwört. Das gnostisch anmutende Bohren im nicht mehr kontinuierlich Erfaßbaren hat zum Ziel die Eruierung urtümlicher Wesenheiten. Später wird Ball sagen: des 'Ur-Einen'.

Das hat zweierlei zur Folge: ein ausgeprägt ahistorisches Denken, zu dem sich Ball bekennt, das fast genießerisch die geschichtliche Entwicklung seit Luther als Aberration aufrechnet, ganz in der Manier Nietzsches übrigens, wenngleich nicht so gekonnt; zum anderen die Entwicklung eines Sensoriums für alles, was, wenn auch noch so weit entfernt, spirituelle Reinheit wenn schon nicht verbürgt, so doch wenigstens verspricht. Zwangsläufig ergibt sich daraus ein gnostischer Psychologismus, ein Synkretismus verschwommener religiöser Vorstellungen. Sein Verhältnis zur Sprache, die Kemper als 'mimetisch', doch gleichzeitig als 'Abrakadabra' bezeichnet hat (104), ist von daher zu verstehen. Und solange Ball noch nicht Asket ist, solange bleibt er Beschwörungskünstler. Nicht nur, das sei eigens betont, weil es ihm primär um Glaubensfragen ging. Denn jeder Glaube hat auch eine soziale Dimension.

Zunächst ist 'Magie' jedoch ein pragmatischer Begriff. Sie setzt Enttäuschung voraus, die man entweder als Ohnmacht realisieren oder aber durch Hoffnung antizipierend überwinden kann. Der Völkerkundler und Psychologe Malinowsky, der ausführlich magische Rituale bei primitiven Völkern studiert hat, nimmt als Grundsituation aller Magie Not, sodann den Willen an, sich mit dem Vorgegebenen nicht abzufinden. Die erste Phase der Magie sei eine emotionale Reaktion, bedingt durch einen psychischen Mechanismus: spontane Darstellung des gewünschten Ziels durch Gebärde und Gestik, durch asyntaktisches Sprechen, kurzum durch eine wie auch immer geartete spontane Handlung. "Die Ersatzhandlung, in der die Leidenschaft sich Luft macht und die auf Ohnmacht zurückzuführen ist, hat subjektiv den ganzen Wert einer wirklichen Handlung, zu der das Gefühl ohne Behinderung natürlicherweise geführt hätte." (160,65)

Aus Balls Äußerungen und zahlreichen Briefen geht hervor, wie wenig er sich in der Lage fühlte, eigene Probleme zu lösen, die natürlich nicht selten seine materielle Situation betrafen, doch ganz sicher auch die Ohnmacht gegenüber seiner Zeit. Mit der Kategorie 'Magie' wird zugleich von Ball ein 'Sinn-Verborgenheits-Gedanke' in den Dadaismus eingeführt, der sich hinter seinem Skeptizismus verbirgt. (Vgl. oben.)

Obwohl genügend torturiert, kann er dennoch nicht umhin, zunächst in der "orgiastischen Hingabe an den Gegensatz all dessen, was brauchbar und nutzbar ist" (10,3) ein Lösungsverhalten zu sehen, und bei all seinen Äußerungen ist nicht sicher, ob er so etwas wie ein 'Erkenntnisinteresse' im genaueren Sinn hatte. Nach seinen dadaistischen Kreuzzügen meint er: "Das künstlerische Gestalten ist ein Beschwörungsprozeß und in seiner Wirkung Zauberei." (10,148)

Magie und Zauberei sind auch das, was Flametti zwecks Erhaltung seines Ensembles betreibt. Die von ihm inszenierte Aufführung der "Indianer" ist ein Beschwörungsprozeß mit dem Ziel der befristeten finanziellen Absicherung, der auf keinerlei sachgemäßer Einschätzung der Lage des Artistenvolkes beruht. Die differenzierte rationale Analyse entspricht allerdings auch nicht dem Dandy, von dem Ball sagt: "Dem Dandy ist alles Definitive verhaßt. Er versucht Entscheidungen auszuweichen." (10,136) Malinowski dazu: "Jedem Glauben an magische Wirksamkeit entspricht eine jener Illusionen subjektiver Erfahrung, die im Geist des zivilisierten Rationalisten schnell verfliegen, ..." (160,66)

Ein eigentümlicher Widerspruch ergibt sich, wenn man Balls Äußerungen zum "Lumpenproletariat", die G. Stein aufgenommen hat, ernst nimmt. Auf der einen Seite billigt er den Randexistenzen einen Freiraum zu, hebt sie in die Würde literarischer Dignität, gibt ihnen in einer Gesellschaft, die − wie sich gegen Ende des Romans herausstellt − zunehmend aus als Zwangsverbänden erfahrenen Gemeinschaften und Gruppen besteht, das Flair des Persönlichen oder wenigstens Personalen, zeigt die Truppe aber andererseits in dumpfem Dahindämmern und in Abhängigkeit von einem Dandy, der Magie zur persönlichen Selbstsicherheit, zur Erhöhung seines Selbstwertgefühls betreibt, das er, einmal heruntergekommen, nur über seine von den Zeitumständen bereits angenagten Artistentruppe beziehen kann. Auch der Dandy braucht noch seine Umgebung, allerdings aus einer Distanz heraus, die den Funkenschlag des Magischen gerade noch ermöglicht. Denn recht präsent ist Flametti eigentlich nie. Als potentiell stets Abwesender wird er vorgestellt: als der Triebvitalist, der sich an einem Mädchen vergangen hat und jederzeit von der Justiz kassierbar ist. Und auch bei seinen künstlerischen Bemühungen ist er weit eher Impresario denn als Agierender tätig:

> Noch kannte Flametti von dem neuen Ensemble, das Herr Rotter ihm zugesagt und bestimmt versprochen hatte, nicht viel mehr, als dass die Musik in C-Dur ging; dass es voraussichtlich "Die Delawaren" hieß, und dass er selbst, Flametti, den Häuptling Feuerschein vorstellen würde, mit Lanze, Pfeife und Tomahawk ... (8,72)

Auch von Proben hält er so gut wie nichts, er ist der Improvisation zugetan und überläßt das meiste dem Zufall. Stein hat wohl recht, wenn er meint: "... der Ausdruck ... dieser Lebendigkeit ist ebenfalls vom Tode gekennzeichnet, indem er sich als Nummer, Marotte oder Stil äußert und außerhalb solcher Begrenzung nicht existieren kann." (122,14)

## 2.3. Balls Prosa-Stücke: "Tenderenda der Phantast"

Von der im Roman "Flametti" bereits relativierten vitalistischen Position, dargestellt am Scheitern der Artisten, ist in Balls übriger Prosa, zusammengefaßt in "Tenderenda der Phantast" allenfalls in einer Art "Triebmetaphorik" noch etwas spürbar. Was sich in ihr mehr zeigt, ist ein zuweilen ausufernder Perspektivismus und Relativismus mit Vergleichgültigungstendenzen, die die Voraussetzung der am Schluß behandelten Lautgedichte sind. Seine literarische Prosa entstand zwischen 1914 und 1920. Ball notiert:

> Heute habe ich nun auch den 'Phantastischen Roman' beendet. Er soll Tenderenda heißen, nach Laurentius Tenderenda, dem Kirchenpoeten, von dem darin zuletzt die Rede ist. Ich kann das Büchlein mit jenem wohlgefügten magischen Schrein vergleichen, worin die alten Juden den Asmodai eingesperrt glaubten. Immer wieder in all den sieben Jahren habe ich mich zwischen Qualen und Zweifeln mit diesen Worten und Sätzen verspielt. Nun ist das Büchlein fertig geworden und ist mir eine liebe Befreiung. Alle jene Anfälle von Bosheit mögen darin begraben sein, von denen der hl. Ambrosius sagt:

Procul rededant somnia
et noctium phantasmata,
Hostemque nostrum conprime... (10,265; 15. 7. 1920)

Anregung wenn nicht gar Vorlage dürfte Carl Einsteins Roman "Bebuquin oder die Dilettanten des Wunders" gewesen sein, der 1912 in der "Aktion" erschien. Einstein wiederum bezog Anregungen aus William Beckfords Roman "Vathek" (1781), worauf Hohendahl und Knüfermann hingewiesen haben. (100 u. 105) Einstein nennt Beckford "den Vater der Heutigen, die entwicklungslos im genauen Fieber des intellektuellen Spleens produzieren; dieser Künstlichkeit, da der Stoff sich gewissermaßen aus ornamental-literarischen Assoziationen weiterbildet, liegen ein ästhetischer Pessimismus, eine Anästhesie für das Lebendige, eine besonders reizbare Sensibilität zugrunde. Diese Bestimmtheit weist sie auf das sorgsam Ergeistete... Ich möchte diese Erfinder im Gleichnis schwarzweiße nennen; solche, die mit passionierten Grenzen des Abstrakten arbeiten;..." (205,7 f.)

Einsteins Roman ist erwähnenswert, weil in ihm – ähnlich wie bei Ball – die Wunderwelt Substitut der abgedankten realen Alltagswelt und des Rationalismus ist, weil der Roman einen sich ad absurdum führenden Intellektualismus spiegelt, der im Dilletantismus endet. Die "Produktionsströme fortwährenden Denkens" (Stein) führen ins Leere: "Ihre Sucht nach Originalität entspringt Ihrer beschämenden Leere; meine auch," sagt Bebuquin. Auf der anderen Seite muß er bekennen, daß ihn die empirisch registrierten Realitäten auch nicht weiterbringen. (Vgl. 105,522)

In "Aufstieg des Sehers", vermutlich 1915 verfaßt, erwartet ein fiktives Publikum einer imaginären Stadt "auf eines neuen Gottes Erscheinen..." (9,14) Doch die Botschaft, die er dem auf dem Marktplatz versammelten Volk bringt, ist nicht günstig: "Eine Schimäre ist der Mensch, ein göttliches Ungefähr, voll Tücke und Zwielist." (9,15) Solche Untugenden ergeben sich aus der Erkenntnis, daß alles relativ sei. Selbst der Seher scheint dissoziiert: "Eines Tages", so berichtet er, "kannt ich mich selbst nicht mehr aus Neugier und Argwohn. Siehe, da kehrte ich um und hielt Einkehr... Meine erste Erkenntnis aber war: klein und groß, das ist Aberwitz. Groß und klein, das ist Relativismus." (Ebd.)

Das Prosastück weist Parallelen zu Zarathustras Rückkehr unter die Menschen auf. Seine an das Volk adressierte Rede ist Appell, gängigen Vorstellungen von Glück, Tugend, Vernunft und Gerechtigkeit zu entsagen und der Erde treu zu bleiben. "Ich beschwöre euch, meine Brüder, b l e i b t d e r E r d e t r e u und glaubt denen nicht, welche euch von überirdischen

Hoffnungen reden! Giftmischer sind es, ob sie es wissen oder nicht." (162, II,280) Der Bezug auf Nietzsche wird weiter in den Worten deutlich: "Wahrlich, kein Ding ist so, wie es aussieht. Sondern es ist besessen von einem Lebgeist und Kobold. So man ihn aber entlarvt, verändert er sich und wird ungeheuer. Jahrelang trug ich die Last der Dinge, die ihre Befreiung wollten. Bis ich erkannte und sah ihre Dimension." (9,16) Doch die Sicht der Dimension erweist sich als hinfällige Illusion. Der Pöbel zwingt den Seher, ein Vergrößerungsglas zu nehmen, um zu orten "wie die Dinge sind". Letztlich atomisiert das technische Instrument Spiegel die Realität: er zerspringt: "Die Glasscherben des zerbrochenen Wunderspiegels aber zerschnitten die Häuser, zerschnitten die Menschen, das Vieh, die Seiltänzerinnen, die Fördergruben und die Ungläubigen, so daß sich die Welt der Verschnittenen mehrete von Tag zu Tag." (9,18) Das Verschnittene und Segmentierte ist Abfallprodukt einer mißratenen Bestimmung des Realen, die sich als Auffinden perspektivischer Differenzen enthüllt und damit die Ohnmacht eines sich prophetisch und artistisch gebenden Subjekts zeigt. Realität ist Trugbild, nicht auffindbar; wer vorgibt, sie vermitteln zu können, wird zum Gaukler, der Narrenspiele, Buffonaden, Possen- und Maskenspiele inszeniert. (10,91f.)

Die Ball'sche Erkenntniskritik reißt die Kluft auf zwischen dem prophetischen Wahn des Absolutheitsdenkens und dem einfachen Pöbel, der auf vermeintliche Botschaften wartet. Der Anspruch relativiert sich im Bild des Seiltänzers, der die Balance nicht mehr halten kann. Auch dies eine Anspielung auf Nietzsches Zarathustra.

In "Das Karusselpferd Johann" (9,19) wird der Zürcher Dadaismus direkt angesprochen. "Man schreibt das Jahr 1914. Eine phantastische Dichtergemeinde wittert Unrat und faßt den Entschluß, ihr symbolisches Steckenpferd Johann rechtzeitig in Sicherheit zu bringen. Wie Johann sich erst sträubt und dann einwilligt.

Irrfahrten und Hindernisse unter Führung eines gewissen Benjamin. In fernen Ländern begegnet man dem Häuptling Feuerschein, der sich jedoch als Polizist entpuppt. Daran geknüpft historiologische Bemerkung über die Niederkunft einer Polizeihündin in Berlin." So Ball in der Einleitung. Es ist unschwer zu erkennen, daß sich Ball auf die Schließung der Berliner Kammerspiele 1914 bezieht, auf Emigration und DADA (das Karusselpferd spielt auf den Namen 'dada' frz. 'Steckenpferd' an). Indirekt verteidigt Ball den Dadaismus, wenn er dessen Prinzipien der gesellschaftlichen Realität gegenüberstellt. Zwar bezeichnet sich die "phantastische Dichtergemeinde" als "sterilen Phantastenclub" "Blaue Tulpe", ein Verweis auf die Romantik, möglicherweise auf den "Blauen Reiter", doch wird die

Phantasie gerade durch die Kontrastierung mit Intelligenz, Anspielungen auf Plato und Kant, auf den staatlichen Ordnungsapparat, der die Dichtergemeinde schließlich verhaftet, aufgewertet. "Du hast recht", sagt Jopp zu Benjamin, dem Führer auf der Flucht, "Intelligenz ist verdächtig: Scharfsinn verblühter Reklamechefs. Der Asketenverein 'Zur häßlichen Schenkel' hat die platonische Idee erfunden. Das 'Ding an sich' ist heute ein Schuhputzmittel." (9,21)

Und weiter: "Genug", sprach Benjamin, "mir wird übel, wenn ich von 'Gesetz' höre und von 'Kontrast' und von 'also' und 'folglich'. Warum soll der Zebu nicht ein Kolibri sein? Ich hasse die Additionen und die Niedertracht. Man soll eine Möwe, die in der Sonne ihre Schwingen putzt, auf sich beruhen lassen, und nicht 'also' zu ihr sagen, sie leidet darunter." (9,21)

Ball stellt, ohne daß ihm das bewußt wäre, und läßt man die politische Dimension außer Betracht, Voraussetzung und Konsequenz des Dadaismus dar: mit der Tilgung des 'Ding-an-sich' fällt auch die "letzte Bastion des Kantianismus" (Stein), und Realität wird vollends dem subjektivistischen Phantasieren anheimgegeben. Wenn das Ding-an-sich als das Wesentliche hinter den Erscheinungen Liegende entfällt, kann Realität beliebig zusammengesetzt werden: "Wenn über den inneren Umriß eines Gegenstandes nichts Bestimmtes mehr geglaubt werden kann, muß oder darf, – dann ist er seinem Gegenüber ausgeliefert und es kommt darauf an, ob die Neuordnung der Elemente, die der Künstler, der Gelehrte oder Theologe damit vornimmt, sich die Anerkennung zu erringen vermag. Diese Anerkennung ist gleichbedeutend mit der Tatsache, daß es dem Interpreten gelungen ist, die Welt um ein neues Phänomen zu bereichern. Man kann fast sagen, daß, wenn der Glaube an ein Ding oder an seine Sache fällt, dieses Ding und diese Sache ins Chaos zurückkehren, Freigut werden. Vielleicht aber ist die Entziehung des Glaubens notwendig, ehe ein gründlicher Neuaufbau auf veränderter Glaubensbasis erfolgen kann. Das Elementare, Dämonische springt dann zunächst hervor; die alten Namen und Worte fallen, vermittels des Wortes und der Benennung. – Die Kunst unserer Zeit hat es in ihrer Phantastik, die von der vollendeten Skepsis herrührt, zunächst nicht mit Gott, sondern dem Dämon zu tun; sie ist selbst dämonisch. Alle Skepsis aber und alle skeptische Philosophie, die dieses Resultat vorbereiten, sind es ebenso." (10,83 f.)

Untergangsstimmung auch im Prosastück "Der Untergang des Machetanz". (9,27) Ball in der Einleitung: "Wie schon sein Name besagte, ist Machetanz ein Wesen, das Tänze macht und Sensationen liebt. Er ist einer jener verzweifelten Typen ohne seelische Haltung, die sich dem leisesten Eindruck nicht zu entziehen vermögen. Daher auch sein trauriges Ende.

Der Dichter hat das mit besonderem Nachdruck hierher gesetzt. Wir sehen, wie Machetanz Schritt für Schritt der Besessenheit, dann einer tiefen Apathie erliegt. Bis er schließlich nach fruchtlosen Versuchen, sich ein Alibi zu verschaffen, in jene religiös gefärbte Paralyse versinkt, die, mit Exzessen verbunden, seinen völligen psychischen und moralischen Ruin besiegelt." (9,27)

Machetanz zwiespältiges Verhältnis zur kontingenten Verfassung der Objektwelt zeigt sich in der Rezeption heterogenster Eindrücke, die Ball in zwar syntaktisch homogenen, jedoch untereinander inkompatiblen Wörtern bannt:

"Die Gasanstalten, die Bierbrauereien und Rathauskuppeln gerieten ins Wanken und dröhnten im Paukengeschnatter. Dämonen bunten Gefieders beklackerten sein Gehirn, zerzausten und rupften es. Über den Marktplatz, der in die Sterne versank, ragte mit ungeheurer Sichel der grünliche Rumpf eines Schiffes, das senkrecht auf seiner Spitze stand." (9,29)

Machetanz, der ob dieser Eindrücke vom Veitstanz befallen wird, gründet ein "Generalkonsulat für göttliche Anfechtung" (9,31), in dem er die "Zwangsphänomene seiner Exzesse und Wachtraummonomanie" erläutern will.

Weil der Konnex der Dinge fehlt, weil ein überordnender Gesichtspunkt ihnen ihren Platz nicht mehr anweist, stellt Ball Erscheinungen und Dinge scheinbar mit Belieben zusammen. Nicht mehr einzudämmende Fluten sensueller Reize evozieren in Machetanz "umfassende Angstkomplexe" (9,32), obwohl oder weil er Erlebnisse haben will. (9,32) Verunsichert und dissoziiert, ist ihm ein Mord letzte konstitutive Erfahrung:

"Einen Mord begehen. Ein Mord ist etwas, was nicht geleugnet werden kann. Nie und nimmer." (Ebd.) Doch schließlich ist er den Turbulenzen und Sensationen nicht mehr gewachsen und stirbt.

Balls Nominalismus, nach dem den Wörtern keine Wirklichkeit mehr zukommt, setzt sich in einer dem Absurdismus verfallenen Darstellungsweise fort und überführt sich selbst: Dinge werden benannt, aber ihr 'universales Substrat' wird liquidiert. In "Flametti" sollte die Dingwelt magisch benannt werden durch die Superiorität eines Dandys, der sich eine Art Priesterfunktion anmaßt. In "Untergang des Machetanz" hat das Bewußtsein keine Kontrolle mehr über die Vielfalt der Dinge. Bezeichnend, daß Machetanz erleben will; doch bändigt die von Menschenhand geschaffene "Zivilisationsnatur" den Sensationen liebenden Bändiger selbst. Eine anonyme, aber gleichwohl noch benennbare dämonische Maschinerie schafft das Individuum vermöge eines vom Menschen unbewältigten kontingenten und nicht mehr integrier-

baren Nebeneinanders ab. Nachdem der Seher im voraufgegangenen Prosastück beim Aufstieg die Dinge 'verschnitten' und sie 'freigesetzt' hat,
leitet ihre perspektivische Befindlichkeit den Untergang des Machetanz
ein: er kann sie als Sensationen und durcheinandergeschüttelte Impres-
sionen nicht mehr aufrechnen und geht daran zugrunde: Aufstieg und
Untergang korrelieren miteinander. Dem Anwachsen der Antagonis-
men korrespondiert das Versiegen der Produktionsströme des Machetanz.

Ein Verfahren, das Dinge auf der Basis einer aufgehobenen Differenz
identifizieren will, stellt sich als untauglich heraus, wo "Atomismus"' und
"Kontingenz"' (Stein) die Integrationskraft eines wahrnehmenden Bewußtseins verdrängen und das erkennenwollende Subjekt vom Andrang der
Dingwelt überfordert wird. Aus dieser Misere gibt es mehrere Auswege.
Man kann den Spieß umdrehen und die Herrschaft über die Dinge selber
antreten. Sie vom Subjekt abhängig machen, war die philosophische Leistung Kants, die Ball nicht anerkannt. Wer einmal, wie er, von Haus aus
religiös erzogen, Mystik geschnuppert hat, in der Subjekt und Objekt
zusammenfallen – im Absurden und der Phantastik zwar noch nicht –,
wird sich kaum dazu verstehen, einen wie auch immer gearteten Gott als
Vernunftpostulat zu denken. "Und so gelang es auch Kant nicht, Gott,
Freiheit und Unsterblichkeit mittels der reinen Vernunft als wirklich zu
erweisen, was darum (nach seinem eigenen Geständnis) noch nicht zu besagen brauchte, daß ihnen überhaupt keine Wirklichkeit zukomme."'
(11,38)

Kants Vernunftpostulat bedeutet Ball eine Verflüchtigung Gottes. "Es ist
nicht erforderlich, im einzelnen auf die gefährliche Separation einzugehen,
die Kant zwischen Intellekt und Moral, zwischen geistiger Persönlichkeit
und sozialem Wirken statuierte, indem er das Einheitswesen zersprengte
und jene beiden voneinander untrennbaren Gewissenskräfte, Verstand und
Gefühl, gesondert abzuleiten versuchte."' (11,41) Weder Kants Weg zu
Gott will Ball gehen, noch seine subjektive Ableitung als Anhängsel einer
Vernunftphilosophie auffassen, desgleichen nicht seine Trennung von Idee
und Erfahrung mitmachen. Wie Schopenhauer kann Ball auf dem Hintergrund seiner sogenannten 'Kant-Kritik' behaupten, daß die Erscheinungswelt hinter dem Schleier der Maja verborgen, daß also der diesen Befund
konstatierende Intellekt zu nichts nütze sei. Bis Ball jedoch aus noch zu
erörternden Gründen die Sprache mortifiziert, sucht er einen Ausweg in
der Phantastik. Sie setzt allerdings eine fundierte Methode voraus, durch
die alles mit allem kombinierbar wird, weiterhin die Verdrängung des in
der Zeit Gewordenen, des Geschichtlichen. Erstere läßt sich auf die Lektüre

der Schriften des Dionysios zurückführen, die andere auf die Philosophie Bergsons, die Ball gekannt hat.

Des Dionysios' Methode der Verähnlichung, auf die wir unten eingehen, verlegt Ball ins Diesseits. Funktionen, die der Areopagit in seiner "Engelslehre" gelten läßt, werden auf den Menschen übertragen, vor allem auf den Priester, der Mitwisser, Akteur, Künder, Prophet von Gottestaten ist. (10,186 ff.) Ball ist zunächst nur die Methode wichtig als Erklärungsprinzip einer "gewissen Gleichwertigkeit aller Teile…" (10,152), die dem gleichen Mutterschoß angehören. Diese Einheit stiftende Sicht, aus der heraus den Dingen zwar noch differente Namen gegeben, nicht mehr aber prinzipiell verschiedene Inhalte angenommen werden, ist in der Tat, wie Stein zeigt, ein Beitrag Balls zum Universalienstreit. Zur Funktion des Künstlers sagt Ball:

> Die Künstler dieser Zeit wenden sich gegen sich selbst und gegen die Kunst. Auch die letzte unerschütterliche Basis wird ihnen Problem. Wie könnten sie noch nützlich sein oder versöhnlich, oder beschreibend, oder entgegenkommend. Sie lösen sich ab von der Erscheinungswelt, in der sie nur Zufall, Unordnung, Disharmonie wahrnehmen… Sie schaffen Bilder, die keine Naturnachahmungen mehr sind, sondern eine Vermehrung der Natur um neue, bisher unbekannte Erscheinungsformen und Geheimnisse. Das ist der sieghafte Jubel dieser Künstler, Existenzen zu schaffen, die man Bilder nennt, die aber neben einer Rose, einem Menschen, einem Abendrot, einem Kristall Bestand haben. (In 95,69 f.)

Das analogisierende Verfahren, wie es aus anderen Gründen freilich von Marinetti gefordert wurde, wie es sich bei Ball aus der Abendmahlslehre ableiten ließe, ist nicht nur, wie Kemper meint, eine Konsequenz des Darwinismus, der Evolutionstheorie und deren Verkünders Wilhelm Bölsche, sondern die logische Folge aus Balls Einsicht in die Schöpfung: in ihr gibt es zwar Hierarchien, aber kein kausales Nacheinander im Sinne einer progressiven Erzeugung und Entwicklung. Die Promiskuität der Worte entstammt allerdings aus einem Oberflächensensualismus, der Dinge noch unterscheidend benennt, ihr Wesen jedoch amalgamiert. Die fröhliche Heiterkeit des Dadaisten resultiert aus einem die Erscheinungswelt nivellierenden Subjektivismus, der Dinge noch zu unterscheiden vermag in einer sie verwaltenden Sprache, der Ball noch ihr phonisches Substrat beläßt, deren extralinguistische Referenzen ihm jedoch längst fragwürdig geworden sind, wenn nicht gleichgültig.

Damit hat Ball sein Ziel erreicht, das zweierlei Möglichkeiten bietet: mit den Worthülsen Allotria zu treiben oder aber auch diese fallen zu lassen, um in mystischer Versenkung zu verschwinden. In "Tenderenda der Phantast" entscheidet er sich für eine Zwischenposition: auf der einen Seite hat er genügend Abstand zur malträtierenden Erscheinungswelt, auf der anderen Seite ist er zur Mystik noch nicht bereit, wiewohl sie – man achte auf das Vokabular – in den Roman hineinspielt: "Satanopolis" nennt er "eine mystische Begebenheit" (9,39), und die Lexik verweist auf Begebenheitszusammenhänge, die sich zwischen 'oben' und 'unten', zwischen 'Himmel', 'Erde' und 'Hölle' abspielen.

Zunächst soll nochmals rekapituliert werden, wie sich Ball den Raum der Phantasie erschließt. In der Ablehnung des Leidens, der Qual an der Wirklichkeit und der daraus konsequent betriebenen Annullierung qualitativer Differenzen als Ermöglichungsgrund des Ausharrens in der Realität stellt sich Ball gegen Nietzsche und dessen Willen zur Macht. Zwar spielen dessen Gedanken noch eine Rolle, jedoch nicht der Voluntarismus. Zwar gewinnt sich Ball scheinbar wie das Kind im Gleichnis "Von den drei Verwandlungen des Geistes" zurück, scheinbar ist ihm alles 'Neubeginn und Spiel', doch ist nichts auf die Zukunft hin angelegt; er bleibt einstweilen im Präsentischen befangen, weil sein Zeitbewußtsein zu bloßen 'Akten der Aufmerksamkeit' (Stein) schrumpft. Allenfalls noch ist dem Dadaisten der schaffende Wille übrig geblieben, der sich nach der Beseitigung des Kant'schen Ding-an-sich absolut setzt und seine "Produktionsströme" fließen läßt. Das Verhältnis des Willens als einer irrationalen Kategorie zu den Dingen ist aber willkürlich, so daß sich das Subjekt die atomisierte Dingwelt modeln kann, wie es will. Denn: "Die Gegenwart ist nicht in Prinzipien, sie ist nur assoziativ vorhanden, also leben wir in einer phantastischen Zeit, die ihre Entschlüsse mehr aus der Angliederung als aus unerschütterlichen Grundsätzen bezieht. Der gestaltende Geist kann mit dieser Zeit beginnen, was ihm beliebt. Sie ist in ihrer ganzen Ausdehnung Freigut, Materie." (10,102) "Phantastisch ist aber auch die Intuition. Sie bildet sich aus den fünf Sinnen und wird dem Künstler immer nur transformierte Erfahrungstatsachen, nicht aber Formelemente anbieten." (10, 103)

Das könnte ähnlich auch Novalis gesagt haben, den er an gleicher Stelle bemüht:

Novalis über die Phantasie: Ich weiß, daß die Phantasie das Unsittliche, das geistig Tierische am liebsten mag. Indes weiß ich auch, wie sehr alle Phantasie ein Traum ist, der die Nacht, die Sinnlosigkeit, die Einsamkeit liebt. Der Traum und die Phantasie sind das eigenste Eigentum, sie sind höchstens für zwei, aber nicht für mehrere Menschen. Man darf sich nicht dabei aufhalten, am wenigsten sie verewigen. (An Caroline, 27. Febr. 1799.) (10,103)

Wir werden zu prüfen haben, ob Novalis nicht als Alibi zitiert wird. Halten wir aber fest, daß die Wirklichkeit, wenn auch nur assoziativ, so doch vorhanden ist; und zwar als Bedingung, um überhaupt Bilder finden zu können. Da Ball kaum äußere Anlässe findet, Literatur zu produzieren, müssen geringste Eindrücke genügen, die Produktion von Bildern und Worten in Gang zu setzen.

Es kommt zu einer nackten "Theatralik der Worte" (Barthes), die mit der Introvertiertheit Balls korrespondiert, d. h. zu einer phantastischen Abwendung von der Wirklichkeit mittels Sprache, in denen Reste von Wirklichkeit noch verwahrt sind. Ball hält gleichwohl die "unbegrenzte, Prinzip gewordene Bereitschaft des Formulierens und Übertreibens" für eine sehr wertvolle Macht (10,152); und das nicht ohne Grund. Er nennt "Tenderenda der Phantast" einen "phantastisch-pamphletistisch-mystischen Roman" (ebd.) und deutet damit auf einen realen Bezug.

Hier das 4. Stück des ersten Kapitels:

Satanopolis

Eine mystische Begebenheit, die sich in der untersten Tintehölle ereignet.

Tenderenda erzählt die Geschichte vor einem Publikum von Gespenstern und Abgeschiedenen, von satanopolitanischen Eingeweihten und Habitués. Er setzt eine Kenntnis der Personen und des Lokals, eine Vertrautheit mit unterirdischen Einrichtungen voraus. Ein Journalist war entkommen. In grauer Gestalt überschattete er die Weideplätze von Satanopolis. Man beschloß, gegen ihn zu Felde zu ziehen. Das Revolutionstribunal versammelte sich. Man zog gegen ihn zu Felde, der sich in grauer Gestalt tummelte auf den Weideplätzen von Satanopolis. Aber man fand ihn nicht. Er hatte sich unterschiedlichen Unfug zuschulden kommen lassen, aber er weidete vergnügt und aß die spitzen Disteln, die blühten auf den Wiesen von Satanopolis. Da ward sein Haus ausfindig gemacht. Es lag auf dem 26/12. Hügel, wo die Pfanne der Dreieinigkeit steht. Mit Stocklaternen umstellten sie das Haus. Ihre Mondhörner leuchteten fal in die Nacht. Alle liefen hinzu, Vogelkäfige in der Hand. "Sie haben da einen schönen Kanidklopfer" sagte Herr Schmidt zu Herrn Schulze. "Spinöser Affront!" sagte Herr Meyer und setzte sich auf seine Schindmähre, die seine Krankheit war. Und ritt verdrossen davon.

Unterdessen standen viele strickende Guillotinenfurien da, und man beschloss, den Journalisten zu stürmen. Das Haus, das er besetzt hielt, ward das Mondhaus genannt. Er hatte es verbarrikadiert mit Matratzen und Ätherwellen und hatte die Pfanne oben aufs Dach gesetzt, so daß er unter dem ganz besonderen Schutze des Himmels stand. Er nährte sich von Kalmus, Kefir und Konfekt. Auch hatte er um sich die Leichname der Abgeschiedenen, die in großen Mengen von der Erde durch seinen Schornstein herunterfielen. So daß er für einige Wochen bequem aushalten konnte. Er sorgte sich deshalb nicht sehr. Fühlte sich wohl und studierte zum Zeitvertreib die 27 verschiedenartigen Arten des Sitzens und Spukens. Er hieß Lilienstein.

Eine Sitzung fand statt auf dem Rathaus des Teufels. Der Teufel trat auf mit dem Kis de Paris und Ridikül, sprach einiges unwirrsches Zeug und sang den Rigoletto. Man rief ihm hinauf, er sei ein gespreizter Einfaltspinsel, er möge die Späße lassen. Und man beriet, ob man das Haus, das Lilienstein mit dem Kneifer besetzt hielt, durch Tanz einäschern oder aber von Flöhen und Wanzen verkehren lassen sollte. Der Teufel auf dem Balkon bekam das Beineschwingen und meinte: "Der Unterleib Natats endete in einem Dolch. Er hat die Matratzen und Ätherwellen von seinem Hause, und die Lügentürme schwanken um ihn im Gebläue ihres Fundamentes. Er hat sich mit Leichenfett eingerieben und sich unempfindlich gemacht. Ziehet in Horden von Leuten mit je einer Trommel am Orte noch einmal hin. Vielleicht ... und daß es gelingen möge." Des Teufels Gattin war schlank, blond, blau. Sie saß auf einer Eselin und hielt ihm zur Seite. Da machte man kehrt und marschierte zurück und sang zu der Trommel. Und sie kamen zurück an das Mondhaus und sahen die Matratzen aus Ätherwellen und den Lilienstein, wie er bei voller Beleuchtung einherspazierte. Und der Rauch seines Mittagessens stieg oben aus seinem Schornstein.

Und er hatte ein großes Plakat angebracht. Darauf stand:

> "Qui hic mixerit aut cacarit
> Habeat deos inferos et superos iratos."

(Das hatte er aber nicht selber erfunden, sondern es stammte von Luther.)

Und ein zweites Plakat. Darauf stand:

> "Wer sich furcht, der ziehe einen Panzer an.
> Helpts, so helpts.
> Denn es lebt und bleibt leben der Scheblimini.
> Sedet at dexteris meis. Da steckts."

Ich kann euch sagen, das wurmte sie mächtig. Und wußten nicht, wie sie den Lilienstein sollten herausbekommen. Doch sie kamen auf einen Gedanken: Hundekraut und Honig warfen sie über das Haus von Lilienstein. Da mußte er heraus. Und sie verfolgten ihn.

Hinweg stolperte er über die Schlafkarren, die auf der Straße standen, der Schlafkrankheit wegen. Hinweg stolperte er über die Beine des Petroleums, das saß an der Ecke und rieb sich den Magen. Hinweg über die Bude der Schutzgöttin der Aborte, die kinderspeiend an langen Schnüren die etwa 72 Sterne des Guten und die 36 Sterne des Bösen tanzen ließ. Und sie verfolgten ihn.

Eine Apoplexie wälzt sich in himmelblauen Bändern. Blaudurstige Schecken kriechen. Wer diesen Phallus gesehen hat, kennt alle anderen. Vorbei hetzt er am Tintenfisch, der die griechische Grammatik lernt und Veloziped fährt. Vorbei an Lampentürmen und Hochöfen, in denen die Leichen der toten Soldaten flammen bei Nacht. Und er entkam. In den Gartenwirtschaften des Teufels verlas man ein Manifest. Eine Belohnung ward ausgesetzt für jeden, der über den Verbleib des nach Satanopolis geratenen Journalisten Lilienstein etwas zuverlässiges zu bekunden oder Angaben zu machen habe, die auf die Spur des Unholds zu führen vermöchten. Bei den Klängen eines Posaunenchors ward es verlesen, aber umsonst.

Schon hatte man ihn vergessen und ging seiner Wege, da fand man ihn auf dem Corso des Italiens. Auf himmelblauen Pferdchen ritt man dort aus, und die Damen trugen langstielige Sonnenschirme, denn es war heiß. Auf dem Sonnenschirm einer Dame bemerkte man ihn. Er hatte sich dort ein Nest gebaut und war dabei brütend befunden worden. Er fletschte die Zähne und schrillte in einem durchdringenden Ton: "Zirrizittig – Zirritig". Aber es half ihm nicht. Man zerrte die Dame, auf deren Sonnenschirm er flanierte, hin und her. Man beschimpfte, bespie und beschuldigte sie. Man erteilte ihr einen Stoß ins Gesäß, denn man hielt sie für eine Spitzelin. Da fiel er heraus aus dem Nest und die Eier mit ihm, und ein Fohlen erhob sich.

Aber man riß ihm nur seinen Papieranzug vom Leib. Er selber entkam und retirierte in das Gestände der Bahnhofshalle, oben hinaus, wo sich der Rauch aufhält. Dort war es ganz offenbar, dort oben könne er sich nicht lange halten.

In der Tat kam er herunter nach fünf Tagen und ward vor den Richter gestellt. Jämmerlich war er anzusehen. Das Gesicht geschwärzt von Kohlenruß und die Hände besudelt von Tintendreck. In der Hosentasche trug er einen Revolver. In der Brusttasche neben dem Portefeuille das

Handbuch der Kriminalpsychologie von Ludwig Rubiner. Noch immer fletschte er die Zähne "Zirriti–Zirrizittig". Da kamen die Tintenfische aus ihren Löchern und lachten. Da kamen die Zackopadoren und schnupperten an ihm. Da schwirrten die Zauberdrachen und Seepferdchen überlings um seinen Kopf.

Und man machte ihm den Prozeß: "In grauer Gestalt ruiniert zu haben die Weideplätze der Mystiker. Durch mancherlei Unfug Aufsehen erregt zu haben." Aber der Teufel machte sich zu seinem Anwalt und verteidigte ihn. "Afterreden und Schläfrigkeit", sprach der Teufel, "was wolltet ihr von ihm? Sehet, da stehet ein Mensch. Wollt ihr, daß ich meine Hände in Unschuld wasche, oder soll er geschunden werden?" Und die Armen und Bettler sprangen herfür und riefen: "Herr, hilf uns, wir haben Fieber". Aber er schob sie zurück mit der flachen Hand und sagte: "Bitte, nachher."

Und der Prozeß wurde vertagt.

Am nächsten Tag aber kamen sie wieder, viel Volks, brachten Rasiermesser und schrieen. "Gib ihn heraus. Er hat Gott und den Teufel gelästert. Er hat unser Mondhaus befleckt und sich ein Nest gebaut auf dem Sonnenschirm einer Dame."

Und der Teufel sagte zu Lilienstein: "Verteidige dich." Und ein Herr aus dem Publikum rief mit erhobener Stimme: "Dieser Herr hat kein Platz, keine Gemeinschaft mit der Aktion."

Und Lilienstein fiel auf die Knie, beschwor die Sterne, den Mond und die Menge und rief:

"Autolax ist das beste. Aus weichem Holz und gebundene trichterähnliche Zapfen kennt schon das Altertum. Der Solexapparat ist eine Erfindung der Neuzeit, das beste Abführmittel ist Autolax. Es besteht aus Pflanzenextrakten. Hören Sie mich: Pflanzenextrakten! Es braucht kaum erwähnt zu werden, daß es sich um ein Erzeugnis der deutschen Industrie handelt," stammelte er in seiner Not. "Nehmet hin dieses Rezept. Ich beschwöre Euch. Lasset mich laufen dafür. Was habe ich Euch getan, daß ihr mich also verfolget? Siehe, ich bin der König der Juden." Da brachen sie in ein unbändiges Gelächter aus. Und der Teufel sagte: "Sapperment, sapperment, sollte man das für möglich halten." Und der Herr aus dem Publikum schrie: Ans Kreuz mit ihm, ans Kreuz mit ihm! Und er ward verurteilt, sein knopfig Selbstgedrehtes aufzuessen. Und ... Meideles porträtierte ihn, ehe er dem Schinder überliefert wurde. Und alle Fahnen tropften voll von Hohn und Lauge. (9,39 ff.)

Der Text verweist auf einen Tagebucheintrag Balls vom 3. Juli 1915:

157

Der Zufall hat mir ein seltenes Buch in die Hände gespielt: das Saura-panam (Kompendium des Sivaismus, von Dr. Jahn). Ich finde meine phantastischen Neigungen darin auf eine mich überraschende Weise bestärkt und bestätigt. – Mitunter versteigt sich die Sprache der Abschnitte, die Siva als Atman feiern, zu einer atemlosen Trunkenheit wilder Hyperbeln, die völlig aus dem Gleichgewicht sinngemäßen Denkens und Anschauens geworfen ist.

Siva haust auf den Leichenfeldern und trägt einen Kranz verstümmelter Leichname um den Kopf. Er ist spiralenförmig, er vermag nach Belieben die Gestalt zu wechseln. Selbst die Götter kennen Siva nicht. Er ist der Schmerzvernichtende, dessen Körper aus höchster Wonne besteht. Verehrt wird er durch Veränderung der normalen Zustände der Stimme, des Auges, der Körperglieder (durch Konvulsion und Krämpfe, also durch Ekstase). Verbrecher sind zur höchsten Seligkeit zugelassen, wenn sie Siva verehren.

Siva oder auch Schiwa heißt im Sanskrit 'der Gnädige' und ist einer der wichtigsten Götter des Hinduismus. Zusammen mit Brahma und Wischnu als Weltzerstörer bildet er die indische 'Trimûrtri', die Dreieinigkeit. Dargestellt wird er allgemein als nackter Asket mit Schlange, einem dritten Auge auf der Stirn und Mondsichel.

Dies und einiges andere mögen im Kapitel "Satanopolis" Beziehungen stiften helfen. Der Journalist als destruktives Element, über den man zu Gericht sitzt, weil er "allerlei Unfug" getrieben hat, der dennoch mit der Dreieinigkeit in Verbindung steht und mit Leichen verkehrt, ähnlich wie Schiwa: aus seinem Schornstein fallen "die in großer Menge von der Erde Abgeschiedenen". Andere historische Bezüge kommen zusammen: latente Kritik Rubiners, des Manifestismus jener Zeit, Anspielungen auf Faust I, Szenenfetzen, in denen sich Ball die Kreuzigung Christi vornimmt, Lobpreis eines deutschen Industrieprodukts "Autolax" in der Sprache der Bibel, schließlich dann die Verurteilung des Journalisten, der sein 'knopfig Selbstgedrehtes' aufessen muß, eine ironische Analogie zur Verurteilung Christi. Liegt darin eine Selbstkasteiung Balls, der als Journalist arbeitete? Eine im Absurden aufgehobene Selbstverurteilung des Möchtegern-Asketen?

Das alles kann nicht hinreichend beantwortet werden. In Volker Knüfermanns Aufsatz zu "Tenderenda der Phantast" finden sich zu dieser Geschichte lediglich ein paar Sätze, die nicht viel besagen. In der Tat muß der Leser wohl das knopfig Selbstgedrehte goutieren, ohne daß ihn ein surrealistischer Vollstreckungsbefehl trifft, ohne daß er irgendwie zu der Meinung käme, wie Knüfermann will, hier werde dem Bürger Schrecken eingejagt.

Zwar werden aus den verschiedensten Ecken der Vorratskammer Phantasie, Wirklichkeitsfragmente hervorgeholt und ästhetisch homogenisiert, doch von der Wirkung her terrorisiert Ball niemandes Nerven, weil hier weder Zynisches noch satirisch Gemeintes jenen blutigen Ernst zu verbreiten vermögen, wie viele der klassischen Agitationen und Traktate des Surrealismus. Schließt man die Beurteilungskriterien im landläufigen Sinne aus, nach denen die im Kunstwerk vermittelte Realität alleiniger Maßstab für ein Kunstwerk ist, so wird man, auch anderen Produktionen Balls gegenüber, sagen müssen, daß er hier seine kontemplative Haltung und geistige Freiheit in einem Maße steigert, die Stein dazu bewegt hat, von 'Infantilismus' zu sprechen. (122,61)

Walter Benjamin hat die Problematik des Surrealismus und seiner Beurteilung aufgegriffen:

Die Ästhetik des peintre, des poète 'en état des surprise', der Kunst als Reaktion des Überraschten, ist in einigen sehr verhängnisvollen romantischen Vorurteilen befangen. Jede ernsthafte Ergründung der okkulten, sürrealistischen, phantasmagorischen Gaben und Phänomene hat eine dialektische Verschränkung zur Voraussetzung, die ein romantischer Kopf sich nie aneignen wird. Es bringt uns nämlich nicht weiter, die rätselhafte Seite am Rätselhaften pathetisch oder fanatisch zu unterstreichen; vielmehr durchdringen wir das Geheimnis nur in dem Grade, als wir es im Alltäglichen wiederfinden, kraft einer dialektischen Optik, die das Alltägliche als undurchdringlich, das Undurchdringliche als alltäglich erkennt. (135,213)

Genau diese Dialektik kann – sie muß es nicht – derjenigen eines Menschen in der abstrakten Gesellschaft entsprechen. Auf der einen Seite will sich der Mensch individuieren – in durchaus existentiellem Sinne –, auf der anderen bedarf er gewisser gesellschaftlicher Instanzen. Nur liegt für Ball das homo-duplex-Problem darin, daß er zu seiner Zeit, sicher nicht ohne Zutun seiner eigenen Natur, gesellschaftliche Prozesse erlebt, die das Individuum einseitig reduzieren und die er zudem in der Emigration nicht nachvollziehen kann, denn sie bleiben ihm fremd; dergestalt, daß er zu einer Art 'homo internus' wird, der emotional und protestlerisch Außen und Innen vermengt und daraus Literatur macht. Im durchaus Breton'schen Sinne erfüllt er – gleichsam 'ante litteram' – das surrealistische Postulat einer Literatur, die Erfahrungen und Experimente mit dem Innenleben wagt. Daraus resultiert seine Phantastik, die mit Fetzen der Alltagswirklichkeit angereichert wird, oder besser: ohne sie gar nicht entstehen kann. Eine Phantastik nicht der unerfüllten Wünsche, sondern eine durchaus künstlerische.

Karl Heinz Bohrer hat diesen vom Surrealismus formulierten Widerspruch zwischen Phantasie und Realität analysiert und dargetan, daß aus einem Hermetismus durchaus politische Konsequenzen erwachsen können, daß gerade durch die divergierenden Ansprüche von Mensch einerseits und korrupter Gesellschaft andererseits eine Art Ästhetik entsteht, die der heutigen Kunstszene nicht ganz unverwandt ist. Bohrer beschreibt ein Farbfoto aus dem Vietnamkrieg, auf dem man zwei erschossene Vietcong-Attentäter sieht, die während der großen Offensive im Februar 1968 in die amerikanische Botschaft einzudringen versuchten: ein Haus, gelbe Gesichter der Toten, rote Blutspritzer, die GI's mit ihren Maschinenpistolen. Bohrer: "Es ist der Inhalt, die Information des Bildes, die latente Aggression, der nicht mehr übersteigbare Zynismus der fotografierten Szene, die hier Züge des Fiktiven angenommen hat. Deshalb denkt man zunächst etwas Künstliches zu sehen, denn man hat derlei schon als Kunst gesehen... Die Überholung der Terror-Vorstellung durch die Terror-Wirklichkeit hat in diesem Augenblick jede reine Einbildung unmöglich gemacht..." (85,33)

Bohrer zitiert weiter ein Flugblatt, das am 22. Mai 1967 vor der Mensa der Freien Universität in Berlin verteilt wurde, das auf fast dadaistische Weise politische Zusammenhänge darstellt:

Ob leere Fassaden beworfen, Repräsentanten lächerlich gemacht wurden — die Bevölkerung konnte immer nur Stellung nehmen durch spannende Presseberichte. Unsere belgischen Freunde haben endlich den Dreh raus, die Bevölkerung am lustigen Treiben in Vietnam wirklich zu beteiligen: sie zünden ein Kaufhaus an, dreihundert saturierte Bürger beenden ihr aufregendes Leben und Brüssel wird Hanoi. Keiner von uns braucht mehr Tränen über das arme vietnamesische Volk bei der Frühstückszeitung zu vergießen. Aber heute geht er in die Konfektionsabteilung von KaDeWe, Hertie, Woolworth, Bilka oder Neckermann und zündet sich direkt eine Zigarette in der Ankleidekabine an... Wenn es irgendwo brennt in der nächsten Zeit, wenn irgendwo eine Kaserne in die Luft geht, wenn irgendwo in einem Stadion die Tribüne einstürzt, seid bitte nicht überrascht. Genauso wenig wie beim Überschreiten der Demarkationslinie durch die Amis, der Bombardierung des Stadtzentrums von Hanoi, dem Einmarsch der Marine nach China.

Daß aus dieser Androhung traurigste Wirklichkeit wurde, ist bekannt. Die Technik der Satire, die ja auch Ball anwendet, wird im Flugblatt um jenes Moment weitergetrieben, das aus dem realhistorisch Tatsächlichen etwas

Übernatürliches und Hintergründiges heraustreibt. Darauf hat im Hinblick auf DADA auch Lothar Köhn hingewiesen. (106,737)

Nun haben Balls Prosastücke nicht jenen aggressiven Ernst wie ein Plakat oder das zitierte Flugblatt. Dennoch: das Pamphletistische in Form des grotesk Kombinierten ist ebenso vorhanden. Eine andere Frage freilich ist, inwiefern dieses "aufgebauschte Nichts" (10,156) und seine Sprache noch etwas auszusagen vermögen. Wir kommen darauf zurück.

In "Grand Hotel Metaphysik" skizziert Ball die Geburt des Dadaismus:

> Die Geburt des Dadaismus. Mulche-Mulche, die Quintessenz der Phantastik, gebiert den jungen Fötus, doch oben in jenem Bereich, der von Musik, Tanz, Torheit und göttlicher Familiarität umgeben, sich klärlich genug vom Gegenteil abhebt. Über keine Rede der Herren Clemenceau und Lloyd George, über keinen Büchsenschuß Ludendorffs regte man sich so auf wie über das schwankende Häuflein dadaistischer Wanderpropheten, die die Kindlichkeit auf ihre Weise verkündeten. (53)

Die Geburtsszene, darauf hat Knüfermann aufmerksam gemacht (105), erinnert an Rabelais' "Gargantua et Pantagruel": auf der Plattform des Grand-Hotel Metaphysik, aus Gummi gebaut und porös, stößt Mulche-Mulche plötzlich zwölf gellende Schreie aus. "Ihr Zirkelbein hob sich zum Rande des Himmels. Und sie gebar. Zuerst ein klein Jüdlein, das trug ein Krönlein auf purpurnem Haupte und schwang sich sogleich auf die Nabelschnur und begann dort zu turnen." Fast pornographisch – und hierin dem Surrealismus und seinen heutigen Verwandten ähnlich – schildert Ball die Nachgeburt: "Und vierzig Tage vergingen, daß Mulche kreidigen Angesichts stand an der Brüstung. Da hob sie zum zweiten Male das Zirkelbein, hoch in den Himmel. Und diesmal gebar sie viel Spüllicht, Geröll, Schutt und Gerümpel. Das prasselte, klirrte und polterte über die Brüstung hinab und begrub alle Lüste und Leichen der Sohlengänger. Da freute sich Jopp, die Gottheit senkte das Schmetterlingsnetz und schaute verwundert." (9,63) Nach abermals vierzig Tagen gebiert sie dann nur einen Fötus, "als welcher beschrieben steht Pagina 29, Ars magnu... Sein Vater ist Plimsplamsplasko, der hohe Geist, liebtrunken über die Maßen und wundersüchtig." (9,64)

Geboren wird nur das kleine Jüdlein, der Fötus ist Fehlgeburt. Retrospektiv auf DADA und speziell auf Ball angewandt: DADA ist tot, bevor es lebte. Für Ball blieb in der Tat nur jenes kleine Jüdlein – eine Anspielung auf Christus – übrig, mit dem er sich in den folgenden Jahren in seiner Wahlheimat im Tessin beschäftigte. Balls Kritik an der Intelligenz – die "ideologischen Überbauaktien" fallen rapid – die Zelebrierung ausgesuchter Perversionen mit den Mitteln einer die Realität stilisierenden Phantasie bringen seine 'kulturrevolutionäre Intention' dennoch nicht durch, obwohl sie genau kalkulierte Schläge auf bürgerliche Sittengesetze und Bildungsvorstellungen sind. Das liegt – von den Übertreibungen abgesehen – nicht zuletzt daran, daß Ball schon im nächsten Kapitel seinen Dichtertod ankündigt:

"Ich könnte mich ja in einer anderen Zeit aufhalten. Was nützte es mir, o Herr? Siehe, ich bewurzle mich selbst in diesem Volke. Als Hungerkünstler ernähre ich mich von der Askese. Aber die Relativitätstheorie genügt nicht, noch die Philosophie 'als ob'." Die Kirche 'Haus des Gespöttes' wird als Institution kritisiert, die Realität als Grauen beschrieben, Erzengel gibt es nur noch im Reich "der Spülwürmer und Abgötter", schließlich: "Der Schrei nach Auflösung nimmt überhand." (9,70) und Gott schlägt dem Tod "die Kategorientafel auf den Kopf, ..." (9,71)

Die Diskrepanz zwischen dichterischem Bekennerdrang und Gesellschaft wird zusehends größer. Das 'jüngste Gespenst' hält dem 'gebratenen Dichter' die Totenrede:

'Dieser war ein Psychofakt', begann die Rede, 'kein Mensch, Hermaphrodit vom Kopf bis zur Sohle. Spitz stachen die geistigen Schultern durch die Achselstücke seines Cutaway. Sein Kopf eine Wunderzwiebel der Geistigkeit. Blind beherrscht vom Drange, sich bruchlos zu bekennen, war sein Beginn, sein Ende und Anfang von solch jungfräulicher, völlig kompromißloser Seelensauberkeit, daß wir Nachwachsenden den Zweifel an der zu revolutionär sittlichkeitsbildender Mutterschaft unseres dennoch kraftlosen Strebens nach einem Kosmos von Flugwillen und Erdüberwinderschaft als ein zwar unerläßliches, aber süßes Problem binnentragisch einzuordnen nicht können.
Herrliches liegt hier verschüttet in einem Wust unvergorener, abstrakt verbliebener Rednerei. Subjektivistische Ekstatik vermöchte nicht immer theatralischem Selbstzweck sich zu entheben. Stämmiger Schwärmer und fakirhafter Erlösungssucher, Hohepriester und Seher, Quelle und Sporn dithyrambischen Schwunges fügt seinem löblichen Vorbild herbe Beeinträchtigung der einzige Umstand, daß Max Reinhardt, dessen schöpferische Regie den Aufriß der einzelnen Visionen befruchtete, sein Können dem Könner erst lange nach dessen Hingang hat spenden dürfen. Requiescat in pace.' (9,73)

Was hier Ball über sich selber sagt, ist ironisch, zynisch und ernst gemeint. Wer seinen Werdegang vom Theaterregisseur zum Erlösungssucher kennt, weiß das. Der Jammer darüber, daß es nichts mehr zu sagen gibt, weil das Anderssein der Dinge ausgelöscht ist, Differenzen durch Phantastik überwuchert werden, zeigt sich in der Sprachlosigkeit und der alles nivellierenden dadaistischen Heiterkeit:

"Zu sagen ist nichts mehr, daß etwas noch gesungen werden kann. 'Du magisch Quadrat, jetzt ist es zu spat'. So spricht einer, der zu schweigen versteht. 'Ambrosianischer Stier': gemeint ist der ambrosianische Lobgesang. Eine Hinwendung zur Kirche zeigt sich an in Vokabeln und Vokalen. Der Hymnus beginnt mit militärischen Reminiszenzen und schließt mit einer Anrufung Salomos, jenes großen Magiers, der sich tröstete, indem er die ägyptische Königstochter an sein Herz zog. Die ägyptische Königstochter ist die Magie." (9,75)

So in Hymnus I. Damit ist die Brücke geschlagen zum Orient, über Dionysios hinaus nach Ägypten, zu den Wüstenheiligen, wo Ball Anfänge der Gnosis vermutet (s. u. S. 173—178), aber auch zum magischen Bischof Ball, der im Cabaret Voltaire seine Lautgedichte vortrug, auf die wir zu sprechen kommen.

Zunächst zu Kapitel vier des dritten Teils, das mit "Laurentius Tenderenda" überschrieben ist. In der einleitenden Zusammenfassung wird Tenderenda als Phantast, als Kirchenpoet, als Ritter aus Glanzpapier — eine Anspielung auf Don Quixote — vorgestellt.

"Da er Schimären in den Stall bringt, könnte man ihn für einen Exorzisten halten." (9,109) Doch der Pakt mit dem Teufel hat sich als Spielchen erwiesen. Erstaunlich ist, wie Ball mit der Kirche umspringt. In seinem Pseudo-Heiligen Dionysios hat er allerdings einen Gewährsmann, der ihm eine phantastische Konstruktion und Weltenarchitektur erlaubt. Denn obwohl er sich von der Gnosis distanzieren möchte, mit und durch Dionysios bleibt er in ihrem Bann. Der phantastisch zusammengezwungene Dualismus von Gut und Böse, für die Gnostiker eine Realität, gilt für Ball insofern nicht mehr, als das Böse zwar rein phänomenologisch existiert, aber nur als "verhängnisvoller Abfall von der wesentlichen Güte Gottes". (14,75) Zur Erlösungslehre des Dionysios schreibt er: "Er schildert den Sturz des Menschen in ein Reich animalischer Zeugungen und der Verwesung." Dann fährt er fort: "Aber die ganz unbegrenzte Menschenfreundlichkeit der urgöttlichen Güte verleugnet er auch jetzt nicht, wohlwollend, ihre göttliche Fürsorge." (Ebd.) Wenn das sogenannte Böse a priori irgendwann in Gott aufgeht, dann sind Blasphemien lediglich eine Gottesfrotzelei, und Ball kann sagen: "Du aber vergibst uns unsere Schlechtigkeit, wie auch wir versprechen, daß wir die unsrige tun." (9,69) Das so legitimierte Ineinander von Obszönem und Religiösem, das Durcheinander der Erscheinungen und Dinge in Wortspielereien, Wundergeschichten und Abenteuern haben

Ball jedoch mürbe gemacht. (9,109) Tenderenda sehnt sich nach Friede, Stille und "lateinischer Abwesenheit". (Ebd.)

Im nächsten Kapitel wird dann auch die Absage nicht nur an DADA, sondern generell an phantastische Poesie formuliert, freilich mit deren Mitteln. "Herr und Frau Goldknopf", ein "astrales Märchen", nimmt Bezug auf die Romantik, auf Novalis und dessen Roman "Heinrich von Ofterdingen". Gelegentlich hat man angenommen, Novalis' "Fragment" sei Ahne der Lautgedichte Balls und auch dessen Naturphilosophie und -mystik. In der Tat ist für Hardenberg, ähnlich wie für Ball, nicht mehr der Verstand Organ des Erkennens, und man glaubt, in "Die Lehrlinge zu Sais" jenen orientalischen Mystagogen zu begegnen, die dem Königsweg der Erkenntnis auf den Spuren waren.

Zwar scheint auch Ball der Hardenbergschen Maxime "nach innen geht der Weg" zu folgen, doch Herr und Frau Goldknopf – das sind Heinrich und Mathilde im "Ofterdingen" – zeugen nicht Astralis, den Gott der künstlerischen Phantasie und Poesie, sondern 'Koko', den grünen Gott der Phantasten. (Vgl. 105,532)

Die Überbrückung der Realität mittels Poesie, wie sie Novalis wollte, wird bei Ball zur Farce, denn eben mit dem letzten Prosastück verabschiedet er sich von der Dichtkunst. Teil I handelte von den glücklichen Zeiten, da Poesie und Leben eins waren, Teil II berichtet von der Zeugung Kokos, der zwar Glückseligkeit verbreitet, so man ihn nicht gefangen hält; Teil III endet mit der Prophezeiung des Gottlosen und der Verzauberung jener, die ihn gefangenhalten.

Damit hat Ball ernst gemacht mit schon in der Romantik schlummernden Disparatheiten, daß hier nicht einfach Kunst und dort nicht einfach Leben sei. Als Einsicht impliziert diese Erkenntnis allerdings nicht – wie bereits in anderem Zusammenhang erwähnt – einen erneuten Anlauf Balls zur Darstellung dieser Diskrepanz, wohl aber eine kontemplative Haltung, die sich weder aus seinen mystischen Tendenzen noch auch aus seinem vermeintlich katholischen Glauben erklären läßt.


2.3.1. Kassierte Zeit: Zur Funktion der Lebensphilosophie Bergsons im Denken Hugo Balls, in seinen Prosastücken und in den Lautgedichten


Bei all dem, was zu Balls "Tenderenda der Phantast" gesagt wurde, kann man nicht so tun, als sei jede Zeile interpretatorisch aufgearbeitet worden. Sämtliche Anspielungen aufzunehmen würde bedeuten, unzählige Stellen aus Nietzsches Werk, aus der Bibel, aus der Literatur von Klassik und Romantik zitieren zu müssen, um vielleicht nur ein einzelnes Wort oder gar einzelne semantische Merkmale zu paraphrasieren.

Ganz ratlos braucht man dem Roman jedoch nicht – wie Stein es will – gegenüberzustehen, wiewohl sich der Interpret zwangsläufig an einigen Stellen wie ein Wünschelrutengänger vorkommt, der mit divinatorischem Ahnden den Text abschreitet. Indes decken die Verhältnisse in der Satz- und Wortsemantik einen bereits angesprochenen Befund auf: je mehr das Wort und dessen Inhaltsseite 'fremdbefrachtet' wird, destoweniger entsprechen ihm die im normalen Sprachgebrauch üblichen Referenzmittel. Das führt zu der bereits erwähnten Promiskuität der Wörter, deren Disponibilität von der sowohl von Nietzsche als auch von Bergson gepredigten Vernunftfeindlichkeit herrührt. Was zunächst nur als Protest gegen Entpersönlichung und determinierende Zwänge gedacht war, gerinnt den Dadaisten zur Zerpflückung jedweder im Wort steckenden latenten Begrifflichkeit. Kommunikation ist dergestalt, wenn die Wörter einmal oszillieren, kaum mehr möglich. Mit Bergson dürften sich die Dadaisten relativ früh beschäftigt haben, darauf weist Ball in seinem Tagebuch hin. In "Evolution créatrice" reduziert er die Aufgabe des Intellekts auf eine rein pragmatische Dimension: er solle Werkzeuge zur Lebenserhaltung schaffen. Damit rückt er den Menschen in den Horizont des Primitiven, dessen primäres Anliegen die Nahrungsvorsorge ist, ähnlich jener Species Mensch, wie sie in "Flametti" dargestellt wird. Nicht als homo sapiens sei der Mensch auf die Welt gekommen, sondern als homo faber. "Ursprünglich denken wir nur, um zu handeln" (136,50) Denken ist für Bergson Tätigkeit des Intellekts im Raum, den er als homogenes und leeres, als unendliches und unendlich teilbares, als jeder Art von Zergliederung dargebotenes Medium ansieht. Er betont eigens die Starrheit in der auf baren Pragmatismus reduzierten Auffassung der Dinge durch den Intellekt. Dabei ist ihm deutlich, daß Realität komplexer ist; eben deshalb aber schiebt er sie beiseite.

Die Verwandtschaft zu Ball wird deutlich. René Verdenal hat in einem Aufsatz im Anschluß an andere französische Forscher (Thibaudet, Bréhier, Pradines) den Bergsonismus als "Spiritualismus" abqualifiziert. Verdenal: "Bergson will die Philosophie auf den Boden einer spirituellen Erfahrung verschieben..." (187,212) Ihre Voraussetzung sei sowohl Ignoranz als auch die Annullierung philosophischer Systeme. Er träume von einer Philosophie ohne die Systeme zu durchlaufen, weil er überdrüssig ist, "dem ewigen Streit der Schulen auf dem eingehegten Felde der Dialektik immer neue Nahrung zu geben." (187,213) In den Zustand der Unschuld könne der Geist nur dann wieder versetzt werden, wenn man die Geschichte der Philosophie ausklammere, was nur möglich ist, wenn auch die Sprache, derer sich der Geist als Kommunikationsmittel bedient, auf einen "Nullzustand" geschichtlich gewordener semantischer Merkmale aus ist, mithin ganze Begriffe tilgt. Sie, so Bergson, würden das Positive an der Realität abarbeiten. Konsequenterweise ergeht sich Bergson in Begriffskritik.

Wie kommt aber dann das Denken mit den Dingen zurecht? Bergson beantwortet die Frage so: Wir müssen Bewußtsein als 'unmittelbares Schauen' (Intuition) nehmen, das als Ausdruck einer gewissen metaphysischen Erfahrung (187,215) zu definieren sei. Das "Achthaben" auf Leben läßt die Einmischung begrifflichen Denkens nicht zu, also auch keine wie auch immer geartete Erkenntnis durch Symbole, wie sie – um ein Beispiel zu nennen – in Zeichensystemen, also auch in der Sprache aufgehoben sind. Während diskursives Verstandesdenken stets einer begrifflichen Vermittlung, also der Symbole bedarf, ist Erkennen für Bergson im umfassenden Sinne präsentisch erlebtes Empfinden, "wobei jede Repräsentation ausgeschlossen wird, welche die Koinzidenz eines sich begründenden Bewußtseins mit der Realität verhindern würde". (187,217)

In unserem Zusammenhang ist wichtig zu sehen, daß solche 'Erkenntnis' Stationen der Urteilskraft, der Generalisierung nicht kennt, jedenfalls nicht im Sinne einer begrifflichen Verallgemeinerung. Wir kommen darauf zurück. Bergson: "Die Macht des Unmittelbaren, ich verstehe darunter die Fähigkeit, durch Beseitigung der Probleme die Gegensätze aufzulösen, ist, meiner Ansicht nach, das äußere Zeichen, mit dem die wahrhafte Intuition des Unmittelbaren sich zu erkennen gibt." (136,217) Intuition als Widerpart der Intelligenz wäre nach Bergson der nicht-'reflexive' Zustand eines nicht zu sich selbst gekommenen Subjektivisten, der erfährt, daß die Zeit nicht in der Dauer (durée) aufgeht, denn Messen heißt: Gleichzeitiges zählen, während Zeit, gefaßt als Dauer, zwischen den Simultaneitäten fließt. Wenn aber Bewußtsein die wahrgenommenen Dinge der Zeit entzieht, werden sie in den Raum verlegt. "Wir beobachten außerhalb unser in einem gegebenen Augenblick ein Ganzes simultaner Stellungen, von den vorangegangenen Simultaneitäten ist keine Spur mehr. Die Dauer in den Raum verlegen heißt, durch einen echten Widerspruch die Sukzession mitten in die Simultaneität hinein verpflanzen. Man darf also nicht sagen, die äußeren Dinge dauern." (136a,187)

Die sprachliche Problematik lautet: Wie soll sich Kommunikation ereignen, wenn Realität, oder was der gemeine Intellekt dafür hält, sich aus dem Lautlichen, dem Phonischen verflüchtigt? 'Dauer' wäre demnach eine 'rhythmische Bewegung', welche Dinge und Erscheinungen laufend transformiert je nach subjektiver Perspektive, eine freie Tathandlung sozusagen, die sich nicht mehr an den differenten Konturen der Dinge orientieren muß. Die unmittelbare Präsenz der Dinge und Erscheinungen, die keinen irgendwie gearteten Halt mehr an einer durch das Bewußtsein zu leistenden Zeitgliederung mehr haben, macht sie zu kohabitierenden Erscheinungen. Aus der Akzeleration der Wahrnehmung, aus der Not des dem Andrang heterogener Wirklichkeitsanstürme preisgegebenen und sich dissoziiert fühlenden Subjekts macht Bergson eine Tugend: er ertappt den Verstand in flagranti bei der Intellektualisierung von Raum und Zeit und kassiert letztere, damit auch deren Bedeutung für die Geschichte. Wie schon betont, ist die Kategorie 'Zeit' für das Verständnis des Dadaismus wichtig, nicht nur für die Produktionen Balls. Wenn dieser pragmatisch "assoziative Kunst" als Mittel empfiehlt, "Zeit ... zu fesseln" (10,158), dann öffnet er den Raum für Vorstellungen, die sich simultan bei der Verwendung eines Wortes einstellen, wenngleich sie – graphisch festgehalten – sukzessiv aneinandergereiht werden.

Bergson versteht das Bewußtsein des Menschen als "Verlangen nach Schöpfung". (136,265) Da die Intuition erkennende Eigenschaft des "freien Ichs" ist, begreift sie das Sein als Wandelbares und Werden. Vom Ich aus überträgt Bergson die Bewegtheit des ganzen Schöpfungsprozesses auf das Dasein überhaupt. Er spricht von der 'Lebensschwungkraft', vom 'élan vital', der den Dualismus von Intellekt und Materie löst: die schöpferische Lebenskraft kann sich nur entfalten, wenn sie in jedem Augenblick mit der sie hemmenden Materie konfrontiert wird, wenn sie zu einer kämpferischen Überwindung des Starren gelangt. Gunter Martens hat ausführlich die Bedeutung Bergsons für den Expressionismus dargelegt und auch den mystischen Charakter seiner Lebensphilosophie betont. (108) Gleichwohl scheint es mir nützlich, bevor wir auf Balls Lautgedichte und deren engere Voraussetzung, die Theologie des Dionysios, eingehen, auf einen spezifischen Aspekt aufmerksam zu machen, den Verdenal in seiner zitierten Arbeit herausgestellt hat. Den Wahrheitswert des Bergsonismus versucht er durch eine Gegenüberstellung mit Einsteins Relativitätstheorie zu überprüfen, zumal sich auch Bergson mit Einstein beschäftigt hat. Bei dieser Nagelprobe stellt sich heraus, daß Bergson Mathematik mit Physik verwechselt, daß er in der Relativitätstheorie eine Art 'mathematischen Symbolismus' sieht, ohne die physikalische Komponente zu beachten. Sein latentes Bemühen um eine Verschmelzung von Mathematik und Physik würde nämlich als Ergebnis die Tilgung der physikalischen Zeit bedeuten, deren Eskamotierung ja eine Prämisse des gesamten Bergson'schen Denkens ist. Verdenal: "Die Argumentation von Bergson zielt darauf, das physikalische Experiment auf die psychologische Erfahrung zu reduzieren, das physikalische Denken von der mathematischen Theoriebildung auszunehmen und die technische Erfahrung des Physikers auf die Bewußtseinszustände des Physikers zurückzuführen." (187,227) Bergson geht sogar noch weiter: "Wenn die moderne Physik grundlegende Strukturen der Realität erfaßt, so ist dies, mit den Augen Bergsons, den Intuitionen des Bewußtseins zu danken, dessen Wahrnehmungen unabhängig von den symbolischen Prozeduren der mathematischen Physik sind." (187,231) Das kann man auch krasser ausdrücken, wiewohl hierin schon eine Wertung liegt, die mir aber angesichts des auch in Bergsons Vorträgen herauszuspürenden arroganten Tons berechtigt erscheint: jedwede mathematische oder physikalische Symbolik oder Berechnung zur Erfassung von Realitäten ist Bergson lästig, weil sie sich als störendes "Gekritzel" zwischen die unmittelbare Erfahrung und deren Inhalte schiebt.

Damit ist ein, wenn auch sicher nicht das Motiv des Bergson'schen Philosophierens freigelegt: Es soll den Menschen von der Realität entlasten, damit er auf Kosten der physikalischen Zeit des Universums die 'Dauer' auskosten kann, welch erstere ja auch Begriffe wie 'Tod' oder 'Tragik' involviert. Bergsons Philosophie enthüllt sich als Quietiv für das Leiden an der Realität. Insofern ist sie für Ball akzeptabel und schon früh von Relevanz gewesen. Aber nicht nur deshalb. Sie begründet auch – neben seinem Desinteresse an philosophischen Systemen – seine Einstellung zur Geschichte. Denn man müßte Bergson fragen: In welcher historischen Zeit leben wir? Wie können geschichtliche Ereignisse im "Strom der Dauer" dingfest gemacht werden, wenn man gleichsam durch die Geschichte 'hindurchrutschen' kann – vom Uranfang bis zur Gegenwart? Darauf kann Bergson nicht antworten. Geschichte ist ihm allenfalls ein historisches Kalendarium, denn das in sich selbst versenkte Bewußtsein kann aus seiner flüssigen Essenz allenfalls noch Mystik schöpfen.

Umlauert von einer dissoziiert aufgefaßten und wahrgenommenen Wirklichkeit, aber nicht weniger drangsaliert von Bergen wissenschaftlicher oder philosophischer Literatur, deren partielle Aufarbeitung sich in Pamphleten oder Aphorismen niederschlägt, umlauert aber auch von dem Gedanken jener Zeit, die Stunde Null einzuführen und damit alle geschichtlichen Etappen, deren Philosopheme, ja auch deren Kultur zu tilgen, entzieht Ball den Begriffen ihren geschichtlichen Zuwachs, ihre Zeitsubstanz, und vermengt deren objektiven Anspruch auf Realität mit den Ansprüchen des Subjekts, das sie in Zucht nimmt. Daraus erklärt sich die hektische Phantastik in Balls Prosa: im Raum ist alles simultan kombinierbar, ohne daß sich die Dinge oder der Autor kompromittierten. Daß damit auch die Sprache in Schwierigkeiten gerät, ist gesagt worden. Nicht nur, daß ihr semantische Substanzen entzogen werden; auch das Wort im Sinne einer graphischen Einheit kann auf einem Blatt Papier nach wie auch immer gearteten Kriterien der Komposition verteilt werden, womit es Funktionen übernimmt, die der Sprache nicht genuin sind. Zunächst aber macht sich Ball einen anderen Gedanken Bergsons zu eigen: wenn sich der élan vital immer wieder an der Realität reiben muß, um in Schwung zu kommen, um Impulse zu erwischen, dann ermöglicht diese Idee, neben der angesprochenen Liquidierung semantischer Qualitäten, deren lautliche Materialität in einen ästhetisch homogenen Rhythmus umzusetzen: es entstehen Lautgedichte.

## 2.4. Hugo Ball als Hagiograph

### 2.4.1. Religiös-mystische Wurzeln

Balls in ''Flametti'' freilich gedämpfte Kritik an einem sich veräußernden Vitalismus, die in ''Tenderenda'' ausufernde Phantastik und Balls Beschäftigung mit Dionysios Areopagita sind durchaus 'synphasisch' zu sehen, wenngleich Publikationsdaten oder Tagebuchnotizen auf zeitliche Unterschiede hinweisen. Seine Aufzeichnungen belegen aber auch, daß er gleichzeitig mehrere Bücher auf dem Tisch liegen hatte und zeitweise an mehreren Manuskripten arbeitete.

Dennoch zeigen die Ergebnisse zeitlich vielleicht nicht weit auseinanderliegender Studien so etwas wie eine ''Genealogie'' Ball'scher Gedanken, soweit sie schriftlich vorliegen. In diesem Betracht sind seine Klang- oder Lautgedichte letzte Konsequenz eines Relativismus, der in seiner sprachlich ausgeformten Radikalität bereits die Überwindung in sich trägt. Ohne ein ausführliches Wort zum bereits mehrfach erwähnten Dionysios Areopagita und der Ball'schen Interpretation dazu wären die Lautgedichte gänzlich unverständlich.

Kurz nach seinem dadaistischen Abenteuer im Tessin angekommen, notiert Ball: ''Das erste, was ich hier unternahm, war, daß ich mich in die Acta Sanctorum vertiefte und mich mit Heiligenleben umgab. Nun mag kommen, was da mag: ich werde einen unverwirrbaren Standort haben.'' (10,274)

Balls Tagebuchnotiz ist in zweifacher Hinsicht bemerkenswert. Sie impliziert, daß sein Standort bis dato verworren war und zeigt an, daß er ihn aus Heiligenleben, aus der Beschäftigung mit Religiösem zu beziehen gedenkt.

Da er nach seiner Ankunft sofort weiß, womit er sich vertieft zu beschäftigen hat, darf man annehmen, Ball habe sich mit religiösem Denken, insbesondere mit mittelalterlicher Philosophie und Kirchengeschichte, von der im letzten Kapitel seines Buches "Die Flucht aus der Zeit" allenthalben die Rede ist (vgl. 10,· 183 ff.), schon während seiner DADA-Zeit beschäftigt, womöglich, darauf deutet seine religiöse Erziehung hin, noch früher.

Nicht intuitiv, sondern durch mannigfache Lektüre angeregt, wählt Ball gezielt ein seinem Charakter und Temperament genuines Feld, in welchem mittelalterliche Philosophie, Mystik und zum Teil kabbalistisches Gedankengut zusammenfallen oder sich begegnen.

Denn von einer philosophischen Lösungsmöglichkeit konnte sich Ball für seine Zeit nichts mehr erhoffen. Im Exil gerät er zunehmend in Isolierung, wie sicher auch andere Dadaisten. Die Welt entfremdet sich ihm, es wächst seine existentielle Unzufriedenheit, die sich in der Negation der Realitäten zeigt, in der Lust, sich in fremden Welten zu verlieren, im exotischen Reich der Abstraktionen, die letzten Endes den Wunsch zur Rückkehr in die alltägliche Welt erwecken. Mythen, Legenden und Märchen gehören zu jenen epischen Formen, die letztlich wieder die Realität bestätigen. Sie haben als be- und entfremdende Sinnstrukturen nicht ein Weltbild zu zerfällen und bauen auch keine Realität ab, sondern ergänzen sie eher.

Gesellschaftlich disfunktional werden Mythen und Mysterien jedoch dann, wenn sie erlebte Wirklichkeit verdrängen, wenn sie zur Flucht aus der Zeit führen. Für Ball gilt nach eigenem Eingeständnis letzteres.

Nach der 'protestantischen Revolution', die anzuprangern er nicht müde wird, wird ihm jedwede Revolution überhaupt verdächtig, weil sie in ihm das Gefühl einer universellen Relativität hinterläßt, das in ihm frühzeitig Nietzsche geweckt hat. Zwar ist Ball Protestler, doch ein durchaus gnostisch gefärbter. Die Negation eines Amoklaufs gegen tradierte Institutionen aller Art, zunächst auch gegen die katholische Kirche, führt ihn zum Subjektivismus, zum 'Weg nach innen', der dinghafter Bestandteil einer wenigstens stabil gedachten Welt sein will. Da sich Ball aber gesellschaftliche Strukturen nicht mehr geschlossen, sondern undifferenziert darbieten, weil sie unüberschaubar sind, mit moralischem Makel behaftet, gibt er sich einer ur-tümlichen Tiefenpsychologie hin, von der er Heilung erwartet, die sich indes, da sie subjektiv ist, kaum vermitteln läßt. Von den Deutschen enttäuscht, zumal nach dem Ersten Weltkrieg, denkt Ball an eine "Friedens- und Freiheitsliga" (10,199), andererseits sieht er unter der

Oberfläche des "providentiellen Charakters der Deutschen" (10, 198) die Möglichkeit einer römisch-deutschen und ganz sicher auch katholischen Kulturmission: "Gleichwohl sind von der Ausnahmestellung Deutschlands alle Nationen überzeugt, und merkwürdigerweise sogar die Protestanten, die doch den Universalismus des Heiligen Römischen Reiches zerschlagen haben. Wenn dieser Glaube, diese Zuversicht einen Sinn haben sollen, kann dieser Sinn nur darin liegen, daß Deutschland noch immer die Möglichkeit birgt, früher oder später zu seiner ursprünglich vorgesehenen Stellung zurückzukehren." (10, 198)

In den letzten Kapiteln aus "Die Flucht aus der Zeit", überschrieben mit "Von Gottes- und Menschenrechten" und "Die Flucht zum Grunde" wird deutlich, daß Ball zwar in seinem Bemühen, die Restitution besserer Zeiten zu denken oder zu bewirken, durchaus historisches Material für sein ideales Ansinnen heranzieht, daß er seine Position dennoch aus einer Erfahrung bezieht, die der geschichtlichen fremd ist. Teil II des Kapitels "Die Flucht zum Grunde" belegt, daß er eine Art Mystiker geworden ist, wenn man darunter jemanden verstehen will, der 'letzte Realitäten' bewußt zu erlangen versucht, der eine Art 'unio' mit dem Göttlichen, wenn schon nicht erreicht, so doch anstrebt. Scholem unterscheidet den protestierenden und den auf dem Boden der Tradition stehenden Mystiker (169), wiewohl sich beide auf gleiche Textgrundlagen berufen können: der erstere kann seine mystische Erfahrung an die Stelle der von der kirchlichen Autorität geschriebenen setzen und mit dem Anspruch auftreten, seine eigene Erfahrung allein sei verbindlich. Soweit man das Ball'sche Œuvre verfolgen kann, wird man sagen, daß er dieser Variante nicht zuzurechnen ist. Um eine solche Klassifizierung seiner religiösen Aktivitäten geht es auch nicht so sehr, eher schon darum, in seinem Werk und Denken eine Neigung zur Mystik zu konstatieren.

Die Kabbala, die in mehreren jüdischen Sekten bestand, erwähnt Ball bereits im ersten Kapitel in "Flucht aus der Zeit". Bei der Beschäftigung mit Dionysios Areopagita dürfte ihr Gedankengut ihm manches Licht aufgesteckt haben. Überhaupt: sein Aufsatz zu Dionysios "Die Hierarchien der Engel und der Kirche" (141), den er in "Byzantinisches Christentum" (12) publizierte, zeugt von einer einläßlichen Beschäftigung mit der östlichen Kirche, mit dem Judentum und der mittelalterlichen Philosophie. Dionysios wurde von syrischen Kirchenfürsten erstmals zitiert, seine Liturgie sowie seine Engelslehre stammen, wie Ball im Anschluß an andere Forscher meint, aus Syrien, wiewohl des Areopagiten Heimat die Katechetenschule von Alexandria gewesen sein dürfte, "jener vermittelnde Hafenplatz zwischen Orient und Okzident, der ein ungeheures Gemisch der verschiedenartigsten Kulte im Sinne einer symbolischen Universalreligion zu bewältigen versuchte." (14,22)

Weniger von realgeschichtlichem als von subjektivem Interesse geleitet, versucht Ball, die Schriften des Areopagiten zu interpretieren und konstatiert auf den ersten Seiten eine fast allen Mystikern eigene Auslegungsform schriftlicher Texte: Dionysios, Origines und der jüdische Sohar sind ihm Gewähr dafür, daß der Sinn Heiliger Schriften nur perspektivisch sein kann.

An dieser Stelle sei auf ein Faktum verwiesen, das in der Forschung zum Dadaismus und zu Hugo Ball kaum gesehen wurde. Aus obigen Zeilen, die zunächst mehr behauptend denn beweisend darlegen sollten, daß Ball über seinen Subjektivismus hinaus einen wohl an die Tradition gebundenen Mystikertypus vertritt, geht kaum hervor, daß seine Haltung eine näher zu skizzierende Form des Protests gegen die ihn umgebenden Herrschaftsformen oder gegen den Verfall der Demokratie gleichermaßen beinhaltet. Dabei ist gleichgültig, was sich realiter aus dieser Form des Protests ergibt, was also im Falle Ball an literarischen Produktionen entsteht. Sein Protest, vor allem während seiner Dadaistenzeit, ist sicher spektakulär gewesen; er entstammt im Grunde aber einer quasi-romantischen Einstellung, die sich gegen Formen der Verdinglichung richtet. Auch die Protesthaltung der Wortkünstler oder der Futuristen entwächst nicht nur einem vordergründigen Generationenkonflikt, sondern wirkt grundsätzlich und tiefer. In übertragenem Sinne hat man in der Soziologie den "Geist des Protests" als Gegenreaktion auf eine abstrakte Gesellschaft aufgefaßt (192) und ihm drei Gruppen zugeordnet: den Gnostikern, den Anarchisten und den Aktivisten. Wie sehr solch soziologische Taxinomien diskutierbar und mithin letzten Endes fragwürdig bleiben, zumal ein Protestler niemals nur einer Gruppe zuzuweisen ist, so sicher scheint mir, daß Ball der ersten Variante zugerechnet werden kann. Ursprünglich entstanden die Begriffe "Entfremdung" und "Selbstentäußerung" im Bereich der Gnosis. Nach deren Lehre besteht – grob vereinfacht ausgedrückt – das Schicksal der Menschheit im Sturz aus einer ehemaligen geistigen Eigentlichkeit in den Abgrund der materiellen Welt, wo sie zur Entfremdung von ihrem wahren Selbst verurteilt ist. Mit Hilfe eines "Geheimwissens" – das ist hier der Sinn des Wortes 'Gnosis' – kann der Mensch jedoch seine ursprüngliche spirituelle Reinheit wiedererlangen, weil sich im Innersten seiner Seele ein Funken des ursprünglichen Lichts erhalten hat. Gnosis setzt mithin – im weitesten Sinn – etwas Chaotisches voraus, oder besser: die Abwesenheit von Erkenntnis oder 'Sinn' ganz allgemein sowie den Wunsch nach Zeichen der Allmacht Gottes oder nach Erkenntnisvermögen. In Bezug auf die Gesellschaft bedeutet das: im Bewußtsein des Einzelnen mögen die strukturierenden/nicht-strukturierten Aktionen oder Interaktionen, welche den Inhalt von Gesellschaft ausmachen, höchst präsent sein, sie sind indes nicht mehr verbindlich, weil sie Formen der Institutionalisierung angenommen haben und für den Außenstehenden überrationalisiert, in ihren Zusammenhängen nicht mehr transparent und von daher 'abstrakt' wirken müssen.

Es ist von einigem Interesse zu sehen, wie frühchristliche Gnostiker im Chaos und in der Entfremdung der hellenistischen Welt neuen Sinn, neue Realitäten oder eine neue Freiheit suchen, wie gegen 1550 gnostische Mythenbildungen an den Grenzen des rabbinischen Judentums entstehen und zeigen, daß die Herausbildung oder Übernahme gnostischen Gedankenguts einen angebbaren geschichtlichen Hintergrund hat. Zijderveld zeigt im Anschluß an Max Weber moderne Varianten des Gnostikertums auf: mystische Kontemplationen, bewußtseinserweiternde Drogen, charismatisches Erleben durch indische Gurus, Astrologie und Wunderglaube ganz allgemein. Die Dokumente der psychedelischen Bewegung ließen "das unstillbare Bedürfnis ihrer Anhänger nach einem 'Realitätserlebnis' erkennen, das es im Alltag der abstrakten Gesellschaft nicht mehr gibt." (192,119) Den Aspekt des gnostischen Protests beschreibt Zijderveld als "romantisches Absolutheitsstreben". "Der Gnostiker ist auf der Suche nach einer absoluten Wirklichkeit, einem unumstößlichen Sinn und einer unbedingten Freiheit, und zwar mit kompromißloser Entschlossenheit." (192,120) Als Kehrseite solchen Strebens stellt sich oft politischer Indifferentismus mit einem Hang zum Anarchismus ein. Auf ihn haben wir in Teil I hingewiesen und ergänzend kann gesagt werden, daß die hier skizzierte Protest-Typologie im Prinzip gnostische und anarchistische Elemente gleichermaßen beinhaltet, obwohl sie, wenn überhaupt, nicht gleichzeitig zum Ausdruck kommen müssen. Denn e i n e , wenn auch nicht wesentliche Spielart des Anarchisten ist der gnostische Häretiker mit der Überzeugung, die Welt sei total korrupt, unwirklich und letzten Endes bedeutungslos, und daß es lediglich auf den 'Geist' ankomme, der zwischen Ewigkeit und Seele zu vermitteln habe.


2.4.2. Balls Dionysios-Interpretation: zum Problem
       der hellenistisch-römischen Philosophie 'Gott und Welt'

Das Kardinalproblem sowohl der hellenistisch-römischen als auch der im engeren Sinn mittelalterlichen Philosophie war die Explikation der Beziehung zwischen Gott und Mensch. Für die religiöse Schlußentwicklung des antiken Denkens war die platonische Metaphysik maßgeblich, denn sie trennte als erste zwischen Realien und Ideen. Es ist hier nicht der Ort, Schulen und Richtungen aufzuzählen, die sich um den Platonismus und Neuplatonismus rankten und ihn modifizierten. Allgemein kann gesagt werden, daß man in zahlreichen systematischen Versuchen, das Christentum auf griechischem Boden zu verankern, von dem Bedürfnis frühchristlicher Gemeinden ausging, griechische Wissenschaft als Machtfaktor zu binden. Das Bestreben, Wissenschaft und Religion auf einen Nenner zu bringen, ist innerhalb einzelner Schulen dem Ergebnis nach verschieden ausgefallen, nicht selten emanzipierte sich dabei der mehr wissenschaftliche Einschlag. Räumlicher Mittelpunkt dürfte in der Tat, wie Ball anmerkt (s.o.), Alexandrien gewesen sein, so daß die Rezeption jüdischen und gnostischen Gedankenguts durch den Areopagiten gar nicht ausbleiben konnte.

Dessen Aufgabe bestimmte sich aus dem tradierten Dualismus zwischen allmächtigem Schöpfergott und sinnlicher Welt, zu der auch der Mensch zählt. Auf die Frage, wie ein abstrakter Gottesbegriff mit Sinnlichem vereinbar sei, versucht Dionysios in seiner Schrift "Die Hierarchien der Engel und der Kirche" eine Antwort zu finden, um dergestalt zwischen sinnlicher und übersinnlicher Sphäre zu vermitteln. Dionysios deutete die heilige Trias, also Gott in drei Personen, als Manifestation des Urgöttlichen, durch die der Mensch erlöst werden könne. Der Weg von Gott zu Mensch wird als Hierarchie begriffen, eine heilige 'Urstiftung', durch welche das göttliche Licht auf die Geschöpfe weitergeleitet wird. Mit seiner sinnbildlichen Deutung des d i r e k t Undeutbaren wird der christliche Glaube von der Erlösung mit dem jüdischen Vaterglauben vereinigt, mit dem Glauben an den Einzig-Einigen-Allschöpfergott. In seiner Einleitung betont Walter Tritsch, der der Ausgabe von 1953 Balls Beitrag vorangestellt hat, daß die eigentliche Leistung des Dionysios in der Abwehr des magischen Wunderglaubens liege, mit dem die Griechen ca. 500 n. Chr. das Christentum zu durchsetzen suchten. (14,8) Wissenschaftlich gesehen ist Balls Abhandlung ein Versuch, die bis dato wenig beachteten Quellen Dionysischer Theorien freizulegen und den Einfluß des Neuplatonismus einzuschränken. Doch das interessiert an dieser Stelle nicht unmittelbar. Aus unserer Sicht – und das ist eine literaturwissenschaftliche, die den geheimen Wurzeln des Dadaisten Ball nachgehen möchte –, ist sein Beitrag der Versuch einer Rechtfertigung irdischen Leidens und diesseitiger Unvollkommenheiten, wie sie zu Beginn des zwanzigsten Jahrhunderts realhistorisch manifest wurden, ein Experiment, mit den Mitteln eines letztlich irrationalen Gedankengebäudes, das gleichwohl in sich selbst stimmig sein muß, Erde und Himmel anzuverloben, und zwar so, daß auch noch das Schreckliche in einem wenn auch noch so vagen Telos aufgeht. Daß es Ball um letzteres zumindest auch ging, zeigt, daß er den Hauptakzent seiner Deutung auf orientalische und gnostische Einflüsse legt. Die wichtigste Leistung der Schrift sieht Ball im Bemühen des Areopagiten, "…, die Heiden für das Christentum zu gewinnen und die Christen vor dem gefährlichen Einfluß der heidnischen Philosophie zu bewahren." (14,23) Er lobt den perspektivischen Schriftsinn, der den großen Alexandrinern nahe stehe. (14,23) Konkret heißt das: er läßt auf der einen Seite durchaus Teile gnostischen Erkennens zu, soweit sie nur gut genug sind, den Absprung zu einem Urgott zu gewinnen und dessen Hypostasen zu erklären. Auf der anderen Seite: im Bemühen, im Gegensatz zu den Gnostikern den Dualismus Gott–Welt durch "sakrosankte Umschreibungen, denen den Geist beflügelnde Gewalt innewohne" aufzuheben, weiß er sich verbunden mit den Juden, die "seit den ältesten Zeiten sich (darüber) einig sind, daß heilige Bücher nicht nach dem persönlichen Sinne des Buchstabens, sondern nur überpersönlich aufgefaßt werden dürfen." (14,23) Dem Mystiker ähnlich projiziert Ball dennoch persönliche Erfahrung in die Schriften des Dionysios, wobei er nebenher noch dessen "Mystische Theologie" (140) erwähnt. Das meint: er muß das von ihm einmal Erfahrene, das Chaos, mindestens in dem Sinne substituieren, daß die Freiheit eines absoluten Schöpfergottes sicht- oder denkbar wird, wobei, das zu erwähnen ist nicht unwichtig, das Irdische mit all seinen Mängeln, wenn schon nicht aufgehoben, so jedoch als Emanation göttlicher Fülle verstanden wird und mit dem Ur-Einen koexistierend wirkt. Nur über den Umweg einer solchen Gottesvorstellung meint Ball für sich selbst eine neue schöpferische Freiheit herausschlagen zu können, wodurch gleichzeitig die Objekte seiner Erfahrung eine neue Bewertung erhalten.

Die Konversion zum Katholizismus, die er zu jener Zeit schon vollzogen hat und die sich im letzten Kapitel aus "Flucht aus der Zeit" andeutet, ist nicht nur eine Frage der Loyalitätsbindung, sondern bedeutet auch Aufgabe von Bindungen, wie sie nach seinem DADA-Abenteuer manifest werden.

Wenn die Darstellung der Hierarchien bildhaft konkretisiert wird – sie dürfte zur Zeit des Dionysios bereits institutionalisiert gewesen sein –, wie können dann kirchliche Zeichen und Symbole ein 'altes Erbe' bilden, das man für verbindlich e r k l ä r t und damit doch gleichzeitig den eigentlich perspektivischen Schriftsinn wieder in Frage stellt, der die Exegese des Dionysios legitimiert?

175

Wir stoßen hier auf das Problem einer zeitlich begrenzten Identität, in der der Autor Ball seine Erfahrungen in Bildern und Aussagen über ein letzten Endes doch mythenschwangeres Buch, wie es die Engelslehre nun einmal ist, 'aufarbeiten' kann. Er kann sich mit ihm auslegend identifizieren, weil dieser Text ihm als eine Art Antizipation schon immer im Horizont bereits vollzogener Lern- und Bildungsprozesse gestanden hat; und er kann es wiederum eigentlich nicht, weil der Text im Rahmen einer nicht abgeschlossenen Diskussion stand, er mithin einer genaueren Analyse der Bedeutungszusammenhänge bedarf. Das bedeutet nicht, Ball sähe die Schriften des Areopagiten ohne jegliches historisches Bezugssystem, vielmehr freut er sich immer, wenn der Nachweis erbracht werden kann, daß Dionysios mit dem Dualismus der Gnostik aufgeräumt hat, wiewohl er gleichzeitig bekennen muß: "Das Streben des Dionysius, die gnostische und christliche Auffassung a u s z u g l e i c h e n, ist typisch für seine Art überhaupt." (14,36) In der Tat kommt Dionysios Areopagita nicht um die Integration gnostischer Ideen herum.

Was Ball an der Gnosis stört, die er gleichwohl konstatiert und in seinem Sinne uminterpretiert, ist die behauptete Existenz des 'Unguten', des Bösen oder des Menschen Abfall von Gott; kurz: all das, was sich aus den verschiedenen Hypostasen Gottes — wenn man so sagen darf — herausgelöst hat. Alles, was nicht dem 'Einen', dem 'Urgott' im positiven Sinne zugeschrieben werden kann, ist ihm Dorn im Auge. Böses wird umgeprägt in Schicksalhaftes oder in ein 'Leiden an…'. Schicksal hat bei Ball die Bedeutung des 'von Gott Geschickten', das dennoch überwunden werden muß. Die Gnostiker rügt er: "Christus ist für sie in erster Linie ein Lehrer der Mysterien, nicht ein Heros des Schicksals." (14,54)

Man kann sich des Eindrucks nicht erwehren, daß Ball mit seiner zweifelsohne psychologischen Begabung sein Leben im Nachhinein zurechtrücken möchte, daß er mit den Mitteln einer das Totale anstrebenden Erkenntnis, die alles Widersprüchliche aufrechnet und eben deshalb im Ansatz schon zum Teil irrational verfahren muß, sein Leben sanieren will. Vulgär erscheint ihm jedwede Materialität — immer gefaßt als Gegensatz zum Geistigen —, wenn sie auch nur in den Vorhof des Spirituellen gerückt wird. Auf welche Weise er seine dadaistischen Regungen, seine Blasphemien erklären will, steht dahin; es sei denn, man würde ihm in seiner dadaistischen Phase jene Gnosis zubilligen, für deren Erlangung und Erfahrung das Schlechte und Geschlechtliche Voraussetzungen sind. Solche Sekten, die Victoriner zum Beispiel, hat es gegeben, und Ball kannte sie. Ein Kapitel überschreibt er mit "Die gnostische Magie". (14,46) Über Magie wurde oben einiges gesagt. Sie schneidet, und auch das erstaunt im Hinblick auf seine Religiösität, nicht eben schlecht ab, wiewohl es nachweislich Bezüge zwischen Magie und Religion, aber auch ganz eindeutige Trennungslinien gibt. (Vgl. hierzu 160,71–74) Der Magus, so Ball, sei im alten Orient der wahre Priester gewesen. "Wenn er im Zauber spricht, ist er der Gott selber, so daß es vor seinem Einflusse keine Sicherung gibt." (14,47) Nach Ball konnte sich der Gläubige der Antike die Verbindung mit Gott nur durch Kulthandlungen vorstellen. "Ein unerschöpflicher Sinn wohnt den Riten und Zeremonien inne. Ihrem göttlichen Einfluß vermag sich niemand zu entziehen. Laternen und Lichter in leuchtender Symmetrie; ein primitives Geräusch von Tier- und Kinderlauten; eine Musik, die in längst verschollenen Kadenzen schwingt: all dies erschüttert die Seele und erinnert sie an ihre Urheimat. Eine Sehnsucht zurück nach den Uranfängen erfaßt den Geist, taucht in längst vergessene Paradiese der Über- und Vorwelt." (14,48)

Dionysios zitiert mehrmals gnostische Magie, die ihren Ursprung in der magischen Priesterwelt Ägyptens, Babylons, in der Kabbala oder in den Avestaschriften hat, ohne freilich die von Ball getadelte und von den Gnostikern behauptete Separation im Schaffensakt, nach dem es ein finsteres Urprinzip gibt, zu übernehmen. Übernommen haben dürfte Dionysios indes die strenge Dreiteilung der religiösen Welt, die Lehre vom Aufstieg und "überwiegende Betonung der jenseitigen Bereiche". (14,73) Bezeichnend für die Art, wie Dionysios die magischen Geheimnisse in christliche verwandelt, ist seine Lehre vom Aufstieg, von der Erlösung. Der Aufstieg wird erwirkt durch die vollkommene Angleichung an den sterbenden und auferstehenden Christus. (14,75) Schließlich bezeichnet Ball das Christentum als "Geheimwissenschaft aus Kreuz und Tod..." (14,76)

Im Kapitel "Dionysische Hierarchie" hebt er vor allem die Funktion des Priesters hervor, die Ball durchaus gnostisch sieht. Innerhalb der Kirche nehme die Priesterschaft, darunter vor allem die Bischöfe, den obersten Rang ein. Der Rang des Hierarchen entspreche etwa dem des Hohenpriesters, des Bischofs und Erzbischofs. In seiner Stellung sei er göttlich und von Gott bewegt. (14,81) "Er wird, wie in den Heiligen Schriften, 'Engel' genannt, weil er, entsprechend der ihm eigenen Macht, an dem Beruf der Engel teilhat, die Geheimnisse des göttlichen Schweigens zu deuten." (14,80)

Nach alldem bleibt die Frage, wie sich dem Priester der 'Urgott' offenbart, wie er teilhat am Göttlichen. Zunächst: es gibt für Ball-Dionysios keine irgendwie durch den dürren Verstand oder Intellekt zu initiierende Teilhabe. Gnosis – hier Erkenntnis – erwächst nach Dionysios nur über den Weg nicht eindeutig fixierbarer Symbole, oder – nach Ball – "aus

177

den Erleuchtungen der Priester und im Überirdischen aus denen der Engel." (14,84)

Er beruft sich auf die Offenbarung: "Das heilige Wort schließt alle großen, auch intelligiblen Wahrheiten in sich. Seinen vollständigen Sinn gilt es zu erfassen. Nur die Engel und Priester kennen, deuten und verkünden ihn, sie allein sind die Mystagogen des Aufstiegs." (14,85) An anderer Stelle heißt es, daß dem Priester durch "symbolische Lichtergießung" Erkennen von Gott werde. Die Sprache Gottes sind "Bilder des Geistes" (14,86), nicht des Auges, sind "Wortvisionen, Inspirationen des göttlichen Dichters". (14,86)

"Die Sprache Gottes" heißt auch das erste Kapitel des Ball'schen Beitrags. Wer meint, dort Näheres über die Art mystischer Erfahrung und über den Kontakt des Menschen mit der Urquelle des Lebens, also mit Gott zu erfahren, sieht sich getäuscht. "Wir haben die Hieroglyphensprache verlernt. Ihr Schlüssel ging uns verloren. Die Sprache Gottes ist höchster Begriff. Wir begreifen nichts mehr. Wie sollten wir noch denken können." Ein paar Zeilen weiter: "Die Sprache Gottes bedarf nicht der menschlichen Sprache, um sich verständlich zu machen. Unsere vielgepriesene Seelenkunde reicht nicht hierhin. Eher noch die versunken ächzende Stummheit der Fische. Die Sprache Gottes hat Zeit, viel Zeit und Ruhe. Darin unterscheidet sie sich von der Menschensprache. Ihre Vokabeln sind über Laut und Schrift. Ihre Lettern zucken in jenen Kurven des Schicksals, die plötzlich mit einer Lichtflut durch unser Bewußtsein schneiden. Die göttliche Sprache bedarf nicht der menschlichen Billigung. Sie sät ihre Zeichen und wartet. Alles Menschliche ist ihr nur Anlaß. Das Gesetz ihres Wirkens aber heißt: immer dasselbe sagen. Die Dunkelheit dieser Sprache vergißt alle Zwischensätze. Der Akzent ihrer Kühnheit kann nicht begriffen werden. Wo sie den Menschen erfaßt, wird sie Sturm wider Willen und oft eine Geißel des von ihr Betroffenen; Überschwang des Erlebens, ein Tränenmeer, oder grollender Blitz." (14,86)

## 2.4.4. Sprache und religiöse Spekulation

Sprache meint hier nicht unbedingt das, was der Linguist darunter verstehen würde. Für den Mystiker ist sie ein generelles Problem, denn wie kann seine 'Kommunikation' mit dem Ur-Einen vorgestellt werden? Ball gibt sich in den erwähnten Schriften, die in "Byzantinisches Christentum" zusammengefaßt sind, als Mystiker. Aber mystische Erfahrung ist im Grunde amorph. Da ihr Gegenstand die Kategorien Subjekt und Objekt transzendiert, kann eine solche Erfahrung nur eine eigene Sprache haben, die in mannigfacher Weise gedeutet werden kann. Gerschom Scholem hat in "Zur Kabbala und ihrer Symbolik" von einer "prinzipiell unendlichen Plastizität der Erfahrung" (169,16) gesprochen, die gleichzeitig den Abbau formhaltiger Seinstrukturen bedeute. Greift der Mystiker zu symbolischen Repräsentationen − etwa um den Namen Gottes 'auszusagen' −, so handelt es sich dabei stets um Konfigurationen von Lichtern − Dionysios hat von der Gnosis die Lichtsymbolik übernommen − oder um Lautkombinationen; auch Ball weist ausdrücklich darauf hin. Durchaus parallel zu den Bemühungen des Dionysios, in seinem Werk "Mystische Theologie" die Namen Gottes zu erklären, ein Analogon zu einem bereits in der Frühgeschichte belegten Glauben, daß mit der Bezeichnung ein Wesen oder eine Erscheinung 'gesetzt' sei, der sich auf philosophischer Ebene bei Plato szientifisch gibt, entwickelten die Kabbalisten geradezu eine "Sprachtheorie" (170), um sich dem Namen Gottes zu nähern. Für Dionysios liegt die Schwierigkeit darin, daß Gott das Ewigunendliche in Raum und Zeit ist und mithin alle Eigenschaftsgrenzen sprengt. Für die Kabbalisten war die Offenbarung nach dem Lehrbegriff der Synagoge eine akustische, keine bildliche. Tora (Deut. 4.12) betont: "Ihr habt keinerlei Bild gesehen, nur eine Stimme." Das religiöse Denken der Juden dreht sich immer wieder um die Frage, was es mit dieser Stimme auf sich habe, was sie bedeute, denn in Psalm 119,60 heißt es: "Der Anfang deines Wortes ist Wahrheit."

Für den Mystiker ist nun Sprache nicht nur vordergründiges Kommunikationsmittel, sondern hat eine "Innenseite" (Scholem), eine geheime Dimension. Ihre immanente Struktur kann demzufolge nicht darauf aus sein, im Syntagmaverband auf Referenzobjekte Gründendes auszusagen; sie steht symbolisch für einen potentiellen Sinn, der der Prämisse nach freilich niemals ausdrückbar sein wird. Die Heiligung des Namen Gottes besteht im Judentum darin, ihn n i c h t zu nennen, wie paradox das auch immer klingen mag. Wie bei Ball und Dionysios ist der Name Gottes zwar etwas 'Magisches', insofern aber eine reale Größe, da über Gott immerhin etwas ausgesagt wird.

Wird der Name Gottes zum Wort, so wird er zum Bestandteil dessen, was man als 'Sprache Gottes' bezeichnet, in der er sich darstellt und manifestiert. Der Progressus oder besser: die Dynamik der Schöpfung wird als Sprachbewegung deutbar: der Buchstabe wird zur Weltschrift, die sich nicht auf eine einzige Nationalität beschränken kann.

Eine weit verbreitete Auffassung der Kabbalisten teilt Dionysios mit dem Sohar: die Auffassung Gottes als eines deus absconditus, weshalb auch alle seine Namen nur "Kondensationen der von ihm ausgestrahlten Energie" (Scholem) sind, und mithin die sprachliche Innenseite des Weltprozesses darstellen, aus dem heraus sich Gott entfaltet und uns Gott symbolisch sichtbar wird. Wie nun Dionysios in "Mystische Theologie" an der Erkenntnis des Alten Testaments festhält, daß Gott der Allschöpfer nichts Magisches sein kann, so hält sich auch das Bewußtsein der Kabbalisten von der unmittelbaren Kraft des Wortes von aller praktikablen Kraft des Wortes, von aller praktikablen Magie fern. Doch hinter aller Offenbarung eines Sinns in der Sprache, den auch der Areopagit zu entziffern sucht durch immer wieder umkreisende Beschreibungen und Benennungen steht das, was keinen Sinn hat, aber – wie G. Scholem sagt – allem anderen erst Sinn verleiht: das über den Sinn Hinausragende. Was von einer solchen Sprache übrig bleibt, die sich nicht mehr der sinnübergreifenden Reflexion aussetzt, wird in der heutigen Linguistik, oder besser: Textlinguistik flagrant. Scholem:

Was die Würde einer Sprache sein wird, aus der sich Gott zurückgezogen haben wird, ist die Frage, die sich die vorlegen müssen, die noch in der Immanenz der Welt den Nachhall des verschwundenen Schöpfungswortes zu vernehmen glauben. Das ist eine Frage, auf die in unserer Zeit wohl nur die Dichter eine Antwort haben, die die Verzweiflung der meisten Mystiker an der Sprache teilen und die eines mit den Meistern der Kabbala verbindet, auch wo sie deren theologische Formulierung als noch zu vordergründig verwerfen: der Glaube an die Sprache als ein wie immer dialektisch aufgerissenes Absolutum, der Glaube an das hörbar gewordene Geheimnis in der Sprache. (170,495)[1]

---

[1] Es ist hier nicht der Ort, das Scheitern der Textlinguistik, soweit sie sich ausdrücklich auf die neuere Linguistik beruft, theoretisch zu fundieren, generell aber kann gesagt werden, daß die an der generativen Transformationsgrammatik orientierte Textlinguistik kaum in der Lage sein wird, einen 'Poetizitäts-Begriff' an Texten dingfest zu machen. Vgl. dazu die Ausführungen Baumgärtners in Gunzenhäuser/Kreuzer: 'Mathematik u. Dichtung', sowie Baumgärtners Widerruf in Germ. Jb. II, ebenfalls die Chomsky-Reprise von U. Oomen, Linguistische Grundlagen der Poetik. Generell wären allen Ansätzen der Textlinguistik die Thesen E. Coserius entgegenzuhalten, die von einer hermeneutisch zu fundierenden Kategorie "Sinn" als erster und oberster Ebene auch linguistischer Untersuchungen ausgehen. (E. Coseriu, Thesen zum Thema 'Sprache und Dichtung'. In: W.-D. Stempel [Hg.], Textlinguistik. S. 183–188.)

Einige Texte Balls zumindest sind Reflexe seines sicher phantasievollen Nachdenkens über die hier skizzierten Probleme. Die drei Schilderungen der Heiligenleben in "Byzantinisches Christentum" sind selbst ein nur vom Datum her spätes Beispiel des Dadaismus. Denn was Ball dem Johannes Klimakus und Symeon dem Styliten, vor allem aber auch dem Dionysios angedeihen läßt, wird so forciert vorgetragen, daß es durchaus einer dithyrambischen Hektik entspricht, wie sie zeitweilig im Cabaret Voltaire gepflegt wurde. Auch Bezüge zu seinem Roman "Tenderenda der Phantast" lassen sich ohne Schwierigkeiten herstellen, so – um ein Beispiel zu nennen – wenn Symeon der Stylit mit seinem Fuß in der Verwesung steht und sein Scheitel die Sterne berührt. Zugleich aber wird deutlich, daß Balls Opus, das ja zugleich und nicht ganz nebenher auch ein Werk über die Askese ist, ein äußerster Kontrapunkt zu dem ist, was Ball bei Nietzsche unter dem Begriff des Dionysischen verstanden haben wird.

Wie Dionysios glaubt Ball an die Möglichkeit, historische Sedimente von den Begriffen abtragen zu können, um dem Blendwerk der Kategorien zu entgehen, wenn er nur durch die Zeit 'hindurchrutscht', um am Uranfänglichen himmlischen Kadenzen zu lauschen oder sie zu reproduzieren. Die universalienhaltige Beschwörung ist dafür ein Mittel, wenngleich sie intentionslos verpufft.

Genannte Begriffe wie Nominalismus, Atomismus, Kontingenz, die einhergehende Auflösung der Syntax – nicht deren Zerschlagung –, die damit verbundene Entlastung von einer dissoziierenden Wirklichkeit widersprechen nicht der mystischen Perspektive, die wir in den Lautgedichten zu sehen glauben, sie sind, genau besehen, deren Voraussetzung.

## 2.4.4. Balls Mystikertum als Gestus der Flucht

Ein kurzes Wort zu Ball als Mystiker. Die Dionysios-Rezeption, die Beschäftigung mit den Acta-Sanctorum, scheinen ihn als Mystiker zu qualifizieren oder doch wenigstens die Grundlage dafür zu sein. Auf der anderen Seite muß klargestellt werden, daß seine Auseinandersetzung mit kirchlichen Autoritäten, so in "Byzantinisches Christentum", verschwommen bleibt, wiewohl sie dem dürren Verstand nicht wesentlich klarer sein können, als die Ausführungen zum Beispiel des Dionysios', der sich in immer wieder neuen Wendungen und Paraphrasen zu sagen abmüht, was eigentlich nicht sagbar ist: das Uranfängliche oder Gott. Was man bei der Lektüre der "Hierarchien der Engel und der Kirche" erlebt, ist der Abbau seinshaltiger Formen, der Abbau einer Erfahrungswelt durch die dem Mystiker eigene abstrakte Sprache. Jedoch ist Ball nicht schon deshalb Mystiker, wenn er sich einige Gedanken der von ihm porträtierten Heiligen zu eigen macht und sich einer ähnlich abstrakten Sprache bedient, denn es fehlt ihm entschieden das Standvermögen, letzte Realitäten zu verfechten oder religiöse Autorität in Frage zu stellen. Denn es zeichnet ja gerade das besondere und unmittelbare Verhältnis des Mystikers zum Gegenstand seiner Erfahrung aus, daß er unmittelbar erlebt, etwa den Text der Bibel, und ihm deshalb einen anderen Sinn gibt. Auch er bringt also eine religiöse Autorität mit. Anders Ball: Das Amorphe seiner Erfahrungen rührt zwar auch, aber nicht nur aus einer Beschäftigung mit der Religion her. Im bereits mehrmals zitierten Buch hat Gerd Stein mit der Mär von einer religiös begründeten Flucht aus seiner Zeit aufgeräumt, vielleicht an manchen Stellen zu forciert. Dennoch: was Georg Lukács den Expressionisten vorwarf, den Fluchtcharakter ihrer Werke und ihre Fluchtideologie, gilt exemplarisch für den Dadaisten Ball.

Während Dichter wie Heym oder Trakl — um Beispiele zu nennen — in immer wieder neuen Entwürfen zu umkreisen versuchten, was in der sie umgebenden Wirklichkeit noch verbindlich, was — ich gestatte mir diesen Ausdruck — noch ‚wesentlich' sei, greift Ball als vom Schicksal Verärgerter stets den Hut und begibt sich in Landschaften, die ihm amön dünken. Doch er versieht sich dabei stets mit Präzision. Stein hat sich der Mühe unterzogen, den Irrungen und Wirrungen Balls nachzugehen, die ich in etwa wiedergebe.

Nach der Bekanntschaft mit Nietzsches Werk gibt er plötzlich sein Studium auf mit dem Plan, eine Dissertation zu verfertigen, in welcher der Philosoph Basiskomponente der Erneuerung Deutschlands sein sollte; er wendet sich ab vom Theaterbetrieb. Man mag es als Entwicklung nehmen, wenn sich Ball stets korrigiert, doch die Tatsache, daß er bereits zwei Wochen nach Gründung des Cabaret Voltaire Abstand vom Dadaismus zu nehmen scheint, ist symptomatisch. Weiter: Zwei Wochen nach Gründung, so seine Vertraute Emmy Hennings, verleugnet er schriftlich ein 'kleines Buch', in dem er die Idee des Dadaismus dokumentieren wollte.

Am 1. August 1916 verläßt er die Dadaisten, nachdem er vorher in Locarno war; er fährt nach Vira-Magadino: "Wir landeten hier, von Locarno kommend, wie Robinson an seiner Papageien-Insel. Diese ganze unberührte Landschaft — quanto è bella! Stahlblaue Berge über Rosengärten. Kleine Inseln, die im Frühlicht schimmern. Unsere Koffer standen auf dem Kies in der Sonne. Allmählich nur fanden sich einige neugierige Kinder und Fischer ein, die uns ins Dorf hinführten." (10,101)

Wie sehr er zumindest zeitweise Diskussionen über Kunst ignorierte, belegt ein Tagebucheintrag vom 4. 8.:

Sie schrieben mir über die neuen Materialien in der Kunst (Papier, Sand, Holz und so). Und ich antworte Ihnen, daß ich mich in einen taubstummen Kuhhirten verliebt habe und descriptive, zeichnerische Dinge suche, um mir 'reale Garantien' zu schaffen für meine Gegenwart. (10,101)

Dichtung scheint ihm zu jenem Zeitpunkt nicht mehr möglich, denn die Sprache sei ohnehin "nicht das einzigste Ausdrucksmittel". (10,107) Ball wendet sich der Malerei zu, entflieht der ländlichen Idylle und eröffnet mit Tristan Tzara, auf den er sonst nicht gut zu sprechen ist, im März 1917 die Galerie Dada. Knapp drei Monate, so belegt das Tagebuch, sinniert er über Malerei, vor allem über abstrakte Kunst, die er letzten Endes nicht ertragen kann, weil er in ihr das Bildhafte vermißt. Er reist ab ins Tessin und überläßt Emmy Hennings seine Verpflichtungen: "Mein geliebtes Emmylein, ich danke Dir so sehr, daß ich hier bin und daß Du mir so gut zur 'Flucht' verholfen hast." (61,117)

Und manchmal hat es den Anschein, als diene Balls intelligenzlerische Aktivität der Kaschierung eines Schrebergartenmilieus, nach dem er sich sehnt:

"Emmy, auch ich habe Angst vor der Intelligenz. Auch ich möchte ein Häuschen haben und Ackergeräte mit Blumen und Salat. Als Knabe habe ich mich auf keine Intelligenz eingelassen. Ich habe Raupen gezüchtet und Schmetterlinge aufgezogen. Das möchte ich wieder tun." (Ebd., S. 77)

Nach wiederum sechs Monaten flieht Ball nach Bern, um in der "Freien Zeitung" die Erneuerung Europas von der Schweiz aus zu propagieren. Aus diversen Artikeln entsteht schließlich sein Buch "Zur Kritik der deutschen Intelligenz" (13), dessen Abfassung ihm, wie er an Emmy Hennings schreibt, eine Art Psychohygiene gewesen sein muß. Aus Bern geht's wiederum in die Idylle, in das "kleinste und freundlichste Tessiner Dörfchen, das man sich denken kann" (10,274), nach Agnuzzo bei Montagnola, um dort die bereits zitierten Heiligenleben zu studieren.

Das ist alles nicht böswillig zitiert, sondern wirft ein erhellendes Schlaglicht auf das Denken und Dichten Balls. Denn sowohl ein Teil seiner Prosa, vor allem dann die Lautgedichte sind ein Gestus der Flucht mit säkularisiertem mystischen Einschlag. Riha hat Recht, wenn er meint, "daß die wichtigsten Dokumente für die Genese der literarischen Novität 'Lautgedicht' bei Hugo Ball selbst liegen", doch es dürfen eben keinesfalls nur solche zitiert werden, die diese Species Kunst unmittelbar zum Inhalt haben.

## 2.5. Lautgedichte

### 2.5.1. Methodische Marginalien

Bevor wir versuchen, Balls Lautgedichte in dem zum Teil bereits skizzierten Rahmen einzufügen, sollte gesagt werden, in welchem Betracht sich unsere Interpretation, wenn man diese Vokabel bemühen darf, von anderen abhebt. Das schützt vor Mißverständnissen. Daß es primär nicht um ein Dilthey'sches Verstehen geht, wurde oben gesagt. Auch ein historischer Rückblick scheint nur bedingt sinnvoll, denn er trifft das Ball' sche Lautgedicht nur an der Oberfläche. In seiner mehrfach erwähnten Studie hat Kemper dem Simultan- und Lautgedicht ein ganzes Kapitel gewidmet. Nur täuscht die Überschrift 'Das Lautgedicht' (104,149) mit bestimmtem Artikel das Vorhandensein einer sich in der Literatur regelmäßig vorfindenden und gattungspoetisch mehr oder weniger einheitlich zu bestimmenden Species vor. Das ist nicht der Fall. Eher scheint mir Kempers Hinweis auf Hofmannsthals 'Lord Chandos' Brief' wichtig, der den Zwängen der tradierten, einmal gewachsenen, aber eben deshalb auch für den Dichter fast untauglichen, weil semantisch überbefrachteten Vokabel entrinnen will. Ball lamentiert laufend über abgestandene Sprache, über Worthülsen, denen die eigentlichen Referenzmittel im allgemeinen Perspektivismus abhandengekommen seien. Die Intention der Lautgedichte an den Adressaten weiterzugeben und damit das Problem der Abstraktion zu lösen, halte ich für problematisch. (104,173 f.)

Freilich: eine creatio ex nihilo sind Balls Lautgedichte nicht. In der Tat kann man an barocke Sprachgesellschaften, an die Sprachwissenschaft des Barocks, so an Schottelius ''Ausführliche Arbeit von der deutschen Hauptsprache'' erinnern, die, neben anderen Arbeiten zur Sprache, eine lingua adamica zu rekonstruieren versucht: ein gleichsam Chomsky'sches Bemühen ante litteram, das von Leibniz wieder aufgenommen wurde. Nicht zu vergessen, Kemper hat darauf hingewiesen, Hamann, Herder und Lavater. Man kann schließlich an Versuche erinnern, die den Wert von Vokalen bestimmen wollten, an Schlegel oder Rimbaud, die das freilich mit gänzlich verschiedenen Ergebnissen getan haben.

Bringt das weiter? Ich verkenne nicht, daß einmal getätigte Beobachtungen an Lautgedichten transferiert werden können; solange sie jedoch disfunktional sind – darunter verstehe ich: sie zeigen nicht wesentlich neue Aspekte –, sollte man vorsichtig mit geschichtlichen Zitaten umgehen.

Gleichwohl gibt es noch eine andere Möglichkeit, sich ihnen zu nähern:

184

ihren geistigen Kontext, aus dem heraus sie entstanden sind, als Interpretationshilfe, wenn nicht gar als 'eigentliche' Interpretation anzusehen. Im Prinzip geschieht das bei Texten der Moderne allenthalben, ohne daß sich freilich die Interpreten ausdrücklich zu Hugo Friedrichs früher Feststellung bekannt hätten, in der Moderne sei die Theorie ebenso wichtig wie das ästhetische Produkt. (206)

Zunächst ist festzustellen, daß bei allen Lautgedichten der Spielraum zwischen Sinngebung und Unsinn am größten ist. Es ist demzufolge natürlich, daß diese Species von Dichtung, will man sie als solche gelten lassen, mehr Assoziation schafft, als Goethes Gedicht "Ein Gleiches", das jedermann auf der Straße versteht. Die Bezugnahme auf geschichtliche Vorläufer, auf Klangfarben usw. ist deshalb nicht verwunderlich.

An dieser Stelle nochmals ein Hinweis auf Novalis. Den amimetischen Charakter seiner Poesie hat er eigens in seinen Fragmenten betont und damit ein nur lockeres Verhältnis poetischer Mittel zur Wirklichkeit. Freilich ist er darin nur Exponat ähnlicher Tendenzen der Romantik.

A-Mimesis bedeutet Weigerung gegenüber einer Wiederspiegelung der natura naturans oder natura naturata, während Mimesis die Kunst des ludischen 'als ob' meint, über die Novalis, wie V. Niscow dargetan hat, immer wieder reflektiert. (112) Nun wird im Hinblick auf Novalis stets die Präponderanz des Amimetischen betont, weniger danach gefragt, ob sich denn aus seinen Thesen so eindeutig ergäbe, er sei einem hinlänglich begründeten Abstraktionismus verpflichtet. Niscow: "Laut Novalis ist das Wiederspiegelungsprinzip im spezifischen Fall der Kunst ebenso wichtig wie das der Unabhängigkeit vom Objekt. Der Wiederspiegelungsprozeß beinhaltet mimetische Handlungen von intensiv emphatischem Gefüge: 'Der Mimus vivifiziert in sich das Prinzip einer bestimmten Individualität willkürlich. Es gibt eine symptomatische und eine genetische Nachahmung. Die letzte allein ist lebendig. Sie setzt die innigste Vereinigung der Einbildungskraft und des Verstandes voraus. Dieses Vermögen, eine fremde Individualität wahrhaft in sich zu erwecken – nicht bloß durch eine oberflächliche Nachahmung zu täuschen –, ist noch gänzlich unbekannt und beruht auf einer höchst wunderbaren P e n e t r a t i o n und geistigen Mimik. Der Künstler macht sich zu allem, was er sieht und seyn will. (II. 534/41).'" Uns betreffen hier weniger die Thesen zum Ludischen, wohl aber Niscovs Behauptung, daß im vielzitierten 'Monolog', der etwa um 1789 entstanden ist, Novalis keineswegs eine eindeutige Aussage zum Umgang mit Sprache abgegeben habe. Viëtta hat darzutun versucht, daß Novalis über die Auseinandersetzung mit Fichte und Kant Kunst in dem Sinne ins Subjektive verlege, als sie sich nicht mehr unabhängig auf "präformiertes Datenmaterial" (131,19) stütze, das in den Kategorien von Raum und Zeit Ordnung erfahre; vielmehr sei das Subjekt direkt abhängig vom Sinnesmaterial, das sich der bei Kant beschriebenen Mechanik der Sinneswahrnehmung entziehe. Einbildungskraft arbeite 'aus sich heraus', nicht gebunden an die Berührung 'äußerer Reize', und demgemäß fasse Novalis Kunst als 'reine Produktivkraft' auf, die das Schöne gibt und nicht abbildet. Auf der anderen Seite hebt Novalis hervor: "Der Poet braucht die Dinge und Worte, wie Tasten und die ganze Poesie beruht auf thätiger Ideenassoziation – auf selbständiger absichtlicher idealistischer Zufallsproduktion – ..." (226, III, 451/953). Die Gebrüder Schlegel empfahlen das Zufällige für die Kunst und Poesie zur Herstellung "künstlicher Konfusion, ein poetisches Chaos", wofür Novalis es ebenfalls geeignet hält: "Ich möchte fast sagen, das Chaos muß in jeder Dichtung durch den regelmäßigen Flor der Ordnung schimmern." (226, I, 286) Oder: Die Kunst habe eine Doppelfunktion im Verhältnis zu ihrem Gegenstand (112, 674): "... Die Kunst auf eine angenehme Art zu befremden, einen Gegenstand fremd zu machen und doch bekannt und anziehend, das ist die romantische Poetik." (226, III, 685, 668) Wenn nun schon die Fragmente erweisen, daß das Wesen der romantischen Poesie, wie sie Novalis versteht, nicht nur im Befremden liegt, sondern gleichsam eine Mischung aus Mimesis und Amimesis ist, liegt der Gedanke nahe, daß der vielberühmte "Monolog" in seiner Aussage so eindeutig nicht sei, so daß Niscov mit einiger Konsequenz die Frage stellt, inwieweit nicht auch dieser Text der 'romantischen Ironie' anheimfalle. Nachdem uns dort Novalis versichert, die Sprache bekümmere sich nur um sich selbst, sie drücke nichts anderes als ihre wunderbare Natur aus, liest man am Schluß:

"Wie wenn ich aber reden müßte? Und dieser Sprachtrieb zu sprechen das Kennzeichen der Eingebung der Sprache, der Wirksamkeit der Sprache in mir wäre? und mein Wille nur auch alles wollte, was ich müßte, so könnte dies ja am Ende ohne mein Wissen und Glauben Poesie sein und ein Geheimnis der Sprache verständlich machen? und so wär' ich ein berufener Schriftsteller, denn ein Schriftsteller ist wohl ein Sprachbegeisterter?" (In 112, 677)

Die Behauptung, Poesie als zweckloses Spiel der Sprache mit sich selbst habe keine Intention, wird rhetorisch hinterfragt durch die sich andeutende Meinung, daß der Dichter nun doch über das Spiel hinaus etwas vom Regelwerk der Sprache verstehe, ganz in dem Sinne, daß jedes Spiel auch Regeln verpflichtet ist. Wenn überhaupt, dann wären eben jene Spielereien, die regelhaften Prinzipien immer schon verpflichtet sind, eine Antizipation dessen, was sich Schwitters oder Arp beim Umgang mit der Sprache gedacht haben könnten, kaum jedoch Hugo Ball.

## 2.5.2. Der magische Bischof Hugo Ball

Aus der Analyse der Schriften des Areopagiten gewinnt Ball vermeintlich Halt. Als Kulturkritiker, wie ihn Adorno beschrieben hat, dispensiert er sich von seiner Zeit und verlegt seine Angriffe − so in "Die Folgen der Reformation" und "Kritik der deutschen Intelligenz" − auf das realhistorisch Vergangene. Die Überspannung des kulturellen Anspruchs führt letztlich zu den Urquellen des Religiösen und erweitert die Differenz zu den Oberflächenphänomenen lebloser, weil nicht transparenter Herrschaftsgebilde, die er in seiner Zeit vorfand. Ging es ihm in "Flametti" darum, lebensphilosophisch gegen das "Leblos-Allgemeine" (122,15) zu protestieren, also im Namen des Nominalismus pauschale Begriffe wie 'Lumpenproletariat' zu negieren, so protestiert Ball sowohl in seiner Prosa als auch in den Lautgedichten gegen die Sprache und − vor allem in der Prosa − mit deren Mitteln gegen die Realität. Die wahrscheinlich frühe Zuwendung zu Religion und Kirche, wie sie oben dargestellt wurde, widerspricht weder seinem Protest gegen das Allgemeine noch gegen das von ihm aufgehobene heruntergekommene Konkrete, wie es sich in "Flametti" äußerte; vielmehr wollte Ball durch magische Benennung Quasi-Identitäten schaffen.

Werden aber − zumal in einer abstrakten Gesellschaft − Dinge und Erscheinungen nur noch von Gnaden der Wissenschaft, der Gesellschaftsformen oder Ideologien erfaßt, also als Teilkonstituenten sie determinierender oder prägender Begriffe, dann gleiten sie notgedrungen ins Perspektivische ab: 'identisch' sind sie nicht. (10,70) Die Herrschaft des Begriffs, gegen die sich Ball immer mehr auflehnt, hat sie usurpiert. Demzufolge und nur demzufolge hat das Allgemeine auch eine vermarktende Herrschaft auf Kosten des Wesens der Einzeldinge angetreten. Die übliche Sonderung des Einzelnen und seine Subsumierung unter gängige Begriffe, die Wissenschaft, oder, um nicht anspruchsvoll zu sein, Kommunikation allererst ermöglicht, ist etwas anderes als die künstliche und subjektivistische Stiftung von Allgemeinheiten, wie sie bei Ball zusehends deutlicher wird: sein prinzipiell gespaltenes Verhältnis zu den Einzeldingen und Erscheinungen. Als 'Personnagen' wurden sie in einem freilich begrenzten und künstlich-absurden Lebensraum aufgehoben. So in "Flametti". Wie aber läßt sich ihr jeweils perspektivischer Sinn vermeiden, wie können sie zur Ruhe kommen?

Ball hat dafür drei Konzepte entwickelt: ein sozusagen 'ludisches Prinzip', das die Beseitigung der schillernden Signifikanzen der Dinge voraussetzt; die Abschaffung einer einzelnen natürlichen Sprache überhaupt, die in sich Worte, Begriffe und Zusammenhänge verwahrt; schließlich den Rückzug ins Private, der die Dinge konsequent vernachlässigt.

Dabei ist nicht wichtig, jedes der drei Konzepte rein herauszukristallisieren, sondern ihre Ansätze aufzuzeigen, auch da, wo sie notwendig untereinander Verbindungen eingehen.

Wie wäre also Abstraktheit im Sinne von Allgemeinheit aufzuheben? Abstraktheit, wie sie durch Vernunftdenken in Wissenschaft und Philosophie notwendigerweise entsteht?

Zunächst: Ball macht, wie immer er sich auch einem Quasi-Nominalismus verschreibt, eine streng logische Entfaltung vom Allgemeinen zum Besonderen nicht mit; etwa im Sinne des Neuplatonismus oder der mittelalterlichen Philosophie überhaupt. Die Einleitung zu den Schriften des Dionysios, wiewohl Balls Arbeit nicht als 'Vorwort' in der Ausgabe von Tritsch konzipiert wurde, gibt uns darüber Auskunft. Wenn er des Areopagiten Lehre von den Hierarchien, die ja im mittelalterlichen Verstande durchaus 'logisch' ist, bemüht, dann deshalb, weil er die Trennung des Diesseitigen vom All-Einen-Urgott nicht nachvollziehen kann und vermittelnde Stufen sucht, die sozusagen eine Brücke vom Diesseits ins Jenseits oder, wenn man will: umgekehrt, schlagen. Auf die besondere Stellung des Priesters gehe ich später ein.

In seinem 1917 in der Galerie DADA gehaltenen Vortrag über Kandinsky heißt es:

Drei Dinge sind es, die die Kunst unserer Tage bis ins Tiefste erschüttern, ihr ein neues Gesicht verleihen und sie vor einen gewaltigen neuen Aufschwung stellten: Die von der kritischen Philosophie vollzogene Entgötterung der Welt; die Auflösung des Atoms in der Wissenschaft und die Massenschichtung der Bevölkerung im heutigen Europa... Der Sinn der Welt schwand. Die Zweckmäßigkeit der Welt in Hinsicht auf ein sie zusammenhaltendes höchstes Wesen schwand. Chaos brach hervor... Die Welt zeigte sich als ein blindes Über- und Gegeneinander entfesselter Kräfte. Der Mensch verlor sein himmlisches Gesicht, wurde Materie, Zufall, Konglomerat, Tier, Wahnsinnsprodukt abrupt und unzulänglich zuckender Gedanken... Eine Revolution gegen Gott und seine Kreaturen fand statt. Das Resultat: eine Anarchie der befreiten Dämonen und Naturmächte: die Titanen standen auf und zerbrachen die Himmelsburgen... Die Gegenstände änderten ihre Gestalt, ihr Gewicht, ihr Gegen- und Übereinander... Letzte beherrschende Prinzipien gegenüber der Willkür der Natur blieben der individuelle Geschmack, Takt und Logos des Individuums. Inmitten von Finsternis, Angst, Sinnlosigkeit hob eine Welt voll Ahnungen, Fragungen, Deutungen schüchtern ihr Haupt... Die Künstler dieser Zeit sind nach innen gerichtet. Ihr Leben ist ein Kampf mit dem Irrsinn. Sie sind zerrissen, zerstückt, zerhackt, falls es ihnen nicht gelingt, für einen Moment in ihrem Werke das Gleichgewicht, die Balance, die Notwendigkeit und Harmonie zu finden... Die stärkste Verwandtschaft haben ihre Werke noch mit den Angstmasken der primitiven Völker, den Pest- und Schrekkensmasken der Peruaner, Australier und Neger. Die Künstler in dieser Zeit sind der Welt gegenüber Asketen in ihrer Geistigkeit. Sie führen ein tief verschollenes Dasein. Sie sind Propheten, Vorläufer einer neuen Zeit. Ihre Werke tönen in einer nur erst ihnen bekannten Sprache. (95,67 f.)

Demgemäß soll nach Ball das Wortkunstwerk nicht mittels einer zu rekonstruierenden lingua adamica, wie es die Sprachwissenschaftler des Barocks wollten, hergestellt werden, sondern es soll in seinen Mitteln Ausdruck einer ''nur'' und ''erst'' den Künstlern bekannten ''Sprache'' sein, eine lingua divina. Damit wird die Sprachgebung ganz ins Innere des Subjekts hineingenommen und die Loslösung des Signifikanten vom Signifikat betrieben, wobei Balls Disposition dahin strebt, die Arbitrarität der Zeichen zu Ungunsten der konventionellen Bedeutung auszuweiten. Doch auch das Umgekehrte ist möglich. Ball stellt sich die Frage, warum denn das Ding 'Baum' mit der uns allen bekannten Lautkette b:a:u:m verbunden sein müsse, warum es denn, wenn schon die vollendete Skepsis auch vollendete Freiheit ermögliche, nicht auch 'plübusch' genannt werden könne. Stein nennt diesen Vorgang ''Atomismus''. Das ist im Hinblick auf das oben Gesagte richtig, nicht jedoch unbedingt dann, wenn Wörter oder ihre Segmente zu neuen Kombinationen gefügt werden, die, in welchem Betracht auch immer, einen sinnstiftenden Aspekt haben.

Freilich: Wenn ''die alten Namen und Worte fallen'', ... wenn über den Umriß eines Gegenstandes nichts mehr geglaubt werden kann, ''dann kehren die Dinge ins Chaos zurück,'' (10,83) und werden ''Freigut''. Atomisiert werden dergestalt die in der Sprache aufgehobenen Realitäten und die kommunikative Funktion der Sprache selbst, wenn sie die Horizonte des uns empirisch Gegebenen vermitteln will. Doch Ball liquidiert dieses Vermögen der Sprache:

> Wie können sie (die Künstler, Anm. E. P.) noch nützlich sein, oder versöhnlich, oder beschreibend, oder entgegenkommend. Sie lösen sich ab

von der Erscheinungswelt, in der sie nur Zufall, Unordnung, Disharmonie wahrnehmen. Sie verzichten freiwillig auf die Darstellung von Naturalien, die ihnen von allem Verzerrten als das Verzerrteste erscheinen. Sie suchen das Wesentliche, Geistige, noch nicht Profanierte, den Hintergrund der Erscheinungswelt, nur dies, ihr Thema, in klaren unmißverständlichen Formen, Flächen und Gewichten abzuwägen, zu ordnen, zu harmonisieren.

Als Ball seine Gedichte am 23. 6. 1916 zum erstenmal vortrug, notiert er:

Ich habe eine Gattung von Versen erfunden, 'Verse ohne Worte', oder 'Lautgedichte', in denen das Balancement der Vokale nur nach dem Werte der Ansatzreihe erwogen und aufgeteilt wird. Die ersten Verse habe ich heute abend vorgelesen. Ich hatte mir dazu ein eigenes Kostüm konstruiert. Meine Beine standen in einem Säulenrund aus blauglänzendem Karton, der mir schlank bis zur Hüfte reichte, so daß ich bis dahin wie ein Obelisk aussah. Darüber trug ich einen riesigen, aus Pappe geschnittenen Mantelkragen, der innen mit Scharlach, außen mit Gold beklebt, am Halse derart zusammengehalten war, daß ich ihn durch Heben und Senken der Ellbogen flügelartig bewegen konnte. Dazu einen zylinderartigen, hohen, weiß und blau gestreiften Schamanenhut.
Ich hatte an allen drei Seiten des Podiums gegen das Publikum Notenständer errichtet und stellte darauf mein mit Rotstift gemaltes Manuskript, bald am einen, bald am anderen Notenständer zelebrierend. Da Tzara von meinen Vorbereitungen nicht wußte, gab es eine richtige kleine Premiere. Alle waren neugierig. Also ließ ich mich, da ich als Säule nicht gehen konnte, in der Verfinsterung auf das Podest tragen und begann langsam und feierlich:

> gadji beri bimba
> glanddridri lauli lonni cadori
> gadjama bim beri glassala
> glandridri glassala tuffm i zimbrabim
> blass galassasa tuffm i zimbrabim…

Die Akzente wurden schwerer, der Ausdruck steigerte sich in der Verschärfung der Konsonanten. Ich merkte sehr bald, daß meine Ausdrucksmittel, wenn ich ernstbleiben wollte (und das wollte ich um jeden Preis) dem Pomp meiner Inszenierung nicht würde gewachsen sein. Im Publikum sah ich Brupbacher, Jelmoli, Laban, Frau Wiegman. Ich fürchtete eine Blamage und nahm mich zusammen. Ich hatte rechts am Notenständer "Labadas Gesang an die Wolken" und links die "Elefantenkarawane" absolviert und wandte mich wieder zur mittleren Staffelei, fleißig mit den Flügeln schlagend. Die schweren Vokalreihen und der schleppende Rhythmus der Elefanten hatten mir eben noch eine letzte Steigerung erlaubt. Wie sollte ich's aber zu Ende führen? Da bemerkte ich, daß meine Stimme, der kein anderer Weg mehr blieb, die uralte Kadenz der priesterlichen Lamentation annahm, jenen Stil des Meßgesangs, wie er durch die katholischen Kirchen des Morgen- und Abendlands wehklagt.

Ich weiß nicht, was mir diese Musik eingab. Aber ich begann meine Vokalreihen rezitativartig im Kirchenstile zu singen und versuchte es, nicht nur ernst zu bleiben, sondern mir auch den Ernst zu erzwingen. Einen Moment lang schien es mir, als tauche in meiner kubistischen Maske ein bleiches und verstörtes Jungengesicht auf, jenes halb erschrockene, halb neugierige Gesicht eines zehnjährigen Knaben, der in den Totenmessen und Hochämtern seiner Heimatpfarrei zitternd und gierig am Munde der Priester hängt. Da erlosch, wie ich es bestellt hatte, das elektrische Licht, und ich wurde vom Podium herab schweißbedeckt als magischer Bischof in die Versenkung getragen. (10,100 f.)

Die Stelle, die ich ausführlich zitiert habe, ist nicht so sehr deshalb erhellend, weil sie die einzige ist, die über die Art des Vortrags der Lautgedichte etwas aussagt, sondern weil sie zeigt, daß sich Ball — und das entspricht unserem Interpretationsansatz — in der Tat als 'magischer Bischof' fühlte, als Priester, wie er bei Dionysios beschrieben wird, der unmittelbar mit Gott Kontakt hat und das 'Schwingen der göttlichen Kadenzen' vernimmt.

Sein wohl berühmtestes Gedicht, das den meisten typisch 'dadaistisch' erscheint, ist die "Karawane", von dem er oben selbst spricht:

# KARAWANE

jolifanto bambla ô falli bambla

*grossiga m'pfa habla horem*

**égiga goramen**

higo bloiko russula huju

hollaka hollala

*anlogo bung*

**blago bung**

blago bung

**bosso fataka**

**ü üü ü**

schampa wulla wussa ólobo

*hej tatta gôrem*

eschige zunbada

**wulubu ssubudu uluw ssubudu**

tumba ba- umf

*kusagauma*

**ba - umf**

1917

Hugo Ball: ,,KARAWANE", Lautgedicht.

Das Gedicht ist mehrfach interpretiert worden, wenn unter Interpretation in diesem speziellen Fall eine annähernde Sinnfindung verstanden wird. Kemper macht sie vom Titel "Elefantenkarawane" abhängig (104,165), Beda Allemann sieht in ihm eine Verabsolutierung des akustischen Materials, was freilich nicht viel besagt (81), Gerd Stein schließlich kann seiner Theorie gemäß nicht umhin, in den Lautgedichten einen sich ad absurdum führenden Nominalismus zu entdecken.

Es geht mir nicht darum, die eine gegen die andere Sicht auszuspielen, doch dürfte nach Gesagtem deutlich sein, daß Balls Lautgedichte wenn schon auch, aber nicht nur ihre "scheinbare Legitimation ... aus dem Faktum (beziehen), daß die Dichtung seit ihren Anfängen immer wieder Gebrauch gemacht hat von rein akustisch-musikalischen Phänomenen; daß sie die Klangmalerei, wenn auch nie in dieser Ausschließlichkeit mit Erfolg betrieben hat." (81,170) Durch diachrone Rückverweise wird jedoch im Fall Ball wenig geklärt, zumal Klangmalerei fast immer auch an Wortinhalte geknüpft war. Die lapidare Feststellung, hier werde Klangmalerei absolut gesetzt, geht gerade nicht auf die Bedingung dieser Erscheinung ein. Prinzipiell richtig erscheint mir Kempers Meinung, das Zusammenwirken aller Laute des Gedichts – zumal in bezug auf den Titel – evoziere im Rezipienten Assoziationen, die keineswegs ganz beliebig entstehen, sondern sich zu einer konkreten Imagination verdichten. (104,169)

Auf der anderen Seite: lediglich das erste Wort 'jolifanto', allenfalls noch 'russula' in Zeile vier scheinen solche Assoziationen zu steuern; schließlich: wäre da nicht der Titel, mit den Assoziationen stünde es schlecht bestellt. So gesehen und eingedenk der von Ball im Tagebuch den Lautgedichten beigegebenen Bemerkungen, könnten die Lautgedichte ein Versuch sein, nach der Atomisierung einer Einzelsprache sprachliche Universalien in einem Gedicht ästhetisch zu homogenisieren. Sie beziehen sich vornehmlich auf das phonematische Substrat, wobei man jedoch sofort hinzufügen muß, daß es sicher kein Zufall ist, wenn sich in a l l e n Lautgedichten gleiche oder doch wenigstens ähnliche Morpheme wie etwa 'bung', 'bang', 'ban' etc. finden. Eine Vorliebe scheint Ball für den Halbvokal 'j' zu haben.

Nun scheint es kaum sinnvoll, an dieser Stelle Balls phonisches Material zu untersuchen, wichtiger ist die Feststellung, daß so total disponibel das Klangmaterial nun doch nicht ist. Das liegt speziell bei Ball weniger daran, wie man gelegentlich gemeint hat, daß jeder, der solche Lautgedichte verfertigen möchte, letzten Endes doch wieder den gesetzmäßigen und vom System einer natürlichen Einzelsprache bestimmten Vorauslegungen betreffs der Kombinierbarkeit der Laute unterliegt, vielmehr, so meine ich, daran, daß der beschwörende Gestus der Ball'schen Lautgedichte notwendigerweise bestimmter Repetitionen bedarf, bestimmter Gewichtungen, die Ball weniger mit Vokalen, die ja in 'Karawane' sämtlich 'dunkel' sind, sondern mittels Konsonanten bewältigt haben dürfte.

Aber auch hier kann man sich freilich nicht festlegen, denn wie diese Gedichte vorgetragen wurden, wie und an welcher Stelle Vokale gedehnt, Konsonanten akzentuiert, wo der Rhythmus forciert wurde, läßt sich dem Schriftbild kaum entnehmen, allenfalls vom Mittelteil kann angenommen werden, daß er schneller als die übrigen Partien gesprochen wurde. Sicher scheint mir nur, daß es Ball darum ging, "der isolierten Vokabel die Fülle einer Beschwörung, die Glut eines Gestirns zu verleihen". (10,95) Seine Intention faßt er in "Flucht aus der Zeit" zusammen:

> Und seltsam: die magisch erfüllte Vokabel beschwor und gebar einen n e u e n Satz, der von keinerlei konventionellem Sinn bedingt und gebunden war. An hundert Gedanken zugleich anstreifend, ohne sie namhaft zu machen, ließ dieser Satz das urtümlich spielende, aber versunkene, irrationale Wesen des Hörers erklingen; weckte und bestärkte er die untersten Schichten der Erinnerung. Unsere Versuche streiften Gebiete der Philosophie des Lebens, von denen sich unsere vernünftige, altkluge Umgebung kaum etwas träumen ließ. (14)

Das gilt freilich nicht nur für Lautgedichte. Was Ball mit "Philosophie" meint, von der sich seine altkluge Umgebung nichts träumen ließ, liegt auf der Hand. Es ist die erwähnte gnostische Magie, zu der er anmerkt: "Nach Hermes Trismegistos dienen Philosophie und Magie gleichermaßen zur Nahrung des Geistes; der Magier ist Philosoph, und die Philosophie bedient sich magischer Symbole: ganz wie in gnostischen Sekten." (14,47)

Und weiter: "Der gesamte Gottesdienst ist Magie... Die eigentliche Mysterienfeier besteht in einer Abfolge von Tier- und Kinderlauten; eine Musik, die in längst verschollenen Kadenzen schwingt: all dies erschüttert die Seele und erinnert an ihre Urheimat... Magie ist schließlich das Übernatürliche in seiner gesamten Mitteilung." (14,48)

Die Urheimat der Seele liegt aber nach Auffassung Balls in Gott selbst, der sich nicht kundtut, im linguistischen Sinne also 'sprachlos' ist, sondern sich in "verschollenen Kadenzen" zu erkennen gibt, die nur der Mystiker hören kann. Diese haben stets darüber nachgegrübelt, "wie es möglich sei, daß in die gesprochene Sprache hinein sich die Sprache der Götter oder Gottes verflicht und sich aus solcher Verflechtung heraus aufdecken ließe. Von jeher haben sie einen Abgrund, eine Tiefe der Sprache gefühlt, die zu ermessen, zu durchschreiten und damit zu überwinden sie sich vorgesetzt hatten. Das ist der Punkt, aus dem die mystischen Sprachtheorien der Religionen herkommen, der Punkt, wo Sprache zugleich Sprache der Offenbarung sein soll, auch Sprache der menschlichen Vernunft, wie Johann Georg Hamann mit großartigem Lakonismus die Grundthese der Sprachmystik bezeichnet hat: 'Sprache – die Mutter der Vernunft und Offenbarung, ihr A und O.'" (179,471)

Auffällig ist, wie Ball nun umgekehrt versucht, in jene lingua divina, mit der er sich kraft seines angemaßten Priestertums verbunden weiß, Fragmente aus einzelnen Sprachen hineinzuweben. 'Jolifanto' könnte in diesem Sinne eine Kontraktion aus frz. 'joli' und frz. 'enfant' sein, 'habla' erinnert an span. 'hablar' und 'horem' an lat. 'hora', ebenso 'fataka' an lat. 'fatum' oder 'anlogo' an griech. 'logos'. Das Gedicht "Wolken" beginnt mit der Klangreihe "elomen, elomen lefitalominal, was, so Kemper (104,171), auf Matth. 27,46 verweist: Eli, eli, lama asaphtani!". Man kann andere semantische Fragmente in anderen Lautgedichten finden, so 'urulalla' im Gedicht "gedjeri bamba": eine Anspielung auf ein präverbales und urtümliches Sprechen. Aber das reicht natürlich keineswegs hin, um in diesem oder jenem Lautgedicht von den Worten und ihren Referenzmitteln her differente Sinnhorizonte ausmachen zu können. Daran zu erinnern wäre noch, daß der Elefant in der indischen Ikonographie ein Glücksbringer ist. Der 'weiße' Elefant ist Hoheitstier, das Tier der Fürsten, das sie als Sockel ihres Thrones ansahen, wenn sie auf Reisen gingen. 'Hoheit' im außerweltlichen Verstande ist aber für Ball der Priester, der Prophet, für den er sich gehalten haben mochte, als er an jenem Abend als "Säulenheiliger" im Cabaret Voltaire stand, vielleicht eine Anspielung auf Symeon den Styliten, über den er in Byzantinisches Christentum sagt: "Die Heiligen gehören zum Sprachschatz Gottes, so auch der Stylite... Die Kurzsichtigkeit einer vergangenen Zeit den Heiligen gegenüber wird einmal offenbar werden, wenn erst, gerufen von unserer Verkümmerung, das Mittelalter wieder ersteht und seine gigantischen Sätze dem Leben zurückgibt... Der Schrei nach dem Heiligen Geiste und seinem Schlüssel des Elends nimmt überhand. Der Schrei nach den geistigen Gütern der Kirche ist ein Signal für die Rückkehr in ihren Schoß." (12,252 f.) Das Leben des Säulenstehers ist "Sprache Gottes", zu deren Verständnis "unsere vielgepriesene Seelenkunde nicht hin(reicht)..." (12,251)

Ball bedient sich in seinem Lautgedicht noch eines Tricks, der unsere Annahme, er sei bewußt 'universalistisch' verfahren und habe aus verschiedenerlei Sprachen Fragmente in sein Klanggebilde gewebt, unterstützen. Denn so, wie auf semantischer Ebene von einer Einzelsprache abstrahiert wird, dennoch aber Sprachbrocken mehrerer versteckt werden, so sind optisch fast alle Schrifttypen mindestens seit dem Mittelalter im Gedicht präsent. Sollte mit dem ersten Verfahren eine Einzelsprache in die in ihr immer schon vorgegebene Sicht der Wirklichkeit aufgehoben und Welthaltigkeit eingeholt werden, so versucht Ball mit der Mischung der Schrifttypen das Gedicht optisch gleichsam zeitlos zu machen, da die Majuskeln und Minuskeln jeweils auf verschiedene Zeiträume verweisen. Die Überschrift besteht aus Jugendstilmajuskeln, die erste Zeile aus Antiqua-Minuskeln, es kommen weiter vor 'Grotesk', die 'Schwabacher', ein Schriftsatz, oder besser: Schriftbild, von Dürer und Neudörffer gebraucht, das eine Synthese von Rundschrift und gebrochener Schrift ist, die 'Textur' aus dem 14. Jahrhundert und die 'Egyptienne', wiewohl letztere nicht ganz deutlich zu erkennen ist.

Wie immer dem auch sei, mit letzter Sicherheit wird man nicht sagen können, daß oder ob hier ein überlegender Kunstverstand am Werke war, nur scheint mir nach all dem hier Ausgebreiteten sicher, daß die Lautgedichte am Ende einer Entwicklung Balls stehen, die mit gnostisch gefärbtem Rebellentum begann und ihr Ende in relativer Sprachlosigkeit findet, schließlich dann in der Askese.

Macht man mit der von uns vorgetragenen Hypothese, Balls Lautgedichte seien aus der Beschäftigung mit mystischem Schrifttum, aus der Lektüre von Heiligenleben erwachsen, einmal ernst, dann wird zum einen ihr amorpher Charakter verständlich sowie ihr relativ hoher Abstraktheitsgrad. Sie beziehen ihre Legitimation aus der Beschäftigung Balls mit dem Gedankengut der Gnosis, das in Balls Dionysios-Interpretation unverkennbar mit eingeht. Sowohl im rabbinischen Judentum, in frühantiken Philosophien, im alten Ägypten findet sich der Gedanke, Gott und Sprache stünden in einer unmittelbaren Beziehung; von der Kabbala wird er am prägnantesten formuliert: alles Wirkliche, so meinen die Kabbalisten, gründe sich auf Urkombinationen, mit denen Gott die Sprachbewegung hervorrief. Wer also esoterische Sprachkombinationen schafft, das ist die Konsequenz, steht dem Schöpfer näher, mithin auch seiner Schöpferkraft; er besitzt nicht nur die Macht des Wortes, sondern mit der Fähigkeit, irgendwelche Grundbuchstaben nach freilich subjektiv-logischen Gesetzen zu kombinieren, auch eine Emanation des Wirklichen zu leisten. Insofern hat nach Auffassung der Kabbala alles Erschaffene ein sprachliches Wesen.

Die Atomisierung der Sprache, die von G. Stein als Konsequenz eines nominalistischen Denkansatzes gesehen wird, der schließlich zur 'Inflation der Sprache' führt — so der Titel seines Buches —, hat also einen prinzipiell positiven Aspekt: der regredierende Akt der Sprachzerstörung birgt die Möglichkeit der Realitätskonstruktion in sich. Wenn sich dergestalt, wie die Mystiker und für sie stellvertretend die Kabbalisten behaupten, die Sprache Gottes in esoterische Klangkombinationen verlängert, so kann dennoch eine solche zunächst sinnlos erscheinende Buchstabenkunst das Gegenteil bewirken: anstelle Gottes Name oder dessen Schöpfung erscheint in ihr das Satanische. Aus der sakralen Sprache wird durch Sprachverwirrung 'profane'.

## 3. Hans Arp

### 3.1. *Arps Frage nach dem beseelten Dingzusammenhang*

Im "Wegweiser", den Arp seiner Sammlung "wortträume und schwarze sterne" vorangestellt hat, findet sich eine Passage, die an die Romantik erinnert: "Ich wanderte durch viele Dinge, Geschöpfe, Welten, und die Welt der Erscheinung begann zu gleiten, zu ziehen und sich zu verwandeln wie in den Märchen. Die Zimmer, Wälder und Wolken, Sterne und Hüte waren abwechselnd aus Eis, Erz, Nebel, Fleisch, Blut gebildet. Die Dinge begannen zu mir zu sprechen mit der lautlosen Stimme der Tiefe und Höhe." (2,6)

Solche Erfahrung gewinnt Arp aus der Verzauberung durch das Wort. "Ich füllte Seiten um Seiten mit ungewöhnlichen Wortverbindungen und bildete ungebräuchliche Verben aus Substantiven." An gleicher Stelle gibt er ein Beispiel: "Sterne sterne machen Stern, daß zum Zwecke Sterne sterne sternen, walde walde machen Wald, daß zum Zwecke Wälder walden." (2,5) Diese Technik, ungewöhnliche Wörter auf bekannte Rhythmen zu setzen, bleibt nicht seine einzige, er wird später – schon in "Die Wolkenpumpe" (1917) kündigt sich das an – semantisch Inkompatibles, jedoch lautlich Homogenes, sich Reimendes scheinbar nach Gesetzen des Zufalls zueinanderfügen.

Die Überbetonung des lautlichen Substrats zu Ungunsten des in ihm gebannten semantischen Gehalts erinnert an die Romantik, an Novalis–Hardenbergs Gedichte, die bloß 'wohlklingend' und 'voll schöner Worte' – aber auch 'ohne allen Sinn und Zusammenhang' sein sollten, an Tieck, der in Tönen denken möchte, schließlich an Brentanos Lyrik. Die Nähe zur Natur, zum Wesen der Dinge scheint den Romantikern nur vermittels einer anderen Einstellung zur Sprache möglich, die nicht nur Ausdruck einer dürren Begrifflichkeit sein soll, sondern deren Mittel durch mannigfache Kombinationen in das Innere der Dinge führen kann. Arp tritt diese Wanderung an.

Wenn nach Vaihinger, wie wir ausführten, alles nur 'scheinbar' ist und durch Prinzipien der Kausalität Ursachen nicht erfaßt werden können, ist es konsequent, die Sprache, welche Wirklichkeitszusammenhänge darzustellen vorgibt, dergestalt zu segmentieren und zu kombinieren, daß irgendwann einmal – gleichsam 'zufällig' – der Blick auf das Verborgene freigegeben wird, daß der 'innere Klang', von dem Kandinsky in Anlehnung an die Romantik spricht, einmal gehört wird, mithin das Wesen der Dinge.

In einem vordergründigen Sinne ist Arp in dieser Hinsicht 'abstrakt'. Einmal dadurch, daß auf semantischer Ebene Heterogenes zusammengezwungen wird, sodann durch Klischees oder Sätze als fertige Idiome, für die es als Mikrokontext nur in etlichen seiner Gedichte einen sie begründenden Makrokontext gibt, der aber in den meisten keinen einleuchtenden Vorstellungshorizont zu evozieren vermag.

In sein wohl bekanntestes Gedicht "Kaspar ist tot" gehen eine Reihe die Romantik evozierender Mikrotexte mit ein, um dort kontrapunktische Funktion zu erfüllen:

Kaspar ist tot

weh unser kaspar ist tot.
wer verbirgt nun die brennende fahne im
wolkenzopf und schlägt täglich ein schwarzes schnippchen
wer dreht nun die kaffemühle im urfass.
wer lockt nun das idyllische reh aus der
versteinerten tüte.
wer schneuzt nun die schiffe parapluies
winddeuter bienenväter ozonspindeln und entgrätet
die pyramiden
weh weh weh unser guter kaspar ist tot.
heiliger bimbam kaspar ist tot.
die heufische klappern herzzerreißend vor
leid in den glockenscheunen wenn man seinen vor-
namen ausspricht. darum seufze ich weiter seinen familien-
kaspar kaspar kaspar.                                    namen
warum hast du uns verlassen. in welche ge-
stalt ist nun deine schöne große seele gewandert. bist

du ein stern geworden oder eine kette aus wasser an
einem heißen wirbelwind oder ein euter aus schwarzem
licht oder ein durchsichtiger ziegel an der stöh-
nendem trommel des felsigen wesens.
jetzt vertrocknen unsere scheitel und sohlen
und die feen liegen halbverkohlt auf dem scheiterhaufen.
jetzt donnert hinter der sonne die schwarze
kegelbahn und keiner zieht mehr die kompasse und
die räder der schiebkarren auf.
wer ißt nun mit der phosphoreszierenden
ratte am einsamen barfüßigen tisch.
wer verjagt nun den sirokkoko teufel wenn
er die pferde verführen will.
wer erklärt uns nun die monogramme in
den sternen.
seine büste wird die kamine aller wahrhaft
edlen menschen zieren doch das ist kein trost und
schnupftabak für einen totenkopf.            (2,12)

Dies von den meisten Interpreten als Totenklage aufgefaßte Gedicht (92,
107 ff.) enthält eine Reihe 'romantischer' Vokabeln wie 'reh', 'winde',
'schiffe', 'glocken', 'stern', 'wasser', 'licht', 'sonne', 'kamin' (92,128), die
in Kontrast zu Wendungen aus der 'historischen Rede' (Coseriu), wie
'heiliger bimbam' oder 'ein schnippchen schlagen' stehen. In späteren Gedichten, etwa in "IM AUTOMOBILEN REICH" werden Klischees im
Sinne erstarrter Rede wörtlich genommen und mit ihnen Verse produziert:

er kommt abhanden mit der hand
er kommt abfußen mit dem fuß
und trägt in seinem taschenfleisch
den aufgerollten Redefluss
in acht und bann und neun und zehn
so übermannt und überfraut
das keine je sich je und je
und an der tafel nacktes kaut
er triptycht durch das grammatikkreuz
staniolverpackt als schwarzer spass
als einzahl mehrzahl rübezahl
als faselhans und faselfass            (2,26 f.)

An sich ist ein Klischee, mit dem man normalerweise Werturteile wie 'abgedroschen' oder 'banal' verbindet, in linguistischer Hinsicht ein strukturelles Phänomen, das auf der Basis von Oppositionen als lexikalische oder syntaktische Einheit substituiert werden kann wie in "Kaspar ist tot".

Die Stereotypie des Klischees besagt jedoch nicht schon, es sei gänzlich ohne Wirkung. Ein in dieser Hinsicht negatives Beispiel sind die Gedichte Balls aus späteren Jahren, ein Beispiel dafür, wie Klischees einen ganzen Makrokontext organisieren können, was unter Umständen dem Leser/Hörer nicht zu Bewußtsein kommt. Nicht ohne Grund verlangt Ball vom Leser seiner Gedichte mediale Bereitschaft. (12,222)

Als Beispiele ein 1920 geschriebenes 'Wiegenlied' und eine 'Legende' von Ball:

> Ach, die Wiege
>
> Ach, die Wiege
> Drin ich liege
> Tönt wie eine Gambe.
> Über mir
> Ein Saphir
> Schwingt die ewige Lampe
>
> Deine Brüste,
> Ach, du Süßeste
> Aller Fraun, Marie,
> Reichst du, daß das Herz gesunde
> meinem armen Kindermunde
> Und ich weiß nicht, wie.     (7,96)

Im Gedicht 'Legende' heißt es:

> Er (ein Bettler als Geigenspieler, Anm. E. P.) spielte der
>                                              blauen Seen Licht
>
> Die leuchteten ihm aus den Augen.
> Er sang zur Geige und immer noch nicht
> wollte das Lied ihm taugen.
>
> Da sang er den Mond und die Sterne dazu
> Die konnte er alle verschenken
> Und weinte des Waldes einsame Ruh,
> Die tät seine Geige tränken.
>
> Er spielte und sang und merke kaum

Wie Maria sich leise bewegte
Und ihm beim Spiel ihrer Hände Schaum
Auf die wehenden Locken legte ...

Er spielte noch, als schon der Hahn gekrät
Und manche Saiten zersprungen
Auf dreien spielt er die Trinität
Auf zweien die Engelszungen.     (7,91)

So singt und klingt es munter fort. Das alles hört sich fatal bekannt an, klingt nach Uhland oder Marienlyrik: eine fast perfekte Sprachcollage aus historischem Wortfundus, die die intendierte Innerlichkeit, weil die Bilder unstimmig sind, nicht an den Mann zu bringen vermag.

Anders als bei Arp ist das Klischee hier nicht Kontrast, sondern ernst gemeintes Mittel zur Evokation von Sentimentalitäten. Seine Funktion in den Arp'schen Gedichten ist eine gänzlich andere. Während bei Ball der Makrokontext als 'Sinn' nicht mehr mit dem Mikrokontext kontrastiert wird und so das Einzelne im Hinblick auf das Ganze nicht substituiert werden kann, was an der Stabilität der gebrauchten Klischees liegt, übernimmt die 'romantische Vokabel' in den Texten Arps eine Steuerungsfunktion insofern, als sie auf die sprachlichen Neuprägungen verweist. Beide Pole der Sprachgebung sind untrennbar miteinander verbunden. In Beispiel 2 könnte ohne die adverbialen Bestimmungen 'mit der Hand', 'mit dem Fuß' das Klischee als solches nicht erkannt werden.

Im Gedicht "Kaspar ist tot" verweisen die abgestandenen Romantizismen auf die Belanglosigkeit der Totenklage und damit auf einen scheinbar durchaus entbehrlichen Kaspar. Demzufolge wären aber auch sämtliche im Gedicht formulierten Fragen belanglos, was sich an der heterogenen Lexik belegen ließe. Dennoch gibt es zumindest eine sinnvolle Frage, die den Kern eines Sinnhorizontes aufzureißen geeignet wäre. Wenn es heißt: "in welche gestalt ist nun deine schöne seele gewandert", so ist das eine für Arp offenbar zentrale Frage, denn um das Was, Wer und Wo der Gestalt geht es im ganzen Gedicht. Solch Fragen ist berechtigt angesichts der ironischen Feststellung, daß "seine büste zieren wird die kamine aller wahrhaft edlen menschen", weil sich die Seele als das Wesentliche nicht einfach auf den Kamin stellen läßt; sie ist, wenn auch 'felsigen wesens', nur durch einen 'durchsichtigen ziegel' zu erschauen. Daß die Zeile, in der nach dem Wo der Seele gefragt wird, nicht gedicht-immanent interpretiert werden kann, bedarf keiner umständlichen Erläuterung. Wer indes weiß, daß Arp eine auffallend 'religiöse' Metaphorik pflegt − von Ball wird er als religiöser Mensch und Dichter apostrophiert −, wird entdecken, daß auch in "Kaspar ist tot" auf im weitesten Sinne Theologisches angespielt wird.

Geht man davon aus, Arp bringe in den Text in der Tat Religiöses ein – vom Vokabular spricht nichts dagegen, von Arps Lebenslauf her eher sehr viel dafür –, dann erweist sich das Gedicht als Frage nach einem wie auch immer gearteten Heiligen inmitten eines empirischen Chaos'. Die Frage danach impliziert die Form der Totenklage, die falsche Vorstellung, solch Höheres, die große Seele und das felsige Wesen, seien leib- oder namengebunden, deutet der Titel "Kaspar ist tot" an. Was Arp in dem Gedicht aufzeigt, ist die Antinomie vom Bewußtsein der Existenz eines transzendenten Gefühls, das im Gedicht unter Bezug auf die Sprache der Bibel mit den Worten eingeleitet wird "warum hast du uns verlassen. in welche schöne gestalt ist deine große seele gewandert", und der Unmöglichkeit, das Transzendente empirisch dinghaft zu machen, in Vorstellungen konkreter Art zu bannen. Die transzendente Vorstellung eines Göttlichen, einer Weltenseele, von Kant als 'transzendentaler Schein' entlarvt, wird zwar von Arp in der Frage nach dem Verbleib der Seele bewahrt, doch eine Antwort durch die sich heterogen einstellende Lexik vereitelt. Nietzsches Postulat 'Gott ist tot' wird Arp Anlaß zum Recherchieren, wohin er sich verflüchtigt haben könnte, und er beantwortet solche Ungewißheit mit dadaistischer Konsequenz, d. h. mit einer die Wirklichkeit auflösenden Sprache, genauer: mit Lexemen dichotomischer Art; so, wenn es heißt: "... bist du ein stern geworden oder eine kette aus wasser an einem heißen wirbelwind". (2, 12) Eingebettet in eine scheinbar unsinnige Folge von Bildern weist Arps Fragen auf eine Antinomie hin, die es desweiteren zu bedenken gilt. Während Hugo Ball in seiner abstrakten Dichtung – so in seinen Lautgedichten, einbezogen deren theoretische Prolegomena – mit einem Blick sozusagen die ganze Welt und ihre Ausgestaltungen umfaßt, Einzelheiten dabei in letzter Konsequenz außer Acht lassend, wiewohl er sich in "Flametti" um deren Identität bemüht, verfällt Arp – darin ähnlich Huelsenbeck – einer Dingnähe (s. u.), die eine Einheit nicht mehr zu stiften vermag. Denn die Frage nach dem beseelten Dingzusammenhang im Gedicht "Kaspar ist tot" ist nur möglich auf dem Boden einer kontingent erlebten Ding- und Erscheinungswelt. Mit Ich-Dissoziation hat das nichts zu schaffen, wohl aber mit einem radikal sich zurückziehenden lyrischen Subjekt, das nur noch als Personalität, das bei der Verfertigung von Gedichten den Zufall regieren läßt, auftritt. Wir wollen die Kategorie Zufall einstweilen zurückstellen und klären, ob sich nicht eine positivistische Weltauffassung, von der Arp im Allgemeinen seines Zeitkontexts betroffen war und ein transzendent-religiöses Gefühl ausschließen.

## 3.2 Positivismus und Dysteleologisches

Der entscheidende Gesichtspunkt, den Vaihinger in seinem von uns zitiertem Werk im Hinblick auf einen relationalistischen Positivismus geltend macht, ist die Feststellung, daß der Verstand der Natur die Gesetze vorschreibt und mithin perspektivisch verfahren kann. Schelling als Philosoph der Romantik konnte die Natur noch als ein aus der Vernunft hervorgegangenes System auffassen, als zweckmäßiges Zusammenwirken von Kräften, die von den niedrigsten Daseinsstufen animalischen Lebens bis zu höchsten Stufen des Bewußtseins führen, indes mußte Hans Vaihinger ein solch transzendentaler Idealismus gemäß der für den Positivisten geltenden Prämisse, alles müsse sich kausal erklären lassen, verdächtig erscheinen. Es ist nicht anzunehmen, daß Arp die zitierten Philosophen gekannt habe. Als aufmerksamen Zeitgenossen dürfte ihm indes die Kontur dieses Spannungsfeldes nicht entgangen sein, zumal er solch perspektivischen Chaotismus in seinen Gedichten darstellt und gleichzeitig die Frage stellt, wo denn der alles umfassende Zusammenhang, die 'große Seele' oder das Wesen der Dinge und − wenn man so will − ihr gemeinsamer Mutterschoß geblieben seien, denn ihre urtümliche Abkunft, ironisch mit 'urfaß' bezeichnet, ist nicht mehr einzuholen, die Explikation des kosmischen Geschehens − "wer erklärt uns nun die monogramme in den sternen" − scheint mit dem Tod Kaspars auszustehen.

Der Bezug zum Religiösen ist im Falle Arps nicht herbeigeholt. Sein Schaffen als bildender Künstler belegt das. Über seine Anfänge berichtet er: "Ich versuchte Formen wachsen zu lassen. Ich vertraute den Beispielen der Keime, Sterne, Wolken, Pflanzen, Tiere, Menschen und schließlich meinem innersten Leben selbst... Immer wieder wollte man mich zwingen abzubilden, nachzuahmen. Ich ließ mich jedoch nicht verwirren, verleiten, und 1915 glückte mir das erste wesentliche Bild... Es enthält sowohl die Kreuzigung als auch das Haupt des Gekreuzigten als selbständige Bilder in einem Bilde." (4,97) Dies freilich an keine kirchlichen Institutionen gebundene religiöse Gefühl, das zunächst nicht mehr als ein Ergriffensein und eine Hingabe an einzelne Dinge beinhaltet, koinzidiert mit dem Gefühl für eine schlechthinnige Abhängigkeit vom Überempirischen, für eine unbestimmte und relativ unsagbare Gesamtwirklichkeit, wie sie Schleiermacher ausgedrückt hat. Arps wenig beachteter "Wegweiser" gibt zu verstehen: "Das Leben ist ein rätselhafter Hauch, und die Folge daraus kann nicht mehr als ein rätselhafter Hauch sein." (2,6) Damit wird jedweder Kausalitätszusammenhang geleugnet; bei der Erörterung des Begriffs 'Zufall' gehen wir näher darauf ein. Schlecht bestellt ist es auch mit dem

Begriff 'Evolution', denn Arp kann das, was er sieht und schaut, ineins setzen mit Gewesenem. Das ens perfectissimum ist jenes von ihm angenommene 'Gesamtleben', das deckungsgleich mit dem Ursprung ist. An gleicher Stelle heißt es: "Die Dinge begannen zu mir zu sprechen mit der lautlosen Stimme der Tiefe und Höhe." (2,7) Ein paar Zeilen weiter: "Wir meinten durch die Dinge hindurch in das Wesen des Lebens zu sehen und darum ergriff uns ein Satz aus einer Tageszeitung mindestens so sehr wie der eines Dichterfürsten." (2,7)

Das Hinausleben über die Dinge und ihre krude Erfahrung ist als transzendentes im weitesten Sinne religiös, weil alles realiter Geschiedene im Wesenhaften aufgehoben werden soll, gleich, ob es sich im semantisch Dingfesten einer Tageszeitung zeigt oder in Erscheinungen der Natur. Die Antinomie von Empirie und dem dahinter Verborgenen − erstere würde von der Logik als Wahrheit begriffen − wird in diesem Grundgefühl des metaphysisch veranlagten Menschen aufgehoben und aufgelöst, ebenso jede verbindliche Ästhetik, deren Destruktion durch Arp dennoch an einem verschütteten Schönheitsbegriff festhält:

"Die Schönheit versank nicht unter den Trümmern der Jahrhunderte. Sie lebt, aber sie zeigt sich uns nur verhüllt. Sie erregt uns, aber sie enthüllt sich uns nie. Ist sie ein Trugbild, ein Schleier, ist sie Maya? Noch als Trugbild, noch als Maya vermag sie uns so zu fesseln, zu bestricken, zu bannen, daß unser Leben ihr gehört." (4,76) Im Bewußtsein zeitigt die Rezeption des empirisch Objektiven und der gleichzeitige Glaube an eine durch die Erscheinungen hindurchschimmernde Schönheit eine Antinomie; denn wie immer auch das Subjekt als 'Leben' dem hinter den Erscheinungen verborgenen Wesentlichen sich verbunden fühlen mag, es kann nicht umhin, zu konstatieren, daß seine finite Bestimmung unerfüllt bleiben muß, ansonsten sich Allgemeingefühle, Stimmungen und frommes Gefühl aufheben würden. Wie kann dieses dem Unendlichkeitsgefühl der Romantiker nicht unähnliche innere Erleben vorgestellt werden?

Existieren im Bewußtsein der Glaube an etwas Höheres einerseits und empirisch wahrgenommene Objektwelt andererseits, so kommt ihm die Aufgabe zu, beides zu vermitteln. Das heißt nicht weniger, als gefühlte Abhängigkeit und das hinter der sinnlichen Erfahrungswelt sich manifestierende Schöne in Verbindung zu bringen, wenngleich auch nicht im Sinne einer voreiligen Harmonisierung. Dennoch: Wenn auf der einen Seite sich menschliche Vernunft im endlichen Sinne und auf der anderen Seite religiös Unaussprechbares gegenüberstehen, wenn gefühltes Absolutes, mag es als Trugbild, als Maya bezeichnet werden, und positiv Manifestes unvermittelt bleiben, dann wäre Arps Poesie in der Tat sinnlos, denn das transzendente Fühlen hätte keinerlei Entsprechung in der uns allen geläufigen Erfahrung, es wäre gleichsam 'dinglos'.

In der Romantik hatte Schleiermacher in der Schrift "Über die Religion. Reden an die Gebildeten unter ihren Verächtern" (1799) behauptet, alles Endliche sei im Unendlichen enthalten, und leitete daraus die Forderung ab, daß nur durch Religiosität das Unendliche erfaßt werde, wenn der Mensch durch Akte der Wahrnehmung vom Universum aus von einem religiösen Gefühl der Abhängigkeit durchdrungen werde. Religiosität vollende sich, wenn der Mensch in sich selber das Unendliche gefunden habe.

Wenn der im 20. Jahrhundert derart zum Transzendenten erweckte Arp, dessen Bezüge zur Romantik außer Frage stehen (vgl. passim), seine Abhängigkeit vom eigentlich Unerkennbaren, von dem, was hinter der Maya ist, betont, dann muß gefragt werden, wie es vom transzendenten Fühlen zum transzendenten Vorstellen kommt, welches eine notwendige Folge des ersteren ist.

Menschliche Vernunft nun, im Verstande der kritischen Philosophie, kann, weil sie menschlich und mithin endlich ist, das Unendliche im Sinne einer religiösen Macht nicht vorstellen. Das Judentum ist, anders als die christliche Religion, in diesem Punkt, wie wir bei Ball gezeigt haben, ziemlich konsequent geblieben. Die Geschichte der Philosophie und der Literatur zeigen uns verschiedene Lösungsversuche eines solchen Antagonismus. Das Ich kann sich nun nicht gegen ein 'objektives' Nicht-Ich abgrenzen, sondern im Verstande Fichtes gegen ein intellektuell-persönlich aufgefaßtes, womit die Vernunft zu einer anthropomorphisierenden Lösung und Erklärung des religiösen Gefühls gelänge. Doch an ihr hängt eine Reihe von Problemen, die sich im Verlauf philosophischen Denkens gestellt haben und verschieden beantwortet wurden. Zunächst: was sollte der Inhalt einer solchen Persönlichkeit sein? Mit in der Realität vorfindlichen Ding- und Erscheinungsqualitäten kann sie nicht definiert werden, allenfalls kann sie als summa des Sein-Sollenden gedacht werden, womit das Postiv-Empirische zugunsten eines Ethischen außer Kraft gesetzt würde. Doch angenommen, aus solcher Idealität hinter den Dingen erwüchse das Heilige – eine Auffassung, die sich mit dem Theismus deckt –, dann stellt sich sogleich die Frage nach der Theodizee ein, wie denn das Böse in die Welt gekommen sei, eine Frage, die gleichsam nach der 'anderen' Wirklichkeit aus ist. Eine ideale und gleichzeitig positivistisch-materielle Aufrechnung der Wirklichkeit, wie sie ja von Hugo Ball versucht wurde, kann dem Bewußtsein nicht gelingen, weil es das Göttliche als das Ursprüngliche nicht als Kausalinstanz des Negativen in der Welt denken kann. Kausalität bezeichnet die funktionale Zusammengehörigkeit verschiedener Zustände des Wirklichen, wonach in der Zeit das eine nach dem anderen zu folgen hat. Bezogen aufs Religiöse muß dieses Zweierverhältnis in ein einseitiges umgedeutet werden. Gott selbst i s t, er w i r d nicht. Er ist Substanz, deren absolute Kausalität 'Allmacht' oder wie sonst auch immer genannt wird; eben das, was Arp finden will, wenn er sich anschickt, 'durch die Dinge hindurch' zu gehen.

Doch auch die Kategorie der Substantialität hilft nicht wesentlich weiter, bedeutet sie doch das Miteinander verschiedener Erfahrungsinhalte, die man Dingen und Erscheinungen zuschreibt. Am Beispiel Hugo Balls ließe sich paradigmatisch aufweisen, wie gerade diese Kategorie, aber auch ihre Umgehung durch religionsphilosophische Ansätze – etwa mittels einer 'negativen Theologie' im Sinne Schellings –, wie solches Ding aller Dinge dem Dadaisten Ball ein Ärgernis ist, weil er sah, daß – übertragen auf den romantischen Begriff der Unendlichkeit –, sich die unendliche Substanz als von der endlichen generisch verschiedene dieser nicht anverloben läßt. Von daher auch ist Ball die Sprache, wie wir sie kennen und sprechen, ein Ärgernis, weil sie einmal Wirklichkeit birgt oder aber herzustellen vermag, zum andern auch, und das ist ein höchst wichtiger Aspekt, weil sie für ein Denken, das sich aus diesen Widersprüchen hinauswinden will, ein höchst ungeeignetes Medium ist.

Kehren wir zurück zu Arp. Wir hatten versucht darzulegen, daß das Problem der Theodizee sich unmittelbar aus dem Problem des transzendenten Vorstellens ergibt, auf das Arp rekurriert – ob bewußt oder unbewußt –, wenn er vom Trugbild der Wirklichkeit und der gleichzeitigen Erfassung des hinter den Dingen liegenden 'Schönen' spricht. Aus der Unmöglichkeit, daß Gott zugleich allumfassende Substanz sein soll, zugleich aber auch Ursache seines Gegenteils, des Ungöttlichen, lassen sich verschiedene Konsequenzen ziehen.

Zunächst e i n Beispiel aus der Literaturgeschichte, wie das Fühlen dieses Widerspruchs dichterisch zur Austragung gelangt. Hansgerd Delbrück hat aufgezeigt, daß Heinrich von Kleist allein durch den Glauben zwischen Dysteleologischem und Teleologischem zu vermitteln in der Lage war. (203) Die von ihm für andere seiner Generation vielleicht stellvertretend durchlittene Wirklichkeit forderte geradezu ein nicht nur denkerisch begründetes Gegengewicht, sondern Glauben und dessen dichterische Darstellung beispielsweise im "Zerbrochenen Krug" als ein die Komödie begründendes Quietiv, das die forcierte Heiterkeit eben gerade noch zuläßt. Obwohl nun für Arp die geschichtliche Vorfindlichkeit eine ganz andere ist, stellt sich ihm das Problem erneut, wenngleich er es zu seinen Gunsten und seiner Natur gemäß umbiegt. Denn nach Gesagtem ist deutlich, daß in der empirischen Wirklichkeit ebenso das Dysteleologische wie auch das Teleologische herrschen. Das bedeutet nichts anderes, als daß das Unsinnige weil Zwecklose neben dem Zweckmäßig-Organischen stehen kann und ebenso, daß es unsinnig ist, Heterogenes harmonisieren zu wollen, wo sich Harmonie nicht einstellen will. Nicht also von daher ist, wie man gemeint hat, Arps Dichtung 'unsinnig', weil er im Medium der Sprache diesen Gedanken zur Darstellung bringt – denn das Zusammenstellen inkompatibler Lexeme ist die Konsequenz daraus –, sondern sie wäre es vielmehr da, wo – immer vorausgesetzt, Arp sei von irgendeiner transzendenten Vorstellung bewegt – sie zu nicht mehr existenten Harmonisierungen greift und sie im dichterischen Text homogenisiert und darstellt.

Für Arp ist das Dysteleologische nackte Tatsache, wohl nicht zuletzt deshalb, weil auch für den Bildhauer im 20. Jahrhundert die Materialien eine verdinglichende Selbständigkeit gewonnen haben, die Arp zwar bemerkt, aber nicht übersieht. Und wohl deshalb mag er so etwas wie ein Abhängigkeitsgefühl von etwas Höherem spüren, wie es Schleiermacher in der Romantik geltend gemacht hatte. Seine gleichsam dadaistisch-romantische Ironie zeigt sich in der Einsicht, daß zur Erklärung dessen, was die Welt bewegt, nicht einfach ein makelloses Höheres herangezogen werden kann, desgleichen aber auch nicht die sich ihm darbietende realgeschichtliche Situation, die alles andere als einen allumfassenden Ordo-Gedanken nahelegt. Und so konstatiert er zuerst etwas Bodenloses, ein Nichts, in welchem ihm Exerzitien mit dem Kreuzbesteck nichts mehr nützen.

Sein Gedicht "Schneethlehem" ist in diesem Sinne zu verstehen:

> Herr Je das Nichts ist bodenlos
> Frau Je das Nichts ist unmeubliert.
> Da nützt euch auch kein Kreuzbesteck
> Mit dem ihr fleißig exerziert.
> Herr Je Frau Je Frau Je Herr Je
> Gleich beißt das Nichts euch in den Bauch
> Verschluckt euch samt dem Kreuzbesteck
> Und speit euch aus als Ruß und Rauch     (2,23)

Nach dem Gesagten wäre zur ersten Strophe dieses Gedichts kaum mehr etwas anzumerken, hätte Arp nicht ausdrücklich im "wegweiser" betont, etliche seiner Gedichte seien einer Art "écriture automatique" verwandt, wie sie später die Surrealisten praktizierten. Ein solches Verfahren, das freilich leicht zu einer unreflektierten Technik gerinnen kann, leitet sich aus dem Begriff 'Zufall' ab, den wir kurz erläutern wollen.

## 3.3 Zufall und Kausalität

Die Kategorie 'Zufall' ist in der Literatur über den Dadaismus und Surrealismus zu Tode geritten worden. Professionelle Deuter, aber auch die an der Kunstszene der Avantgarde Beteiligten nahmen sie nur allzu gern in den Mund, um auf den ersten Blick Unverständliches abzusegnen oder aber eine Innovation zu etikettieren, die nur schwer verständlich ist. Die Surrealisten haben sich ausführlich mit dem Zufall beschäftigt, wenn sie an die "écriture automatique" dachten und eine solche Bezeichnung für Gedichte gebraucht, mit der sie zuerst in der Zeitschrift "Littérature" experimentierten. Doch das liegt zeitlich später, zeigt aber gleichwohl, wie weit der Begriff 'Zufall' verstanden werden konnte: als 'langage en liberté' (Breton), was ein wenig an Marinettis 'parole in libertà' erinnert, als 'jeu du langage et du hasard' oder als 'produit de la vie psychique', wie man in französischen Literaturgeschichten nachlesen kann. Man wird nicht immer unterscheiden können, ob das, was da angeblich als Zufall deklariert wird, nicht genau kalkulierter Anschlag auf herrschende ästhetische Gesetze ist, ob sich die Phantasie da instrumentell emanzipiert hat, oder ob es sich um Künstlerneurosen handelt, die den Rezipienten überlisten wollen. Gewiß ist Arp einer derjenigen Künstler, die zur Vorhut jener Pioniere gehören, die die bürgerliche Kunstgesellschaft verunsichern und auf die sich später die sog. Konkreten berufen werden, ob allerdings zu Recht, sei dahingestellt.

Wie proteusartig der Begriff 'Zufall' auch ist, wie sehr er mit Wörtern wie 'Glücksfall' oder 'Fatum' in Verbindung zu bringen oder gar synonym zu gebrauchen ist, so kann man sich doch in einer ersten Umschreibung darauf einigen, daß er ein Geschehen bezeichnet, das so oder aber auch anders hätte ausfallen können. Daraus ergibt sich die Kategorie der Möglichkeit, wie sie Spinoza in seiner 'Ethik' gedacht hat, die aber auch gleichzeitig die Ursache als Bedingung des Zufälligen einschließt, denn das Mögliche muß immer als Eventualfall gedacht werden. Damit aber gerät das Zufällige in die Nähe des Willkürlichen und in diesem Sinne kann es von Arp, von dem wir sagten, er stelle das Teleologische und Dysteleologische als durchaus gleichberechtigt nebeneinander, nicht aufgefaßt worden sein. Dabei unterstelle ich nicht, das sei eigens betont, Arp habe in irgendeiner Weise hier skizzierte Gedankengänge zum Begriff 'Zufall' angestellt, dennoch scheint es mir notwendig, den Zufallsbegriff näher zu beleuchten, zumal er in der Romantik, dort im Begriff 'Wunder', und bei Nietzsches 'amor fati' eine Rolle spielt. Silvio Viëtta hat dargetan, daß das "Verschwimmen der inhaltlichen Konturen ... gerade zum Wesen der romantischen Poesie" gehöre, daß dadurch eine Dynamik erzeugt werde, "... in der keine fixen Relationen mehr gelten, ...", sich daraus aber gerade das "Schöne" ergäbe (131,39). Und weiter: "Die 'Zufallsproduktion' bedingt eine eigene neue Werkstruktur, die der Interpretation andere Aufgaben stellt, als ein klassisches Gedicht." (131,30) Das bezieht sich sowohl auf die Romantik als auch auf die Moderne, unter anderen Vorzeichen damit auch auf Arp.

Doch was meint der dem Begriff 'Willkürlichkeit' angenäherte Begriff des Zufalls? Nicht mehr und nicht weniger, als daß der Zufall in Willkürlichkeit umgesetzt wird. Epikur zum Beispiel ließ die Welt aus dem Zufall entstehen, um der Notwendigkeit des Fatums zu entgehen, was freilich schon wieder eine Interpretation von 'fatum' ist. Notwendigerweise mußte er auch dem Menschen eine gleichsam zufällige Selbstbestimmung zugestehen. Daß dies nicht denkbar ist, daß der Mensch und sein Handeln Motive haben, die nicht in einer willkürlichen, sondern vielmehr in einer mehr oder weniger prädisponierten Psyche liegen, dürfte klar sein. Willkürlichkeit und Zufall decken sich nicht unbedingt. Zu denken wäre letzterer durch eine Trennung des Empirischen von dem, was man als 'Sein' schlechthin bezeichnet hat, was bedeuten würde, das Prinzip der Kausalität außer Kraft zu setzen, mithin denPositivismus und dessen Zentralkategorie. Eine solche These würde eine neue Metaphysik begründen, deren Aufgabe es wäre, das Unbedingte zu suchen, das man sprachlich mit der letzten 'Ur-sache' gleichgesetzt hat, deren Verlust Arp im Gedicht "Kaspar ist tot" beklagt. Das Sein wäre wieder das Unbedingte, weil durch nichts Bewirkte, die causa sui Spinozas, die den Gesetzen der Kausalität nicht unterworfen ist. Im gleichen Sinne spricht Schelling (166, II, 153 + 164) vom "Urzufall" und von der Urtatsache, von der lediglich ausgesagt werden kann, daß sie ist, aber nicht, daß sie notwendig sei.

Demnach tritt der Begriff 'Zufall' als Grenzbegriff menschlichen Erkennens überhaupt auf. Damit hängt zusammen, daß sowohl Arp als auch andere Dadaisten sich ein Vokabular zulegten, das den Begriff des Kosmischen als des Un-bedingten im weitesten Sinne impliziert. Wenn Arp im Gedicht "Kaspar ist tot" die Frage stellt: "Wer dreht nun die Kaffeemühle im urfass" und sich wundert, wohin die "schöne grosse seele" gewandert, ob sie nun "ein stern geworden" sei oder etwas anderes, dann deutet solch Fragen nicht auf eine Vorstellung von einem allumfassenden Naturzusammenhang, sondern auf eine Trennung von Wesenhaftem und beobachteter Empirie. Die schmerzlich erfahrene Trennung von Wesen und Schein erzeugt im Gedicht eine sich zwar heiter gebende Verwirrung, da auch Sprache nicht mehr zu unbedingt Sinnvollem verpflichtet ist, wenn immer die Annahme gilt, daß rein 'kausal' nicht alles zu erfassen sei. Dieses testimonium paupertatis, das der im Geist mit der Romantik verbundene Arp sich angesichts der für ihn offenkundig positivistischen Einfältigkeit eingestehen muß, setzt sich um in Produktionen linguistisch-semantischer Beliebigkeit, die nicht als Unsinn abgetan werden dürfen.

Stellt man nun fest, daß Arp – um seine eigenen Worte zu gebrauchen – mit positivistischer Akribie und divinatorischem Ahnden im 'Urfass' der Idealismen herumrührt, wobei nichts anderes als sprachlich Verqueres herauskommen kann, dann geht er in der Tat, wie Kemper gesehen hat (104,126), eine romantische 'Weigerung' ein. Daß sich Arp vor allem mit Novalis befaßt haben dürfte, geht aus anderen Texten hervor, und sein Gedicht belegt dies, weil es sich, wenn schon nicht ausschließlich, so doch hauptsächlich aus Vokabeln rekrutiert, die aus dem Klingsohr-Märchen am Ende des 'Heinrich von Ofterdingen' stammen. Der Gebrauch der Wörter wie 'Fahne', 'Ozonspindel' – hier denkt man an die kleine Fabel – und auch der Scheiterhaufen mit den halbverkohlten Feen erinnern an das Sammeln der Asche der Mutter, die für die Welt den freiwilligen Flammentod gestorben ist. 'Blumen' und 'Flüsse' – bei Novalis die Augen der Erde – sind romantische Versatzstücke, mit denen Arp sein ironisch hinterfragtes Tun umgibt.

Warum aber Weigerung?

An dieser Stelle sei nochmals ein Blick auf die Philosophie der Romantik erlaubt. Auf Novalis-Hardenberg wirkte insbesondere Schelling, dessen Denken einen konstitutiven Bruch aufweist, der in die Lebensphilosophie hineinreicht. Durch die Ergebnisse der damaligen Physik war Schelling zu der Überzeugung gelangt, daß der Subjektivismus der Philosopheme immer nur auf sich selbst reflektiere, daß hingegen die Außenwelt vernachlässigt werde. In "Ideen zu einer Philosophie der Natur" und anderen Schriften trägt Schelling von 1797 bis 1801 seine Naturphilosophie vor: Erst wenn das Ich aus sich selbst herausgelange, komme es in die wahre Bewegung des Geschehens, wenn das Ich sich 'depontenziere' und sich gleichsam als Bedingungsgrund allen anderen Geschehens an den Anfang von Natur und Geschichte zurückversetze. (72,267) Nach mancherlei Irrtümern komme 'Natur' durch einen langwierigen Prozeß von den niedrigsten Daseinsstufen über das animalische Leben bis zum Bewußtsein, bis zum Geist, und so gesehen ist sie teleologisch ausgerichtet. Innerhalb eines in allen Teilen zusammenwirkenden Organismus sind alle Teile der Natur nicht selbständig zu sehen, sondern nur als Einzelintelligenzen zu begreifen, die sich zu höheren Einheiten potenzieren. Weltgeschehen ist somit ein ewiges und unendliches Geschehen. Das Absolute als Prinzip des Anfangs ist daher gegenüber Geist und Natur indifferent, da Geist durch die Natur allererst w i r d. Während der transzendentale Idealismus Kants die Philosophie des Ichs ist, ist die Philosophie Schellings die Lehre vom Werden dieses Ichs. Das setzt freilich voraus, daß in der Natur schon immer Vernunft steckt, denn wie sollte sich das Ich sonst ergeben. „Daß die Natur kein Chaos ist, zeigen unmittelbar alle Phänomene, insbesondere der Organismus. Im Organismus ist das Prinzip der Selbstgestaltung am Werk... Der Mensch ist geradezu der Beweis, daß unbewußte, d.h. natürliche, und bewußte, d.h. geistige Gestaltung zu einer unmittelbaren Einheit vermittelt werden können. (172,378) Ihren Kunstbegriff beziehen die Romantiker weitgehend aus der Identitätsphilosophie, an der Schelling seit 1801 arbeitete: der Künstler gehe weder im Theoretischen noch im Praktischen auf, sondern im ästhetischen Handeln, welches Bewußtes und Unbewußtes integriert. Indes: Schelling zweifelt in seiner späten Philosophie an der Symmetrie seines Ansatzes: das Natürliche steht nicht immer in ausgewogenem Verhältnis zum Geistigen oder umgekehrt; schließlich ist dieses Verhältnis rein spekulativ und durch nichts garantiert. (172,378)

Es kann hier gleichgültig sein, welche Versuche Schelling unternahm, um sein System zu retten; wichtig ist für uns der von Novalis übernommene, dann allerdings maßlos übertriebene Gedanke Schellings, die Natur habe die Tendenz, bewußte Formen zu erzeugen, und daß das Absolute weder real noch ideal, also weder Geist noch Natur, sondern die Vereinigung der Gegensätze ist. Weil nun aber das Absolute weder in der Natur noch im Menschen vollkommen zur Darstellung gelangen kann, ist der Ort des vollkommensten Künstlerischen, begriffen als Totalität der Erscheinungen, das Universum.

Mag man nun mit M. Thalmann die Romantiker als Vorläufer der Abstrakten ansehen (vgl. 126), oder aber ihre Kunst aus einem angemaßten Schöpfertum verstehen, da sie in der ihnen von Schelling zugewiesenen Position nicht dazu verpflichtet sind, in rückwärtsgewandten kausalen Schritten das Ursprüngliche oder Absolute zu orten, sicher ist, daß ihnen Schelling die Legitimation an die Hand gab, in Freiheit als "Grundvollzug menschlichen Seins" (172,379) ihre Vorstellungen auf das Absolute hin zu synthetisieren, oder besser: zu konstruieren. Nicht nur in der Dichtung Novalis', auch in seinen Fragmenten und bei Friedrich Schlegel werden geistige Qualitäten auf die Natur, physikalische Erkenntnisse der Zeit auf Menschliches übertragen. So entspricht die Denklehre der Meteorologie, die Seele der Pflanzenindividuen den ätherischen Ölen, das Weib wird als Oxygen gesehen.[1]

Ob nun Ritter oder Baader Novalis in diesen Analogien bestärken, wichtig ist, daß Novalis, aber auch andere Frühromantiker Natur und Geist zusammenbinden, daß sie Geistiges und Naturwissenschaftliches – soweit es damals in geordneten Zusammenhängen vorlag – auf eine Ebene bringen wollten. Wie immer auch wir Heutigen solche Kombinationsversuche beurteilen mögen, aus den uns erscheinenden heterogenen Bildern erhofften die Romantiker eine Einsicht in das Unendliche und Offenbarungen über die Geheimnisse der organischen und anorganischen Welt. Im Zustand der Trance und – medizinisch gesprochen – im Zustand des autohypnotischen Schlafs – schien Hardenberg/Novalis in "Die Lehrlinge zu Sais" eine 'Unwillkürlichkeit' erreicht zu sein, die als Schlüssel der Erkenntnis dienen sollte. Indes dünkt uns, daß in solchen Zuständen willkürlicher Art, in deren Gefolge sprachlich Inkompatibles erlaubt ist, die Vernunft weitgehend eskamotiert wird, damit auch die Kausalität, wodurch Zufälle sich einen fröhlichen Einstand geben. Ich bin mir nicht sicher, ob Novalis in diesem Betracht die Aufmerksamkeit verdient, die man ihm allenthalben in der Forschung zubilligt und ob nicht doch, wie Vera Niskov meint, bereits in seinem berühmten 'Monolog' von 1798 die viel zitierte romantische Ironie ein bewußtes Implantat des Dichters selbst ist. Wie dem auch sei: es mag gerade das Fehlen aller Kausalitätsgedanken im positivistischen Verstande ein Faszinosum gewesen sein, das Arp mit der Romantik in Verbindung brachte. Nur konnte und wollte er nicht mehr vom romantischen 'Wunder' reden, das im Grunde ja auch Zufall ist, weil es zwar nicht kausal, aber dennoch vermittelte Zweckmäßigkeit eines höheren Wesens, eben des Absoluten – oder wie sonst man es benennen mag – ist.

Eben jenes 'höhere' Wesen beklagt Arp im Gedicht "Kaspar ist tot". In der Negierung einer höheren Vernunft, oder doch zumindest in ihrer gegenwärtigen Abwesenheit – im Gedicht dokumentiert durch die Frage, wo denn die große Seele geblieben sei – angesichts auch desolater und chaotischer gesellschaftlicher Verhältnisse konnte Arp auf den Zufall stoßen, der jedwedes Telos zunächst leugnet.

Im bereits zitierten ‚Wegweiser' heißt es:

"Viele Gedichte aus der Wolkenpumpe sind automatischen Gedichten verwandt. Sie sind wie die surrealistischen automatischen Gedichte unmit-

---

[1] Vgl. dazu insgesamt Nr. 226, bes. Bd. II. und Oskar Walzel, Deutsche Romantik. Leipzig 1909.

telbar niedergeschrieben, ohne Überlegung oder Überarbeitung. Dialekt-bildung, altertümelnde Klänge, Jahrmarktslatein, verwirrende Onomato-poesien und Wortspasmen sind in diesen Gedichten besonders auffallend. Die 'Wolkenpumpen' sind aber nicht nur automatische Gedichte, sondern schon Vorläufer meiner 'papiers déchirés', meiner Zerreißbilder, in denen die 'Wirklichkeit' und der Zufall ungehemmt sich entwickeln können. Das Wesen von Leben und Vergehen ist durch das Zerreißen des Papieres oder der Zeichnung in das Bild einbezogen." (2,7)

Durch das Zerreißen eines Papiers oder einer Zeichnung, so meint Arp, stelle sich eine neue Wirklichkeit her, die auf dem Wechsel von Vergehen und Leben gründe, die dennoch nicht als Antizipation eines Künftigen betrachtet werden kann, weil ihr das höhere und übergeordnete Prinzip fehlt. Arp ist daher auch nicht in der Lage zu bestimmen, was 'schön' sei und was nicht: "Die Schönheit wurde zur entkörperlichten Sehnsucht. Die Sehnsucht wollte uns von der Schönheit befreien. Die Schönheit wurde zum verklärten Traum, zum verklärten Bild, zum verklärten Spiel. Auf den alertesten Auen geschah das Wunder der gotischen Dome. Betörend ver-schleiert, verkleidet zeigte sich die Schönheit in dem überheblichen Schau-spiel der Renaissance, in ihrem marmornen Rausch und ihrer spitzfindigen Befreiung. Immer wandelt sich die Schönheit. Wir weben ihr heute ein Kleid aus reinsten Träumen, aus Farben, Linien, Kreisen, Dreiecken, Vier-cken, aus dem inneren Licht, der Kugeln und Würfeln, aus der Liebe und Harmonie..." (4,77)

Das könnte ähnlich auch Novalis gesagt haben; dennoch bleibt Schön-heit für Arp ein vages Ungefähr, eine Sehnsucht, mithin etwas potentiell Teleologisches. In diesem Sinne kann Kunst das Wahrscheinliche im Sinne des Möglichen abbilden. Sie ist in dieser Hinsicht eine Kategorie des Zu-Falls. Jedwede Logik, die man an das Œuvre Arps herantragen würde, verstellt sich den Zugang zu den Gedichten, weil für Arp Kunst Wahr-scheinlichkeitscharakter hat, die das ihr Zufallende aufnimmt und daraus das Mögliche im Sinne des Zufalls macht. Anklänge an die Romantik und auch hier wieder an Novalis finden sich in Arps Dichterporträt über Kandinsky:

Der Gedichtband Kandinsky's, 'Klänge', ist eines der außerordentlichen Bücher. Er ist im Verlag Piper 1913 erschienen. Kandinsky hat in diesen Gedichten die seltensten geistigen Versuche unternommen. Er hat aus dem 'reinen Sein' nie gehörte Schönheiten in diese Welt beschworen. In diesen Gedichten tauchen Wortfolgen und Satzfolgen auf, wie es bisher in der Dichtung nie geschehen war. Es weht durch diese Gedichte aus ewig Unergründlichem. Es steigen Schatten auf wie gewaltig sprechende Berge. Sterne aus Schwefel und wildem Mohn blühen auf den Lippen des Himmels. Menschenähnliche Gestalten entkörpern sich zu schalkhaften Nebeln. Erdlasten ziehen sich Ätherschuhe an. Durch die Wortfolgen und Satzfolgen dieser Gedichte wird dem Leser das stete Fließen und Werden der Dinge in Erinnerung gebracht, öfters mit dunklem Humor, und, was das Besondere an dem konkreten Gedicht ist, nicht lehrhaft, nicht didaktisch. In einem Gedicht von Goethe wird der Leser poetisch belehrt, daß der Mensch sterben und werden müsse. Kandinsky hingegen stellt den Leser vor ein sterbendes und werdendes Wortbild, vor eine sterbende und werdende Wortfolge, vor einen sterbenden und werdenden Traum. Wir erleben in diesen Gedichten den Kreislauf, das Werden und Vergehen, die Verwandlung dieser Welt. Die Gedichte Kandinskys enthüllen die Nichtigkeit der Erscheinung und der Vernunft. (4, 82 f.)

Was Arp an Kandinsky rühmt — er war für kurze Zeit Mitarbeiter am Almanach "Der Blaue Reiter" — ist das 'Konkrete' im Sinne des Imaginierten, des Assoziierten und Schwebenden, mithin des semantisch Unverbindlichen; es sind — um wieder mit Novalis zu sprechen — "geheimnisvolle Verhältnisse der Natur", die allererst einer genauen Bestimmung bedürften. Arp, der einen Teil seines Vokabulars aus den "Lehrlingen zu Sais" bezieht, setzt wie Novalis die dürre Vernunft außer Kraft, insofern sie Mittel positivistischen Erkennens ist.

Denken wird Arp zu einer rhythmischen Bewegung, ein Werden und Vergehen, das Neues hervorbringt. Die entscheidende Frage, ob sich Arp der Romantik verweigere, scheint dadurch noch nicht beantwortet.

Zunächst konnte es Arp allerdings nicht darum gehen, nachdem sich der Positivismus seiner Zeit geltend gemacht hatte, auf irgendwelche Kausalitätsprinzipien einzugehen. Wenn dem so gewesen wäre, hätte er dem Wesenhaften als dem geometrischen Ort aller differenten Erscheinungen suchend nachgehen, hätte er gleichsam die letzte Kausalinstanz finden müssen. Dennoch scheint ihn die Kategorie des Zufalls auf Vergangenes zu verpflichten. Die Negierung der Kausalität im Zufall impliziert die Tilgung der Zeit, denn das Kausale bedarf im Geschehen von Ursache und Wirkung notwendigerweise des zeitlichen Raums. Mit der Tilgung der Zeit, so hatten wir bei Ball gesagt, werden aber die Dinge als gleichsam stets präsentische in den Raum verlegt. Das ermöglicht die Simultaneität, die sich derart nur als Variante des Zufalls erweist, wenn Dinge und Erscheinungen im Gedicht präsent gemacht werden, ohne sich kausal oder

– linguistisch gesehen – sich in nicht mehr kompatiblen Reihungen von Wörtern legitimieren können.

Das alles wird nun in der Romantik und zumal bei Novalis bewußt begründet, weil die substantielle Näherung zwischen menschlichem Bewußtsein, also Geist, und dem Leben der Natur erklärtes Ziel war. Die sinnliche Selbsthingabe der in den 'Lehrlingen zu Sais' diskutierenden Personen beruht auf einem Reflexionsprozeß, der nur deshalb primär als Sensualität erscheint, weil der Mensch von der Natur für sich etwas erhofft. Denn wie auch immer die Frühromantiker auf die Natur eingehen, wie immer sie, zumal durch Jacob Böhme, in die Nähe des Mystischen geraten, es ist ja nicht die Natur per se, die für den Menschen den Reflexionsprozeß initiiert, sondern dieser selbst auf der Höhe des Bewußtseins. Derart gerät 'Sehnsucht' durchaus in die Nähe des Egoistischen, sie wird zu einem Teil der Verselbstung, um diesen für Goethe so bezeichnenden Begriff zu gebrauchen. Der Appetit auf die Gegenstände und ihr Inneres wird enorm. Und hier nun macht, so meine ich, Arp entschieden nicht mit: er vermischt nicht einfach subjektive Seelenhaftigkeit und eine für sich seiende, objektive Ordnung der Dinge, die zudem kaum mehr vorhanden war, aber dennoch gedacht werden kann. Und von dieser Warte aus dichtet er: nicht von einer Warte des apriorisch Stimmigen – und der 'stimmige Stil' wäre dann nur eine Konsequenz –, sondern von der Warte des Fragenden aus, der die Wirklichkeit nicht mehr stimmig vorfindet, der gar nicht erst den zweifelhaften Versuch macht, Partialitäten der Realität einzuzäunen, um sie als Restbestand des nicht mehr Integren zu hegen. Das hat freilich sprachliche Folgen.

## 3.4 *Zur Logik des sinnvollen Sprachunsinns in den Gedichten Hans Arps*

Merkwürdig ist, daß man wenig Gedanken darauf verwendet hat, daß immer dann, wenn man Unsinn in seiner Sprache konstatiert, eigentlich auch der Dichter diskreditiert werden müßte. Gelegentlich ist das geschehen, ohne daß gleichzeitig laut gesagt wurde, daß der Dichter in seiner Sprache immer schon ein Spezialist der Unsicherheit ist.

Geht man davon aus, daß die künstliche Zurechtrückung der Realität vermittels einer wie auch immer sprachlich gestalteten Perspektive ein mimetischer Trick ist, dann leuchtet nicht ein, warum das Vokabular Arps so gefügt sein soll, daß es die Wirklichkeit in den Modus der Stabilität überführt, wo es doch Erfahrung der Dadaisten war, in einer Zeit 'transzendentaler Obdachlosigkeit' zu leben, in einer Welt von sich ausschliessenden Dingauffassungen, in der der spontane Blick in einer augenblickhaften Synthese höchstens Anhaltspunkte und Umrisse findet, wenn er auf Suche geht.

Wie zufällig Arps 1917 geschriebene Texte der 'Wolkenpumpe' sein mögen, von Zeile zu Zeile interpretabel sind sie nicht, wohl aber geben sie im genannten Sinne 'Anhaltspunkte', wenn man ihre linear auf der syntagmatischen Ebene angeordneten Bilder nicht als konsequente Reihungen betrachtet und mithin 'Lücken', wie sie eben der Zufall schafft, zuläßt.

Auf das aus der Romantik von Arp gut sortierte Vokabular ist hingewiesen worden. Man wird nicht sagen können, daß aus Arps Werken 'der ewige Frühling' wie aus "dem Brand einer berstenden Welt" (126,48) steige, wie Marianne Thalmann im Hinblick auf Novalis meint, aber Arp zitiert in den Gedichten der 'Wolkenpumpe' Vokabeln, deren Mischung zwar nicht auf eine geordnete Welt hinweisen, sie gleichwohl nicht unbedingt negieren. Die 'Vertikal'-Metaphorik, in der Oben und Unten verbunden scheinen, schon der Titel "Wolkenpumpe" deutet darauf hin, in die Nomen wie 'Sterne', 'Vögel', 'Lufttreppen', aber auch das 'Wasser' als 'Geheimnis des Flüssigen' (3,133) gehören, schließlich das Gebirge, das mit der Arpschen Himmellandschaft korrespondiert, als immer sich veränderndem Bewegungselement, all das sind Reminiszenzen an die Romantik, die freilich durch den Zufall im von uns besprochenen Sinne durcheinandergemischt werden. Dennoch scheint Arp aus dieser Kombinatorik das Sinnvolle nicht ausgeklammert wissen zu wollen. Zu sagen, all das sei Unsinn, denunziert den Dichter selbst als einen mit den Dingen Befaßten. Man könnte mehr Stellen beibringen, die allesamt belegen würden, daß Arp beileibe kein Chaot ist, allerdings auch kein Dichter, der Grund dafür hätte, so zu tun, als könne mit irgendeinem Text die Welt der Wirklichkeit im Handstreich bemeistert werden. Diese Technik, die ich der Romantik gewiß nicht en bloc unterstellen will und kann, die mit ihr dennoch gewisse Affinitäten hat, erinnert an phantastische und im weitesten Sinne abstrakte Malerei, sieht man von den eingefügten Assoziationen zu bestimmten Wörtern und dialektalen Einschüben ab. Ein Merkmal der klassischen Malerei bestand darin, Dinge dergestalt in Zeichen umzusetzen, daß sie Tiefe evozieren und einen Umfang vortäuschen, der ihnen von ihrer sachlichen Qualität her nicht zukommt. Arp nun vermeidet jedes Wort, das eine Raumvorstellung evozieren könnte. Wörter wie 'vorne', 'tief' oder 'hinten', die eine dritte Dimension andeuten, oder besser: voraussetzen, kommen nicht vor. Im letzten Gedicht heißt es ausdrücklich: "doch die schwarze Raumkugel zerlegt sich in ihre Inhalte." (2,20), was nichts anderes als die Aufhebung des Raumes in der Fläche bedeutet, so daß ein Spannungsverhältnis zwischen nah und fern nicht mehr besteht und die Dinge sich dem Wahrnehmenden gleichzeitig, weil gleichberechtigt, geltend machen. Der anmaßende Anspruch der Perspektive, die einen Fluchtpunkt sucht, eine Horizontlinie fixiert und meint, damit die Dinge unter einem maßgeblichen Gesichtspunkt in eine Ordnung stellen zu können, weicht dem bewegten Blick, der den Erscheinungen gegenüber 'offen' ist. Die dadurch bedingte Allgegenwart der Dinge, die untereinander, wenn sie flächenhaft dargestellt werden, zu partizipieren scheinen, drückt sich im Vokabular Arps aus. Es entstehen bislang nicht mögliche und nicht übliche Konjunktionen, vor allem – wir hatten darauf hingewiesen – in der Vertikale durch Verben wie 'fließen', 'tropfen', 'steigen', so daß dennoch eine freilich 'absurde' Verbundenheit der Dinge untereinander entsteht, ein 'Leben' unter ihnen, wenn sicher auch nur, wie es an einer Stelle heißt, als 'interregnum' (4,18).

Ohne Sinn scheint mir ein solcher Sprachgebrauch nicht, zumal nicht im Hinblick auf das letzte Gedicht der "Wolkenpumpe", in welchem sich Klangassonanzen finden, die à outrance aber auch dort keinesfalls sinnlos in "Der Pyramidenrock" gebraucht werden. Die ersten drei Strophen des Gedichts "Schneethlehem" lauten:

1

Herr Je das Nichts ist bodenlos.
Frau Je das Nichts ist unmeubliert.
Da nützt euch auch kein Kreuzbesteck
Mit dem ihr fleißig exerziert.
Herr Je Frau Je Frau Je Herr Je
Gleich beißt das Nichts euch in den Bauch
Verschluckt euch samt dem Kreuzbesteck
Und speit euch aus als Ruß und Rauch.

2

Charybdis bybtis Zwiebelbiß
Das Standbild geht im Kreis herum
Das Heroldseuter in der Hand
Und fällt von seinem Podium
Die Schwindelschraube schraubt sich fest
Und schraubt die Windsbraut an den Wind.
Es kracht der große Ehrenast
Und tötet Jubelgreis und -kind.

3

Das Schnee- und Hagelwittchen fällt
Wie Fallsucht und von Fall zu Fall.
Es fällt weil es gefällig ist
Und jedesmal mit lautem Knall.
Es fällt in seinem Todesfall
Das Haar mit Fallobst dekoriert.
Den Fallschirm hat es aufgespannt.
Die Todesclaque applaudiert

Wann das Gedicht – das in Strophe drei exemplarisch den Tod eines Märchens zum Thema hat – geschrieben wurde, ist mit Sicherheit nicht auszumachen. In "Wortträume und schwarze Sterne" gibt Arp als Entstehungszeit der acht Gedichte die Jahre 1915 bis 1920 an, mit dem Vermerk, sie seien in Zürich geschrieben. Das ist natürlich vage, zumal Ball in seinem Tagebuch über diese Gebilde nichts zu berichten weiß. Von Döhl werden auch diese Strophen als Unsinnspoesie bezeichnet, der Autor gehe – wie in den anderen erwähnten Texten auch – ein "Verhältnis zur Sprache als Material (ein), das sich spielerisch handhaben und zusammenbringen läßt, nicht um Aussagen zu machen, sondern um des reinen Spielens, um des reinen Sprachspiels willen". (92,177) Im Hinblick auf die später von Döhl selber vertretene Konkrete Poesie ist das ein genuiner Gesichtspunkt.

Die insgesamt acht Strophen sind mit "Schneethlehem" überschrieben, einer Kontamination aus Schnee und Bethlehem, die auf das Weihnachtsgeschehen verweist. Von der Wortwahl her könnte man sowohl in der ersten als auch in den folgenden Strophen Bezüge zum Titel finden. 'Je' verweist auf 'Jesus', das Hantieren mit dem Kreuzbesteck auf religiöse Exerzitien, der 'Ehrenast', der in der 2. Strophe 'Jubelgreis und -kind' tötet, ist die vorweggenommene Negation des Weihnachtsgeschehens, das einerseits Jubelfest ist, andererseits an die Passionszeit und den Tod des geborenen Kindes erinnert.

Es ist weiter richtig, daß Jesus alltagssprachlich auf 'Je' verkürzt werde, daß sich zu Herr Je 'Frau Je' einstelle, daß in "Charybdis bybtis Zwiebelbiß" das Wort 'Charybdis' die weitere Wortfolge steuere etc. Solche Überlegungen und Beobachtungen gelten auch für die anderen Strophen: Aus Schneewittchen wird aufgrund der umgangssprachlichen Formel 'bei Schnee und Hagel' 'Schnee- und Hagelwittchen', aus dem Verb 'fallen' leitet Arp eine freilich im Rahmen des metrisch und reimbedingt Zugelassenen eine heiter fröhliche Wortfamilie ab, in der wiederum eine alltagssprachliche Wendung steckt: 'von Fall zu Fall'. Es wäre müßig, an dieser Stelle auf das auf den ersten Blick Absurde solcher syntagmatischen Verbindungen einzugehen. Dennoch kann, so meine ich, es nicht mit der Feststellung sein Bewenden haben, Arp spiele mit der Sprache, hier werde Sprache experimentell eingesetzt. Wer Unsinn konstatiert, geht von der doch fragwürdigen Überzeugung aus, daß es für die Gestaltung eines Gedichts in irgendeiner Hinsicht ein Modell gebe, setzt einen geschichtlich bedingten Erwartungshorizont voraus und absolut, an dem sich Weiteres nur zu messen habe.

Was Arp in den unter dem Titel "Der Pyramidenrock" versammelten Gedichte eindrucksvoll demonstriert, ist die F u n k t i o n a l i t ä t der Sprache selbst. Nicht nur ihr Material soll, wie es später die sog. Konkreten formulieren werden, dargestellt werden, sondern Sprache als Organ menschlicher Gestaltung, und insofern sieht er sie durchaus ganzheitlich. Vielleicht kann man sagen, daß überall da, wo das Allgemeine und das Besondere auseinandertreten, sich auch der Zufall einstellt. Denn wo nichts Allgemeines im Sinne einer Verbindlichkeit mehr besteht, entsteht eine subjektiv bedingte Regellosigkeit und Orientierungslosigkeit, die Arp im Gedicht "Weh unser guter Kaspar ist tot" beklagte, denn "keiner zieht mehr die kompasse ... auf." (2.13)

Doch Arp verfährt nicht subjektivistisch, sondern bringt die Sprache, oder besser: was eine solche erst wieder werden will, in einen Prozeß, der dem kleiner Kinder ähnelt, wenn sie zu sprechen beginnen. Im Ensemble seiner Reihungen und Fügungen finden sich Syntagmen, wie sie Kinder gebrauchen: Reime, Assonanzen, Merkhilfen, Sprachübungen gleichsam, wie sie in Strophe zwei des Gedichts "Schneethlehem" vorkommen. Ganz anders als der zuweilen nominalistisch verfahrende Hugo Ball, der Dinge oder Wesenheiten als Entitäten benennen und bannen will oder sie – das wäre die andere Seite seiner Sprachtechnik – in einem konturlosen Allgemeinen aufgehen läßt –, ganz anders geschieht die Differenzierung der Zeichen bei Arp, wenn er sie in einen in den Gedichten eingefangenen 'Sprachlernprozeß' hineinnimmt, wenn er Sprache darstellt durch 'Aufgeschnapptes' in Formeln oder Elementen der Alltagssprache, die ähnlich wie beim Spracherwerb des Kindes präkommunikativ sind. Das zunächst Alogische in seinen Versen erweist sich von daher als durchaus vernünftig, denn die einzelnen syntaktischen Verbindungen werden zumal da, wo sie entweder verwandte oder gleiche Präfixe, Suffixe oder andere Morpheme assoziieren lassen, als Teilkonstituenten eines Ganzen gesehen, sie verweisen auf die Sprache als solche mit ihren Regeln und Gesetzen. So gesehen ist Arp nicht ihr Destrukteur, sondern ihr optimistischer Verfechter. Arp weiß, daß das Zeichen sich nur prononcieren kann, wenn es nicht mehr einer vordergründigen Kommunikation genügt, einen Appell herstellt, indem es gleichsam positivistisch aus dem Lexikon abgerufen und ins Syntagma gestellt wird, um dort seinen bekannten Inhalt zu verbreiten. So, wie es keine ”monogramme mehr in den sternen“ (2,12) gibt, so enthalten auch die Wörter keine einfach verbindlichen Bedeutungsmonogramme mehr, die der positivistische Lexikologe nur einfach zu notieren hätte.

## 4. Richard Huelsenbeck

### 4.1 *Die Rückbindung der Kunst an Leib und Leben*

Während Hugo Ball das Gedankengut Nietzsches gleichsam umkehrt, bleibt Huelsenbeck sowohl in seiner Prosa als auch in den ”Phantastischen Gebeten“ einer Vulgärausdeutung Nietzsches treu. Mehr als Ball ist er Wirklichkeitschaotiker, wiewohl diese Klassifizierung nicht unbedingt negativ gemeint sein muß, denn allenthalben forderten die Dadaisten das Chaos als Ausgangspunkt zu neuen Ufern. Überdies, wenn das ein Argument sein darf, bereitet die Lektüre mindestens seiner Prosa ausgesprochenes Vergnügen.

Daß er, darin wohl bestärkt durch sein Psychologie-Studium, wenn beileibe nicht die wichtigste, aber eben e i n e der Komponenten der Philosophie Nietzsches aufnimmt, die Triebmetaphysik, könnte ihm allenfalls von der Warte der Schulphilosophie angekreidet werden, vielleicht auch aus der Sicht Balls, der gelegentlich anmerkte, es sei auf die Dauer ungesund, seinen Sexus darstellen zu wollen. Doch solch adlige Blässe zeichnet die in Huelsenbecks Prosa agierenden Personen keineswegs aus, wiewohl zuweilen deutlich wird, daß der heftig forcierte Vitalismus seine Opfer fordern muß. Huelsenbecks Figuren beziehen ihre 'Ich-Stärke' allesamt aus einer physisch fundierten Transzendierung ihrer selbst, aus einer 'Über'-Menschlichkeit, und sie legen die Kleider ihrer Bürgerlichkeit zuweilen so abrupt ab, daß man aus den Hosen wohl herausgekommen ist, aber vergessen hat, das Leibchen abzulegen. Das ist bildlich gemeint und will sagen: bei aller forcierten Hektik landen die Helden Huelsenbecks noch stets da, wo sie hergekommen sind: in einer bürgerlichen Staffage, die freilich viele Gesichter hat, sich des Bürgerlichen aber nicht entblößen kann. Denn so, wie uns der Held Kakadu aus der Erzählung ”Verwandlungen“ eingangs begegnet, so endet er auch: als Bourgeois, wenn freilich auch mit mehr Politur. Und Doctor Billig ist recht eigentlich schon am Anfang der Erzählung am Ende, denn er hat entschieden nicht den Atem, die permanenten Lustaufgipfelungen mit der Hure Margot unbeschadet zu überstehen.

Wenn Huelsenbeck also vom "neuen Menschen" spricht, so in einem Aufsatz von 1917 (34), der seiner Substanz nach auch in Zürich hätte verfaßt werden können, und in einem Atem über Huren und Zuhälter schreiben kann, dann bedeutet der Verweis auf die verkünderisch-messianische Variante des Expressionismus nicht, das Hemd des Expressionismus sei Huelsenbeck näher gewesen als die Jacke des Naturalismus, für den Liebedienerinnen bevorzugtes Demonstrationsobjekt gesellschaftlicher Mißverhältnisse waren. Beide Epochen sind im durchaus Bürger'schen Sinne für Huelsenbeck disponibel geworden, sie stellen ihm Material zur Verfügung. Was Kemper im Hinblick auf Huelsenbecks "Phantastische Gebete" als "Auflösung von Subjekt und Objekt in der Simultaneität der Empfindungen" (104,110) bezeichnet hat, zeigt sich, wenngleich nur relativ – diese Einschränkung wird in 4.4. präzisiert –, in der Distanzlosigkeit der Figuren zu der in den Erzählungen vermittelten Wirklichkeit. Davon ist auch in "Der neue Mensch" die Rede: "Der neue Mensch findet sich selbst in ekstatischer Erlösung, er betet sich selbst an, so wie Maria den Sohn anbetet." Und weiter: "Der neue Mensch glaubt nur einen Kampf zu kennen, den Kampf gegen die Trägheit, den Combat gegen die Dicken … Ja, (er) sucht sich seine Feinde (die rachitischen Möpse und Jungfern, die Pfäfflein der Temperamentlosigkeit), und er hat eine ausgeprägte artistische Befähigung, sich seine Bürger aus den Löchern zu jagen." (34,62)

Letzteres leisten auch Huelsenbecks Prosa und die in ihr handelnden Personen, die an ihr Dasein die Zündschnur des Nietzscheanischen Übermuts gelegt haben, um im Geschehnisreigen zu verpuffen. Denn dem Aufruf 'épatez le bourgeois' folgt in "Der neue Mensch" eine signifikante Einschränkung:

"Der neue Mensch, der das Gewicht seiner Persönlichkeit hat, haßt den Klamauk, den unnützen Lärm, das Plärren um des Plärrens willen, alle Faxen erogen exitierter Jugendlichkeit; denn er weiß, was die Zeit von ihm will – sie will das Männliche und Tüchtige, die Einfachheit, die Solidität." (34,62) Dieses Kompromißlertum kennzeichnet nicht nur den Status des Dadaisten Huelsenbeck, sondern auch den seiner Figuren, etwa Kakadu's, der es als gesetzter Bürger in Amerika zu Ansehen bringt. Auch die ersten Sätze des zitierten Beitrags, der erstmals in Nr. 1 der Zeitschrift "Neue Jugend" erschien, wirken verräterisch, weil sie zeigen, daß bei aller

221

forcierten Hektik, bei allem Klamauk der Dadaismus eben auch und zumal bei Huelsenbeck eine bürgerliche Komponente hat, zumindest in dem ganz einfachen und zunächst eine Wertung nicht enthaltenden Sinne, daß die Zwiespältigkeit des Bourgeois zuweilen nur durch eine partielle Teilhabe am bürgerlichen Substrat, das der Kritik ausgesetzt ist, spürbar und manifest wird. In diesem Sinne kann Huelsenbeck, ohne sich zu widersprechen, sagen: "Der neue Mensch verwandelt die Polyhysterie seiner Zeit in ein ehrliches Wissen um alle Dinge und eine gesunde Sinnlichkeit. Der neue Mensch zieht es vor, ein guter Akademiker zu sein, wenn er die Möglichkeit hat, ein schlechter Revolutionär zu werden." (34,63)

Die angesprochene Ambivalenz − hie schlechter Revolutionär, oder besser: Freigeist, da Spießer − kennzeichnet die Figuren in Huelsenbecks Prosa, soweit sie hier zur Diskussion steht. Was Huelsenbeck in seiner Novelle "Verwandlungen" vorführt, ist ein Nietzsche mit beschränkter Haftung, ein "Zarathustra", der Ideen und Motive für einen Text liefert, in dem Realität als verwirrendes Ärgernis im vitalen Taumel verschwindet. Daß sie gleichwohl angesprochen wird, daß Huelsenbeck auf die Verhältnisse der damaligen Zeit Bezug nimmt und mehr noch in "Doctor Billig am Ende" (33) auf das Berlin um 1918 zu sprechen kommt, scheint zunächst die These zu stützen, der Dadaismus, zumal sein Berliner Ableger, seien politisch engagiert gewesen.

"Verwandlungen" beginnt mit der Einführung zweier exotischer Namen: "Kakadu und Jamaika leben so still in angelegener Ecke der großen Stadt, fern von den Geräuschen und dem Farbenrhythmus sind sie so friedsam und bürgerlich verschüchtert, daß keinem der Gedanke kommt, über sich hinauszuwollen." (32,5) Kakadus bürgerliche Existenz transzendiert sich zum ersten Mal, als er auf eine volle Straßenbahn springt, sich am Vorderperron festklammert und schließlich vom Fahrer heruntergestoßen wird. Durch diesen Vorfall oder Zufall erschließt sich ihm die Welt der Kultur: aus Protest gegen das Benehmen des Fahrers schickt er einen Brief an den 'Kurier', wo man auf ihn aufmerksam wird, schließlich figuriert er als dessen ständiger Mitarbeiter vor allem in Dingen Kultur, so daß er gezwungen ist, sich ständig fortzubilden:

"Die Nachmittage, die Kakadu nicht in der Redaktion zu verbringen braucht, vergingen immer so: die Fenster offen, angelweit, und eine schwere Sonne betastet die Gegenstände. Jamaika geht durch das Zimmer, sie weiß nicht, warum sie geht, sie horcht auf das Knistern der Wäsche an ihrem Leibe. Kakadu aber räkelt sich in einem Lehnstuhl, er muß sich bilden, eine Geschichte der Weltliteratur liegt auf seinen Knien. Es fällt ihm schwer, sich Bildung anzueignen, die Bildung, die er mit Pathos in seinem Blatte fordert." (32,8) Als "Mann mittleren Niveaus" (32,8) erlebt er dennoch einen 'Schaffensrausch', wenn er für die Zeitung arbeitet und vermeintliche Selbstbefreiung, als er Jamaika nach einem Auftritt in einer Schmiere verführt. Kunst oder was beide dafür halten, führt sie zusammen: "In einem kaufmännischen Verein spielte sie (Jamaika) die Rolle des Romeo in Hosen; jemand schrie sogleich: 'Bernhard, die göttliche Sarah', man überreichte ihr ein Bukett. Seit diesem Abend, wo sie im Glanz dürftiger Lichter Triumphe feierte, wo sie den Sexus einiger Commis-Voyageurs begeisterte, wollte sie sich großen Zielen opfern. 'So', sagte sie wörtlich: 'Mein ganzes Leben soll der Kunst geopfert sein.' Sie opferte sich insofern, als sie Kakadu in die Hände fiel, der in allem, was Weib hieß, eine seltene Rührigkeit zeigte. Er deklamierte Shakespeare, sie fand es bezaubernd. Er sagte, drei Bücher von ihm seien im Druck, sie bebte vor Entzücken. Heimlich sagte sie: 'Großer Mensch! Dichtersohn! Erquicke mich mit deinem Geiste!' Er erquickte sie, indem er sie ohne Umstände verführte." (32,7)

Die Entlarvung tradierter und vom Bürgertum getragener Kunstvorstellungen geschieht durch die ironische Verquickung von scheinbar geistvollen Gesprächen über Kunst mit Erotischem. Die sich an den Beteiligten der Handlung vollziehenden Verwandlungen verweisen auf Nietzsche – man denke an das Kapitel "Von den drei Verwandlungen" im 'Zarathustra' –, und Huelsenbeck scheinen lebensphilosophische Motive so vertraut zu sein, daß er sie als Mittel satirisch oder spaßhaft einsetzen kann. Aus dem 'Willen zur Macht' wird ein animalisch wirkender Bezug zu den Gegenständen und zur Umgebung, dergestalt, daß Reflexion erst gar nicht aufkommt oder lächerlich wirken muß.

Solch präponderant vom Triebhaften geregelter Bezug zur Wirklichkeit hat zur Folge, daß das Selbstverhalten der Figuren zwar von den von Huelsenbeck als 'bürgerlich' begriffenen Normen bestimmt wird, die ihnen 'instinkthaft' ins Bewußtsein fallen, daß aber das Triebhaft-Animalische dem Zufall geöffnet bleibt, denn ihm fehlt die Fähigkeit, sinnvoll zu planen. So gesehen wirken die Figuren der Geschichte stets unrealistisch, und gerade w e i l ihre Verwandlung auf Zufälligkeiten basiert, scheint auch ihre jeweilige Existenzform durch eine andere substituierbar. Jamaika und Kakadu leben zunächst in einer Ehe, die durch Verführung zustande kam. Doch: "Der Instinkt beider erkannte bald die bourgeoise Hauptforderung: Ruhe, absolute Ruhe. Die Atmosphäre ist lau und vernebelt, die Bewegungen sind nicht die Folge des Willens…" (32,7) Zufällig ist auch Kakadus Erlebnis mit der Trambahn, das ihn zur Zeitung treibt und seine Existenzform als Bildungsverkünder einer Gazette gründet, die nur sekundär Verdautes an die Leser weitergibt: auf seinen prallen Schenkeln ruht stets eine

Geschichte der Weltliteratur, aus der sein sinistres Hirn freilich unter Mühsal Licht bezieht; und als er sich auf ein Gespräch mit Jamaikas neuem Freund, einem im Zirkus auftretenden Froschesser namens Butterweg einläßt, wirkt alles Gesagte zwar einerseits ernst, tendiert aber zur ironischen Selbstaufhebung:

> "Butterweg kannte die Manieren der feinen Welt, er sprach ein wenig ausländischen Akzent und erzählte von Kunstwerken in Italien. Florenz sei eine schöne Stadt und voller Kunstwerke. Er sprach das Wort 'Kunstwerke' mit der Betonung des Kenners, so daß er gleich hören ließ, wie großes Verständnis er aufbringen könnte. Sie (Jamaika) dachte immer: 'Charmant, charmant! – dieser seltene Mensch'. Es dauerte nicht lange, sie antwortete naiv, es gab wenig Hindernisse. Man befand sich unter Gleichgesinnten, unter Künstlern. Denn Jamaika schilderte ihre Bühnenlaufbahn, die Begeisterung für das Ewige und Schöne, für Schiller und Goethe." (32,9)

Die Vertiefung über die Kunst führt Huelsenbeck so fort:

> 'Es ist mir nicht ganz klar, lieber Herr Butterweg', sagte Kakadu ernst, 'wie man mit Ihrer Kunst die Menschen auf ein besseres Niveau bringen will. Und das wäre doch der Sinn der Kunst, die staatliche Zusammengehörigkeit zu stärken, die Menschen verfeinern und befreien. Haben Sie darüber noch nicht nachgedacht?' Er stellte die Fragen, als spräche er zu einem Kandidaten. Er tat, als ob er Nächte lang schlaflos über diesem Problem zugebracht. Butterweg meinte: 'Ich verstehe nicht recht, geehrter Herr, wie Sie diese Dinge aufzufassen belieben. Meine Ansicht ist: Kunst ist Kunst. Das muß man ein für allemal als Voraussetzung gelten lassen. Nicht wahr? ...' Es entwickelt sich ein Gespräch über die künstlerische Veranlagung. Butterweg vertrat mit Eifer die Ansicht, daß man zum Künstler geboren sein müsse, während Kakadu meinte, es sei nichts leichter, als mit einiger Übung das zu erreichen, was den Künstler ausmache. Butterweg sagte: 'Wie Sie mich hier sehen, bin ich ein Froschesser von meiner frühesten Jugend an.' 'Darauf kommt es nicht an,' antwortete Kakadu, 'es handelt sich darum, ob Ihnen das Motiv, welches Sie damals bestimmte, die Frösche zu essen, angeboren ist oder ob es nur zufällig in Ihnen vorhanden war.' 'Darüber habe ich mir niemals Rechenschaft gegeben. Jedenfalls weiß ich, daß es mir in frühester Jugend schon gelang, Frösche zu verspeisen' – ... (32,14)

Butterweg insistiert auf seiner Meinung, daß man zum Künstler geboren sein müsse und spricht das Gefühl als schöpferische Instanz an:

'Dieses Gefühl macht eigentlich unseren Stand aus. Wer es von uns nicht besitzt, gehört streng genommen nicht zu den Künstlern. Er bleibt immer ein Handwerker und wird niemals die Feinheiten des Gewerbes zu begreifen wissen. Deshalb sagt man zu recht, daß wir zu unserem Beruf geboren sein müssen.' Kakadu ärgerte sich, daß Butterweg bei seiner Meinung beharrte. Er sagte: 'Ich weiß nicht, ob man Ihre Ansicht verallgemeinern darf. Wie wollten Sie sich denn von Künstlern wie Goethe, Schiller, Geibel, Uhland unterscheiden! Auch Ihnen muß doch jenes Gefühl angeboren gewesen sein, und Ihre Leistungen lassen sich doch mit den Leistungen dieser Genialen nicht vergleichen. Denken Sie an den Faust, denken Sie an die 'Braut von Messina' oder die Schönheit eines 'Taucher'!' (32, 15)

Darauf weiß Butterweg keine Antwort, er bringt vielmehr eine neue Variante in sein 'Kunstkonzept' ein:

'Ich gedenke es weit in meinem Beruf zu bringen. Ich werde meine Kunst mit der Politik in Verbindung setzen. Sie werden das nicht verstehen! Es muß gewissermaßen mehr Wirklichkeit in meiner Kunst sein und mehr Beziehung zum Leben.' 'Ich verstehe sehr wohl,' sagte Jamaika, die sich anstrengte, ein nachdenkliches Gesicht zu machen. 'Die Ansichten der Künstler sind ja immer sehr interessant. Politik, das ist für Sie, wie man sagt, das Symbol der Wirklichkeit, nicht wahr! Habe ich Sie verstanden?' 'Vollkommen, gnädige Frau!' (32, 16)

Man kann natürlich über solche Passagen schmunzeln, weil sich aus dem Zusammenhang ergibt, daß die am Gespräch Beteiligten nicht für seinen Inhalt bürgen können, weil die Sätze in sich zum Teil widersprüchlich sind. Gleichwohl darf man das von Huelsenbeck Servierte nicht als baren Unsinn abtun, als Donquichoterie eines auf die Spitze getriebenen Dada-Progressivismus, der zu erkennen gäbe, daß das alles gar nicht so gemeint sei. Denn auf der einen Seite orientiert sich Huelsenbeck im Erzählstil durchaus an dem, was in der Literatur gängig ist — was belegt, daß die Dadaisten, so sie einen Verleger fanden, zeitweilig durchaus daran interessiert waren, gelesen zu werden —, auf der anderen Seite ist Butterwegs Äußerung, 'Kunst ist Kunst', eine Tautologie, die mehr als nur ironisch gemeint sein kann. Wenn sie auch von einem Froschesser ausgesprochen wird, der in ''Zarathustra'' im Sumpf lebt und dort als Narr bezeichnet wird, so entspricht sie einer verbreiteten Auffassung von dem, was da ein Künstler sei und woher seine 'Begabung' komme.

Mit Recht weist Kakadu darauf hin, daß Butterweg den klassischen

Geniebegriff beanspruche, nach dem die Künstlernatur sich selber verpflichtet sei und sich selber Gesetze gebe, er sich als Froschesser dennoch von Goethe, Schiller und anderen unterscheide. Seine Überlegung zielt auf das subjektivistische und unreflektierte Selbstverständnis Butterwegs, weniger auf den Gegenstand Kunst, der als 'bearbeiteter' Reflexion immer schon impliziert. So wird aus der Perspektive des Lesers der von Kakadu mehr oder weniger unfreiwillig gemachte Unterschied, der das Inkommensurable beider 'Kunstbegriffe' hervorhebt, deutlich, was Butterweg nicht ins Bewußtsein kommt, weshalb er völlig außerstande ist, zu argumentieren und das Gespräch fortzusetzen. So, wie seine Geliebte, Jamaika, als Schauspielerin von ihrer Körperlichkeit abhängig ist, um überhaupt darstellen zu können, ist Butterweg nur Künstler von Gnaden seines physischen Vermögens, 'Kunstgegenstand' und leibliche Physis zu vereinen: ihm fallen die Frösche in den Mund, werden verdaut und sind in ihm eins. Er ist zugleich zufällig und not-wendig Künstler und kann sagen: Kunst ist Kunst, gleich, ob er die Leibgebundenheit dieser Artistik durchschaut oder nicht. Und nur deshalb kann er behaupten, Kunst werde durch ihn ans Leben gebunden.

Was Huelsenbeck spaßhaft auftischt — humorvoll oder ironisch kann man es kaum nennen, weil diese Kategorien von der Literaturwissenschaft in anderen Zusammenhängen besetzt sind —, erhellt mehreres. Wenn der Begriff 'Kunst' eine nur noch in Plaudereien existente Lautkette ist ohne herausmodelliertes Signifikat, darf unter sie alles subsumiert werden; die rein leibgebundene künstlerische Tätigkeit auch. Das mag oberflächlich an Nietzsche erinnern, gleichfalls an die Kunstauffassung DADA's, daß Trieb und Objekt korrelieren und somit Triebenergie und Gegenstand zusammenfallen. Sie sind — zum Beispiel in der Ekstase — die gleiche Sache. Die Reduktion solcher 'Kunstauffassung' auf von Geburt auf angelegte Triebregungen kann sich dann allenfalls noch in der Strategie zur Erreichung der Bedürfnisbefriedigung manifestieren. Kunst bestimmt sich nicht formal historisch, sondern subjektivistisch-momentan sowie perspektivisch.

Legt man damit Butterweg mehr in den Mund als er es mit seinen Fröschen tut, die er verzehrt? Ich glaube nicht.

Hier wird ein Kunstkonzept angesprochen, das nicht nur spaßhaft-dadaistisch für andere, sondern teilweise auch für Huelsenbeck zutrifft; man denke an die "Phantastischen Gebete", in denen das physisch-ekstatische Element des Vortrags eine freilich durch keine literaturwissenschaftliche Anstrengung mehr herbeizuzitierende Komponente war, und in denen durch den Rausch des Augenblicks die in der Sprache verwahrten Dinge durch ihr simultanes Durch- und Ineinander gleichsam getilgt und – um in der Sprache Butterwegs zu bleiben – ve r tilgt werden. Doch solche physische Verarbeitungen von Inhalt, von Huelsenbeck exemplarisch an der Figur Butterwegs dargestellt, läßt kein Allgemeines, Physis und Subjekt Transzendierendes mehr zu. Ein wie auch immer gearteter Diskurs darüber, wie das zunächst subjektiv Inhaltliche zur Entfaltung ins Allgemeine kommen könnte, wäre nötig, wenn von Kunst gesprochen werden darf oder soll. Freilich stellt Huelsenbeck solch scheinbar 'organische' Kunst in seiner Erzählung mit den Mitteln der Überzeichnung in Frage, und Butterwegs Äußerung "Kunst ist Kunst" weist uns gerade darauf hin, daß die Tautologie seine aber auch andere Artistik zur Leiche macht, wenn das zu Definierende und das Definierende gleichgesetzt werden. Wird durch die ironische Reflexionskraft eines Marcel Duchamp, der ja zunächst auch nur 'naturalistische' Substanzen bietet, die aber dann durch ihre Lingualisierung einem Konzept einverleibt werden, die in einem Teil der Moderne prinzipielle Trennung von Objekt und Konzept deutlich, so gehen bei Huelsenbeck Leib, Leben und Kunstgegenstand eine fröhlich-heitere Beziehung ein, in der ein Konzept kaum, eine Methode allenfalls zu entdecken ist. Das relative Unvermögen zur Reflexion ist eine Transzendentalie aller im Text aufgeführten Veränderungen und Verwandlungen, so daß die Personen nicht eigentlich, nimmt man diesen Terminus etwas genauer, agieren sondern auf die sich jeweils ergebende Lage 'reagieren'.

Wenn Butterweg 'plant', dann nicht aus der sachlichen Einschätzung einer Situation heraus – er möchte zwar in Paris und Amerika das Publikum erobern –, sondern weil ganz dingfeste 'Lagen' ihn dazu nötigen, sich andere Ziele seiner Tätigkeit zu suchen. Nicht Reflexion steht ihm bei seinen jeweiligen Kursänderungen Pate, sondern not-wendige Getriebenheit, die an Animalisch-Tierhaftes erinnert, das an den Pflock des Augenblicks gebunden ist und deshalb den zweiten vor den ersten Schritt nicht denken kann.

Aus dieser banalen, den Leser freilich zuweilen faszinierenden Beschaffenheit Butterwegs, Jamaikas und Kakadus, aus den das Subjektivistische konstituierenden Trieben, aus den daraus resultierenden Ansichten und Meinungen entfaltet sich die Handlung.

Weil das Gespräch mit Butterwegs Feststellung 'Kunst ist Kunst' nicht mehr weitergeführt werden kann, überzeugt sich Kakadu, angetrieben von Jamaika, an Ort und Stelle über die zirzensischen Leistungen seines Rivalen, die ihn allerdings nicht zu überzeugen vermögen. Auf die Frage, was solche Mätzchen denn bedeuten sollen, antwortet Jamaika: "Ich glaube vielmehr, ich sehe einen neuen Typus Mensch, er macht sich lächerlich, um andere zu erheitern. Ist das nicht edel?" (32,19) Die Aussage ist symptomatisch, weil mehr oder weniger alle Personen einen Jargon abgestandener Eigentlichkeit pflegen oder ihn zumindest beherrschen, dabei aber nicht bemerken, daß die latent oder zuweilen offen zutage liegende Triebenergie das eigentliche Movens auch ihrer verbalen Aktionen ist. Wenn Jamaika diesen durchaus bedenkenswerten Satz ausspricht, ist sie sich momentan nicht darüber im klaren, daß sie sich bereits Butterweg zugewandt hat, daß sich ihr Triebpotential von Kakadu auf letzteren verschoben hat, der nun mit einem scheinbar sehr geistreichen Satz dekoriert wird. Nicht zuletzt deshalb beurteilt sie auch ihren Mann nunmehr mit Worten, die ihrem geliebten Butterweg gelten könnten: "Dieser Kerl, mit dem ich verheiratet bin! Kann man ihn überhaupt einen Menschen nennen! Denkt er an etwas anderes als an seinen Leib und seine Nahrung!" Auch Butterwegs Kunst besteht, wenn man so will, aus der Nahrung 'Frosch' und ist leibgebunden.

In diesem Zwischenfeld bürgerlicher Denkvorstellungen und vitalistischer Triebschübe siedelt sich die weitere Handlung an. Jamaikas Beziehungen zu Butterweg scheitern einerseits an ihrem zwar nur äußeren Bekenntnis zur Institution Ehe – darin verkennt sie die Kraft ihrer Vitalität – andererseits auch an den in ein falsches Bewußtsein gehobenen Vorstellungen, die sich Butterweg über seinen Status als Künstler macht. Zunächst: Beim Anblick der Darbietungen Butterwegs fällt Kakadu in Ohnmacht und mutiert zum Kind: "Am Arme Jamaikas erreichte Kakadu das Freie, wo er sich sogleich erholte. Aber seit diesem Besuch im Zirkus datierte seine Krankheit, sein Magen versagte und seine Gesichtsfarbe wurde gelb und lehmig. Seit diesem Abend zitterten ihm die Beine, und er begann in seltsamer Weise kleiner zu werden, so daß jedes Kind ihn um die Größe eines Kopfes überragte." (32,20) Der Zustand ihres Mannes treibt Jamaika Butterweg vollends in die Arme. Beide begegnen sich in einem Kaffee, wo Butterweg Jamaikas Liebe mit hohem Wortaufwand ekstatisch erwidert. Butterweg nimmt seinen Erfolg auch im Zirkus, der nichts anderes ist als momentane Befriedigung seines Künstlerselbstverständnisses ohne Reflexion, als freilich im Verlauf der Handlung decouvrierten geistigen Überschuß und leitet daraus die Berechtigung ab, sich der Stadt Paris zu präsentieren. Beide werden nun im oben angesprochenen Sinne kompromißlerisch. Dem Drang in die Ferne – man assoziiert hier (auch aufgrund anderer Anspielungen) Nietzsches Motiv des Wanderers – steht Jamaikas stiller Gedanke an eine Ehe mit Butterweg im Wege und Butterwegs Triebbotschaften werden durch den Gedanken an eine höhere Mission verdeckt. Schließlich finden sich beide in einer sozusagen toten Mitte wieder: Jamaika, wiewohl sie sich zu Butterweg hingezogen fühlt, verzichtet nicht auf ihren Angetrauten, so daß ihre Triebseite von der Institution Ehe gebremst wird, Butterwegs scheinbare Verselbstungsmöglichkeit als Künstler in Paris wird gehemmt durch die Liebschaft zu Jamaika: die anfangs instinkthafte Zuwendung beider wird zur Strategie: Kakadu darf schließlich nach Paris mitfahren. Für einen sich später als verhängnisvoll herausstellenden Begebenheitsmoment vergessen beide ihren Quasi-Vitalismus und kompromittieren ihre Süchte.

Indes scheitert Butterweg in Paris, und schon nach einigen Tagen drängt es ihn nach Amerika, wo er seine Kunst besser zu verkaufen hofft. Die 'glückselige Insel' Amerika wird über das Meer erreicht, eine Anspielung auf Zarathustra. Das Meer ist dort nicht nur Bild für Zarathustras Seele, sondern auch für die dionysische Doppelwelt der ewigen Wiederkehr des Gleichen. (156,69) Den Versuchern des offenen Meeres, denen Zarathustra ein bedeutungsschwangeres Rätsel erzählt hat, das andeuten soll, wie der Mensch sich aus seiner Geworfenheit übermenschlich entfalten kann, antwortet der Zwerg: "O Zarathustra, ..., du Stein der Weisheit! Du warfst dich hoch, aber jeder geworfene Stein muß – fallen! ... Verurteilt zu dir selber und zur eigenen Steinigung: oh Zarathustra, weit warfst du ja den Stein, – aber auf d i c h wird er zurückfallen." (162, II, 407) Bei Nietzsche bezeichnet die Passage die kritische Wende des Gedankens vom Verneinen des Todes zur Bejahung und Übersteigerung des Seins. Huelsenbeck interpretiert sie als Flucht des Künstlers Butterweg in die exotische Welt. Auch Jamaika meint, jenseits des Meeres Erfüllung zu finden, aber für sie bedeutet das die Erhöhung der sensuellen Reize sowie die Entlastung ihrer Ehe mit Kakadu:

"Jamaika beobachtete, wie sich die Wogen langsam hoben, wie sie sich türmten zu kleinen Bergen und plötzlich schäumend zerfielen. Sie wurde sehr ruhig. Ihre Augen sahen klar und scharf und oft dachte sie: Wenn ich nur noch recht weit fahre, damit ich etwas von der Welt zu sehen bekomme." (32,37)

Auf dem Seelenverkäufer, den die Versucher des offenen Meeres bestiegen haben, scheint Nietzsches Hinterwelt versammelt zu sein: die 'Krankheit Mensch' ist im Bauch des Schiffes eingeschlossen:

Die Zwischendeckler wurden vom Arzt auf ansteckende Krankheiten untersucht, sie mußten sich eine Kontrolle ihrer Kleidung gefallen lassen. Zu je dreißig steckte man sie in enge Räume, wo sie auf Strohbündeln und Hängematten in tiefen Schlaf fielen. Als Kakadu untersucht wurde, sagte der Arzt: 'Ein Crétin! Wie alt ist er denn?' Jamaika antwortete schnell: 'Er wird achtzehn, Herr Doktor!' Der Mann schüttelte den Kopf und man hörte, wie er sich an einen Assistenten wandte: 'Es ist ein Elend unter dem Völkchen. Man kann sich davon keinen Begriff machen. Manchmal habe ich das Gefühl, als lebte ich in der Hölle, wo aller Unrat zusammengestapelt ist.' (32,36)

Und weiter:

Wenn der Lärm zu heftig wurde und die Männer laut sangen, erschienen die Deckoffiziere. Sie schrien: 'Wollt ihr euch wohl ruhig verhalten! Pack!' Eine Frau quälte sich, ein Kind zu gebären. Sie trommelte mit ihren Händen auf den Bauch. Aber die Umstehenden taten, als hörten sie nichts. – Keine Schreie störten das ruhige Zigarettenrauchen der Cowboys, die von Europa mit ihren Lassos zurückkehrten. Butterweg half bei der Geburt, und als er sich später neben Jamaika auf den Sack legte, sagte er: 'Sie behauptet, eine Verwandte der schönen Otero zu sein. Sie ist Seiltänzerin und nennt sich auch Otero.' Nun sah Jamaika Butterweg oft bei der Otero sitzen, die das Kind, in wenige Lumpen gedreht, neben sich gelegt hatte. Einmal beobachtete Jamaika, wie Butterweg die Otero in die Waden kniff und mit der Zunge schnalzte, als sie vor ihm die Treppe hinaufstieg, die aufs Deck führte. Am Abend wurde die Feuerspritze unter die Zwischendecker gehalten, da sie bezecht waren und johlend Tänze aufführten. Kakadu bekam den vollen Strahl ins Gesicht. Er fiel auf den Rücken und schlug sich an einem Haken eine blutende Kopfwunde. Butterweg sagte: 'Na, es ist gut, daß das Schwein wieder seinen Teil hat. Nun wird er für einige Zeit sein Maul halten.' (32,37)

Kakadus letzte Verwandlung deutet sich im gleichen Kapitel an. Als 'Kind' übersteht er die Überfahrt am besten: ''Kakadu verließ nur selten seine Matratze; wenn er das Meer sah, glotzte er erstaunt und plärrte vergnügt.'' (32,96)

Während Jamaika sich ihrem Ehemann verpflichtet fühlt, wittert Butterweg instinktiv die Möglichkeit, mit der schönen Otero, die auf einem Seil über die Niagarafälle tanzen will, Geschäfte zu machen. Es kommt zum Komplott zwischen Butterweg und Otero gegen Kakadu und Jamaika. Kakadus noch auf dem Schiff eingeleitete Verwandlung setzt sich nach der Ankunft in Amerika fort. Er erlebt

… eine bedeutende Metamorphose. Sein Körper wurde kräftiger, sein Verstand begann wieder aufmerksam zu werden. Er fragte Jamaika: 'Wo

230

sind wir denn eigentlich?! Das ist doch nicht mein Haus und Zimmer, in dem ich zu arbeiten gewöhnt bin, wie?' 'Wir sind in Amerika, Kakadu! In Amerika sind wir ohne Zweifel!' Vor dem Hause brüllten die Chinesen und die Ausrufer der Warenhäuser schlugen auf die Gongs. Kakadu lachte, während sich sein Mund nach unten weitete wie ein Sack. Der Körper nahm ununterbrochen Gewicht zu, so daß man nach einigen Wochen die Schwellung des Biceps sehen konnte. Das Rot, das eine zeitlang als Zeichen der déroute auf den Jochbeinbögen gesessen hatte, breitete sich sprunghaft über die Haut bis zum hohen Rand des Kiefers. (32,39f.)

Mit seiner Verwandlung zum Kind und dem Heranwachsen bei der Ankunft in Amerika hat Kakadu auch das "Land der Bildung" verlassen, hat seinen ohnehin nur dekorativen Fundus historisch gesehenen und sekundär angeeigneten Wissens abgestreift, lebt also bar jeder Erinnerung, gleichsam 'unhistorisch' und ohne Blick für die Vergangenheit, mithin nicht mehr zerstreut, sondern 'präsentisch', die Historie gleichsam hinter sich lassend, ohne sie freilich damit 'überwunden' zu haben. Er hat, um mit Nietzsche zu sprechen, mit der Last des Kamels auch die Last der Vergangenheit abgeworfen. Die Entzweiung des Trieb-Ichs ist überwunden: die Instanz 'Kultur' hat für ihn ihre determinierende Wirkung verloren, er lebt für Jamaika, freilich ohne zu bemerken, daß in ihr die Krankheit zum Tode wurzelt.

Die Verwandlung bewirkt, daß Kakadu ein neues Leben beginnen will. Der Ermöglichungsgrund dafür ist das Vergessen seiner bürgerlichen Existenz, die Mutation zum Kinde. Was Huelsenbeck im letzten Kapitel vorführt, ist Nietzsches ironisierte Wiederkehr des Gleichen. Es mag dahingestellt bleiben, ob er den relativen Widerspruch in der Philosophie Nietzsches erkannt hat, der auch im "Zarathustra" manifest wird: einerseits soll sich der Mensch durch den Willen zur Macht, wenn er von der geschichtlichen Last befreit ist, verselbsten, auf der anderen Seite läßt Nietzsche ihn das Kreisen der Weltgeschichte denken, in der alles wiederkehrt, notwendigerweise auch das, was der Übermensch überwinden will.

Kapitel VI beginnt überraschend mit dem Satz: "Durch einen Zufall wurde Kakadu zum Friedensrichter ernannt. Er stülpte sich eine Allongeperrücke auf den Kopf und ließ sich hinter einem großen Tisch nieder." (32,45) Er repräsentiert Staatsmacht, läßt Besoffene und anderes Gesindel verhaften, unter dem sich auch Butterweg befindet. Höhepunkt seiner neuen Tätigkeit ist der Besuch in einem Gefängnis, in dem Butterweg einsitzt. Den verdutzten Inspektoren erklärt er:

'Ich habe sein Ende kommen sehen, meine Herren. Er ist mir immer ein lieber Mensch gewesen und ich habe ihn verzogen wie ein kleines Kind. Ich weiß, daß ich längere Zeit krank gewesen bin und daß man über mich hergefallen ist, wie über einen Holzbock, ein totes Stück Material, das man nach Belieben behauen kann.' Der Inspektor suchte seine Verlegenheit und seine Unfähigkeit, Kakadus Worte zu verstehen, vergebens zu verbergen. Jamaika und Butterweg richteten während eines ganz kurzen Zeitpunktes die Blicke aufeinander. Als Kakadu fühlte, daß ihm die Rede gut aus dem Munde ging, blähte er sich auf. Jetzt glich er den durch seltsame Ekstasen ausgezeichneten Onkeln, die auf Kaffeevisiten improvisierte Reden halten. Seine Worte fielen: 'Ich konnte von mir sagen, l'état c'est moi, da in mir die Weisheit von der gesunden Zusammengehörigkeit der Menschen Figur geworden war. In den Fälteleien meines Gesichtes hing das Bild ganzer Städte, wie etwas Selbstverständliches. Ich lebte mit dieser Frau unberührt von allen Problemen eines geistigen Daseins in einem biblischen Vorstadium, in einem Antichambre der Wirklichkeit, etwas blöde, aber stolz auf meine Gesetztheit. Gesetztheit? Was ist das ... möchten Sie wissen? Es handelt sich um einen Zustand, der Erklärungen gibt für die Art allen bürgerlichen Lebens. Gesetztheit und Gewißheit, alles, was gewesen ist und der Vergangenheit schon angehört, wenn es da ist und noch nicht da ist, das macht die Religion meinesgleichen aus. Prost!' (32,48)

Nicht nur macht Huelsenbeck Nietzsches Lehre von der ewigen Wiederkehr des Gleichen zum Substrat dieses Textes, sondern er weiß sie auch an ihrer schwächsten Stelle zu packen: zufällig aber dennoch not-wendig ist Kakadu zum Bürger geworden, im Rahmen der Novelle zum karikierten Übermenschen, der in seiner Gesetztheit die Möglichkeiten der ewigen Wiederkehr durchschaut. Die Religion, die seinesgleichen ausmacht, ist der Glaube an die scheinbare Weisheit, alles "was gewesen ist und der Vergangenheit schon angehört" und alles "wenn es noch nicht da ist" zu überblicken. Freilich übersieht Kakadu, daß solch antizipierende oder retrospektive Sicht nicht nötig ist, im Kreis der ewigen Wiederkehr des Gleichen ist die Welt in jedem Moment fertig, weil sie ohne Anfang und Ende ist. Wenn er die Weisheit besitzt − sein Ausspruch 'l'état c'est moi' drückt sie überspitzt aus −, daß alles wiederkehrt und sich seine Position sozusagen aus dem Ganzen des Seienden rechtfertigt, dann hebt sich in solchem Bewußtsein der Gegensatz von Einst und Jetzt auf, alle Momente vergangener aber auch künftiger Erfahrung können sich in seinem Geist als Quietiv sedimentieren: derart ist er in der Tat, wie es heißt, ein 'Gesetzter'.

Huelsenbecks versteckter Hinweis auf Nietzsches Lehre von der ewigen Wiederkehr des Gleichen hat noch einen abrundenden Schlenker. Jamaika, mit der er seit seinem Äufstieg wieder zusammenlebt, gebiert ein Kind. Sie verfällt zusehends geistig und körperlich. Im Krankenbett erblickt sie dahindämmernd in einem Wachtraum Schlangen, in 'Zarathustra' Symbol für die ewige Wiederkehr:

> "Jamaika erzählte in irrem Zustand phantastische Geschichten, sie knallte Satzstücke gegen die Decke und ließ schwerste Interjektionen plötzlich auf den Boden fallen. Wenn sie wachte, rief sie: 'Kakadu', und so oft sich der Mann auf ihr Bett setzte, zeigte sie nach der Wand und glotzte und schrie: 'Siehst du die Schlangen? Kakadu! Siehst du die Schlangen?' Kakadu gab sich Mühe, Schlangen zu entdecken, denn er glaubte nicht ohne weiteres, daß Jamaika von Sinnen sei."

Kakadu entdeckt sie nicht. Deshalb erweist sich seine Rede vor den Gefängnisbeamten und vor Butterweg in der Tat als Kaffeehausrede, deren Sinn er selbst nicht begreift. Seine Rede geht ihm eben nur 'gut aus dem Mund'. (32,48)

Die Novelle endet mit der Frage Kakadus an die Amme: "Sagen Sie mir ehrlich, wem gleicht das Kind?" Das Weib knickste: 'Dem Herrn Kakadu, dem Vater, wenn ich ehrlich sein soll.' 'Gut! Gut!', sagte Kakadu, und er gab ein Silberstück, indem er es hoch in das Licht hielt und lachte." (32,49)

Wenn Kakadu – wie Huelsenbeck zu verstehen gibt – auch nicht den Sinn seiner Rede begreift und der Hinweis auf Nietzsches Lehre von der ewigen Wiederkehr des Gleichen nur ein Hinweis für den Leser sein kann, so kapiert er doch, wenn er nach der Herkunft seines Kindes fragt, daß er sich vitalistisch transzendiert hat, daß er sich durch Jamaika, die nun hinscheidet und in ihrer Funktion nur eine Vervielfältigungsmaschine des Lebens war, 'erneuert' hat.

## 4.2 *Gescheiterte Sozialkritik und leibhafte Dingnähe: Huelsenbecks Roman "Doctor Billig am Ende"*

Huelsenbeck benutzt Nietzsches Philosophie, gleich, ob er sie richtig verstanden oder ernst genommen hat, als Vehikel für die Darstellung bürgerlicher Mediokrität. Was Nietzsche als 'neue Barbaren' (162, III, 690) bezeichnet, Menschen der Kleinheit, der Minderwertigkeit, Menschen mit Sucht nach Sicherheit, das alles mag hinsichtlich der Personengestaltung in

"Verwandlungen" hineinspielen; sein Roman "Doctor Billig am Ende" scheint zunächst gegenteilig zu verfahren. Die Handlung spielt in der Großstadt Berlin, die den Hintergrund abgibt für bis in den Staatsapparat verlängerte Schiebergeschäfte, für eine von der Hure Margot verzauberte Ganovenclique, deren bürgerliches Substrat nur beiläufig, aber nicht ohne Absicht erwähnt wird.

Auch bei Huelsenbeck ist die Großstadt Ballungszentrum des Lebens, wie bei etlichen Naturalisten oder Expressionisten auch, ist Sinnbild einer vitalistisch aufgefaßten Diesseitigkeit des Lebens, in der Mauern zusammenrücken, Granaten krachen, Leiber aus den Häusern quellen. Aber sie wird nicht mehr geschildert, wenn man dieses Wort genau nimmt, sie wird nur noch dissoziiert wahrgenommen, wird hineingemischt in das zum Triebbündel regredierte Subjekt Dr. Billig, der die von der Hure Margot evozierten Triebimpulse nicht mehr koordinieren und steuern kann. In einem "phantastischen Dämmerzustand" erlebt Billig, der eines Tages zum 'Leben' aufwacht und sich vom Syndikus der A.Y.K. Ca. zum "ganz außerordentlichen Dr. phil." wandelt, seine Umwelt. Die Außenwelt wird nach den jeweiligen Modifizierungen des Triebverhaltens von Billig erlebt, Trieb und Erleben gehen eine unauflösbare Bindung ein. Die Triebmodifizierung zugunsten der Libido, die nur durch gesellschaftliche Normen als dem entgegengesetzten Realitätsprinzip gehemmt wird, schiebt bürgerliche Scheinwerte als gängige Kontrollinstanzen beiseite.

Dadurch gerät die Umgebung Billigs in eine Dingnähe, die sich einer distanzierten Beschreibung entzieht und sich vor allem in Geräuschen und Gerüchen manifestiert. Auch die Wahl der Orte des Geschehens unterliegt der Triebbedingtheit der Romanhelden: zugelassen wird meist nur Margots Bett, ihre Wohnung, insofern sie den mit Orgien durchsetzten geschäftlichen Besprechungen der Gauner dient, ein Ostseebad, das Billig und Margot zeitweilig als Unterschlupf benutzen, um für eine Weile pseudo-romantischen Gedankengängen nachzuhängen in einer scheinbar amönen Landschaft. Scheinbar, weil die Fangarme einer organisierten Mafia von Kriegsgewinnlern auch ins Abseits einer vermeintlichen Idylle hineinreichen und Billig gerade dort begreift, daß seine Flucht aus der bürgerlichen Enge in Wirklichkeit die Tür aufstößt für Zwänge, die ihn bis zum Ende des Romans begleiten, für Zwänge, die nicht aus einer regelhaft strukturierten Überinstanz stammen, sondern auch aus dem chaotischen Andrang einer Wirklichkeitsfülle, die Billig zwar 'vitalistisch' erlebt, die sich aber im Hinblick auf sein Ende als des Todes heimlicher Vorgenuß erweist.

Solch Dingnähe, die sich auch in der Lust am Fressen, am Saufen, in der

Art im Umgang mit Frauen manifestiert, ist mit irgendeinem 'ordo'-Gedanken nicht vereinbar, nicht mit irgendeiner Ausprägung gesellschaftlicher Formen und Normen, geschweige denn mit irgendeiner Reflexion über solche Dinge, die ja einer gewissen Stimmigkeit nicht entraten kann, weil sie auf Finalität, um nicht zu sagen: Stabilität aus ist.

Während z. B. den Naturalisten 'Sozialkritik' noch möglich war, muß sie bei Huelsenbeck grundsätzlich scheitern, weil Billigs sexualisierter Organismus gesellschaftliche Mißverhältnisse nur am Rande notieren kann, meist in Erschlaffungszuständen bei Abwesenheit der Lustobjekte. Und auch da noch, wo man von der 'Zeit'-Gestaltung des Romans her erwarten könnte, Billig habe ein paar Zoll Distanz zu sich gefunden, schaut das Subjekt Billig retrospektiv seinem eigenen Treiben zu, erstaunt darüber, daß es sich nicht gelöst hat, wovon es sich trennen wollte: von der 'Kultur', vom 'Unbehagen' an ihr, wie es Freud ausdrückte.

Was man für Dichter des Naturalismus bezeichnend halten mag, daß der Außenseiter in Texten zwischen 1880 und 1890 sich seine exponierte Stellung nicht nur durch krude Sozialkritik verschafft, sondern durch fundiertes Ausbrechertum aus den durch die Gesellschaft gegebenen Zwängen, scheint für Huelsenbecks Romanfiguren nicht mehr zu gelten, scheint ihnen nicht mehr möglich.

Man könnte einwenden, daß der Mediziner-Psychologe Huelsenbeck die von der Bourgeoisie getragene 'Kultur' im Visier habe, die nach Freud auf einer fortgesetzten Sublimierung und dadurch erotischen Schwächung, d. h. Desexualisierung im allgemeinen Sinne beruht, aber solchem Argument steht entgegen, daß im Roman selbst diese 'Kultur' − im weitesten Sinne gefaßt − kaum in den Blick kommt. Die Nutzbarmachung aggressiver Impulse, wie sie Kemper am Beispiel der "Phantastischen Gebete" dargetan hat, kann im Sinne einer 'Kulturarbeit' nur in einer unmittelbaren Frontstellung zum Träger tradierter und auratischer Kunst geschehen, in der unmittelbaren Frontstellung zum Publikum. In Huelsenbecks Roman passiert dergleichen nicht, denn die Figur Billig lebt von den geheimen Süchten der Leser, die seinem Tun erstaunt und zeitweilig durchaus verständnisvoll zusehen werden. Das liegt nicht daran, daß ein solches Publikum prinzipiell nicht erreicht werden könnte, sondern wie es ins Spiel gebracht wird.

Spricht man indes von 'gescheiterter Sozialkritik', wird unterstellt, Huelsenbeck habe sie gewollt. Eine solche Annahme liegt im Hinblick auf Äußerungen prononcierter Berliner Dadaisten, aber auch Huelsenbecks nahe. Immerhin spielt die Handlung im Ersten Weltkrieg, die Rede ist von einer Gauner- und Schieberbande, die sich auf Kosten der Ärmsten bereichert und sich durch Korruption – ihre Beziehungen reichen in höchste Staatsämter – Gewinn verschafft oder mindestens zu schaffen versucht. Aber solch sich andeutende Kritik verläuft im Sande, weil auch dieses Geschäft in die Binsen geht, weil es Mühe und Energie kostet, die, als Grundlage jeder Arbeit, nur der Hure Margot angedient wird, weniger dem Geschäft.

Und selbst Margot, als Hure ansonsten klassisches Objekt für den Aufweis gesellschaftlicher Mißstände, von den Naturalisten meist als Mensch der Peripherie, als "anklagendes Produkt einer schlechten Gesellschaft" (102,82) dargestellt, wird als Zuchtmeisterin, freilich auch als Empfängerin der liebeswütigen ekstatischen Gesellschaft dargestellt. Und der von Huelsenbeck erwähnte Weizenschmuggel mit der Regierung Rumäniens kann nicht ernsthaft als Versuch gewertet werden, dem Leser einen Einblick in die Tiefen der Korruption zu gewähren, die es sicher angesichts einer hungernden Bevölkerung in Berlin und anderswo damals gab. Denn spätestens, als Margot Dr. Billig zum 'Direktor' des Unternehmens kürt, wird dem Leser klar, daß Billig seiner sexuellen Verfallenheit wegen gar nicht in der Lage sein wird, in der Nähe Margots produktiv zu agieren.

Im Ostseebad, das beide besuchen, erscheint der Berliner Kollmann, um an laufende Geschäfte zu erinnern:

'Es wird Zeit, det man wat sieht von den Erfolg. Det ist man sone Sache mit den Erfolg, wie?' Er äußerte Bedenken über Breuers Tätigkeit, fragte, ob man von Breuer gehört habe, wann die Kriegserklärung zu erwarten sei und wann das eigentliche Geschäft beginnen könne. Billig wußte keine Auskunft zu geben. Seine Informationen bestanden in Beteuerungen der rumänischen Vertrauensleute, daß 'das Geschäft zu machen sei'. Breuer hatte sich seit längerer Zeit nicht sehen lassen.
'Ich traue ihm nicht', meint Kollmann. Er wollte wissen, daß Breuer bereit sei, bei der Regierung gegen sie zu arbeiten, da er sich von der Aussichtslosigkeit des Geschäftes überzeugt habe. 'Der ist zu allem fähig, der olle Hecht. Son Kerl kann man nicht trauen. Der verrät uns an die Jeheimräte und wir sitzen dann da mit unseren Talent.' Billig versucht, die Situation möglichst günstig hinzustellen, obwohl er im Grunde nicht wußte, was er eigentlich sagen sollte. Er wußte nicht, um was es sich handelte, er arbeitete nur, um sich vor Margot beschäftigt zu sehen, er dachte an Margot und wieder an Margot, was gingen ihn die rumänischen Spekulationen an!? (33,64f.)

In der Tat: was gehen sie ihn, der eben erst seiner bürgerlichen Existenz entronnen und im Schoße Margots zu neuem Leben erwacht ist, an?

Es gibt aber noch einen anderen Grund, der Huelsenbeck vor voreiliger Inanspruchnahme avantgardistischen Revoluzzertums mit politischem Einschlag, wie es Peter Bürger den Dadaisten generell zubilligt, schützt: Die schon genannte Dingnähe hat eine Parallele in einer Geschehnisnähe, die auch stilistische Konsequenzen hat. Darunter verstehe ich die Darstellung von Begebenheiten ohne jede epische Distanz, d.h. unmittelbare Einführung von Handlung ohne expositorische Momente, aber auch ohne jedwede an der Normalerfahrung orientierte Konsequenz. Der Leser springt gleichsam in eine Szene hinein, ohne zu wissen, worum es geht: Das erste Kapitel beginnt so:

Daß die Angelegenheit sehr seltsam ist, fällt einem bald auf, mag man zum Leben stehen, wie man will. Es ist wahrscheinlich, daß du Beamter bist, 3000 Mark verdienst, eine Frau unterhalten mußt, mit ihr in Ehren drei Kinder gezeugt hast und in politischer Hinsicht eine liberale Anschauung vertrittst. Es wird dir schwer, einen Augenblick den gewohnten Trott zu unterbrechen – Deine Frau droht mit allen Mitteln ihrer eingefetteten Seele, die Kinder schreien (Papi, Papi), der Vorgesetzte schert sich den Teufel um deine intellektuellen Zustände – tausendmal magst du bereit sein, immer treibt dich die Angst wieder an – aber einmal, einmal kommt für dich, Geliebter, die Stunde, die du mit unberechtigter Sentimentalität deine Stunde nennen wirst: Du erkennst dieses Leben und insbesondere dein Leben als einen wüsten Taumel, eine Brutalität ohne Ende, als einen ewigen Kampf, sich und alles zu verschlechtern ... Die Huren mit ihren hohen Beinen reizen dich plötzlich, ein weißes Haus wird ein weißes Tier, ein Pferd mit unerhörten Farben, Du fluchst, frißt, fluchst, das Leben hat dich wieder. (33,1f.)

Huelsenbecks Wahrscheinlichkeitsrechnung ('Es ist wahrscheinlich, daß du ...') geht deshalb nicht auf, weil die 'seltsame Angelegenheit', von der die Rede ist, ohne Exposition als Zustand dargestellt wird, der zudem zwischen 'du' und einem 'man' wechselt, also Allgemeines und Besonderes ohne Umschweife verbinden will. Es wird desgleichen an zitierter Textstelle deutlich, daß die Syntax bei Huelsenbeck keineswegs defizitär ist. Nur weiß jeder, daß auch semantische Relationen in der Rede eine Rolle spielen. Würde man eine von der Linguistik z. T. bereits ausgearbeitete Typologie von Sachverhalten (229) den Sätzen zugrundelegen, dann zeigte sich wahrscheinlich schnell, daß Huelsenbeck von einem Typ in den anderen springt. In einem metaphorisch zu verstehenden Sinne evoziert die zitierte Stelle einen Zustand, einen Sachverhalt, der ohne zunächst sichtbaren Grund, d.h. ohne Kausalinstanz, in den nächsten Typ, den Prozeß, springt: es folgt eine Handlungssequenz, deren Notwendigkeit zunächst nicht deutlich ist:

Billig, der sich durch sich selbst mit den Dingen beschäftigt, versteht alles und rast. Er rast durch Straßen, findet in ihnen das nächste Objekt seiner Wut, stößt gegen die elektrische Straßenbahn, stolpert vor den Pferden der hochbeladenen Omnibusse, landet endlich in der dritten Klasse der Untergrund, wo er erschöpft und wütend sitzen bleibt. Durch reinen Zufall kommt er in seine Wohnung, wo ihn die Wirtin mit gespreiztem und hohnlachendem Gesicht empfängt. (33,6)
Billig stöbert dann in seinem Wäscheschrank und sagt zu sich selber:
Wie Aphrodite aus dem Schaum steigt das Weib aus der Wäsche. Dieser Hauch ihres Leibes ist mehr als eine Geste ihrer Hand. Das zeigt mir die verflucht bewegten Landschaften, wo es keine starren Formen mehr gibt. Die Kleider schmiegen sich und die Falten singen.
Die Ekstase des Dr. Billig dauerte eine Viertelstunde, dann warf er plötzlich seine Kleider ab, turnte nach Müllers System. Er hatte die Fenster weit aufgesperrt, die Gärten standen in voller Blüte. Irgendwo wurde ein Kind geprügelt und man hörte die keifende Stimme einer Frau. Die Wirtin klopfte, als Billig seine Reithosen anzog. Sie sagte: 'Hören Sie mal, ein so junger Mensch und so schläfrig. – Sie sollten sich Ihr Leben wahrhaftig besser einteilen, Herr Doktor'. Billig, der sich durch sich mit den Dingen beschäftigte, wußte zu schweigen. Diese Zwickmühle hätte diesen und jenen zur Verzweiflung gebracht – aber Billig war ein heroischer Mensch. In der Küche fand er einen Abreißkalender, auf dem groß mit roten Buchstaben der Name Anny stand. Er besann sich auf Anny, die Tochter der Wirtin, und dachte zugleich an Anny, die fünfjährige Stute, die heute Freund Callius im Hoppegarten laufen ließ. Das entschied plötzlich, der Plan war da. (33,7)

Die von Huelsenbeck sicher nicht grundlos in den Text eingebauten Unstimmigkeiten sind nicht zu übersehen. In der zitierten Einleitung wird der Leser als Ehemann angesprochen, ebenso Dr. Billig. Weil er bei einer Wirtin wohnt, ist anzunehmen, daß er nicht verheiratet ist. Erst später geht er eine mehr von ihm aus verbindliche Liaison mit Margot ein, die, wiederum entgegen dem erwarteten vitalistischen Lebenskonzept in eine Art 'Idylle' im zitierten Ostseebad ausartet. Die Verkehrung solcher Folgeverhältnisse erhellt in der oben zitierten Passage die Tatsache, daß sich Billig zuerst die Reithosen anzieht und zeitlich danach, beim Lesen des Namens 'Anny', der Plan zustande kommt, auf die Pferderennbahn zu gehen.

Derart von Huelsenbeck mit System betriebene Verwirrung des Lesers kommt natürlich auch dadurch zustande, daß manches Wort ambivalent ist. Der Name Anny ist ihm Zeichen für die Tochter der Wirtin sowie für ein Pferd. Solche Sexualhomonyme sind bei Huelsenbeck nicht selten.

Kehren wir zur Syntax zurück und damit zur Erzählweise. Der Verweis auf Kausalinstanzen und deren Referenzmittel ist für das Verständnis einer Erzählung nicht unwichtig. Dabei brauchen sie nicht einmal sprachlich ausgeformt zu sein, also nicht einem naturwissenschaftlichen Kausalitätsbegriff zu genügen; davon hinge allenfalls Genauigkeit und Präzision ab. Worum es geht, ist die Feststellung, daß im Hinblick auf eine Handlung – und sei sie nur durch einen Satz ausgedrückt – in den meisten Fällen übergeordnete, vorgängige und daher explikativ wirkende kausale Relationen fehlen, in dem weiten Sinne, wie wir hier das Wort 'kausal' verstehen.

Indes gibt Huelsenbeck den Grund an, warum dem so ist. Billig sei einer, so liest man, "... der sich durch sich mit den Dingen beschäftigte, ..." (33,7) Damit wird erklärt, daß Objekte der Außenwelt nicht die Bedingungen abgeben, aus denen Muster für kausale Erklärungen oder Handlungssequenzen einfach abgeleitet werden können. Kausal wirkende Vorgeschichten können, eben weil Billig sich mit den Dingen psychologisch-vitalistisch nur 'durch sich' beschäftigt, aus diesem 'Sich', seiner Triebinstanz nicht rekonstruiert oder nur vorhergesehen werden. Billig und mit ihm der Leser sitzen so gesehen den Dingen 'zufällig' auf, allein der Fokus seines Triebhaushalts selegiert aus der ihn umgebenden Dingwelt das ihm Gemäße.

Aber was ist dem Trieb gemäß? Huelsenbeck bestimmt ihn in der Einleitung negativ und zeigt, was ihm nicht gemäß ist: das Bürgerliche. Das ist zwar ein zu Tode gerittener Begriff, aber man liest darüber nicht mehr, so daß sich Billigs Abenteuer aus so Allgemeinem nicht vorhersehen lassen. Daraus ergibt sich auch die Richtungslosigkeit seines Tuns, denn die Intention einer Aktivität hängt normalerweise von der Klassifizierung der Objekte ab, auf die sich Handlung richtet oder zumindest richten könnte. Nur eine Neueinschätzung oder Neubewertung des Objekts würde eine andere Verhaltensweise auslösen. Die vitalistische Umwertung der Werte bringt es notwendig mit sich, daß ein Wechsel der Perspektive eintritt, der die Dinge neu einschätzt, im Hinblick auf den Trieb jedoch keineswegs verbindlich. So gesehen sind – anders als in 'normalen' Erzählungen – Handlungsantizipationen nicht möglich. Wenn – um ein Beispiel zu nennen – Heinrich von Kleist in "Die Marquise von O." ein Zeitungsinserat voranstellt, in dem eine Frau den Vater ihres Kindes sucht, dann wird man, bei allem Schock, den die Eröffnung dem damaligen Leser aber auch dem heutigen bietet, erwarten dürfen, daß das Motiv zur Insertion eines solchen Zeitungstextes im Verlauf der Handlung erklärt wird. Funktional gesehen ergeht sich dann auch der Kleist'sche Text nicht in Beliebigkeiten. Anders bei Huelsenbeck. Die Dingwelt, die gleichsam durch das agierende Subjekt 'rinnt', wird nicht reflektiert, hinterläßt nur dunkle Gefühle, die wiederum in die Objektwelt hinausprojeziert werden. Und da der triebfundierte Taumel keine im Sinne einer objektiven Dingwahrnehmung vereinheitlichende Kraft hat, welche Erscheinungen und Sachen mit durchgängigen Zügen versehen würde, so daß es zu einer Konstanz in der Wirklichkeitsauffassung käme, konstatiert das Ich nur Dingfetzen oder mischt Heterogenes zusammen, woraus sich erstaunliche Vergleichsebenen ergeben. Das Huelsenbeck genuine Äquivalent für eine Frau ist – wie schon erwähnt – das Pferd, und an dieses hängt sich wiederum ein ganzes Arsenal nicht immer schöner, aber möglicher Vergleiche an.

Die Schwüle des Dirnenmilieus wird vorweggenommen, als Billig in einen Pferdestall tritt:

Das war in der Tat ein Pferd, wie man es selten sieht, ein Goldfuchs, an dem jeder Muskel gespannt war, mit einem Hals, der in seiner Linie an den Stengel großer tropischer Blumen erinnerte, mit Fesseln, so fein und zierlich, wie an einem Nürnberger Kinderspielzeug. Aber die Wut saß in seinen Augen und Nüstern. 'Haben Sie mal gesehen,' fragte Callius, 'wenn ein solches Tier anfängt zu galoppieren? es wirft den Hals gegen den Wind wie eine Leine, die Brust steigt wie ein Schiffsbug, den eine schwere Welle trifft. Es ist unerhört, mit welcher Energie es den Kampf mit der Luft aufnimmt. Mühelos geht alles vor sich, als sei dieser Aufwand nur ein Vorwand – vielleicht rattert die Erde unter ihm in entgegengesetzter Richtung. – Er tänzelt nur, um die Balance zu halten.' Billig fand: Pferde sind den Menschen viel ähnlicher als Affen – indem er an Takahashi dachte ... '... man muß Pferde sterben gesehen haben. Es ist ähnlich, wie wenn man den Wert eines Menschen danach beurteilen kann, ob er sich gut bei seinem Tode benimmt. Pferde sterben wie wahre Helden – es ist außerordentlich.' Billig dachte an Schinder, Schlachthaus und Pferdewurst. Die Stimmung war ihm plötzlich verdorben. Er erinnert sich der Därme, die er in Madrid und Barcelona aus dem Bauch der Pferde hängen sah. Er hörte hinter sich einen leichten Schritt, und da er glaubte, es sei Takahashi, faßte ihn ein unglaublicher Ekel, so daß er fast auf die blendenden Tucheinsätze der Stiefel des Dr. Callius spuckte. Die Luft wurde aber in bedenklicher Weise schwerer – ein Gewitter begann sich auf der Haut zu entladen, ehe es seine himmlischen Eigenschaften sehen ließ. Der Geruch nahm plötzlich überhand – ein Blumenduft, so intensiv, daß man nicht mehr zweifeln konnte, eine

Gärtnerei sei in der Nähe. Dann aber fühlte Billig, noch ehe er sich umdrehte, daß die ganze Kalkulation falsch gewesen sei. Ganze Philosophien und Kombinationen stürzten zusammen. Es war eine Minute der angenehmsten Katastrophen. Man roch Haut, überdeckten Schweiß, Animalität jeder Art und parfümierte Wäsche. Es war zweifellos eine Frau in der Nähe. (33, s. 11f.)

Ehe Billig die Frau als Lustobjekt identifiziert, wird sie ihm über animalische Gerüche und durch eine assoziierte Gärtnerei vermittelt.

Folgende Passage möge illustrieren, was mit der Konstatierung von 'Dingfetzen' gemeint ist. Viëtta/Kemper würden von 'dissoziierter Wahrnehmung' sprechen, doch sie ist in unserem Fall fundiert durch die triebhafte Antizipation einer Begegnung mit Margot:

> Es ist in der Friedrichstraße gegen zwölf Uhr nachts. Man lebt hier wie in einem Taumel, der Krieg hat alle diese harmlosen bürgerlichen Menschen zu Bestien gemacht. Sie kreischen wie die Irren, es kommt zu Streit und Zweikämpfen, sie flöten und johlen, als wären sie in der Manege eines Zirkus. Dabei fällt das rote und violette Licht aus den ersten Etagen der Cafés in die erregte Straße – die Städte sind bezecht und wollen wandern als grüne Teufel über den Dächern. Das fühlt Billig alles und er hört den dröhnenden Lärm der Untergrundbahnen unter seinen Füßen, der ein Gewitter anzukündigen scheint, das gellende Schreien und Rattern der Straßenbahnen schiebt ihn fort, er ist umwoben von dem Gespräch der trappelnden Pferdebeine. Hundert verschiedene Gesichter sind hundert verschiedene Typen, die hundert verschiedene Leben einschließen und darstellen. An der Straße, um die weißen Marmortische des Cafés hocken Familien ohne Kopf, eine Mutter, die nur aus einem großen Bauch besteht, von denen nur einige tanzende Spinnenarme ans Leben erinnern. Hüte wandern allein durchs Lokal und bestellen zu essen, vor einem Kleiderständer redet ein Mensch seinen Überzieher an, sucht ihn zu überreden und verläßt ihn enttäuscht und in tiefer Traurigkeit. Billig hat die Fähigkeit der Begeisterung. Er sagt: 'Dreh dich! Dreh Dich! – Knalle! Explodiere!' (33,60f.)

## 4.3 *Destruierte Autonomie des regredierten Triebsubjekts*

Neben der im Hinblick auf eine verstellte Sozialkritik geltend gemachten Ding- oder Geschehnisnähe des durch seinen Trieb scheinbar autonom gewordenen Subjekts, das sich aller gängigen bürgerlichen Kategorien entschlagen will – wobei von Billig diese Strapaze freilich nicht durchgehalten wird –, gerät als Kehrseite solcher Emanzipation des Fleisches der reduzierte existentielle Aspekt in den Blick, der mit dem gesellschaftlichen kombinierbar ist. So, wie die Gauner sich innerhalb der von Huelsenbeck als 'schlecht' dargestellten Gesellschaft isoliert haben, so isoliert sich Billig durch das, was für ihn vermeintlich 'Leben' ist. Er isoliert sich einerseits vom Bestehenden, ist aber für die Beurteilung des Zukünftigen nicht fähig, weil er sich als Triebsubjekt nur in der jeweils ihm gebotenen Situation oder Lage realisieren kann. Wie die anderen Billig umgebenden Personen, eingeschlossen Margot, als monadische Subjekte existieren, denen sich als Geldgeber des Geschäfts Geschichte nur als Additionen positiver Momentaufnahmen der Marktsituation darstellen kann, hüpft Billig, einem falschen Lebensbegriff aufsitzend, von einem Lustmoment zum anderen. Was er dabei erfährt, ist nichts weiter als seine Existenz, sein Selbst, oder besser: seine Triebschicht. Das derart enthistorisierte, scheinbar in Freiheit gebrachte isolierte Subjekt schaut seinen täglichen Gegenüberstellungen naturwüchsig blind zu, konstatiert zwar beiläufig Risse in der Gesellschaft, ist jedoch nicht in der Lage, die isolierten Erfahrungsaugenblicke zu einem vernünftigen Ganzen aufzurechnen, da der Trieb nicht retrospektiv wirken und zum Denken gebracht werden kann. Ein derart sich selbst nachlaufendes und zuweilen stolperndes Subjekt entblößt dabei Mängel an kommunikativen Beziehungen, die allererst notwendig wären, um gesellschaftlich bedeutsam handeln zu können; denn in der Tendenz zur lustvollen Verselbständigung wird sich das scheinbar autonome Subjekt gefallen lassen müssen, eines Tages von Institutionen eines neuen Herrschaftsapparates wieder Moralgesetze vorgeschrieben zu bekommen, denen es eben entkommen zu sein glaubte. Auch hier eine ewige Wiederkehr, wie sie in ''Verwandlungen'', dort allerdings bewußt, dargestellt wurde.

In der Loslösung Billigs von den vorgegebenen bürgerlichen Normen und dem gleichzeitigen Sprung ins Leben ist mit verhängnisvoller Konsequenz ein Hiatus zwischen Leben und Kultur, zwischen regredierendem Triebsubjekt und seiner vermeintlichen Autonomie einerseits und der Notwendigkeit, sich Zwecke zu setzen andererseits, geschoben worden.

Für diejenigen, die nur auf einen eingeebneten Nietzsche und dessen Vitalismus bauen, besteht diese Problematik generell. Schon die Proportionalität zwischen Billigs Triebsüchten und Triebkönnen ist von Huelsenbeck bewußt schief angelegt, so daß seine angemaßte Autonomie destruiert wirkt; im ganz banalen Sinn, daß dem Trieb etwas kontinuierlich Habhaftes nicht gegenübersteht. Dadurch ergibt sich eine innere Deformation, die das triebbedingte Subjekt erleiden muß: im Hinblick auf den unerfüllten Trieb entsteht eine Leerstelle, an der sich Furcht plazieren kann. In Anspielung auf "Zarathustra" legt Huelsenbeck am Ende des Romans, als Margot sich aus dem Staub macht, Billig die Worte in den Mund: "Kleiner Billig, ja, ja – das Leben ist mehr als Nüsse knacken." (33,120) Kurz zuvor hatte er, als er Margot einen Besuch abstatten wollte, Breuer, den ehemaligen Geschäftsführer der Clique, tot aufgefunden. Aus dem Gegensatz Leben–Tod vermag Billig, wie sehr ihn auch die Leiche entsetzt, nichts zu lernen. Es treibt ihn abermals in die Arme einer Hure, bei der er ein wenig über seine frühere bürgerliche Existenz sinniert: "Dieses entsetzliche Leben', schrie Billig der Konatowska in den Mund hinein, 'dies ganz furchtbare und unerträgliche Leben. Ich hatte eine Lebensstellung, ehe ich mit Margot zusammenkam. Als Syndikus der Y.K.Z.N. hatte ich ein bescheidendes und reichliches Einkommen. Kannst du dir vorstellen, daß euer Rennen im Hoppegarten mir zur Katastrophe geworden ist"? (13,121) Ein bißchen Furcht ist dabei, wenn ihm auch trotz oder wegen seiner Leibgebundenheit die rechte Reflexion fehlt: "'Mein Kopf', dachte er, 'er könnte plötzlich wegbrechen – ich könnte plötzlich durch meinen Nabel sehen müssen –." (33,122) Was ihm von Anfang an in der Tat fehlte, ist sein Kopf, sein Gehirn, denn, so hieß es schon zu Beginn des Romans, er betrachtete alles nur durch sich selbst, ohne jegliche Anstrengung des Denkens.

In diesem Sinne bestätigt Huelsenbecks Aufsatz "Der neue Mensch" (1917) seine Romanfigur:

Der neue Mensch ist nicht neu, weil die Zeit es so will, die Neuorientierung, das Umsichtasten als Blindlinge und Maulwurfsmenschen – er ist nicht die unterirdische Quelle, die auf die Axt der Barbaren warten, um eine Verwendung zu finden... – er ist der Gott des Augenblicks, die Größe der seligen Affekte, der Phönix aus dem guten Widerspruch. (34,60)

Ein paar Zeilen weiter heißt es:

Falsch ist der Gedanke, daß mit der Macht der Geistigen eine Verbesserung der Welt erreicht werden könne – auch das Gegenteil wird sein; denn wir kennen die kleinen Arroganzen der Geistlinge und umgeschlagenen Literaturen ..." (34,61)

All dem ist zu entnehmen, daß der Avantgardist Huelsenbeck ein wohl teilweise gestörtes Verhältnis zu seiner Zeit und ihren realhistorischen Vorgängen hatte. Das sei deshalb nochmals betont, weil fast überall da, wo vom Dadaismus die Rede ist, ihm eine gehörige Portion Interesse an der Politik, ja sogar systemverändernde Kraft zugebilligt werden. Natürlich kann man behaupten, vor allem die Berliner Dada-Gruppe habe sich poli-

243

tisch engagiert. Es gibt Beispiele dafür. Ob aber für Peter Bürgers Meinung, daß das avantgardistische Kunstwerk historisch notwendiger Ausdruck der Entfremdung in der spätkapitalistischen Gesellschaft sei, das Œuvre Huelsenbecks ein glückliches und beweisträchtiges Exempel ist, mag dahingestellt sein.

### 4.4 *Kritik der rein vitalistischen Position*

Kemper hat in seiner erwähnten Studie zum Dadaismus geltend gemacht, daß wenn schon nicht monokausal, so doch in einem bedingenden Sinne der ältere Positivismus und mit ihm Mach und Vaihinger einen Erklärungsgrund für die dichterischen Verfahrensweisen beispielsweise Huelsenbecks aber auch Arps hergäben. In der Tat verlockt Huelsenbecks Prosa, die wir hier vorrangig behandelt haben, zu der These, Subjekt und Objekt würden sich in einer "Simultaneität der Empfindungen" (104,110) auflösen, und die hier konstatierte Ding- und Geschehnisnähe der Huelsenbeck'schen Figuren scheint das zu belegen. Abgesehen davon, daß derart empirischer Positivismus und Vitalismus allzu eng aneinandergerückt werden, gilt Kempers Ansatz mehr den "Phantastischen Gebeten", denn der Ort eines unmittelbaren Gegeneinanders heterogenster Eindrücke und sie wiedergebender Wörter ist naturgemäß das Gedicht, weniger die Prosa, die ja bei Huelsenbeck eine Portion Ironie gegenüber einer rein vitalistischen Position enthält, und Ironie, um sich zu entwickeln, braucht Platz und Zeit. Die Leibgebundenheit des Zirkunskünstlers Butterweg in "Verwandlungen" ist allenfalls eine ironische Verspottung des von Wilhelm Bölsche geforderten 'neuen Realismus', desgleichen die Billigs, der einem trivialisierten Lebensbegriff aufsitzt, was unter anderem dadurch zum Ausdruck kommt, daß der Lebenshunger Billigs letzten Endes nicht das negiert, woraus er entsteht: sein bourgeoises Element. Was für die "Phantastischen Gebete" stimmen mag, daß das Ich und seine triebhaften Regungen mit dem ihm gemäßen korrespondierenden Sinnesdaten zusammenfallen, die sich in der Notierung einer im Gedicht homogenisierten, aber dennoch seltsam disparaten Lexik realisieren, gilt nicht ohne Weiteres für die Prosa. Zwar ist richtig, daß Dr. Billig sich stellenweise und dominant aller Reflexion in dem von ihm gewollten und dann zufällig sich ergebenden Geschehniszusammenhang entschlägt, so daß sein derart reduziertes Ich die ihm entgegenstehenden Elemente als sinnliche Faktizität nicht bewußtseinsmäßig aufzuarbeiten vermag, mithin das erkennende Ich escamotiert wird; auf der anderen Seite: ganz bewußt hat Huelsenbeck – und nur so

244

konnte er sich ansatzweise als Kritiker eines falsch verstandenen Vitalismus exponieren – den Dr. Billig als einen "ganz außerordentlichen Dr. phil." dargestellt, als einen Akademiker, der seine Herkunft als erkenntniswollendes Subjekt nicht vergessen kann – wie ja übrigens die Positivisten auch nicht. Wenn oben von 'gescheiterter Sozialkritik' die Rede war, dann deshalb, weil Billig angesichts der dominanten Margot seine Triebe nicht zu zügeln vermag. Mit den Mitteln der Ironie gönnt Huelsenbeck jedoch seinem Negativhelden Verschnaufpausen, die zwar einerseits dem Aufbau seiner Körperwelt und den damit hypostasierten Empfindungen dienen, die jedoch andererseits dem Leser zu verstehen geben, daß die Empfindung sensueller Reize gebrochen wirken muß, so daß die sinnlichen Empfindungen nicht fugenlos ein Triebkonzept erfüllen und sinnlich Gegebenes nicht unverrückbar erscheint. So gesehen ist Billig durchaus nicht mit sich selber identisch oder gar ein sich selbst setzendes Subjekt. Die Ironie des Romans besteht darin, daß Billig anfangs schon 'am Ende' ist, und seinen Diesseits-Ekel nicht positiv ,vitalistisch' überwinden oder abschütteln kann, er also bei aller Ding- oder Geschehnisnähe das in den Blick bringt, woher er gekommen ist: die Gesellschaft, wiewohl diese nicht im Mittelpunkt des Buches steht. Und wenn Billig letzten Endes seine Triebwünsche nicht kontinuierlich befriedigen kann, dann auch deshalb, weil Margot als geheime Kriegsgewinnlerin nicht die Begierden Billigs erfüllen will. Sie manifestiert sich für ihn nur als ein Haufen stimulierender Elemente, die ihm die ganze Faktizität ihres Seins ausmachen. Andererseits fallen bei ihr Wesen und Schein im durchaus unpositivistischen Verstande auseinander. Zwar opfert sie sich ihrer Leiblichkeit, sie geht aufs Letzte und wirft allen Ballast an Ehre, Rücksicht, Moral und Furchtsamkeit über Bord, doch wird sie derart zu einer Überpersönlichkeit für Billig, an der sein irdischer Triebkompaß zerschellt. Während Billig erfahren muß, daß bei seinem Ausbruch aus dem Bürgerlichen nichts Dauerndes herauskommt, erscheint die Hure Margot eine fast mystische Person zu sein, einer Betschwester nicht unähnlich. Huelsenbeck: "Eine Hure ist zwar von gewissen Standpunkten aus betrachtet eine Göttin, aber von anderen Gesichtspunkten aus ist sie ein Schwein." (33,122) Auf den Gesichtspunkt kommt es an.

Die Konatowska, bei der Billig, immer noch an die verloren gegangene Margot denkend, Unterschlupf findet, macht ihm denn auch klar, daß eigentlich nicht Margot, sondern die sie umgebende Clique einschließlich Billig, in Abhängigkeit von Margot stehen:

"Als Billig stehen blieb, faßte sie ihn bei den Schultern und schrie ihm ins

245

Gesicht: 'Sind Sie denn etwas anderes als eine Hure. Sind Sie nicht bis jetzt die Hure Margots gewesen und eine schlecht bezahlte dazu?" (33,122)

### 4.5 Der redende Mensch: Anmerkungen zu Huelsenbecks "Phantastischen Gebeten"

Vitalistisches Stubstrat liegt auch den "Phantastischen Gebeten" Huelsenbecks zugrunde, dem wohl verwirrendsten Gedichtzyklus dadaistischer Dichtkunst. 1916 im Zürcher Cabaret Voltaire vorgetragen, dienten sie immer wieder, auch in Berlin, einer Art Publikumsbeschimpfung. Rückblickend meint Huelsenbeck zwar, daß sie "wenig Eindruck auf die Leute und Literaten gemacht hätten" (66,13), doch ist diese Einschätzung eher auf die Drucklegung zu beziehen, kaum auf den mündlichen Vortrag der Gedichte. Sie deshalb im herkömmlichen Sinne zu interpretieren, ist schlicht sinnlos; allenfalls kann man sich ein paar Gedanken darüber machen, wie sie auf das Publikum wirkten. Daß dieses im Grunde immer miteinbezogen werden muß, darauf hat als erster Richard Brinkmann hingewiesen, und Kemper bemüht die Aggressionsforschung, um in etwa aufzeigen zu können, wie das provokatorische Potential der 'Gebete' beim Publikum landete. Gänzliche Hilflosigkeit diesen Gebilden gegenüber mag man mit R. Meyer et al. (109) nicht teilen, auch nicht seinen Kummer darüber, daß Huelsenbeck die Gedichte einer Druckerei überantwortete und sie somit der 'technischen Reproduzierbarkeit' ausgesetzt habe, denn eben die Masse, von der Benjamin angesichts dieses Phänomens spricht, wäre kaum imstande, sie kollektivistisch zu goutieren.

Auch die gedruckten Texte noch zeigen, so meine ich, in ihren Repetitionen Reflexe auf Reaktionen des Publikums, so das "ho-ho-ho", das Huelsenbeck zum in etlichen Gedichten leitmotivisch fungierenden Wort 'hosenlatz' erweitert. Überhaupt gibt es Zeilen, die als Kontrast zu sinntragen Wörtern bloß noch Geräusche wiedergeben.

Grundsätzlich stünde also der Interpretation der "Phantastischen Gebete" nichts Geringeres zu leisten an, als eine Synthese der Rezeptionsweise des Publikums und der Produktionsweise Huelsenbecks zu versuchen. Ein Blick auf die Texte Huelsenbecks zeigt jedoch, daß das nicht in semantisch schlüssiger, vielleicht nicht einmal in plausibler Weise gelingen kann. Und auch die Beschreibungen der DADA-Abende, zum Teil von den Dadaisten verfaßt, sind nicht immer aufschlußreich und ganz sicher nicht immer zuverlässig. Will man den auch heute noch verdutzten Leser der "Phantasti-

schen Gebete" nicht ganz im Stich lassen, dann können mit gutem Gewissen nur Konditionen der zeitspezifischen Aggressionen der Dadaisten und der Huelsenbecks im besonderen angegeben werden. Zunächst dürfte die Aggressivität der Dadaisten aus ihrem Status als Exilierte zu erklären sein. Wir haben darauf hingewiesen. Mit dem Ersten Weltkrieg, aber auch mit der nicht ganz so amönen Schweiz hing zusammen, daß konkrete künstlerische Zielprojektionen nicht zustandekamen, daß ästhetisierende Dichtung mit entsprechenden Gehalten, soweit sie sich traditionalistisch gab, in Mißkredit geriet. In seinem Tagebuch "Flucht aus der Zeit" weist Ball mehrere Male auf die Diskrepanz zwischen chaotischen Wirklichkeitsverhältnissen und homogenisierenden Dichtungsversuch hin. Aus diesen zur Frustration treibenden Umständen allein ließe sich hinlänglich die Neigung der Dadaisten zu Provokation und Aggression erklären. In diesem Zusammenhang wäre dann darauf zu verweisen, daß Huelsenbecks Gedichte nicht Ausdruck irgendeines Formbewußtseins sind, sondern vielmehr einer Verhaltensweise im Sinne der Ausformung aggressiver Potentiale, die sich nach dem Gesetz des Effekts zu steigern vermag. Man kann annehmen, daß der Erfolg aggressiv vorgetragener Produkte aber auch schockierender Inhalte wiederum zum Movens neuer Aggressionen wird, die dergestalt in einen Kreisprozeß eingehen. Das erklärt, wenn auch nicht mit letzter Sicherheit, die Huelsenbeckschen Provokationen jeweils am Ende wenn schon nicht aller, so doch einiger Gedichte. Das Poem "Ebene" endet mit dem Wort "Hosenlatz", das zuvor in Zusammenhang mit einem Geistlichen gebraucht wurde: "es schließet der Pfarrer den Ho-osenlatz"; das Gedicht "Flüsse" provoziert die nach Huelsenbeck schüchternen und bürgerlichen Züricher mit dem Satz: "eine große Schlacht ging über euch hin und über den Schlaf/eurer Lippen/ ein großes Morden füllete euch aus." (31,22) Im folgenden Text "Der redende Mensch" werden am Schluß Bilder und Vorstellungen aus dem Bereich der Kirche und des profan Weltlichen zusammengezwungen, eine Technik, die für Huelsenbeck bezeichnend ist, weil sie größtmögliche Schockwerte bietet: "... ich bin der Papst und die Ver-/heissung und die Latrine in Liverpool." (31,23)
Deutlich wird aber auch, daß mindestens der Schluß der Texte verständlich sein mußte, wenn das Aggressionspotential im Publikum Wirkung erzielen sollte. Insofern gilt Kempers Formel, mit der er die Textur der "Phantastischen Gebete" erklären möchte, nur bedingt: "Das 'Rezept' lautet: man kombiniere Bilder und Worte, welche die religiösen und ethisch-moralischen Empfindungen des Publikums möglichst tief verletzen, indem sie diese verhöhnen oder verspotten." (104,104) Das ist richtig allenfalls für den Gedichtschluß, der als aggressiv-epigrammatische Schlußbeschwerung

sinnfällig so verfahren muß, nicht jedoch unbedingt für intermittierend-partiell stimulierende Texteingänge, die vom Gesichtspunkt der Aggressionstheorie aus eine Erwartungshaltung allererst initiieren. Das Gedicht "Das indianische Meer und die ganz rote Sonne" (31,28) belegt das. Die Anfangszeilen: "Höher hinauf stieg alles/ alles versank in der Höhe/ große Pupillen drehen sich rasselnd auf den Galerien aus Ze-/dernholz" wirken angesichts des provokatorischen Schlusses, der, wie Kemper richtig meint, religiöses Empfinden verletzen muß, relativ harmlos. Der Text endet: "zwischen meinen Schulterblättern wandert Tzara der Dichter/ Tzara der Dichter wandert mit Zylinder und Parapluie mit Parapluie wandert Tzara der Dichter/ er wischt sich den Schweiß von seiner Stirn/ er reißt sich den Lorbeerkranz von seinem Bein/ o Tzara oo Embryo o Haupt voll Blut und Wunden." (31,29) Das Gedicht "Phantastische Litanei" (31,30) hört ebenfalls mit der Verfremdung eines biblischen Zitats auf. Anstatt "Heilig, Heilig ist der Herr Zebaoth" heißt es: "Heilig, Heilig/ Heilig, Heilig aus den Augen blasen sie den bunten Schnee/ Wachspuppen klettern auf das Xylophon/ Santa Clara." (Ebd.) Eine ähnliche Schlußbeschwerung bekommt das Gedicht "Tod der Meistersinger": "Nein, nein, nicht mehr Soldat keiner will's mehr/ Wer aber flucht/, fluche dir nicht, denn dein ist das Reich/ und die Ewigkeit und alle Gesäße." (31,31) Wie sehr nun aber eine solche Intention Huelsenbecks zu erkennen ist, die Semantisierung unter dem Aspekt einer provokatorischen Kompatibilität der letzten Zeilen läßt mit letzter Sicherheit doch nicht den Schluß zu, das Publikum habe sie verstanden. Man kann auf die Schilderung eines Dada-Abends hinweisen die freilich von Huelsenbeck erfunden worden sein kann, zu dem er eine Freundin einlud, die angesichts des empörenden Klamauks den Saal verließ:

Ich hielt mitten im Gedicht inne und sprang vom Podium. Die Zuhörerschaft protestierte, Ball, der ohne zu spielen am Klavier gesessen hatte, erhob sich erstaunt. L. (H's Freundin, Anm. d. Verf.) verließ schnellen Schrittes das Kabarett, ich stürzte ihr ebenso schnell nach, behindert nur durch die eng aneinandergestellten Stühle und Tische, an denen an diesem Abend für unsere Verhältnisse ungewöhnlich viel Menschen saßen. Der Raum war durch Zigarettenrauch verdunkelt. Sprechen, Singen, Grölen und Protestrufe wurden hörbar. 'Wir wollen unser Geld wieder zurückhaben', schrie ein betrunkener Student. 'Schweinerei', 'Betrügerbande ...' (66,42 f.)

Immer vorausgesetzt, man kann Huelsenbecks Retrospektive Glauben schenken, dann geht aus dem Text zweierlei hervor. Zum einen waren die

Gäste anscheinend auf das Spektakel eingestellt, zum anderen ist anzunehmen, daß bei 'normalem' Verlauf der Darbietung das Publikum ebenfalls gejohlt hätte, Huelsenbeck also eine Aggressionsmotivation erfuhr, denn verfaßt waren die Texte durchaus auf eine provozierende Schlußbeschwerung hin; ob sie verstanden wurde, ist angesichts der von den Dadaisten beschriebenen Tumulte zweifelhaft.

Nun ist gewiß nicht nur die semantische Befrachtung der Poeme der Grund, der das Publikum von den Sitzen riß oder zu spontanen Reaktionen veranlaßte; vielmehr darf man annehmen, daß der Text oft nur ein lautliches Substrat für den physischen Gestus des Interpreten war. Aggressive Aktivität ist nicht nur verbales Handeln, sondern ebenso gestisches. Über Huelsenbecks Auftritte im Cabaret Voltaire notiert Ball in seinem Tagebuch:

> "Am 9ten las Huelsenbeck. Er gibt, wenn er auftritt, sein Stöckchen aus spanischem Rohr nicht aus der Hand und fitzt damit ab und zu durch die Luft. Das wirkt auf die Zuhörer aufregend. Man hält ihn für arrogant und er sieht auch so aus. Die Nüstern beben, die Augenbrauen sind hoch geschwungen. Der Mund, um den ein ironisches Zucken spielt, ist müde und doch gefaßt. Also liest er, von der großen Trommel, Brüllen, Pfeifen und Gelächter begleitet: ..." (10,77)

An anderer Stelle heißt es etwas allgemeiner:

> Unser Versuch, das Publikum mit künstlerischen Dingen zu unterhalten, drängt uns in ebenso anregender wie instruktiver Weise zum ununterbrochenen Lebendigen, Neuen, Naiven. Es ist mit den Erwartungen des Publikums ein Wettlauf, der alle Kräfte der Erfindung und der Debatte in Anspruch nimmt ... Nirgends so sehr als beim öffentlichen Vortrag ergeben sich die Schwächen einer Dichtung. Das eine ist sicher, daß die Kunst nur solange heiter ist, als sie der Fülle und Lebendigkeit nicht entbehrt. Das laute Rezitieren ist mir zum Prüfstein für die Güte eines Gedichtes geworden, und ich habe mich (vom Podium) belehren lassen, in welchem Ausmaße die heutige Literatur am Schreibtisch erklügelt und für die Brille des Sammlers statt für die Ohren lebendiger Menschen gefertigt ist. (10,76)

Was Ball in der letzten Passage festhält, daß das Gedicht seine Wirkung vor dem Publikum nur durch lautliche Intensität vor dem Ohr lebendiger Menschen habe, kann allgemein für die Dadaisten, speziell für die Rezitationen Huelsenbecks gelten. Mehr als andere scheint er der futuristischen Geräuschkunst verpflichtet. 1913 veröffentlichte Luigi Russolo ein Manifest über "Geräuschkunst". Er begründet sie christlich und – das ist erstaunlich – scheinbar 'nietzscheanisch'. Früher habe man angenommen, der Ton sei auf die Götter zurückzuführen, er sei gleichsam unabhängig vom Leben, eine Sache, die nichts mit ihm zu tun habe. In der Musik schließlich begegne uns eine heilige, unverletzliche Welt, die mit dem Leben nicht korrespondiere. Zwar bindet Russolo die Geräuschkunst nicht ausdrücklich ans Leben, denn sie "wird ihre größte Emotionsfähigkeit aus dem akustischen Genuß selbst schöpfen, den die Inspiration des Künstlers aus den Geräuschkombinationen zu ziehen versteht ..." (84,225), dennoch stellt er sechs Geräuschfamilien als "charakteristische Grundgeräusche" zusammen, die sich nichtsdestoweniger als sehr 'leibbedingt' erweisen. Brummen, Donnern, Bersten, Surren, Brodeln, Knirschen, Krachen, Knistern, Summen, Knattern, Reiben sind nur einige der aufgeführten Fundamentalgeräusche, schließlich werden unter Punkt 6) des Manifests noch Tier- und Menschenstimmen angeführt. (84,225) Unbeschadet der überlegungen zur Lebensphilosophie Simmels im Kapitel über Stramm ist ganz sicher, daß auch Huelsenbeck Russolos Manifest gekannt haben dürfte, ohne freilich in einen theatralischen Bruitismus zu verfallen.

Das Gedicht "Ebene" nennt Huelsenbeck ausdrücklich 'poème brutiste':

> zum erstenmal durch Richard Huelsenbeck Dada
> oder oder birribum birribum saust der Ochs im Kreis herum
> oder
> Bohraufträge für leichte Wurfminen-Rohlinge 7,6 cm Chau-
> ceur
> Beteiligung Soda calc. 98/100%
> Vorsteherhund damo birridamo holla di funga qualla di
> damai da dai umbala damo                                    mango
> brrs pffi commencer Abrr Kpppi commence Anfang Anfang
> sei hei fe da heim gefragt
> Arbeit
> Arbeit
> brä brä brä brä brä brä brä brä brä
> sokobauno sokobauno sokobauno
> Schikaneder Schikaneder Schikaneder
> dick werden die Ascheneimer sokobauno sokobauno
> die Toten steigen daraus Kränze von Fackeln um den Kopf
> sehet die Pferde wie sie gebückt sind über die Regentonnen
> sehet die Paraffinflüsse fallen aus den Hörnern des Mondes
> seht die den See Oriunde wie er die Zeitung liest und das Beef-
> steak verspeist

sehet den Knochenfraß sokobauno sokobauno
sehet den Mutterkuchen wie er schreiet in den Schmetterlings-
netzen der Gymnasiasten
sokobauno sokobauno
es schließet der Pfarrer den Ho-osenlatz rataplan rataplan den
Ho-osenlatz und das Haar steht ihm aus den Ohren
vom Himmel fällt das Bockskatapult das Bockskatapult und
die Großmutter lüpfet den Busen
wir blasen das Mehl von der Zunge und schrein und es wandert der Kopf auf dem Giebel
es schließet der Pfarrer den Ho-osenlatz rataplan rataplan den
Ho-osenlatz und das Haar steht ihm aus-aus den Ohren
vom Himmel fällt das Bockskatapult und die
Großmuuter lüpfet den Busen
wir blasen das Mehl von der Zunge und schrein und es wandert der Kopf auf dem Giebel
Drahtkopfgametot ibn zakalupp wauwoi zakalupp
Steißbein knallblasen
verschwitzet hat hat o Pfaffengekrös Himmelseverin
(31,16 f.)

Ständige Motivrepetition ist das Wort 'Ho-osenlatz', an das sich später
Tristan Tzara in seiner 'Chronique Zurichoise' erinnert und einen gewaltigen Eindruck hinterlassen haben muß. Signifikant ist es nicht nur, weil es
den damit in Zusammenhang gebrachten Pfarrer auf seine Libido reduziert, dem ob dieses Geschehens die Haare nun nicht zu Berge, sondern aus
den Ohren stehen, sondern weil die graphisch angedeutete Dehnung —
doppeltes 'o' — auf eine Sprechweise schließen läßt, bei der zuerst die Betonung auf 'ho', sodann auf '-osenlatz' gelegen haben könnte. Andere
'bruitistische' Lautkombinationen wird man kaum mit festen 'semantischen' Werten versehen können, sie verdeutlichen nur die These Russolos,
daß kein Geschehen ohne lautliche Äußerung ist.

Deutlich die im Text eingebettete Aggressionsmatrix, die einerseits das
Aggressionspotential vom Produzenten zum Rezipienten weitergibt, sodann wieder registriert, also ein Echo aus dem Publikum sein dürfte.

Doch nicht allein die unsinnigen Lautsequenzen weisen auf den Einfluß
Russolos oder des Futurismus allgemein, auch Worte wie 'Kesselpauke',
'Bohraufträge für leichte Wurfminen Rohlinge' assoziieren Kriegsgeräu-
sche, wie überhaupt die Kesselpauke Huelsenbecks Gedicht 'instrumenta-
lisiert', so, wenn sich der Pfarrer unter dem Lärm der Pauke den Hosenlatz

öffnet. 'rataplan' bedeutet im Französischen frei übersetzt 'bumm bumm'. Auch der Mutterkuchen 'schreit' und das Steißbein 'knallt'. Es erübrigt sich, weitere Beispiele zu nennen, jeder Leser der "Phantastischen Gebete" wird auf solche Geräuschverweise stoßen.

### 4.6 Rezeptionsästhetische Aspekte

Die Frage, was damit erreicht sei, bleibt zu stellen.

Die Diskussion zur Theorie der Avantgarde sei an dieser Stelle nicht nochmals bemüht. Bedacht werden müßte, daß Huelsenbecks Material-schlacht mit dem Publikum von einem sich autonom setzenden Subjekt ausgeht, das 'Kommunikation' – um diesen von der Linguistik zu Tode gerittenen Begriff einmal zu gebrauchen – nicht initiiert und mithin kein aufklärerischer Effekt erreicht wird. Denn ein tobendes und bruitistisch verfremdetes Publikum ist Substitut eines nachdenkenden, das eigentlich ein Urteil darüber abgeben sollte, wogegen sich sowohl die Dadaisten als zuvor die Futuristen wehrten: gegen einen vom Bürgertum getragenen Ästhetizismus und dessen Voraussetzungen. Nicht so sehr ist wichtig, daß, wie Kemper zu Recht feststellt, die Aggressionen vom Stammpublikum verinnerlicht wurden (104,107), sondern die Frage, ob denn überhaupt ein sinnlich wahrnehmbares, sich visuell produzierendes Spektakel zu leisten vermag, was sich manche Dadaisten von ihrem Kulturbetrieb erhofft haben mochten.

Ein kritischer Blick auf die Rezeptionsästhetik soll die Fragestellung verdeutlichen und gleichzeitig beantworten helfen. Ohne auf die gesamte Diskussion über Sinn und Unsinn der Rezeptionsästhetik einzugehen, darf man feststellen, daß sie auf der zunächst richtigen Einschätzung fundiert und formuliert werden konnte, daß ein korrelatives Verhältnis zwischen literarischer Produktion und Rezeption in der heutigen zur Warenliteratur neigenden Gesellschaft nicht mehr besteht. Eine abstrakte Gesellschaft und ihre ökonomischen Bedingungsgründe mußte notwendigerweise den auch im Klassizismus schon immer gekitteten Zusammenhang zwischen Ästhetizismus – Peter Bürger versteht darunter nur ästhetisierende Kunst ab Impressionismus – und dem 'idealen Leser' sprengen. Vor dem Typus des aggressiven Lesers mußte sich dieser mit einiger Konsequenz in Literatur-Kreise oder -Zirkel zurückziehen, er wußte sich zu behaupten durch Mythifizierungen des Autors als 'Schöpfer', 'Genie' etc., durch gewollte und forcierte Andersartigkeit, wofür gerade Hugo Ball ein meiner Einschätzung nach allerdings unglückliches, nichtsdestoweniger bezeichnendes Beispiel ist.

Nur auf Basis der hier angedeuteten Verhältnisse konnte der Leser zum 'Rezipienten' mit vergleichsweise ähnlichem Status wie der Produzent werden: in der Rezeptionsästhetik wird dagegen eine falsch verstandene Kulturdemokratie praktiziert, die auf der Dissonanz von Gesellschaft und Ästhetizismus beruht. Sie aufzuheben steht der Kunst allein nicht an, sie zu überbrücken aber wohl. Eben dies hat Brecht in seiner Materialästhetik versucht. Vor die gleiche Situation sahen sich auch die Dadaisten gestellt. Auch sie waren der tradierten Kunst gegenüber 'Leser gegen den Strich', 'Realleser' nun nicht nur kritischen, sondern aggressiven Formats.

Man mag darüber streiten, ob Brecht das Publikum aus seiner affirmativen Konsumptionssphäre befreite, wenn er die Verfügbarkeit dramaturgischer Mittel bewußt machte; immerhin gelang ihm der Versuch, das Dreiecksverhältnis Produktion — Distribution — Rezeption aufzubrechen, indem er durch Mittel der Verfremdung den Rezipienten in den Produktionsvorgang nun nicht als einen das Werk Verändernden, sondern stärker Reflektierenden einbezog, so daß dieser — ein Desiderat Brechts — nicht im fiktiven Kunstwerk aufging, vielmehr als ein auf dieser Ebene praktischer Wirklichkeit Handelnder vorgestellt werden konnte. Freilich bleibt das Kunstwerk dadurch autonom, nur gestattet es durch die Perzeption — nicht erst Rezeption — seiner Mittel eine aufklärerische Arbeit. Natürlich sind dadurch die aggressiven Realleser, wie sie der Rezeptionsästhetik wünschenswert erscheinen, nicht schon befriedigt.

Wenn ich vom 'falsch verstandenen Demokratieverständnis' der Rezeptionsästhetik sprach, dann deshalb, weil sie sich anschicken will, 'ästhetischen Snobismus' abzubauen. Wieweit der Vergleich zwischen Huelsenbeck und Brecht auch hergeholt sein mag, deutlich wird, daß auch Brecht einem vom Ästhetizismus befreitem Leser nicht einfach angedient werden kann, weil sein Werk nicht so angelegt ist, daß ein pragmatischer Leser simple, nur einfach eben auszumachende Kommunikationsstrukturen festzustellen habe. Die Verfremdungstechnik Brechts konnte allenfalls Durchsetzungsstrategien entwickeln, doch müßte man seinen Ansatz, genauer besehen, einer Wirkungsästhetik zurechnen, nicht voreilig einer Rezeptionsästhetik, weil ihre 'kathartischen' Elemente solche des Werks selbst sind.

Prinzipiell noch fragwürdiger scheint mir in diesem Betracht das Bemühen der Dadaisten zu sein. Zum einen deshalb, weil die wohl in der Tat beabsichtigte Provokation Innovationen nötig machte, mit denen sich das Volk der Leser und Zuhörer erst recht schwer tut, wenn es nicht gleich, wie Kemper meint, in homerisches Gelächter ausbrach und — derart zu Fröhlichkeit vergattert — erzürnt war, wenn Huelsenbeck mitten in einer Vorstellung seinen Vortrag abbrach, um seiner Freundin hinterherzulaufen. Von vornherein verweigert aber auch die Kombination semantischer Absurditäten eine Rezeption in dem Sinne, daß ein Text einfach in die Konsumptionssphäre des Publikums gelangen würde. Allenfalls ein Germanist noch kann feststellen, Nietzsche, Georg Simmel, Wilhelm Bölsche oder die Futuristen im Hinterkopf habend, aus welchem Reservoir sich die Texte Huelsenbecks speisen.

## 5. Kurt Schwitters

### 5.1 *Frühe Dichtungen*

Ausstellungen zum bildnerischen Werk Kurt Schwitters' sind heutzutage keine Seltenheit mehr, weil in seinen Collagen und Montagen am unmittelbarsten eine Parallele zu jener Wirklichkeit gezogen wird, wie sie seine Zeitgenossen empfunden haben mochten und wie sie uns Heutige gleichfalls in Erinnerung oder gegenwärtig noch oder wieder bewegt.

Der Balanceakt anderer sogenannter 'abstrakter' Künstler, die Kunst gleichsam im luftleeren Raum anzusiedeln, dieser im Grunde idealistische Impetus, der den Blick aufs Metaphysische eröffnet, wird bei Schwitters durch 'realere' aber nichtsdestoweniger zwiespältige Manifestationen getilgt. Denn unzweifelhaft ist nur, daß sich in ihnen ein ungebrocheneres Verhältnis zum Material bekundet, und dies, wie ich meine, schon recht früh. Denn die starrköpfigen Kampagnen Schwitters für die Innovationen der Mittel, in denen sich der Künstler nunmehr auszudrücken habe, begleiten sein Schaffen von Anfang an, und wenn ich von 'Kampagnen' spreche, meine ich nicht jene Meditationen, jene geistigen Beschwörungen, die etwa Chiroco, Kandinsky, Marc, aber auch die Wortkünstler – weniger freilich Stramm – und Hugo Ball ihren Produktionen beigaben, ohne daß stets gesagt werden kann, solche Kunstmetaphysik sei trefflich in ein oder das andere Werk umgesetzt worden.

Was das literarische Werk Schwitters angeht, so scheint die Aussicht, es besser als bislang würdigen zu können durch die von Friedhelm Lach besorgte 'kritische' Ausgabe gestiegen zu sein. Sie macht freilich deutlich, daß Schwitters keineswegs nur dem Dadaismus allein zuzuschlagen ist, sondern daß seine 'späten' Gedichte und ein großer Teil seiner Prosa in die 'Neue Sachlichkeit' hineinreichen, von der Lothar Köhn im folgenden Band reden wird. Sie zeigt allerdings auch, daß eine rein zeitliche Anordnung der Texte und gelegentlich aufgeführte Übersetzungen in andere Sprachen z. B. das einzelne Gedicht nicht aus seiner Isolierung herauszuheben vermögen, selbst wenn man durch beigegebene Entstehungsdaten oder Publikationsorte ein wenig mehr 'Umwelt' assoziiert. In dieser Hinsicht decken sich die Verfahren, im Kunst-Katalog durch Etikettierungen aller Art Werke aus ihrer Isolierung vermeintlich zu befreien mit dem Bemühen Lachs, den Werken Zeitmarken anzuheften, ihnen Publikations- und Verbreitungsmodalitäten anzuhängen: die Werke leben zwar mit etwas mehr 'background' wieder auf, jedoch ohne im eigentlichen Sinne lebendig, ohne bei genauerem Betracht 'sinnvoller' zu werden. Ihre Problematik und teilweise Rätselhaftigkeit werden voll dem Publikum weitergegeben. Und so erweist sich, was die Literatur anlangt, manche solchem Dokumentarismus verpflichtete Interpretation angesichts der irisierenden Texte Schwitters als Balanceakt auf dem doch wohl zugegebenermaßen nicht gerade breitem Grad semantischer Verläßlichkeit.

Wer Schwitters frühe Gedichte liest, wird sie als saisonbedingte Primanerlyrik abtun wollen, als Etüden zur Reimkunst; so, wenn es um "Herbst" (41,32) und "Aprilwetter" geht. Doch schon die um 1913 entstandenen Verse mit den Titeln "Unter den Blütenbäumen" (41,34) und "Ich sing mein Lied" (41,35) durchbrechen radikal jede einfühlende Attitüde des Lesers, indem sie das Pathos der Eingangsstrophen negieren. Die letzten drei Strophen von "Unter den Blütenbäumen" lauten:

> Das Auge schaute traumverloren     (Strophe 3–5)
> Und ganz der Alltagswelt entrückt
> Solch Frühlingspracht wie neugeboren,
> Vor Wonne trunken und entzückt.
>
> Die Blütenblätter flogen bunter,
> Ein Vogel flog hinaus ins Land,
> Es flog auf meinen Hut hinunter,
> Ich nahm den Hut in meine Hand.
>
> 'Laß sitzen' sprach mein Freund, 'laß sitzen,
> Im Hause nimm es sauber weg;
> Denn würdest du es jetzt abspritzen
> Dann gäb' es einen Vogeldreck.'     (41,34)

Mit seinem bekannten Faible für Vögel läßt Schwitters das Gedicht in einer der Verfremdungstechnik ähnlichen Deformation enden, aus der sich ein Widerstreit zwischen pseudo-romantischer Einfühlung, romantischer Irrationalisierung und sachlicher Distanz ergibt. Und wie ein parodistisches Echo wirken die in "Ich sing mein Lied" jeweils den einzelnen Versen nachgestellten und als Kommentar fungierenden Zeilen:

Ich sing mein Lied in tiefem Raum
> man hört es kaum.

Es dringt hervor aus tiefer Brust,
> mir unbewußt.

Es singt Dir eine Melodie,
> jetzt oder nie.

Hast Du mich nun noch nicht erhört
> bin ich empört

Und trinke Lindenblütentee
> der mildert Weh,

Und frage mich: 'Was bist denn DU!
> Du alte Kuh?'     (41,35)

Was sich hier noch mehr augenzwinkernd als methodisch ausgeklügelt gibt, ist nicht weniger als eine Abwendung von scheinbar romantischer Orientierungslosigkeit (das Auge schaute traumverloren/ Und ganz der Alltagswelt entrückt), die sich gleichwohl noch deren Formeln bedient, sie aber mit Versen konfrontiert, die eine ausgeblichene Pseudorealität und deren zerfranste Konturen sichtbar machen. Hans Burkhard Schlichting, der Schwitters Dichtung ausführlich gewürdigt hat, übersieht, daß eigentlich nur zwei Gedichte, darunter das erwähnte Herbstgedicht, das Schwitters 1909 ins Stammbuch der Verlobten schrieb, romantisch raunen, alle anderen sich gegen hergebrachte Lyrismen wenden und Inhalte nicht mehr lebbarer und daher abgelebter Existenzen versammeln.

Die Beispiele möchten belegen, daß – ganz entgegen manch anderer Annahme – sich Schwitters ziemlich früh einer falschen Korrespondenz zwischen Gefühl und Wirklichkeit entledigte, daß er durch sprachliche Kontraste in die Lücken der vermeintlich 'wirklichen' und 'schönen', indes nur ästhetisch homogenisierten Welt hineinstößt. Selbst wenn man annimmt, daß er hinter dem Standard bürgerlicher Kunstrepräsentation zurücklag und sich in seiner Dresdener Zeit (1910–1914) als Kunstschüler wenigstens der bildenden Kunst nicht der Moderne, dem Expressionismus also, zu öffnen vermochte oder es vielleicht nicht wollte, weil er zur Freude seiner Meister mit Akribie konventionelle Maltechniken und sicher auch Kunstkonzeptionen studierte (107,14), deren Beherrschung ihm unerläßlich erschien, wirkt er auf literarischem Gebiet von Anfang an nicht als Nachbeter oder Traditionalist. Sicher mag seine bürgerliche Herkunft ihn in Auffassung und Anlage seines Studiums gestützt und bestimmt haben, doch hatten andererseits seine Eltern, wohl auch deshalb, weil er in Dresden zum Meisterschüler avancierte, Sinn und Interesse für seine frühen

Experimente. Schlichting: "Als Student fügte Schwitters sich der streng tradierten Kunstübung des 19. Jahrhunderts ein. ... Die Erfahrung akademischer und herrschender Konvention war ... keine diffuse, sondern bildete sich in der Arbeit am Material." (120,24)

Wenn auch die Sensibilisierung der Wahrnehmung zu jener Zeit noch keinen Niederschlag findet, so ist ihm dennoch ein Bewußtsein für die Abgrenzung vom Herkömmlichen eigen, denn die Demontage romantisierender Lyrik, die sich freilich noch nicht spektakulär gibt, unterläuft eine imaginistische Praxis der Einfühlung.

Der Spätling Schwitters nimmt 1918 mit dem Berliner "Sturm-Kreis" Kontakt auf, bemerkt, daß er das von der Akademie Mitgebrachte nicht gebrauchen kann und scheint vom Programm der Sturmleute begeistert zu sein.

Zwischendurch hört er von Rudolf Blümner rezitierte Sturm-Lyrik auch in Hannover, das in der Kestner-Gesellschaft und im Kreis um das Café Kröpke zwei Zirkel besaß, die sich mehr und mehr der Moderne zuwandten, obwohl sie vom Großbürgertum getragen wurden, für die avantgardistisches Kunstgebaren mehr Dekor als ernstzunehmendes Ansinnen war. In "Der Zweemann", "Das hohe Ufer" und "Die Pille" fand Schwitters zu etwa gleicher Zeit Organe, in denen er – von den Herausgebern und Verlegern Goldschmidt, Spengemann und Wagner gefördert – ungehindert publizieren konnte. Vor allem in "Der Zweemann" und in der Reihe "Die Silbergäule", beide erschienen im Verlag Spengemann, veröffentlichte Schwitters zahlreiche Gedichte, 1919 die ersten "Anna-Blume"-Dichtungen.

Bei all den vielen Aktivitäten, die Schwitters um 1918 entwickelte, fällt gerade auch im Hinblick auf die zitierten Anfänge der Glaube schwer, der Hannoveraner habe sich mehr oder weniger ganz dem Ansinnen der Wortkunst verschrieben, eine an sich schon unmögliche Gleichsetzung von Theorie und Ausführung (vgl. dazu 107,15 f.).

Dennoch ist ganz unverkennbar, daß Schwitters von der Sprache Stramm'scher Dichtung nicht mehr loskommt, weder in seinen Gedichten, noch auch in seiner Prosa, soweit sie in den Bereich des Dadaismus fallen.

Wir hatten versucht darzulegen, daß Stramm auf der einen Seite dem Erkenntnisperspektivismus Hans Vaihingers verpflichtet ist, daß er jedoch durch methodisch betriebenes Analogisieren alles Singuläre zugunsten eines die Wirklichkeit fast vergewaltigenden Allgemeinbegriffs ausschaltet, oder besser: übersieht.

Unter diesem gleichsam transzendenten Horizont, der alles einzelne

Sein in den Strom des Lebens wieder eintaucht und damit realitätshaltige Differenzen tilgt, ist das Œuvre Schwitters keineswegs zu sehen.

Nichtsdestoweniger ist die Stramm'sche Sprache durchfurcht von Alltagsvokabeln, von Zitaten oder Sprichwörtern, die bewußt in Texte montiert werden und die, wenn auch noch nicht als avantgardistische Manifestation, so doch als Distanz gegenüber dem Stramm'schen Œuvre gewertet werden kann. Ein um 1919/1920 geschriebenes Gedicht lautet:

> Ich gehe
> Du gehst
> Ich gehe
> Du gehst
> Ich gehe gehe
> Du gehst gehst
> Geht
> Ich laufe
> Du läufst
> Ich ... schrei Gier
> Du schreist Schrei
> Ich stürze Sturz
> Du stürzest mich
> Schuttabladen verboten
> (Die Buchführung vom kleinen Handwerksmeister) (41,50)

Was von Schwitters Vorbild Stramm übrigbleibt, ist die in eine paradigmatische Dimension aufgelöste Ich-Du-Relation, deren reine Grammatikalität zunächst an zwei Beispielen aus dem Wortfeld 'gehen' aufgeführt wird und die durch Repetitionen den Charakter einer schülerhaften Konjugationsübung bekommt, die jedoch durch die semantische Opposition 'stürzen' — man fühlt sich an Schopenhauers Ausspruch erinnert, 'gehen' sei 'gehemmtes Fallen' — ein witziges Ende durch eine banale 'epigramatische' Schlußbeschwerung findet, wie sie an jeder Mülldeponie oder Baustelle stehen könnte.

Was Heissenbüttel über Schwitters' Umgang mit Materialien zu Collagen sagt, gilt ansatzweise auch in diesem Gedicht: es endet mit einem Versatzstück, einer 'Banalität', die sich — um nur ein Beispiel zu nennen — in Form von abgewandelten Sprichwörtern, in Gedichten aus gleicher Zeit, so in "Banalitäten aus dem Chinesischen" finden:

> Fliegen haben kurze Beine
> Eile ist des Witzes Weile.

> Rote Himbeeren sind rot.
> Das Ende ist der Anfang jedes Endes.
> Der Anfang ist das Ende jedes Anfangs.
> Banalität ist jedes Bürgers Zier.
> Das Bürgertum ist aller Bürger Anfang.
> Bürger haben kurze Fliegen
> Würze ist des Witzes Kürze.            (41,170)

Das setzt sich munter fort; und Heissenbüttel nennt mit Recht den Text eine Sammlung von Zitaten, eine Collage, "…, unabhängig davon, wie dieses Gedicht im einzelnen zu interpretieren wäre." (212,5)

Was Schwitters im ersten Gedicht praktiziert, hat er später nach einem gezeichneten 'i', mit Untertitel "rauf runter rauf Pünktchen oben drauf" (41,206) "i-Kunst" genannt; das von uns angeführte Beispiel dürfte Vorläufer dieser Species Kunst sein, zu der Schwitters alle Gebilde zählt, die grammatische Elementarvorgänge darstellen.

## 5.2 Gehemmte Assoziation: die Collage als ikonisches Imperfektum

Aus den angeführten Beispielen läßt sich unschwer eine Technik ablesen, die in den intermittierenden Bereich von bildender Kunst und Sprache führt, der im Fall Schwitters gemeinhin mit dem Begriff 'literarische Collage' abgedeckt wird. Dazu ein kurzes Wort.

"Die Collage", so definiert Kemper, "ist die Bezeichnung für ein technisches Verfahren aus dem Bereich der bildenden Kunst: für das An- und Ineinanderkleben von Realitätselementen zu einem Kunstwerk." (104, 201) J. Wissmann hat in größerem Zusammenhang unter der These, daß in der Collage oder in 'papiers collés' "profane Dinge, die ihrem Zweck entzogen sind, … (im) ästhetischen Raum" (190,327) einbezogen werden, ihre Entwicklung freilich unter rein ästhetischen Gesichtspunkten vom Kubismus über den Futurismus und Dadaismus bis zur Moderne hin aufgezeichnet. Ihm ging es dabei darum, den für die jeweilige Zeit und Kunstrichtung gültigen Modus der Integration von Realität ins Kunstwerk aufzuzeigen, weniger um die Problematisierung dieser Verfahrensweise überhaupt. Im Kubismus, so Wissmann, wurde die Autonomie der Fläche durchbrochen, weil durch die von Picasso erfundene und geübte "Dingzerlegung" reale Teile des Räumlichen auf die Fläche gebracht wurden, so daß der Raum assoziiert werden mußte. Solche Mehrsicht dessen, was ursprünglich durch die räumliche Perspektive vermittelt wurde, korrespondiert mit einer bei Picasso freilich nur innerhalb der Ästhetik postulierten veränderten Wahrnehmung, die die gewöhnliche Vorstellung des Menschen beispielsweise bei der Ansicht eines Gebäudes einholt und die nicht unmittelbaren, aber gleichwohl das Ding 'Gebäude' konstituierenden Elemente mit aufs Papier bringt. "Denkende Menschen wird die Vorstellung nicht mehr empören, daß man einen Gegenstand umschreitet, um ihm mehrere aufeinanderfolgende Erscheinungsbilder abzugewinnen." (165, 176) "Werden sie zu einem einzigen Bild verschmolzen, so geben sie dem Gegenstand wieder einen Platz im Ablauf der Zeit." (Ebd.)

Solch inszenierte Gleichsetzung zwischen 'objet nature' und 'peinture objet', die dem Betrachter eine illusionistische Sehweise nicht mehr erlaubt und mit einer jahrhundertealten Tradition brach, setzte sich im späten Kubismus durch Vermittlung von Realität im Sinne von 'Repräsentation' – also nicht von Darstellung im landläufigen Sinne – fort. Den Futuristen genügte diese Umgestaltung nicht. Sie verwiesen ausdrücklich auf die den Betrachter umgebende Umwelt: auf Industrie, Technik, Erfindungen, auf Schnelligkeit und Bewegung; kurz: auf die Hektik der Großstadt und die sie erzeugenden technischen Vehikel. Boccionis "Manifest der futuristischen Bildhauer" ist zwar – wiewohl er das nicht wahrhaben will – noch dem Kubismus verpflichtet, skizziert aber eine neue futuristische Plastik, zu der sich auch Schwitters bekannt haben könnte:

Wir bestreiten, daß eine episodenhafte, naturalistische Konstruktion der Zweck der Plastik ist, sondern behaupten die absolute Notwendigkeit, sich jeder Wirklichkeitsform zu bedienen, um zu den Wesenselementen der bildnerischen Sensibilität zurückzukehren. Wenn wir also die Körper und ihre Teile als BILDNERISCHE ZONEN ansehen, werden wir in einer futuristischen plastischen Komposition für einen Gegenstand Flächen aus Holz, oder Metall, die unbeweglich oder mechanisch beweglich sein können, behaarte, kugelförmige Gebilde für die Haare, Halbkreise aus Glas für eine Vase, Eisendrähte und Drahtverhau für eine atmosphärische Ebene u.s.w. verwenden ... Wir lehnen die ausschließliche Verwendung eines einzigen Materials für die Gesamtgestaltung des plastischen Komplexes ab. Wir behaupten, daß auch zwanzig verschiedene Materialien in einem einzigen Werk zur Erreichung der bildnerischen Emotion verwendet werden können. Wir zählen nur einige davon auf: Glas, Holz, Pappe, Eisen, Zement, Roßhaar, Leder, Stoff, Spiegel, elektrisches Licht u.s.w. u.s.w. (In: 84,199 f.)

Wie den Kubisten ging es den Futuristen nicht um eine Dekomposition schlechthin, sondern gleichfalls um eine neue Sehweise: "Die futuristische 'Dekomposition' unterliegt nicht festen Gesetzen, sondern ergibt sich aus dem charakteristischen Wesen des Gegenstandes und der Erregung dessen, der ihn betrachtet." (190,336) Angelegt darin ist der Versuch, die 'dissoziierte' Sehweise des von der Wirklichkeitsfülle umdrängten Künstlers dem Betrachter anzudienen und ihn in seinem verdinglichten Bewußtsein zu bestätigen.

Was nun Wissmann zur Collage sagt, besteht in nichts anderem als in einer Beschreibung ihrer Technik und möglichen Wirkung. Die Realitätsteile, so Wissmann, "stehen nicht realitätsneutralen Farbmustern gegenüber, sondern sind wiederum mit anderen Teilen verbunden, wodurch das Problem der Realität neu gestellt ist." (190,343) An keiner Stelle wird formuliert, warum denn Realität eigentlich in das Kunstwerk aufzunehmen oder zu integrieren sei; und im Hinblick auf die Dadaisten heißt es, daß sie ohnehin kein Programm gehabt hätten, was angesichts der krausen Sprache allzuvieler Manifeste und Erklärungen einzelner Mitglieder stimmen mag. Mit Arnold Gehlen wird erklärt, daß Futuristen wie Dadaisten ihrem innersten Wesen nach anarchistisch gewesen seien. Dadaistische Collagen, Werke Max Ernsts, Hans Arps, Marcel Duchamps und Kurt Schwitters' gestatteten dem Künstler wenig Freiheit, weil sie vom Material überbefrachtet seien; sie demonstrierten durch die Bindung an das Material "das Halbmechanische des Ursprungs" (190,343) und öffneten sich gleichzeitig, da der Künstler vom subjektiven Schaffensprozeß entbunden sei, dem Zufall. Aus dem Verzicht auf formale Geschlossenheit resultiere "ein neuer Anspruch an den Betrachter, der sich aus der offenen Bildform ergibt." (Ebd.) Charakteristisch scheint mir, daß Wissmann, nachdem er allgemein festgestellt hat, der Künstler fühle sich nicht mehr imstande, die Harmonie eines Bildes herzustellen, Hugo Ball zitiert: "Die neue Kunst ist sympathisch, weil sie in einer Welt der totalen Zerrissenheit den Willen zum Bilde bewahrt hat; weil sie das Bild zu erzwingen geneigt ist, wie sehr die Mittel und Teile einander bekämpfen mögen." (190,344) Ball wird weiter bemüht: "Der geschlossene Handlungszusammenhang wie die einheitliche Form ist zur Fiktion geworden, da 'die Gegenwart ... nicht in Prinzipien (sondern) nur noch assoziativ vorhanden (ist). Also leben wir in einer phantastischen Zeit, die ihre Entschlüsse mehr aus einer Angliederung als aus unerschütterlichen Grundsätzen bezieht.'" (Ebd.) Wissmann zitiert Ball, weil er offensichtlich wie dieser der Meinung ist, die Collage zeige einen offenbar erfreulichen Drang zum Bilde, nur sei die dem Bild genuine Harmonie auf dem Boden eines nicht mehr manifesten Sinnes der Wirklichkeit nicht herstellbar.

Es ist nicht ganz einsichtig, daß auf der einen Seite die Homogeneität der

Realitätszitate der Collage im ästhetischen Raum und Rahmen behandelt wird, andererseits das Zeitgemäße solcher Kompositionen und die relative Eigenständigkeit ihrer Mittel hervorgehoben werden. Auch in den Anmerkungen zu Schwitters liegt der Akzent ganz auf der kruden Materialität seiner Werke, was freilich dessen theoretische Äußerungen nahelegen, denn in der Tat gibt sich Schwitters in der Wahl seiner Mittel outrierter als beispielsweise die Futuristen. Trambahnbille, Briefumschläge, Drähte, Federn, alles Weggeworfene, der ganze Zivilisationsmüll gleichsam, sollen wieder 'einen geehrten Platz' in der Kunst erhalten. Das alles fügt sich in ein Bild der Avantgarde, dem auch Kemper in seinen Ausführungen nicht fern steht:

"Die künstlerische Collage emanzipiert sich in hohem Maße vom Kunstwollen des Herstellers und lebt vorwiegend von Sinnbezügen, die ihr der Rezipient gibt. Sie vermag seine Phantasie, seinen Intellekt, sein Gemüt anzuregen, sie wirkt aus der Ferne anders als aus der Nähe, sie ist ein Teil der Wirklichkeit und überhöht sie doch zugleich, wodurch sie in Opposition zu ihr zu treten und damit an der Unverfügbarkeit ihrer Autonomie gegenüber der Realität festzuhalten vermag." (104,214)

Auch Kemper zitiert Hugo Ball. Wie in der Collage die Materialien auf ihren ursprünglichen Verwendungszusammenhang weisen, so erfüllen sie auch im Werk Balls ihm genuine Intentionen: seine Lautgedichte und die in ihm enthaltenen Laute sind durch ihre heterogene, einer Einzelsprache nicht mehr verpflichteten Kombination dem Bereich der gesellschaftlichen Wirklichkeit nicht mehr integrierbar und dem Zuhörer gegenüber 'offen', als ihr Sinn in die Beliebigkeit der Assoziationen des Rezipienten gestellt sei.

In der Tat lassen sich am Denken und Werk Balls einige für die Collage konstitutive Züge herausarbeiten, die wohl nicht gleichermaßen, aber zum Teil für die Dichtung Schwitters Geltung haben könnten.

Zu erinnern wäre an Balls Kritik der Lutherischen Reformation, in der er vor allem den Protestcharakter abqualifizierte, der ihm eine eigene heilsgeschichtliche Perspektive zu verstellen schien. Pazifist — ein ihm von der Forschung angedichtetes aber undurchleuchtetes Etikett — war er nur insofern, als er ein erneutes goldenes Zeitalter der Künste und des Friedens suchte, dem alles Apokalyptische fremd ist. Die von ihm erwünschte Rekonstituierung des Heiligen Römischen Reiches unter Obhut der katholischen Kirche sollte seine Zeiterfahrung tilgen, sollte ihm Quietiv sein, ließ sich aber während seines dadaistischen Abenteuers nicht verleugnen und findet ihren Ausdruck in protestlerischen Manifestationen, mit zum Teil phantastisch-diffusem Charakter.

Wir hatten dargetan, daß da, wo ein Reich Gottes oder dessen Surrogat nicht einfach herbeigeklügelt werden kann, und sich die Wirklichkeit einem solchen Desiderat entgegenstellt, sich eine Umwertung der Werte im Sinne einer veränderten Auffassung der Lebensinhalte insofern einstellen kann, als diese nun jenseits und über der geschichtlichen Ebene gesehen werden, ein für den kontemplativen Ball nach seiner Dadaistenzeit maßgeblicher Ausgangspunkt. Der mit Nietzsche eingeleitete Schrumpfungsprozeß der immer schon wert- und bedeutungshaltigen Realität ist für Ball weniger, und wenn, dann allenfalls in seiner kurzen Dadaistenzeit, Anlaß zu Willensmanifestationen, sondern eher Vorwand, die von Signifikanzen entleerte Dingwelt bunt und phantastisch zu mischen. Ein 'aufgebauschtes Nichts' (10,66) nennt Ball die ihm profan gewordene Dingwelt, die nur noch als Materiallieferant dient, dadurch aber in eine ontologische Zweideutigkeit gerät, insofern sie einmal positiv zu gebrauchendes Material abgibt, um die Produktionsströme laufen zu lassen, zum anderen aber negativ bewertet wird und bedeutungslos bleibt, weil sie einen angenommenen adamitischen Sinnhorizont, das Uranfängliche und ehedem Organische, das Nicht-Dissoziierte verstellt.

Balls Schaffen ist unter dieser zweifachen Bewertung der Dinge zu sehen. Der hohe Grad an Verfügbarkeit über Sprachelemente, in denen noch Realität residiert, resultiert aus der Aufkündigung an die auch geschichtlich zu sehende Bedeutung der Dinge, die aber gerade, weil sie nicht zu einer wie auch immer gearteten Ordnung um- oder hingebogen werden können, den Charakter des Apokalyptischen annehmen. Trotz aller versuchten Verniedlichung und humoresker Einschübe ist Balls "Tenderenda der Phantast" ein Roman mit apokalyptischem Einschlag.

Dem ganz anderen Strang der Ball'schen Dichtung gegenüber, in welchem die sprachlichen Elemente sich in einer letzten Lockerung von jedweder Sinnverbindung gelöst haben, gegenüber den Lautgedichten also, aus denen alle Realiät verbannt zu sein scheint, um das Schwingen 'göttlicher Kadenzen' zu ermöglichen, solchem Dichten gegenüber ist der Roman nur ein witziges Spiel, weil die Verquickung einer adamitischen Sprache mit dem in ihr scheinbar gebannten Heilsgeschehen das Böse nicht mehr benennt. Das lautliche Getöne wird der bedrohlichen Dingwelt dichotomisch entgegengestellt als geschichtsloser Widerpart der das Subjekt dissoziierenden Wirklichkeit.

Kemper bemerkt nicht, daß die Parzellierung des Wortmaterials in Silbe und Laut im Hinblick auf ihre Verwendbarkeit und Wirkung nur teilweise der Handhabung von Realitätszitaten in Collagen oder Montagen – die Terminologie soll hier gleichgültig sein – entspricht.

Die zweite Ball'sche Variante seiner Kunstübung, das Verfügen über

Lautketten und Phone zwecks Einholung eines nochmaligen Heilsgeschehens kommt Schwitters nicht zu, weil sein Material bewußt mit Realität befrachtet wird. Sie entspräche eher dem Kandinsky'schen Ansatz, nach welchem die Farben aber auch Worte in ein teilweise konturloses Wabern übergehen und einen transzendenten Sinnhorizont eröffnen sollen.

Die erste Variante ist indes mit dem Schwitter'schen Verfahren durchaus vergleichbar. Auch Schwitters gebraucht – nun nicht Realien – sondern Realitätsfragmente, die aus ihren Kontiguitätsverhältnissen, aus ihrem das Subjekt bedrohenden Kontext herausgerissen werden, und sie können so in der Tat, wie Schwitters es wollte, zu einem 'Befreiungsakt' des Dichters beitragen, der allerdings anders aufgefaßt werden muß, als Friedhelm Lach meint, wenn er von den biographischen Voraussetzungen Schwitters' spricht, von seiner Kontaktschwäche und gesundheitlichen Labilität. Dagegen wäre nichts einzuwenden, wenn Schwitters seine Kunst nur als Mittel körperlicher und seelischer Ertüchtigung aufgefaßt hätte, als Mittel zur Rehabilitation.

1926 schreibt Schwitters: "Jede Zeit muß sich selbst erlösen, weil sie an sich allein leidet ..." (47,107). Er postuliert eine Kunst, die jeweils gegen die Zeit, also nicht nur gegen die damalige Wilhelminische Gesellschaft zu protestieren habe, sondern generell ein dialektischer Reflex der Zeitverhältnisse sein soll. Dies jedoch nicht in unbedingt politischem Verstande: "... Kunst will nicht beeinflussen und nicht wirken, sondern befreien, vom Leben, von allen Dingen, die den Menschen belasten, wie nationale, politische oder wirtschaftliche Kämpfe. Kunst will den reinen Menschen, unbelastet von Staat, Partei und Nahrungssorgen." (47,114) Mag das auf den ersten Blick apolitisch klingen, die Zeilen sind dennoch Ausdruck einer künstlerischen Intention, den in gesellschaftlichen und abstrakten Lebensformen versklavten Menschen auf die Zukunft projizierte Sinnhorizonte zu eröffnen. Die vielen Titel im Schwitters'schen Werk mit zwar nicht kruden politischen Absichtserklärungen aber nichtdestoweniger deutlicher Stellungnahme zum Geschehen seiner Zeit belegen, daß die zitierten Sätze nicht nur verbales Bekenntnertum sind. Collagen wie 'Das Arbeiterbild' oder 'Ohne Titel', welch letztere auf einen Metallarbeiterstreik anspielt, vermochten ganz sicher nicht die Wirklichkeit und deren realhistorische Verhältnisse zu kurieren, doch wenn sich Schwitters solcher Themen annahm, dann ganz sicher nicht, um sein privates Schicksal aufzubessern, um nur Duldung und Menschlichkeit im außerpolitischen Sinne zu predigen.

Die von Wissmann hervorgehobene 'Freiheit' im Umgang mit Realitätsfragmenten ist eine doppelte:

Einmal: In den geschichtlichen Kontext eingebettete Realitäten werden zwar durch ihre Verfügbarkeit als Partikel in der Collage deformiert, wodurch sie als homogenisierte zugegebenermaßen dem Künstler ein Quietiv sein können, allein scheint mir Schwitters darauf nicht rekurrieren zu wollen. Zum zweiten: in den Realitätszitaten – und das betrifft auch ihre Kombination – können Veränderungspotentiale in dem zunächst ganz einfachen Sinn freigelegt werden, als die Dinge aus ihren verkrusteten, schon immer so und so funktionierenden Zusammenhängen herausgenommen und damit freigesetzt werden, apriorisch gleichsam, bevor sie wieder in die metaphorische Zucht des Bedeutens genommen werden. Sie verweisen somit auf ihr Gewesenes, auf ihr 'Nicht-mehr-so-Sein' und damit im Unterschied zu Ball nicht auf ursprünglich Einholbares, dem die Glätte der Abstraktion gegeben werden muß. Anders als Hugo Ball rückt Schwitters die von ihren Zwängen entbundene Dingwelt, mag sie sich in Sprache oder gesellschaftlich-politischen Mechanismen manifestieren, in eine Unmittelbarkeit, die sie nicht für einen dürftigen, einfach nur erneut zuzubereitenden politischen Pragmatismus bereitstellt. Schwitters Bemühen geht dahin, mit Fragmenten der Realität dingliche Erfahrung zu vermitteln, indem er sie einerseits aus ihren vorgängigen Spannungsfeldern abzieht, ihnen aber gleichzeitig das Recht zu der in ihnen schon immer enthaltenen Vergegenwärtigungsleistung zuzugestehen, ohne daß sich der Rezipient gleich zum Sprung für flotte Assoziationen bereitmachen kann.

Die ungeheure, in der Begeisterung der Futuristen für die Technik liegende Perversion der Natur wird durch die Schwitters'schen Kombinationen in imperfekte Bilder überführt, die der perfekten und sich organisch gebenden Technik gegenüber nur noch diffuse Assoziationen zulassen, indem das anarchische Sich-Geltend-Machen der Dinge eine Konflikt-Dynamik erzeugt, die der scheinbar stimmigen Technik sowie der sie begleitenden und bedingenden gesellschaftlichen Umstände einen qualitativen Widerpart entgegenstellt. Insofern aber sind sie kritisch.

Kehren wir zu Wissmanns Aufsatz und dessen These zurück. Wer sagt, daß Realität im ästhetischen Raum der Collage integriert würde, spricht von der Homogenisierung der Realitätspartikel und negiert unter der Hand deren kritisches Potential, die sich so gesehen in ihrer Materialität wieder an das produzierende Subjekt und seiner Willkür entäußern, um erneut stimmig im Kosmos des 'Bildes' aufzugehen. Solcher Stimmigkeit aber werden in aller Regel die Realitätspartikel in den Collagen oder auch literarischen Produktionen Schwitters nicht untergeordnet; sie zermürben vielmehr jedes nur einfach zu konstatierende Strukturmuster und erzeugen dadurch allererst Schockwirkung, wiewohl auch solcher Schock, eine im Zusammenhang mit ästhetischen Überlegungen Walter Benjamins und

265

Theodor W. Adornos vielgebrauchte Vokabel, noch interpretierbar ist. Nur entzieht sich eine auf den ersten Blick nicht auf einen Nenner zu bringende Disparatheit der Elemente der Dürre einer rationalen Formel, aber auch bedeutungsschwangeren Assoziationen.

Indes ist die Antwort auf die Frage, was solche durch Hemmung der Assoziationen bewirkte Schockwirkung soll, nicht eben leicht. Sie kann, so meine ich, nicht dadurch beantwortet werden, daß man ihr ein primär intendiertes politisches Motiv unterstellt. Gleichwohl bedeutet die Abhebung und Abstraktion von der vorgefundenen gesellschaftlich bedingten Wirklichkeit auch ein Eingriff in sie, der sich von der 'écriture automatique' eines Hans Arp unterscheidet, wo sich Sprache angeblich mechanisch abspult und vom Autor nicht mehr verantwortet wird. Auch sind Schwitters Collagen und ebenfalls seine 'montierten' Texte nicht Kritik im Sinne der Futuristen und anderer Dadaisten an tradierten Kunstvorstellungen, jedenfalls nicht in dem Sinne, daß sie diese gewollt und planmäßig destruiert hätten. Im Gegeneinander ihrer Realitätspartikel − ein Prinzip, zu dem sich Schwitters häufig bekannte − sind sie nicht Spielart einer 'Urkunst' à la Hugo Ball, sondern sie entschärfen die affirmative Verfügbarkeit über Dinge. Nicht also 'Sonanz' im Sinne des Kandinsky'schen inneren Klanges spricht aus ihnen, sondern Dissonanz als Indikator einer zu verändernden 'Lebenspraxis' auch außerhalb des Kunstwerks. So gesehen schaffen die stoßweise auf den Betrachter eingehenden Partikel zwar keinen politischen Bildraum, mit dem sich 'Masse' einfach kollektivieren könnte, nichtsdestotrotz appelliert der revolutionäre Kunstgestus Schwitters' in einem gleichsam vorpolitischen Raum − so zumindest in einigen Collagen und Texten −, in den vielfältigen semantischen Brechungen und dissonatischen Gegenzügen der Teile untereinander an den Rezipienten, die in seiner Lebenspraxis selbst inszenierte Destruktion der Dingwelt als befragbare Qualität zu überprüfen, denn das Zerrissene und Mißgestaltete deutet auf eine Entfremdung des Menschen, die nicht allein persönliche Gründe hat.

Wenn die im Schwitters'schen Kunstwerk sich manifestierenden Erfahrungen, wie ich meine, keinen auf der Hand liegenden "telischen Sinn" (Kemper) bekommen, dann deshalb nicht, weil sie zwar in ihrer freigesetzten 'zweiten Natur' aufblitzen − ihre erste war das Schicksal der Unterjochung im Kontext von Produktion und Technologie −, aber als Bündelung von Schockwerten den Rezipienten in seiner eigenen Erfahrung kaum betreffen können, jedenfalls nicht so, daß die im Gegeneinander der Dinge erzeugte Dissonanz als freilich befragbare Qualität harmonisierend übersprungen werden kann.

Will man Schwitters Stellung gerecht werden, so gälte es abzuwägen, ob er in seinen Montagen/Collagen dem Rezipienten nicht die Sicht und Partizipation an der Realität durch eine gänzlich subjektive Ansammlung von Realitätsfragmenten verweigert oder aber ob er Realitätszitate so verwendet, daß er eine Fährte für Aktivitäten des Rezipienten legt. Eine solche Technik würde auch den Modus der Wahrnehmung des Rezipienten ändern: von der ihn wie auch den Künstler umdrängenden Wirklichkeitsfülle würde er zu einem Kunstwerk geführt, das ihm durch die Auflösung der verdinglichten Kontiguitätsverhältnisse einen Blick frei gibt in die expansive Ausbeutung der Natur sowie in die zerklüftete, weil umfunktionierte Wirklichkeit.

## 5.3 *Schwitters' Gedichte*

Etwa ab 1918, unmittelbar nach Kontaktaufnahme mit dem Berliner Kreis um Herwarth Walden, hat Schwitters Gedichte in 'Stramm'scher' Manier geschrieben.

Wir hatten gesagt, daß er die erlernte Verfahrensweise mindestens in seiner klassischen Merzzeit, die etwa bis 1922 andauert, nicht aufgibt. Nicht, weil er ein willfähriger Adept des Stramm'schen Kunstkonzeptes gewesen wäre – das mag für kurze Zeit gelten –, sondern weil er in den Innovationen Stramm'scher Wortbildung ein für das Wort aber auch für die Syntax analoges Prinzip der Collage sah. Was Stramm noch Mittel der Konzentration umwillen verdichteter Aussage war – man vergleiche dazu seine Briefe aus dem Krieg (74,45) – wird für Schwitters zum Vehikel einer in kleinen Schritten erfolgenden Konstruktion des Textes, dem von Material her die Zerfällung des Wortes und seine Rekonstruktion vorausgeht. Indes übernimmt er diese Prozedur schon von Stramm, der durch das Ineinander und durch die Verknüpfung semantischer Potentiale wenn Realität nicht getilgt, so doch in andere Sinnhorizonte gestellt hatte. Wie sehr sich Schwitters indes schon in den aus dem Jahr 1918 stammenden Gedichten über die Wortkunst lustig macht, zeigt ein mit "Nächte" überschriebenes Gedicht:

> Junge Nächte gluten
> Gluten Qual
> Zittert Glut Wonne
> Schmerzhaft umeint
> Siedend nächtige Brunst
> Peitscht Feuer Blitz

Zuckend Schwüle
O, wenn ich das Fischlein baden könnte!
Zagt ein Innen
Zittert enteint
Giert schwül
Herb
Du
Duft der Braut
Rosen gleißen im Garten
Schlank stachelt Fisch in der Peitscheluft
Wunden Knie
Wogen Brandung Wonne
Wenn das Fischlein fliegen könnte
Ich umwoge
Innen jauchzt
Peitscht stille Inbrunst
Überquillt schrill
Kniet Tau auf dem Fischlein
Es schlüpft seine Beinchen
Weiße Beinchen hat der Tod
Fest peitscht innige Nacht
Ich
Zerwoge
Bleicht müde
Blaut Qual Sonne          (41,40)

Der Text hat sein Pendant in einem mit "Trieb" betitelten Gedicht Stramms, das den thematisierten Geschlechtsakt allerdings in 15 Zeilen darstellt, "konzentriert" in der Form, wie Lothar Schreyer sagen würde. In der Technik kommt Schwitters den von der Wortkunst formulierten Forderungen nach, insofern erst das Ensemble der durch keinerlei Interpunktion kombinierten Wörter, denen dadurch auch ein gewisser Eigenwert zukommt, das Liebesgeschehen wenn schon nicht konkretisiert, so doch erahnen läßt. Friedhelm Lach hat mit allerdings anderen Ergebnissen beide Gedichte gegenübergestellt. Hier die Verse Stamms:

Trieb

Schrecken Sträuben
Wehren Ringen
Ächzen Schluchzen

Stürzen
Du
Grellen Gehren
Winden Klammern
Hitzen Schwächen
Ich und Du!
Lösen Gleiten
Stöhnen Wellen
Schwinden Finden
Ich
Dich
Du.                    (49,34)

Ohne daß er es auf einen Begriff brächte, löst Stramm das Liebesgeschehen, entsprechend dem formalen Ansinnen Waldens, in eine Abfolge von Verben, denen vom rein morphologischen Aspekt auch der Status von Substantiven zukommen kann, in eine Abfolge von Wörtern auf, von denen je zwei eine Zeile bilden, abgesehen von Vers 5, der vor dem 'Du' einen Stillstand der Sprachbewegung markiert. Die Wörter modellieren Gefühls- und Handlungsmomente im Sinne der oben besprochenen Ich-Du-Relation heraus, die in den drei letzten Zeilen explicite benannt wird. Während Stramms Gedicht einer dem Thema genuinen inneren Logik verpflichtet ist, wird der Geschlechtsakt, nach Friedhelm Lach gleichsam der thematisch innere Kern des Gedichts (107,91), bei Schwitters einer Sprachüberflutung ausgesetzt, die zum Teil ornamenthaft wirkt und eher dem Schreyer'schen Prinzip der "Dezentration" entspricht.

Sicher scheint nur, daß Schwitters bei Stramm in die Schule gegangen ist: auch hier im Grunde keine Interpunktion, Alliterationen — manchmal auf Kosten einer stimmigen Semantik —, inkompatible Prädikationen, die zu Objektsätzen erweitert werden, neue Wortschöpfungen, unverbunden nebeneinandergestellte Substantive, Wörter schließlich, die zur typisch Stramm'schen Lexik gehören wie 'zerwogen', 'gluten', 'peitschen', 'Wogen', 'Wonne' etc. Doch das in Sprache gesetzte Liebesverhältnis wird nicht näher konkretisiert, sondern in eine vage Stimmung getaucht, es ist nicht, wie bei Stramm, die Summe der mit ihm verbundenen Handlungen. Anfangs kommt ein dem Stramm'schen Gedichten verwandter Rhythmus auf, der die 'junge Nacht' und die 'Qual' der wahrscheinlich aufgehenden Sonne umspannt — ein 'Tagelied' à la Schwitters. Aufgestaut wird er in jenen Zeilen, in denen von einem Fischlein die Rede ist, das sich bei aller imaginativen Anstrengung nicht in den Rahmen der evozierten Vorstel-

269

lungen fügen will. Natürlich lassen sich direkte semantische Beziehungen zu unmittelbar vorausgehenden Zeilen herstellen, etwa wenn es heißt:

> Wogen Brandung Wonne
> Wenn das Fischlein fliegen könnte
> Ich umwoge

Mögliche Assoziationen zwischen Fischlein, Woge und Brandung sind gestattet, nur paßt der seltsame Wunsch nicht in den Text. Ein mögliche, wenngleich letzten Endes nicht beweiskräftige Interpretationshilfe gibt Schwitters in seinem 1920 erschienen Artikel "Selbstbestimmungsrecht der Künstler":

Die Verdienste des Sturm um das Bekanntwerden Stramms sind sehr.
Abstrakte Dichtung.
Die Abstrakte Dichtung wertet Werte gegen Werte. Man kann auch sagen 'Worte gegen Worte'.
Das ergibt keinen Sinn, aber es erzeugt ein Weltgefühl, und darauf kommt es an. (Der Gemeine muß jedem Offizier Achtung und Gehorsam erweisen).
Übertragung der Weltanschauung des Künstlers. (Hühneraugenmittel in der Friedensgesellschaft, Kriegsware). Totalerlebnis grünt Hirn, jedoch auf die Form kommt es an. Reim, Rhythmus und Ekstase dürfen nie zur Manier werden. (Bei eintretender Dunkelheit werden dieselben gratis ergänzt, also nur einmalige Ausgabe.)
Das ist abstrakte Dichtung.
Die Merzdichtung ist abstrakt. Sie verwendet analog der Merzmalerei als gegebene Teile fertige Sätze aus Zeitungen, Plakaten, Katalogen, Gesprächen u.s.w., mit und ohne Abänderungen. (Das ist furchtbar.) Diese Teile brauchen nicht zum Sinn zu passen, denn es gibt keinen Sinn mehr (Das ist auch furchtbar.) Es gibt auch keinen Elefanten mehr, es gibt nur noch Teile des Gedichtes. (Das ist schrecklich.) (43,44)

Es mag stimmen, daß diese nach dem Tod August Stramms geschriebenen Zeilen Dank an den Sturmkreis und Stramm abstatten (104,215) doch enthalten sie auch eine gehörige Portion Ironie.

Zunächst kann ja das Selbstbestimmungsrecht des Künstlers nicht darin bestehen, seine Vorfahren und Ahnen zu zitieren. Und der erste Satz verlangt nach "sehr" ein Prädikatsnomen, das Schwitters geflissentlich wegläßt. Paradigmatisch könnten hier 'groß', aber auch 'gering' stehen. Bedenkt man, daß es Walden, Schreyer, Blümner und wohl auch August Stramm um das Wort nicht im Sinne eines semantischen Potentials ging, sondern in erster Linie um dessen klangliche Evokation im Gedicht, nicht also um "Werte", wie sie traditionellerweise in Begriffen aufgehoben sind, gegen die sich die Wortkünstler in fast allen Manifestationen wehrten, dann wird deutlich, wie wenig Schwitters von der Wortkunst allgemein, aber auch von Stramm gehalten haben wird. Daß schließlich der "Gemeine jedem Offizier Achtung und Gehorsam erweisen" muß, ist alles andere als eine bare Huldigung des gefallenen Offiziers Stramm. Schließlich ist die Aussage, Reim, Rhythmus und Ekstase dürften niemals zur Manier werden, eine deutliche Absage an das, was Schwitters 'abstrakte Kunst' im Bereich der Wortkunsttheorie nennt.

Relativ früh distanziert sich Schwitters von Stramm und benutzt dazu in seinen Texten Mittel der Verfremdung wie die genannten Einschübe im Gedicht "Nächte", die den eingangs initiierten Lyrismus sowohl semantisch als auch rhythmisch stören. Das gilt vor allem für die Schlußzeilen.

Abgesehen vom Stil, den er — wie bereits gesagt — bis in die Mitte der Zwanzigerjahre zwar nicht im Sinne der Wortkunst, sondern als Mittel gebraucht, um die Materialität der Wörter, aber auch auf semantische Sachverhalte durch Repetitionen aufmerksam zu machen, begreift er am analogiebildenden Verfahren Stramms, durch das die eigentlich differenten Dinge in den Modus der Ähnlichkeit treten und dergestalt noch eine Einheit bilden, die bei Ball schließlich zur Gleichgültigkeit gegenüber der jeweiligen Andersartigkeit der Gegenstände führte, begreift er also, daß die Übernahme Stramm'schen Sprachgutes sein 'Merz-Programm' fördert:

Die Merzdichtung ist abstrakt. Sie verwendet analog der Merzmalerei als gegebene Teile fertige Sätze aus Zeitungen, Katalogen etc.

Was unter 'etcetera' zu verstehen ist, dürfte deutlich sein: auch das Stramm'sche Vokabular muß herhalten für ein Kunstkonzept, das der Collage oder Montage verpflichtet ist.

An anderer Stelle sagt Schwitters:

Ich habe mich zunächst noch mit anderen Kunstarten beschäftigt, z.B. der Dichtkunst. Elemente der Dichtkunst sind Buchstaben, Silben, Worte, Sätze. Durch Werten der Elemente gegeneinander entsteht Poesie. Der Sinn ist nur wesentlich, wenn er auch als Faktor bewertet wird. Ich werte Sinn gegen Unsinn. Den Unsinn bevorzuge ich, aber das ist eine rein persönliche Angelegenheit. Mir tut der Unsinn leid, daß er bislang so selten künstlerisch geformt wurde, deshalb liebe ich den Unsinn. (42,20)

Hier Schwitters' wohl bekanntestes Gedicht, das sich mittlerweile in Lesebüchern findet:

## An Anna Blume

Oh Du, Geliebte meiner 27 Sinne, ich liebe Dir!
Du, Deiner Dich Dir, ich Dir, Du mir, − − wir?
Das gehört beiläufig nicht hierher!
Wer bist Du, ungezähltes Frauenzimmer, Du bist, bist Du?
Die Leute sagen, Du wärest.
Laß sie sagen, sie wissen nicht, wie der Kirchturm steht.
Du trägst den Hut auf Deinen Füßen und wanderst auf die
Hände
Auf den Händen wanderst Du.
Halloh, Deine roten Kleider, in weiße Falten zersägt
Rot liebe ich Anna Blume, rot liebe ich Dir.
Du, Deiner, Dich Dir, ich Dir, Du mir − − wir?
Das gehört beiläufig in die kalte Glut!
Anna Blume, rote Anna Blume, wie sagen die Leute?
Preisfrage:

1. Anna Blume hat einen Vogel
2. Anna Blume ist rot
3. Welche Farbe hat der Vogel?

Blau ist die Farbe Deines gelben Haares,
Rot ist die Farbe Deines grünen Vogels,
Du schlichtes Mädchen im Alltagskleid,
Du liebes grünes Tier, ich liebe Dir!
Du Deiner Dich Dir, ich Dir, Du mir, − − − wir?
Das gehört beiläufig in die − − − Glutenkiste.
Anna Blume, Anna, A − − − N − − − N − − − A!
Ich träufle Deinen Namen.
Dein Name tropft wie weiches Rindertalg.
Weißt Du es Anna, weiß Du es schon,
Man kann Dich auch von hinten lesen.
Und Du, Du Herrlichste von allen,
Du bist von hinten wie von vorne:
A − − − N − − − N − − − A.
Rindertalg träufelt STREICHELN über meinen Rücken.
Anna Blume,
Du tropfes Tier,
Ich … liebe − − − − − Dir!

(41,58)

Armin Arnold hat die Vorgeschichte dieses in mehrere Sprachen übersetzten Gedichtes dargetan und es als Replik auf eine Kritik Cohn-Wieners über eine Ausstellung Schwitters im Juli 1919 in Berlin zu erklären versucht. Die Begründung für das monokausale und nicht überzeugende Verfahren Arnolds liefert ein Bild Schwitters mit Titel "Konstruktion", auf das er mit Kreide geschrieben hatte "Anna Blume hat einen Vogel". Christof Spengemanns Gedicht "Der Künstler", das Schwitters "Anna-Blume I-Dichtungen" einführt, scheint den Sachverhalt zu bestätigen. In der Ausgabe heißt es einführend:

> Von fernher umweht ihn ihr Odem.
> Er tastet.
> Flackert wie ein verlegenes Kind.
> Willenlos, — quer über das Bild in weißer Schrift
> Worte, die er an einer Planke las:
> Anna Blume hat einen Vogel —
> Es ging nicht anders.          (43,8)

Überdies hatte Spengemann in seinem Verlag in Hannover 1920 ein Büchlein mit dem Titel "Die Wahrheit über Anna Blume" publiziert, in dem es heißt:

"Bei der Arbeit fallen ihm (Schwitters, Anm. E.P.) jene Worte ein, die er an einer Planke gelesen hatte. Sie mußten ihn in seiner Naivität berühren." (83,20) Schwitters, der durch die Ausstellung ohnehin die Kunstkritik in Berlin verärgert hatte, schien nun mit der Beschriftung "Anna Blume hat einen Vogel" vollends der Institution Kunst den Garaus machen zu wollen. Doch kamen die Kritiker ihrerseits nicht auf die Idee, das Ganze könne nur eine Provokation sein und fahndeten akribisch nach der Person, die sich hinter dem Namen verbergen könne.

Wer nun glaubt, Arnold wäre in seinem Aufsatz diesen Spuren nachgegangen, sieht sich getäuscht. Auch er entgeht im Grunde nicht den Spekulationen der damaligen Berliner Kunstkritiker und vermischt positivistisches Recherchieren mit barer Phantasie.

Anna Blume ist ihm ein "Varieté-Mädchen", eine "Handtänzerin", die ein verliebter Junge, ein Kulissenschieber, kaum der Schule entwachsen — daher auch der berlinerisch-restringierte Sprachgebrauch — bewundert. Die Zeilen
"Du schlichtes Mädchen im Alltagskleid, du liebes grünes
Tier, ich liebe Dir"
interpretiert Arnold so:

Das Mädchen im Alltagskleid ist ein Klischee aus dem Schullesebuch. Auf Anna Blumes Kleidung paßt das Klischee – wenigstens während der Vorstellung – wie die Faust aufs Auge. Mit dem lieben grünen Tier ist nicht Anna gemeint, denn diese ist nicht grün, sondern der Papagei, den unser Freund (der verliebte Kulissenschieber) genauso ins Herz geschlossen hat wie Anna selbst. Er ist Annas Vogel, also liebt er ihn. Außerdem sucht er einen Reim auf 'dir', und was läge näher als 'Tier'. (83,22)

Schließlich kann Arnold sagen:
"Alles hat seinen Platz gefunden. Kein Wort im Gedicht, das nicht völlig verständlich wäre. Nirgendwo Zufall, kaum Doppeldeutigkeiten." (83,23)

Dem wäre nichts hinzuzufügen, wäre Armin Arnold dabeigewesen. Freilich, es ist ungerecht, fügte man nicht sogleich hinzu, daß der Aufsatz mit akribischer Genauigkeit mögliche, wenngleich auch nicht immer wahrscheinliche Bedingungen für die Entstehung des Gedichts angibt. Denn in der Tat war Schwitters wie andere Künstler in Berlin ein Begeisterter der Variétés, von denen er manche Anregung bekommen haben könnte. In vier Aufsätzen, von denen der erste 1914 geschrieben wurde, hat Schwitters in teilweise phantastisch-ironischen Visionen seine Vorstellung zur 'Merz-Bühne' entwickelt und fordert die Zusammenfassung aller künstlerischen Kräfte zur Erlangung des Gesamtkunstwerkes. (Vgl. K. S., An alle Bühnen der Welt, 40 ff.)

Aber auch Friedhelm Lach greift zu kurz, wenn er das Gedicht so interpretiert: "Aus der Inhaltsanalyse ergeben sich sofort Widersprüche, die bei näherem Hinsehen noch verstärkt werden. Warum hat das 'grüne tier' rote Kleider? Warum sind die gelben Haare blau? Warum ist die Herrlichste von allen 'umgewühlt'? (Lach interpretiert die 1. Fassung, in der es 'umgewühlt' statt 'ungezählt' heißt; Anm. E.P.) Schwitters scheint es einen Riesenspaß zu machen, den Leser an der Nase herumzuführen und ihn schließlich mit dem Eindruck zu entlassen, hier handle es sich um das Erzeugnis eines Geisteskranken. Der Fachmann erkennt jedoch sofort, daß Anna Blume nach den bekannten Strukturen des Liebesgedichts gebaut ist." (107,98)

In der Tat wird man durch aufgebauschtes Liebespathos und Liebesgestammel, durch Lob und Klage an barocke Liebeslyrik erinnert; indes, was Schwitters im Gedicht zu Wort kommen läßt, scheint – das macht Arnolds Aufsatz deutlich – eine Art Gegenstrategie in Richtung auf unliebsame Kunstkritiker zu sein mit der gleichzeitigen Intention, das prinzipiell Alogische der Kunst zu demonstrieren.

Typographisch steht im Mittelpunkt des Gedichts eine Preisfrage, die nach Art eines Syllogismus aufgebaut ist: Alle Menschen sind sterblich/ Sokrates ist ein Mensch/ Sokrates ist sterblich. Da natürlich von 'haben' nicht auf 'sein' geschlossen werden kann – im ersten Urteilssatz müßte es richtig heißen: "Anna Blume *ist* ein Vogel" –, ist auch die Frage "Welche Farbe hat der Vogel?" nicht richtig. Was Schwitters offenbar mit dem nicht funktionierenden Syllogismus demonstrieren möchte, ist, daß sich die Kunst gegenüber der Logik verweigert, daß sie ihre Eigengesetzlichkeit hat, die nicht durch dürftige Begriffe und 'Kurz-Schlüsse' in einer Art konzertierter Aktion ein voreiliges Bündnis mit dem Betrachter eingeht, der es überdies, wäre er in Dingen der Farblehre auch nur ein wenig bewandert, leicht hätte, die 'Dennoch-Logik' des aufgeführten Syllogismus zu verstehen. Denn zu der im zweiten Urteilssatz angesprochenen Farbe Rot gehört die Komplementärfarbe Grün. Aus der Sicht des Malers ist die in Zeile 18 gegebene Antwort "Rot ist das Girren deines grünen Vogels" sowie die vorhergehende Assoziation von Gelb zu Blau – ebenfalls zwei Komplementärfarben – durchaus stimmig. Mag sein, daß, wie Friedhelm Lach meint, Schwitters Gefallen daran fand, die Kunstkritiker zu veralbern, der sie mit primitivstem Kunstwissen aufs Glatteis führte.

Allein ist damit die Frage nicht beantwortet, wer Anna Blume sei. Korrigiert man den terminus major des Syllogismus und setzt 'ist' statt 'haben', dann kann die Gleichsetzung zwischen Anna Blume und dem Vogel im Schlußurteil erfolgen: Anna Blume ist ein Tier, mithin auch ein Vogel. Doch würde eine solche Aussage der ihr eigenen Logelei – wiewohl sie Schwitters selber inszeniert hat – anheimfallen, denn im ersten Teil des Gedichts ist ja Anna Blume keineswegs Tier, sondern wird auf den ersten Blick als Person vorgestellt. Ist sie das wirklich?

Ich glaube nicht. Denn so, wie sie sich in der ersten Zeile den normalen fünf Sinnen entzieht – der 'Liebhaber' braucht mindestens 27 Sinne –, so wie sie nur Geliebte eines überdurchschnittlich Sinnbegabten sein kann, löst sich ihre dinghafte Kontur schließlich in dem August Stramm verpflichteten Spiel der Deklination des Pronomens 'Du' auf. Welche Reminiszenzen auch immer an den Berliner Dialekt im Gedicht stecken mögen – Arnold hat darauf hingewiesen –, die Aussage "Ich liebe Dir" gibt zu erkennen, daß der Gegenstand der Liebe durch die Setzung des Dativs statt des Akkusativs gleichsam verfehlt wird, ebenso wie Schwitters ganz bewußt ein 'mir' setzt, wenn sich der fiktiv Liebende die Frage vorlegt, ob er auch Gegenliebe fände. Das bei Stramm stets Gemeinsamkeit evozierende 'wir', meist mit einem Ausrufezeichen versehen, steht hier mit einem Fragezeichen und verweist die Stramm'sche 'unio' der 'Ich-Du-Relation' in den Bereich des außerhalb der Sinne Liegenden, in den Bereich des Phantastischen und Fiktionalen. Die vierte Zeile, die ausdrücklich mit der Frage nach ihrer Existenz anhebt, wird nicht eigentlich vom imaginären Liebenden beantwortet, sondern von 'den Leuten', die ihre Existenz nicht bestätigen, sie in den Konjunktiv heben, gleichwohl aber ihre Präsenz offenhalten, wie auch ihr Verehrer Schwitters ihr Fragen mit den Worten abtut: "Laß sie sagen, sie wissen nicht, wie der Kirchturm steht."

Wenn Schwitters seine Anna Blume auf Händen gehen läßt, den Zylinder auf den Füßen, dann ist damit nicht die Auflösung einer Bildkontinuität gemeint, sondern eine veränderte Perspektive angedeutet, wie sie dem 'umgekehrten Kirchturm', der paradigmatisch für neue Kompositionstechniken steht und also einer neuen Sicht bedarf, gemäß ist. Was Schwitters attackiert, ist die eingeübte Sehweise konventioneller Kunstkritiker, die stolz darauf sind, in jedem Bild eingefahrene Bauprinzipien zu erkennen.

So gesehen ist das Gedicht "Anna Blume" nur Vehikel, um den Kunstkritikern in Erinnerung zu rufen, daß Wahrnehmung im Bereich zumal der bildenden Kunst nicht konstitutionslogisch abläuft, daß sie nicht dem common sense das Recht gibt, auf den ersten Blick nicht Einzuordnendes vom allgemein Anerkannten abzusondern.

Solch veränderter Optik, oder besser: zu verändernder Sehpraxis entspricht nun auf der linguistischen Ebene der "träufelnde" weil segmentierte Name 'Anna', der analog zum auf den Kopf gestellten Kirchturm von hinten nach vorn gelesen werden kann. Die letzten zwölf Zeilen machen den Prozeß einer 'träufelnden' Entnominalisierung deutlich, wobei das Bild des tropfenden Rindertalgs ein Verweis auf die Deformationsmöglichkeit des Namens 'Anna' ist.

Es genügt, auf diesen e i n e n Partialsinn des Gedichts aufmerksam gemacht zu haben, der keineswegs absolut zu setzen ist. Nur scheint er mir im Hinblick auf das Entstehungsdatum und die vorausgegangene Kunstausstellung in Berlin mit Arbeiten Schwitters und der nachfolgenden Fehde, in die gegenüber Cohn-Wiener auch Rudolf Blümner mit einem Beitrag im Sturm "Auch ein Kunstkritiker" eingriff (22), näher zu liegen als die Beschwörung einer rein parodistischen Intention, wie sie in Anschluß an Rothermund Friedhelm Lach meint herausspüren zu können. Parodie auf ein Liebesgedicht: das ist der Text — nebenbei gesagt — natürlich auch, zumal Parodie auf Lyrik aus Stramm'scher Feder, der ja stellenweise fast ausschließlich die von uns zitierte Ich-Du-Relation thematisiert und deren Vokabular, wenn schon nicht in die "Glutenkiste", so doch von Schwitters in die Mottenkiste geworfen wird, wie auch die Wendung "Du tropfes Tier" an Stramms Sammlung "Tropfblut" erinnert.

Angesichts der relativen Geschlossenheit des Gedichts und des einheitlichen Motivs mag man der Meinung sein, Schwitters habe hier seinen Lesern ein spaßhaft-ridiküles Liebespoem vorgelegt, dessen Ernst sich hinter den sprachlichen Innovationen verberge. Wie dem auch sei: in seinem ersten Merzgedicht wertet er Sinn gegen Unsinn, wie er an anderer Stelle sagt, und richtet dem Leser gegenüber zunächst eine interrogative Front auf, damit es befragbar und nicht einfach inhalierbar werde. 'Vermerzt' werden zwar noch nicht alle Teile der Realität, allenfalls erst der Schwitters schon historisch erscheinende Stramm, dessen Ich-Du-Relation in einen rein grammatikalischen Mechanismus aufgelöst wird, ebenso wie das scheinbare Objekt der Liebe, das durch Segmentierung 'entnannt' wird.

Ein letztes noch. Wer die von Friedhelm Lach herausgegebene Werkausgabe kennt, wird unschwer feststellen, daß sich Schwitters in seinen Motiven oder in einzelnen Wortfügungen wiederholt. Schon allein deshalb scheint mir die Deutung Arnolds, die auf den Füßen wandernde Anna Blume sei Variétékünstlerin aus dem Berliner Wintergarten, nicht stichhaltig zu sein, denn solch veränderte Perspektiven bringt Schwitters schon in Gedichten — auch da zum Teil das Vokabular Stramms benutzend — vor 1919 ein. Weil sich solche Motive immer wiederholen, entgeht Schwitters keineswegs dem Routinemäßigen und nicht alles, was er zu Papier gebracht hat, ist so erfrischend goutierbar wie 'Anna Blume' oder 'Auguste Bolte'. Auf die methodische Seite dieses Aspektes hat Kemper hingewiesen und exemplarisch am Fischmotiv dargetan, daß werkimmanente Gesichtspunkte bei der Deutung nur eines einzelnen Gedichts nicht außer Acht gelassen werden können. (104,231)

In der Folgezeit hat Schwitters Verse oder Versatzstücke des Anna-Blume-Gedichtes 'ausgeschlachtet', wie es bezeichnend in einem Gedicht heißt, und sie in anderen Gedichten verwandt. Wir kommen darauf später zurück.

Äußerste Abstraktheit erreicht er in Gedichten, die nur noch von Gnaden der Phantasie leben, indessen mit einer dissoziierenden Wirklichkeit korrespondieren, weil sich zwischen die heterogen kombinierten Realitätspartikel die dissonante Wirklichkeit wie durch Fugen schiebt. Im 1920 entstandenen ''Untergrundgedicht'' (41,81) vermerzt Schwitters — ähnlich wie in einer Collage — singulär erfahrene Wirklichkeitspointillismen, ohne damit die Separatheit der Dinge zu inszenieren:

> Häuser äugen Millionen peitschen Lampen
> Fenster beißen Augen
> Brüllen Licht die Untergrundbahn Zähne

Deutsche Tageszeitung rodelt Musik (bester Schuhputz)
Additionsmaschinen wirren Zahlen, Gartenstadt
Lieder zarten Kanonen (ärztlich empfohlen)
Fenster leben ohne Licht erstarren
Ohne Kohle holzt das Glas
Flamme glast
Brüllen beißen Licht die Fenster
Flamme glast die Flamme
Häuser äugen Millionen Funken Lampen
Und die Flamme holzen Kohle brüllt das Licht.
(Bei Andrang in den Mittelgang treten).
(41,81)

Ähnlich wie die Expressionisten trägt Schwitters versprachlichte Elemente aus der Großstadterfahrung zusammen: die Wörter 'Häuser', 'Lampen', 'Licht', 'Glas', 'Fenster' verweisen auf einen Sinnbezirk, der mit dem Wort 'Untergrundbahn' in Beziehung steht, worauf auch der am Schluß stehende idiomatisch vorfabrizierte Appell "Bei Andrang in den Mittelgang treten" hinweist. Nur vermag die von der Untergrundbahn aus simultan wahrgenommene Umgebung nicht mehr schockhaft zu wirken, weil das Monströse der Großstadt, ausgedrückt in Verben wie 'äugen', 'beißen', 'brüllen' etc., die allesamt eine verdinglichte Angst evozieren, sogleich in Erwähnungen wie "Deutsche Tageszeitung rodelt Musik" und in der Beigabe "bester Schuhputz", wodurch das Medium Zeitung entqualifiziert und zu höchst profanem Gebrauch 'umgewertet' wird, ridikülisierend aufgehoben wird.

Wohl werden in der Bewegung des Gedichts – das gilt gerade für Stellen, die aus der Perspektive der Untergrundbahn aus gesehen werden könnten – die Konturen zeitlich und räumlich verschliffen und Dinge aufgelöst, so daß sie unterschiedslos als Häuser oder 'brüllendes Licht' dargestellt werden können, doch die "Zahlen wirrenden Additionsmaschinen" sowie die "Kanonen", beide durch Felder "Gartenstadt" und "Lieder zarten" positiv und semantisch oppositiv kontrastiert, rammen sich wie Pfähle in den Text und verhindern eine durch Assoziationen ins Positive gewandte Synthese der einzelnen Textteile. Die Schwitters'sche Ironie oder wie man das nennen mag, wenn Musik zu Kanonendonner ein ärztlich verordnetes Mittel ist, wirkt da eher beiläufig, weil die ohne allen Kontext vermittelten Gegensätze "Tageszeitung" – "Schuhputzmittel", "Additionsmaschinen" – "Gartenstadt", "Lieder" – "Kanonen" nicht in einem sie umgreifenden Begriff aufgehoben werden können, sondern sich als Gegensätze selbstbehaupterisch geltend machen, ohne in einem Akt der Verschmelzung ihre jeweilige Eigenwertigkeit zu verlieren. Die so durch Fugen und Risse gewonnene 'Mehransichtigkeit' des Gedichtes, das gerade in der durch zitatartig implantierten Stellen gegenüber der auch bei Schwitters zur Masche gewordenen 'Stramm-Stilistik' Verfremdendes aufblitzen läßt, verbindet den Rezipienten nun nicht mehr mit einer ins Spielerische zurückgenommenen chaotischen Welt, sondern mit dem je und je einzelnen Ding, das, aus dem freilich mannigfach oszillierendem Zeitkontext herausgenommen, mit anderen dichotomisch konfrontiert wird. Sieht man vom Eingangsteil und dessen Repetition im zweiten Teil des Gedichts ab, dann kann ein der Collage analoges Verfahren festgestellt werden, nach dem, wie es Schwitters selbst beschrieb, Worte gegen Worte und Werte gegen Werte 'vermerzt' werden. Das Prinzip an sich besagt nicht viel, denn seine Sprengkraft und Interruption stellt sich erst gegenüber seinem Davor und Danach, also gegenüber dem Kontext ein. Gleichwohl kann bei Schwitters nicht davon die Rede sein, seine sprachlichen Versatzstücke hätten nur die Funktion einer Interruption, denn sie werden ganz offenbar nicht aus rein deformatorischer Absicht in den Text lanciert. Wer nicht nur ein, sondern mehrere Gedichte oder Prosatexte Schwitters gelesen hat, wird feststellen, daß seine Lektüre an bestimmten Punkten, die man freilich nicht pauschal benennen kann, gestört wird. Nicht deshalb, weil das zuvor oder danach Gelesene gängiges Vokabular enthielte, sondern weil Schwitters der Gefahr der Marotte beim Gebrauch seiner Mittel nicht ganz entgangen ist. Wer sich an den Stramm'schen Sprachgestus gewöhnt hat, wird ihm nicht mehr mit sonderlichem Erstaunen auch in anderen Gedichten und Texten begegnen, eher vielleicht noch der Semantik, ganz sicher aber den ganz einfachen Sätzen, Sprüchen, Sprichwörtern und Redewendungen, die eine eingespielte Lektüre letztlich doch wieder verhindern und, wenn schon nicht zum Verweilen einladen, so doch eine Betroffenheit zu evozieren vermögen, weil sie meist unmittelbar in die Lebenspraxis des Rezipienten hineinreichen.

Ähnlich verfährt Schwitters im 1920 entstandenen Gedicht "Himbeerbonbon" (41,82)

> Konfitüren sinken Nächte die elegante Frau
> In Pulverform
> Gelegenheitskauf (anregend, schleimbildend)
> Wohlgeschmack der Frau in Pulver Heiligtum
> Es lebe die elegante Frau!
> Es lebe die Revolution!

Es lebe der Kaiser! (sinken Nächte!)
Vereinigt euch, alle gegen alle, so müssen Winde sieden.
Schießt Luft! Die Luft muß Löcher
Kriegen. Es liebe die durchlöcherte Luft,
das neue Heiligtum (schleimbildend in
Pulverform.)
Ich sinke einen kalten Affen. (Wohl-
geschmack.)

Man wird sich der Meinung Heissenbüttels nur schwer anschließen können, die in diesem und auch im vorangehenden Gedicht eindeutig Stramm verpflichteten Sätze seien "bedeutungslos" und bedeutsam allenfalls nur dadurch, daß sie als Sprache auf sich selbst verweisen; ein von der Konkreten Poesie der Sprache gerne angedichtetes Vermögen. Zwar nimmt auch hier das Gedicht für einen von Schwitters'scher Kost entwöhnten Leser einen befremdenden Anfang, seine eigentliche Explosivkraft bekommt es indes erst durch die drei Parallelismen: "Es lebe die elegante Frau/ Es lebe die Revolution/ Es lebe der Kaiser!"

Auch hier werden im Schwitters'schen Sinne Worte gegen Worte und Werte gegen Werte gestellt und die Beziehung zu einer kontingenten Objektwelt eröffnet. Denn was in den drei Zeilen 'hochleben' soll, wird nicht, wie auch der Vers "Vereinigt euch, alle gegen alle, ..." andeutet, genießerisch homogenisiert, wie Anfang und Schluß es vielleicht glauben machen könnten, sondern syntaktisch klar auseinandergehalten, und das Syntagma "Es lebe ..." könnte durch eine paradigmatische Reihe beliebig ergänzt werden, zumal Schwitters die durchlöcherte Luft leben läßt, was freilich auf die Vergeblichkeit und Hinterfragbarkeit dessen deutet, was da vielleicht ekstatisch ausgerufen und gefeiert wird. Solcher Verlust eines konkret Feierbaren, ausgedrückt in der wohl unterschiedslosen Reihung von Frau, Revolution, Kaiser und Luft, jedes der Wörter bezieht sich normalerweise auf konkrete Erlebnisfelder, läßt Schwitters in den Wohlgeschmack eines alles nivellierenden Suffs, in einen 'kalten Affen' versinken.

Das Verfahren der 'gestörten Lektüre', den freilich mit Schwitters'schem Lesegut schon immer Vertrauten durch ein paar nichtssagende Verse auf die Fährte zu locken, ihn dann aber umso tiefer in Abgründe fallen zu lassen, setzt sich prinzipiell auch in jenen Texten fort, die im Sinne der späteren 'Banalitäten' verfahren und eine Art 'public language' als Reservoir präformierter sprachlicher Versatzstücke voraussetzen. Auch hier wird der Leser mit einer scheinbar intakten Formel konfrontiert, die aber dennoch durch fremdes Sinnpotential semantisch gestört wird. In etlichen Texten werden als sprachliche Versatzstücke für den Bürger zwar notwendige, aber nichtsdestoweniger fragwürdige Ge- und Verbotsformeln bemüht. Das Gedicht "An die Proletarier Berlins" (41,86) spiegelt nicht so sehr die politischen und sozialen Konflikte der Einwohner dieser Stadt um 1921, sondern den von Vorschriften aller Art umgebenen Bürger, die ihn als ordnungserhaltende Regulative auf Schritt und Tritt umstellten.

> An das Proletariat Berlins!
> Spart Gas- und Fahrkartenpreise! (Übergangsverkehr.)
> Fundsachen werden ersucht, die Bekanntmachung an der
> Leine zu führen
> Hunde sind an den Bahnhofsbeamten zu versteuern
> Schalterverwaltung im Krankenhaus (Nichtraucher unver-
> wüstlich.)
> Dieser Platz ist an die ungehinderten Hunde abzugeben.
> Jeder Handel ist Unbefugten Zahnpasta (auch der Schleich-
> handel.)
> Juwelen sind untersagt und an der Weiterfahrt ausgeschlos-
> sen.
> Ungeschützte Hutnadeln müssen in den Mittelgang treten.
> Nicht in den fahrenden Genossen springen (wenn der Zug
> hält.)
> Nicht öffnen, bevor der Zug fährt (zur Pflege der Zähne.)
> Das ist der Kardinalfehler unserer Politik.        (41,86)

Was Schwitters den Proletariern bietet, ist ein Drahtverhau von freilich 'zerschnittenen Vorschriften', die gleichwohl, weil sie in ihrem kruden Gebrauchswert 'gestört' sind, eine Fluchtdimension und einen Moment der Revision besitzen, das aus dem sie bedingenden "Kardinalfehler" der Politik herausführen kann. In der Verformung der simultan gereihten und durch "Textverschnitte entformelten" (107,111) Anweisungen liegen aber auch Lücken, die den Blick freigeben auf Beziehungsformen, die nicht von einem alles eingrenzenden Verwaltungsapparat diktiert sind. Obwohl das Gedicht keine offen zutage liegende Gesellschaftskritik enthält, so wird gleichwohl die Gemeinschaft im Sinne von 'polis' mit ihren verkrusteten Formeln als totem Resultat zurückliegender Denkprozesse aufs Korn genommen.

Man wird einwenden wollen, daß solche auf den sprachlichen Habitus einen Befehls oder öffentlichen Imperativs gebrachten Erfahrungssätze, wie sie an Plakaten oder Schildern allenthalben zu lesen sind, eine unumgängliche Erscheinung jeder abstrakten Gesellschaft sind, wie wir sie beschrieben haben. Doch dieser Einwand widerspricht der Intention des Gedichts. Die paradigmatische Reihung der Ge- und Verbote könnte beliebig zu einem ganzen corpus erweitert werden, das seiner Natur nach statisch ist. In dieser Hinsicht entlarvt das Gedicht ein erstarrtes Beziehungsgefüge zwischen Angehörigen einer Gesellschaft und den sie regulierenden und verwaltenden Instanzen.

Dieses 'demonstrare' des Kunstwerks hat besonders Helmut Heissenbüttel herausgearbeitet, sich auf eine Passage Schwitters' stützend:

> In Merz 2 habe ich von einer Spezialform von Merz: 'i' gesprochen: es ist das Auffinden eines künstlerischen Komplexes in der unkünstlerischen Welt und das Schaffen eines Kunstwerks aus diesem Komplex durch Begrenzung, sonst nichts. Jetzt, in Merz 4, setze ich diesen logischen Gedankengang fort. Ich schreibe über die Banalität; sie ist das Auffinden eines unkünstlerischen Komplexes in der unkünstlerischen Welt und das Schaffen eines Dadawerks (bewußte Nichtkunst) aus diesem Komplex durch Begrenzung. (Nach 212,5)

In diesem Sinne sind die leicht zu rekonstruierenden Wendungen ein ''unkünstlerischer Komplex'', der durch die Form des Gedichts begrenzt wird. Entscheidend ist dabei nicht die Zitatfülle, sondern die Wiederbelebung toter Anempfehlungen durch den Akt ihrer Verwirrung, wodurch sie allererst wieder lebendig werden und als 'Sprachmüll' auf ihren Urheber verweisen. Ihre verwirrte Formelhaftigkeit wird zu einem Instrument, mit dem der Einzelne auf einer anderen sprachlichen Basis kommunikativ Gegenerfahrungen artikulieren kann, wenn er den prohibitiven und auch mortifizierten Charakter angeordneter Sprache durchschaut.

## 5.4 Ursachen und Beginn der glorreichen Revolution in Revon: der Künstler als Fremdling in der bürgerlichen Gesellschaft

In Schwitters Merz-Zeit, aber auch in jener, die man – wie problematisch auch immer dieser Begriff ist – der 'Neuen Sachlichkeit' zurechnen kann, findet sich ein à outrance gepflegtes und mit allen Mitteln stilistischer Versiertheit ornamentiertes Thema, das zu Diskussionen über Wert und Unwert Schwitters'scher Produktionen Anlaß geben könnte. Es ist das Thema des Künstlers als Fremdling in der bürgerlichen Gesellschaft, angereichert freilich mit politischen Nuancierungen, die dem Realhistorischen entsprechen dürften; das Thema des Mißverstandenen, der mit seinen Werken ergebnis- und vielleicht manchmal folgenlos gegen Kategorien des tradierten Kunstverständnisses anrennt. Die Gefahr solcher Darstellungen besteht stets in einer Verabsolutierung des eigenen Standpunktes und somit gerade in dem, was der kritisierte Kunsthistoriker selbst an Kurzschlüssen fabriziert: nach dem Schema 'als Kunstkritiker bin ich legitimiert, bin ich nicht dumm, folglich ist das, was ich nicht verstehe, dumm' wird der Nicht-Verstehen-Könnende oder Nicht-Verstehen-Wollende abqualifiziert. Den wohl berühmtesten aber auch gleichzeitig sinnreichsten Beitrag zu diesem Thema hat Schwitters in "Auguste Bolte" vorgelegt, und der Interpretation von Kemper ist nicht viel hinzuzufügen. (Vgl. 103) Die Geschichte bezieht sich nicht nur auf angemaßten Kunstverstand, sondern enthält eine deutliche Kritik der Lebensphilosophie und somit unter der Hand auch August Stramms, der, wie wir darlegten, einer ihrer Adepten war.

Die Geschichte von der glorreichen Revolution in Revon bezieht sich direkter auf Schwitters Heimatstadt Hannover — Revon sind die von hinten nach vorn gelesenen Silben '-nover' —, in der sich nach Darstellung Friedhelm Lachs (107,132) am 4. Februar 1919 Intellektuelle und Großbürger der Stadt im Saal der Kestner-Gesellschaft trafen, um einen Vortrag des schon erwähnten Kritikers Cohn-Wiener über "Die Zukunft der deutschen Kunst" zu hören. (107,132) Cohn-Wiener muß, nach Henning Rischbieter, die These vertreten haben, daß die politische Revolution eine Parallele in der Revolution der Kunst habe und daß der Gipfelpunkt dieses Abschlusses die Darstellung alles Geschehen in der Ebene und Fläche, nicht aber im Inhalt des Gesehenen bestünde. (Vgl. 107,15) Im Hinblick auf diese These, die — wie immer man auch zu ihr stehen mag — wohl tatsächlich eine Art background für die Schwitters'sche Darstellung abgegeben haben muß, wäre zu erwähnen, daß im äußerst bürgerlichen Hannover um 1919 eine revolutionäre Stimmung aufkam, die im Juli des gleichen Jahres zu Tumulten führte. Auslösendes Moment dürfte ein Streik der Eisenbahner gewesen sein, mit dem sich ein Teil der Bevölkerung solidarisierte, Teile des Großbürgertums jedoch nicht.

Am 8. Juli — so wird berichtet — fährt in den Bahnhof Hannover ein Zug mit Soldaten ein, um den Streik zu brechen. Es kommt zu einem Handgemenge, man will die Soldaten entwaffnen, Schüsse fallen, es gibt drei Tote und mehrere Verwundete. Vor einem Gefängnis in Hannover kommt es zu bewaffneten Auseinandersetzungen zwischen Polizei, Reichswehrtruppen und Kommunisten, die zuvor sämtliche Gefangenen befreit hatten. Über Hannover-Linden wird schließlich der Belagerungszustand verhängt. Am 4. 2. 1919 berichtet der Hannover'sche Kurier über die Veranstaltung mit Cohn-Wiener und verweist u. a. auf die Französische Revolution von 1789, vor der in Frankreich ebenfalls eine Umwälzung in der Kunst stattgefunden habe. Mag nun die Koppelung zwischen Revolution und Kunst berechtigt sein oder nicht, Cohn-Wiener muß auf alle Fälle daraufhingewiesen haben, daß eine eigentlich deutsche Kunstrevolution noch ausstehe und mithin auch ein politischer Umbruch.

Ob Schwitters bei der Veranstaltung zugegen war, ist mir nicht bekannt, wohl aber dürfte er durch den Hannoverschen Kurier informiert gewesen sein. (Vgl. 107,185)

Seine Geschichte, die als Roman unter dem Titel "Franz Müllers Drahtfrühling" erst 1922 im "Sturm" erschien, dort als erstes Kapitel, nimmt die Begebenheiten in Hannover nur sehr distanziert auf, und ihre Doppelbödigkeit dürfte in der Tat, wie F. Lach vermutet, auf die Cohn-Wiener'sche Verquickung von Politik und Kunst zurückzuführen sein. (107,132) Die Fabel ist schnell, aber nicht eben leicht erzählt:

Die Einwohner Revons bemerken eines Tages einen Mann, von dem zunächst nur ausgesagt wird, er 'stehe da'. Zur verwunderten Menge gesellen sich der schon aus Merz-Gedichten bekannte Alves Bäsenstiel, Dr. Leopold Feuerhake, der Redakteur des Lokalblatts und seine Frau, Dr. Amalie Feuerhake. Ein allgemeines Fragen hebt an, warum der Mann 'dastehe'. Doch man wartet vergeblich auf Antwort. Die Menge entrüstet sich, allen voran Frau Dr. Amalie Feuerhake, die vor Entrüstung mehrmals in Ohnmacht fällt. Schließlich tritt Anna Blume auf, die in dem Mann ein Kunstgebilde, eine Merzplastik erkennt.

Dann ergreift Bäsenstiel das Wort, appelliert an die Ehre des Volkes, sich durch einen herumstehenden Mann nicht provozieren zu lassen. Ein durch die Lüfte brausender Leiterwagen mit den Lettern P – R – A unterbricht seinen Redeschwall. Frau Dr. Amalie kann schließlich ihren Mann bewegen, in der Sache tätig zu werden: er ruft die Polizei. Doch da der dastehende Mann offenbar stumm ist, können keine Personalien aufgenommen werden, und als der Polizist den Mann zum Mitgehen auffordert, läuft er plötzlich zum Erstaunen der Menge in die entgegengesetzte Richtung. Im darauf anhebenden Tumult werden mehrere Menschen getötet und verletzt. Eine außerordentliche Sitzung des Parlaments wird einberufen, die – im 2. Kapitel dargestellt – ohne Ergebnis bleibt. Im kurzen dritten Kapitel zieht der Mann, der den ganzen Trubel ausgelöst hat, aus der Stadt aus, um sich an Müllhaufen zu delektieren.

Bei der Wiedergabe der Fabel tut man sich schwer, weil mehr als in späteren Prosatexten der Inhalt an die Darbietungsform gebunden ist. Im Grunde dreht sich das ganze erste Kapitel, um das es hier geht, um den 'stehenden' Mann und die ihn angaffende und schließlich ausfällig werdende Menge.

Es ist nicht Zufall, daß ein Kind den erst am Schluß des Kapitels näher beschriebenen Mann zuerst erblickt, denn in seiner unverbildeten Naivität hat es keinen Grund zur Frage, wer dieser sei und warum er denn da stehe. Allererst die Erwachsenen, zunächst die Mutter und der Vater, dann der Kunstkritiker Feuerhake, dessen Name sich mit Anwachsen der Begebenheiten um sämtliche Namen der Propheten aus dem Alten Testament verlängert, setzen die Erzählung in Gang. Es wäre zu kurz gegriffen, die vom Autor mehrmals durch sprachliche Versatzstücke unterbrochene Geschichte nur auf einen handfesten politischen oder kunst-theoretischen Sinn hin zu befragen. Was Schwitters zunächst auszuspielen versucht, ist die scheinbare Ordnung einer irrational agierenden Masse, die sich so benimmt, daß sie genau nach dem Gegenteil dessen handelt, was sie fordert: Aufklärung. Nach dem Gesetz der Kettenreaktion formiert sich eine Menschenmenge, die nichts weniger aber auch nichts mehr interessiert als ein auf dem Platze stehender 'Mann', der sie nur deshalb interessiert und anzieht, weil sein Woher und Wohin, sein 'Wollen', wie es an einer Stelle heißt, nicht bekannt sind, weil seine 'Eigenschaftslosigkeit' geheime Irrationalismen mobilisiert und sein statuenhaftes Herumstehen alle gängigen Kategorien vor allem der Kunstkritiker Feuerhake unterlaufen.

Wer oder was der Dastehende ist, enthüllt sich im Verlauf der Erzählung für die Leute von Revon nicht, lediglich für Anna Blume, die als fiktives Gebilde eine Affinität zu der Merzplastik "Franz Müller" hat. In bürgerliche Denkhorizonte kann der Mann denn auch nicht eingepaßt werden. Als Herr Dr. Leopold zu der neugierigen Menge kommt heißt es:

Herr Dr. Leopold fragt einen Mann: "Was ist denn hier los?" – "Weiß ich nicht." – Herr Dr. Leopold fragt weiter: "Was ist denn hier passiert?" "Da steht ein Mann." – "Wieso?" – "Da steht ein Mann." "Aber da kann doch kein Mann stehen!" "Jawohl, da steht ein Mann." – "Aber Mensch, überlegen Sie doch, wo soll denn da ein Mann stehen!" "Jawohl, da steht ein Mann." Herr Dr. Leopold Feuerhake bahnt sich einen Weg durch die Menge, er will doch den Mann mal stehen sehen. Frau Dr. Amalie folgt ihm. Tatsächlich, da steht ein Mann. Herr Dr. Friedrich August Leopold Kasimir Amadeus Gneomar Lutitius Feuerhake und seine Gemahlin Fr. Dr. Amalia staunen. Tatsächlich, da steht ein Mann. "Ja," sagt darauf der Dr., "nun erwächst nur die eine allerdings nicht ganz unwichtige Frage, warum denn der Mann da steht." Herr Feuerhake ist nämlich von Beruf aus Redakteur und Kritiker. ... "Du hast Recht," sagt darauf Frau Dr. Amalie zu ihrem Gatten, "nun erwächst nur die eine allerdings nicht ganz unwichtige Frage, warum denn der Mann da steht." – "Das Einfachste wird sein," sagt darauf der Dr., "ich frage den Mann selbst." "Du hast Recht," sagt daraufhin Frau Dr. Amalia Feuerhake, "das Einfachste wird sein, du fragst den Mann selbst." Darauf sagt der Dr.: "Mein Herr, warum stehen Sie eigentlich da?" – Der Mann steht. "Mein Herr, aus welchem Grunde stehen Sie eigentlich da?" – Der Mann steht. "Mein Herr, ich frage Sie zum dritten Male, weshalb stehen Sie eigentlich da?" – Der Mann steht. "Mensch, sind Sie eigentlich taub?" Der Mann steht. "Antworten Sie!" Der Mann steht. "Herr, ich begreife nicht, was Sie hier eigentlich zu stehen haben." Herr Dr. Feuerhake ist nämlich von Beruf aus Kritiker. Der Mann steht. (42,31f.)

So geht das lustig weiter, bis Frau Amalia Feuerhake ihre Selbstbeherrschung verliert und den stehenden Mann beschimpft:

"**Was,**" rief sie "u-und Sie wollen jetzt i-immer noch ein ge-ge-b-b-bildeter Mensch sein? **Flegel,** mein Mann ist ein K-Kunstkritiker, Redakteur, **L-L-Leiter Herausgeber, Minister, jawohl,** Minister des Staates Revon. Sie **Lümmel, Lulatsch, Lumich, Schwein, Sie Schwein, Sie Schwein, Sie gemeines Schwein, Sie Hanswurst, Sie Trottel, Sie blödes Aas, Sie Rindskaffer, Sie Lauseaas.** (42,34)

Trotz solcher Schimpfkanonaden ist für die Gebildete das Objekt 'Mann' nicht integrierbar, wohl aber die Frau des Kunstkritikers für den Leser. Denn in dem Maße, wie ihre Befragung folgenlos bleibt, wie der 'dastehende Mann' ihr keine Idee, kein Licht aufsetzen kann, in dem Maße erscheint sie als die eigentlich Hilflose und Entblößte. Gleichwohl hat solches Befragen auch gar keinen Sinn, weil das substanzlos dargestellte Objekt 'Mann' allenfalls als Vehikel der Provokation wirkt. Zwar gibt es im Frageakt eine Steigerung vom gleichsam 'Philosophie' initiierenden Staunen über den Tatbestand 'Mann', von der Frage, warum er da stehe bis zu der, wer er denn sei, aber spätestens mit den Schimpftiraden hat die Befragung aufgehört und ist zur eigenmächtigen Selbstbeantwortung umgekippt, wenn Frau Dr. Amalie ihn abqualifiziert.

Freilich ist das im Hinblick auf die Kunstkritikerschaft ein kommunikationsloses und urteilsloses Monologisieren zugleich, das sich bei Schwitters in der Sprachgebung niederschlägt. Der eigenschaftslose und einfach dastehende Mann kann, weil er zur Sprache und Aussage nicht befähigt ist, keiner Kritik ausgesetzt werden, er gestattet den befremdeten Bürgern nur Erstaunen und geht nicht ein in einen Warenaustausch von Meinungen und Urteilen: weil er nichts bietet, aber auch nichts verlangt, kann er nicht in den Kreis von Rezeption und Konsup-

tion einbezogen werden und das kalkulierte kritische Interesse des Berufs-
kritikers nähren.

So verläuft denn auch das Geschehen des ersten Teils des ersten Kapitels
in einer outrierten Mimesis, welche das sprachliche Geschehen – an den
Sekundenstil erinnernd – fast akribisch ohne handlungsfördernden Hiatus
abbildet, womit verdeutlicht werden soll, daß durch ständig repetierendes
Fragen oder Konstatieren, wer der Mann da sei, auch kein Begriff von dem
gewonnen werden kann, dessen Existenz sich nur im 'Dastehen' manifestiert.

Schwitters unterbricht nach dem ersten Schimpfwort der Frau Dr.
Amalie die Geschichte, um sie knapp zu resümieren und um im gleichen
Stil fortzufahren. Es ist konsequent, wenn er die unter den Zuschauern
weilende Anna Blume einschaltet und das Geschehen selber kommentiert.
Denn das Kunstgebilde Anna Blume ist alleine in der Lage, eine Art innere
Kommunikation mit dem Mann – "ein schöner Mann, ein wenig zerlumpt
angezogen, so etwa wie der Volksmund sich Franz Müller vorstellt" –
einzugehen, weil sie in ihm ebenfalls ein Kunstgebilde, eine Merzplastik
(42,35) erkennt, ein künstliches Geschöpf wie sie selbst, "mit Brettern ver-
nagelt und mit Draht umspannt." (42,35) Schwitters: "Es ist dies übrigens
die Stelle, wo der Autor den Anfängen einer Liebe zwischen Anna Blume
und Franz Müller nachgehen könnte. Jedoch tut er dies nicht, sondern wendet seine Aufmerksamkeit Alves Bäsenstil zu." (42,35)

Der erzähltechnische Nachklapp hat nicht nur die Funktion, den Leser
endlich aufzuklären, welcher Art und Beschaffenheit der 'dastehende
Mann' denn eigentlich sei, warum die Kommunikation eine einseitige und
– nimmt man diesen Begriff genau – überhaupt keine ist, sich also die
Sprache totlaufen muß; er macht auch klar, darin ähnlich wie im Anna-
Blume-Gedicht verfahrend, daß Kunst und Leben völlig getrennte Bereiche
sind, daß die Fahndung nach dem Lebendig-Organischen in der Kunst, in
das sich der Kritiker einfach einzufühlen habe, völlig unsinnig ist angesichts einer vernagelten und mit einem Drahtverhau umgebenen Merzplastik.

Es ist schwer zu sagen, ob Schwitters in seinem ausschweifenden Bemühen, die Kunstkritik auf die Schippe zu nehmen, den logischen Bruch
in seiner Geschichte erkannt hat. Ohne weiteres mutet er dem Leser das
Verfolgen einer schmalen Fabel zu, in der mit an manchen Stellen tödlicher
Monotonie erklärt oder gefragt wird, daß und warum der Mann dastehe.
Da er bis zum Einschalten Anna Blumes keine Rezeptionsvorgaben gibt,
die dem Leser erklären würden, daß – angesichts einer leblosen Puppe –
die Kunstkritiker aus der Rolle fallen, ihre Erkenntnismittel gänzlich un-

tauglich sind, sitzt man einem übertriebenen Spaß auf, der mit einer nachgereichten Erläuterung bezahlt werden muß. Wenn Kemper im Hinblick auf die von ihm interpretierten Erzählungen "Die Zwiebel" oder "Auguste Bolte" die Vermerzung völlig heterogener Bereiche noch funktional erklären kann, so bleiben die in der von uns besprochenen Geschichte eingeschobenen Versatzstücke wie: "Was müssen das für Bäume sein, wo die großen Elefanten spazieren gehen, ohne sich zu stoßen", die, wie hier, auf die beschränkte Erkenntnisfähigkeit der Kritiker anspielen, die den Wald vor lauter Bäumen nicht sehen, doch solange funktionslos, als nicht klar wird, daß mit dem 'Mann' ein Kunstwerk gemeint ist.

Eines indes erreicht Schwitters: Die Steigerung der Reaktion der Leute aus Revon angesichts eines ziemlich unbeträchtlichen Ereignisses zu Akklamationen auf eine Rede Alves Bäensstiels mit unzweideutig nationalistischem touch, die darauf aufmerksam macht, daß die Entfremdung von Kunst und Gesellschaft auch eine politische Dimension hat. War vorher der 'dastehende Mann', der aus der Perspektive der Bürger lediglich ein Fremdkörper sein mochte, ein die Gewohnheit durchbrechender Reibungskoeffizient, so wird er in der Rede Bäensstiels zum politischen Herausforderer, zum "Verführer des Volkes", das seine Ehre beleidigt hat:

'Männer von Revon, habt ihr Ehre? Dann handelt, handelt, handelt! Wenn ihr nicht handelt, beschämt Euch dieser Mann.' – 'Bravo', jubelte die Menge. – 'Der Mann hat euch schon beschämt, der Mann ist ein Beschämer. Ein Beschämer ist ein Dorn im Auge des Volkes. Wollt ihr einen Dorn im Auge dulden? Männer von Revon, Balken kann man im Auge haben, denn Balken sind gesetzlich erlaubt, Dornen aber nicht. Balken machen den Menschen sehend, daß er die Splitter im Auge des Nächsten erkennt ...' (42,35 f.)

Die Blinden, die den Halbblinden ins Auge schauen, werden um ihre Stimmung durch einen mit vier Ponys bespannten Leiterwagen gebracht, der "in Form eines Regenschirms, ... auf dem in feuriger Schrift mit nur großen Anfangsbuchstaben P – R – A zu lesen war" (42,36) über sie hinwegzieht. Diese Retourkutsche im wörtlichen Sinn auf Schwitters zeitweiligen Freund Arp leitet das eigentlich 'revolutionäre' Geschehen ein. Herr Dr. Feuerhake zitiert einen Polizisten herbei, der anfangs der Meinung ist, Bäensstiel solle festgenommen werden. Als er die Personalien des Dastehenden registrieren will, läuft dieser zum Entsetzen der Menge in die Gegenrichtung:

**Da geschah das Unerhörteste.** Langsam und mit der Ruhe einer vollkommenen Maschine ging der Mann, freundlich nach allen Seiten grüßend,

aber nicht mit dem Beamten, sondern in entgegengesetzter Richtung. Die Weiber kreischen, die Männer staunen Bäume, die Kinder liefen Schrei. Frau Dr. Amalie fiel in ihre zweite Ohnmacht, wobei es ihr zustatten kam, daß sie noch auf der Rasenbank ruhte. Der Beamte aber stand, wie der Mann vorher gestanden hatte; **und der Mann ging.**
In kurzer Zeit bot der Schauplatz ganz deutlich das Bild einer gewaltigen Explosion. Wie der Pulverturm platzt durch den zündenden Funken, so liefen die Leute von einer plötzlichen Panik ergriffen nach allen Seiten auseinander. Tumult jagte Entsetzen wilde Flucht. Einige stolperten über den Leichnam eines zerquetschten Kindes und fielen. **Diese unglücklichen wurden von der rasenden Menge totgetreten.** Frau Dr. Amalie bekam bei dieser Gelegenheit einen Fußtritt **in die Gegend des** Bauches und erwachte infolgedessen relativ schnell aus ihrer zweiten Ohnmacht, um in die dritte zu fallen. Genau wie bei einer Explosion einige Grundmauern unverletzt stehen bleiben, so waren hier fünf Menschen geblieben, die Leichen nicht mit eingerechnet. Auch der Beamte stand auf und nahm das Protokoll auf. (42,37 f.)

Damit ist die Revolution in Revon ausgebrochen, sie setzt sich fort im Parlament, das sich mit den Ursachen des Wirrwarrs beschäftigt, jedoch nichts anderes zu leisten vermag, als diese selbst widerzuspiegeln. Höhepunkt ist die Rede Bäsenstiels:

Er (Bäsenstiel) sprang auf den Tisch, was einen großen Eindruck unter der Menge machte, und rief: 'Schweigt, Ihr Nullen!' Und tatsächlich schwiegen alle, und Alves Bäsenstiel hatte Gelegenheit zu reden. Er sagte: 'Null ist nichts, das weiß jeder, aber oft kann Null etwas werden.' 'Hört, hört,' sagte die Menge. 'Dann braucht man nur Null mit irgend etwas zu multiplizieren, und sie wächst.' 'Eine 3', sagte Frau Dr. Amalie Feuerhake, und indem sie sich an ihren Mann wandte: 'Leopold, Du kannst wohl nicht einmal den Mund auftun?' – '7', sagte der Herr Dr. Friedrich August Leopold Kasimir Amadeus Genomar Lutetius Obadja Jona Micha Nahum Habakuk Zephanja Hagai Sacharja Maleachi Feuerhake. '7', das geht nicht, aber '9', sagte sehr ernst Alves Bäsenstiel. '27', sagte Bernwurst. 'Gut, gut, 108'. Und nun begann das Überbieten. 'Tausend' war das nächste Gebot, dann '30 000', 'Hunderttausend', 'eine Million', '300 Billionen.' (42,42 f.)

Schwitters, der hier das Parlament – sicher eine Anspielung auf Weimar – mit einem Tollhaus vergleicht und auf die Inflation anspielt, macht im zweiten Kapitel, das erst 1925 in mehreren Arbeitsphasen geschrieben wurde, weder die Revolution noch auch direkt die Kunst zum Thema, wiewohl die Agierenden die gleichen sind.

Was er mit der Revolutionsgeschichte zeigen will, ist – neben anderem – die falsche Kollektivierung gegenüber einem unverstandenen, weil falsch befragtem Kunstobjekt, wobei sich augenscheinlich Parallelen zu den revolutionären Vorgängen in Hannover ergeben, denn das Kunstobjekt ist als nicht erfahrbares, als sich normalen Erkenntnismitteln entziehendes gleichsam der 'Ungrund' für den Grund der Revolution. Leitmotivisch durchzieht die Geschichte das bereits erwähnte und schon in sich selbst vermerzte Versatzstück: "Was müssen das für Bäume sein, wo die großen Elefanten spazieren gehen, ohne sich zu stoßen." (42,29) Das gilt im übertragenen Sinne auch für die Leute von Revon, für die etwas Fremdes nicht Gegenstand kritischer Analyse, sondern allenfalls Stimulans subjektiven Erlebens ist. Analog zur zentralen These des Cohn-Wiener'schen Referats verläuft die Geschichte: bevor die 'Revolution' ausbricht, soll der Prozeß künstlerischer Selbstaufklärung initiiert werden, um eine Art Vorform politisch fungierender Öffentlichkeit herzustellen. Im Kunstobjekt, das für die Leute aus Revon einfach nur 'dasteht', sollte ein Mittel bereitgestellt werden, um zunächst in unpolitischer Gestalt den Bürger zum räsonieren zu bringen, um einen wie auch immer gearteten Vorraum als Vermögen des Subjekts aufzuschließen, in dem er sich selbst entfalten kann. Was die Geschichte dann zeigt, ist nichts weniger als das Aufkommen einer latent schlummernden Ideologie als eines falschen Bewußtseins und einer Unterdrückungsstrategie, die zur Aufrechterhaltung eines angemaßten, weil nicht begründeten Kunstkritikertums dient.

Gleichwohl muß die Geschichte unter einem doppelten Aspekt gesehen werden. Denn wie Schwitters das Verhalten der Bürger vor dem Hintergrund einer Scheinrevolution angesichts eines provozierenden Kunstobjekts spaßhaft und vielleicht resignierend aufs Korn nimmt, so sehr stellt er sich mit seinem Text selbst als Kritiker vor, wenngleich mit anderen Mitteln, jedoch so gekonnt, daß Feuerhakes Zunft sich etappenweise selbst aushungert. 'Mit anderen Mitteln' meint, daß ein Text mit dem Anspruch auf literarische Qualität nicht einfach mit einer Kritik im gewöhnlichen Verstande zu vergleichen ist, von der man als vermittelnder Instanz Abgewogenheit, Urteilsvermögen, Beobachtungsgabe und ähnliche Dinge mehr verlangt.

Vergegenwärtigt man sich die kritischen Feldzüge sowohl der Sturmleute als auch der Berliner Kritiker, wie sie der damalige Zeitgenosse im 'Sturm', in der 'Neuen Berliner Zeitung' oder aber im Pfemferts 'Die Aktion' nachlesen konnte, wo Walden als "Briefkastenonkel" apostrophiert wurde, dann wird klar, daß solche Kritik keine pädagogische Funktion mehr hatte und daß, je toller die Besessenheit der Combattanten war, das Publikum wohl der Meinung sein mochte, so kontrovers Diskutiertes lohne sich einer Besichtigung durchaus.

Wie Schwitters den Fehdehandschuh warf, ist zum Teil gesagt worden. Sowohl der Kritiker aus Revon als auch dessen lizenzierte Frau vermögen mit der Merz-Plastik nichts anzufangen. Doch geht es nicht darum, dem professionellen Deuter und Kritiker bei seiner Arbeit über die Schulter zu schauen, sondern ihn als Typ zu kennzeichnen. In dieser Hinsicht hat der 'dastehende Mann' die Funktion einer undurchdringlichen Mauer, an der sich das Fragen oder nur oberflächliche Feststellungen permanent brechen.

So bleiben vom unzufriedenen Kritiker nicht mehr als zweifelhafte Exponate eines forcierten Sich-Geltend-Machens und die fehlgeleitete Wortführerschaft. Um so mehr sich vor allem Frau Dr. Amalie als Mandatar des Publikums versteht, desto unaufhaltsamer wird ihr Fall, sinnbildlich ausgedrückt in diversen Ohnmachten, die ihr Feindbild vom nur einfach dastehenden Mann nachhaltig fördern und aus dem Bäsenstiel schließlich ein Politikum macht; denn, so ließe sich die Lehre aus seiner Rede vor dem Parlament ziehen: ein ganzes Volk kann in seiner Ehre, in seinem Selbstverständnis nicht irren.

Während der Merz-Zeit bestreitet Schwitters einen großen Teil seiner Produktionen mit literarisierten Beiträgen zur Kunstkritik. Das gilt für die Anna-Blume-Dichtungen, für "Auguste Bolte" oder auch für seinen Roman "Franz Müllers Drahtfrühling", an dem Arp mitgearbeitet haben soll, dessen erstes Kapitel wir besprochen haben. Das kann vergnüglich sein, zumal uns Schwitters nicht mit künstlerischer Frömmigkeit oder ästhetischer Hochgestimmtheit begegnet, mit der noch die Wortkünstler ihre Thesen proklamierten. Der 'innere Klang' war ihnen ein Vehikel, um Kunst und Leben auf freilich exklusive Weise zu kitten. Doch diese heroische Einsicht oder Ansicht ist bei Schwitters nicht mehr vorhanden, von einem asketischen Bemühen um reine Kunst nichts mehr zu spüren. Gleichwohl oder gerade deshalb ist eine Verengung auf die Künstlerproblematik, auch wenn sie mit politischen Marginalien garniert wird, erstaunlich, wiewohl verständlich. In seiner Merz-Zeit hat Schwitters sie gepflegt und sich dergestalt als schriftstellernder Mäzenat seiner eigenen Kunst aufgeschwungen. Im Grunde sind auch die Gedichte à la Stramm Kunstkritik, faßt man diesen Begriff etwas weiter.

Wenn Schwitters in den Mittelpunkt der Geschichte einen 'einfach dastehenden Mann' stellt, an dem sich kein kritischer Geist entzünden will, dann belegt das, wie sehr er sich selber zum Faszinosum geworden war, einer, der von anderen nicht verstanden werden wollte oder konnte. Während "Anna Blume" ein im besten Sinne kunstdidaktisches Gedicht ist, leistet die Erzählung "Vom Ursprung und Beginn der glorreichen Revolution in Revon" dergleichen nur bedingt, weil das pädagogische Wohin des Kunstkritikers nicht mehr benannt wird, weil hier eine unbenannte Leerstelle angeschossen wird, die allenfalls noch signifikant ist für eine zum Präfaschistischen hintendierende Gruppendynamik, wie sie die Rede Alves Bäsenstiels evoziert und aufdeckt. Zwar will sich Schwitters durch die ständige Ansprache seines Publikums nicht dessen zukünftige Zustimmung sichern, doch der latenten und stellenweise recht manifesten Abwertung der Kunstkritik, ebenso aber der Bürger Revons, die sich aus geringstem Anlaß und daher eigentlich ohne Grund verfremden lassen, müßte eine freilich in den literarischen Text ästhetisch eingewobene Explikation des eigenen Kunstwollens gegenübergestellt werden. Während es in "Auguste Bolte" nicht nur um die Kunstkritik ging, sondern auch um die sie fundierende Lebensphilosophie (vgl. 103), geht es hier um den Künstler und die Öffentlichkeit, die uns als Haufen, als Masse Mensch begegnet und das Gegenteil dessen ist, was z. B. Hofmannsthal in "Schrifttum als geistiger Raum der Nation" unter dem Begriff des 'Suchenden' beschrieben hat: Menschen als titanisch Suchende einigen sich zur höchsten Gemeinschaft, die, auf der tradierten Kultur fußend, politisch Geistiges und geistig Politisches erfaßt. Das Beispiel möchte nur soviel besagen, daß Schwitters an keiner Stelle seines literarischen Werkes ein solches Angebot für 'Suchende' macht, worüber die in Kapitel 3 ironisierte Selbsttätigkeit des in der Person Franz Müller inkarnierten Schwitters nicht hinwegzutäuschen vermag. Schwitters setzt sich als künstlerisches Subjekt autonom und betreibt von dieser Warte aus eine Art Publikumsbeschimpfung, die zwar witzig und entwaffnend wirken mag, die aber nur auf den ersten, nicht aber auf den zweiten Blick die vermeintlich geistlose Umwelt zu treffen vermag, weil die in der Erzählung unter der Hand sich inthronisierende Auratisierung des Kunstwerks und des Künstlers von keiner Transparenz der Schwitters'-schen Kunstvorstellungen begleitet wird. Den Menschen aus Revon bleibt das entkonkretisierte Kunstobjekt ein befremdliches Gegenüber.

Das alles reicht freilich nicht hin, um der Schwitters'schen Geschichte ein gänzlich verfehltes wirkungsästhetisches Kalkül abzusprechen, denn daß sich da so etwas wie ein geistig nicht sehr anspruchsvoller Haufen geriert, dürfte bei allen Einwänden deutlich sein.

Schwitters hat später, am Ende seiner Merz-Zeit, weitaus engagierter gedichtet, doch ist das alles nicht dem literarischen Dadaismus zuzurechnen.

## 5.5  Zur Sprache Schwitters: Abgrenzungen zur Konkreten Poesie

Ein Wort zur Sprache Schwitters. Es hat nicht an Stimmen gefehlt, die sie in mehr oder weniger direkte Beziehung zur konkreten Poesie bringen. Schwitters selbst legt diesen Gedanken nahe, wenn er sagt: "Merz bedient sich zum Formen des Kunstwerks großer oder fertiger Komplexe, die als Material gelten ..." (vgl. oben) Andere Zitate ließen sich beliebig beibringen, und wer Schwitters gelesen hat, weiß, daß in der Tat die 'materiale Basis' seiner Texte, das Vokabuläre (Heissenbüttel), das Vorgeprägte und Umgangssprachliche, die demonstrativen Wortrepetitionen auch in den von uns behandelten Texten eine nicht unwesentliche Rolle spielen. Auch typographische Arrangements finden sich, wie später bei den Konkreten. Viëtta hat am Werk Heissenbüttels exemplarisch aufgezeigt, welche Kategorien ins Spiel kommen, wenn das lyrische Ich gleichsam getilgt wird, wenn es in Sprachklischees, gefrorenen Sprachpartikeln und ständigen Reproduktionen spricht: das Ich erscheint entfremdet, nicht mehr mit sich selber identisch, ist nicht mehr autonom, weil Sprache nicht mehr Ausdruck der subjektiven Einbildungskraft sei, nicht des subjektiven Imaginationsraumes. (131) Solche Demonstration impliziert gleichzeitig 'Reflexion', wenn man darunter Sprachbewußtsein versteht; denn: "Der Autor weiß, was zur Darstellung kommen will. Der sich selbst demonstrierenden Sprache wird bewußt freier Raum gelassen. Sprache erscheint vor dem Hintergrund der sich limitierenden Reflexion." (131,145) Heissenbüttel zu eigenen Texten:

> Ich neige in gewisser Weise immer mehr dazu, diese Dinge weder als Gedichte noch als Texte zu bezeichnen, sondern als Demonstrationen. Demonstrationen im doppelten Sinn dieses Wortes scheint mir das zu sein, was notwendig ist. (210,227)

Über Schwitters hat Heissenbüttel selber einen Aufsatz mit dem Titel "Die Demonstration des i und das Trivialgedicht" (212) beigesteuert und vor allem auf die Merz- und 'i'-Dichtung hingewiesen. Er verwendet jedoch den Begriff 'Demonstration' in anderem Sinn als Viëtta, der ihn durch Begriffe wie 'Sehbilder', 'akustisches Material', 'Verselbständigung der Bedeutungsschichten' etc. (131,146) mit Inhalt füllt, und verweist auf Kombinationen des Wortmaterials, die eine "eigene Vorstellungswelt, die das menschliche Bewußtsein zwar zum Träger hat, aber von diesem nicht dirigiert oder vorausgesehen wird", evozierten. (131,151) 'Halluzination' nennt Heissenbüttel das, und sie lege gleichsam 'Reflexionsspuren' in die Texte, "... die auf die Verselbständigung der Sprache zur halluzinativen

Wirklichkeit hinweisen: ..." (13 1,15 1) 'Halluzinativ' meint eine Sprach-
ebene, auf der die Realität in den sich isolierenden Wörtern zurückge-
stoßen wird, so daß sich, ähnlich wie im Nominalismus, Bedeutung und
außersprachliche Wirklichkeit trennen und Sprache einen gleichsam "rea-
litätsverdoppelnden Charakter bekommt. Viëtta: "... der halluzinativ
verselbständigte Bedeutungsraum ist weder auf eine Wirklichkeit außer
sich bezogen noch ist er ein Spiegel der subjektiven Einbildungskraft.
Nicht das autonome Subjekt erfindet." (13 1,15 1)

Solche "Weltabwendung" (Viëtta) von der wirklichkeitsvermittelnden
Sprache und die Verselbständigung eines halluzinativen autonomen Imaginationsraumes soll nach Heissenbüttel gleichzeitig auch ein Grenzbe-
wußtsein schaffen, das der Leser in einer sprachimmanenten 'Übung',
wenn er an die Grenzen seiner Welt stößt, erfährt. Er lebe in einer Sprach-
welt, die einen sie transzendierenden Bereich – im Gegensatz zu Novalis –
nicht kennt. (Vgl. 13 1,155)

Auf solche Eingrenzung spielt Heissenbüttel auch in seinem erwähnten
Schwitters-Aufsatz an, wenn er des Hannoveraners Bestimmung von
Dada, Merz und 'i' zitiert:

> In Merz 1. Jan. 23 schrieb ich über Dadaismus in Holland und die Unter-
> schiede von Dadaismus und Merz. Ich definierte Dadaismus als Lebens-
> bewegung, Dada als das Gesicht unserer Zeit, den Dadaisten als den
> Spiegelträger und unsere Tätigkeit in Holland als wesentlich künstle-
> rische Leistung durch Formung dadaistischen Materials. Aber nicht
> immer war unsere Tätigkeit künstlerisch, z. B. wenn wir den ungeform-
> ten Dadaismus aus dem Publikum herauszulocken wußten durch Anre-
> gung, Aufregung und Abregung ... Dem Dadaismus in veredelter Form
> stellte ich Merz gegenüber und kam zu dem Resultat: während Dadais-
> mus Gegensätze nur zeigt, gleicht Merz Gegensätze durch Wertung
> innerhalb eines Kunstwerkes aus. Der reine Merz ist Kunst, der reine
> Dadaismus Nicht-Kunst; beides mit Bewußtsein. In Merz 2 habe ich von
> einer Spezialform, von Merz: 'i', gesprochen; es ist das Auffinden eines
> künstlerischen Komplexes in der unkünstlerischen Welt und das Schaf-
> fen eines Kunstwerks aus diesem Komplex durch Begrenzung, sonst
> nichts. (2 12,5)

Damit ginge nach Heissenbüttel Schwitters über das hinaus, was er in
dessen Texten 'Demonstration' nennt. Allerdings: Gedichte wie "Anna
Blume" und auch die i-Kunst, die elementare Sprachvorgänge aufzeigt und
Sprache durch Segmentieren und andere Techniken 'aufweist', demonstrieren einen "historischen Ort":

294

Dieses Gedicht oder Antigedicht zeigt an, an welcher Stelle in der historisch ausgebreiteten Landschaft von Sprache und Redemöglichkeit (vor Orientierung durch unmittelbare sprachliche Kommunikation und durch mittelbare literarische) derjenige steht, der diese Demonstration vorführt, aber auch derjenige, der, aufnehmend und auf das Reizmoment dieses Demonstrationsaktes reagierend, den Demonstrationsakt nachmacht ... Diese normale Umgangs- und Redesprache ist in der Demonstration gleichsam durchschaut worden. Und erst dann, wenn man sie durchschaut hat, läßt sich weiter folgern. (2 12,4)

Das scheint in der Tat auf die Gedichte in Stramm'scher Manier zu passen, denn sie bezeichnen genau den geschichtlichen Ort, wo die Versatzstücke oder der imitierte Sprachgestus Stramms ins Leere absinkt, weil er nicht mehr von den spezifischen lebensphilosophischen Auffassungen Stramms getragen wird, wo also Wortkunst durchschaut und ironisch-demonstrativ vorgeführt wird.

Gleichwohl meint der Begriff 'Eingrenzung' durch Sprache, wie ihn Heissenbüttel in seinen Frankfurter Vorlesungen gebraucht, nicht das Gleiche, wie im Aufsatz über Schwitters. Handelt es sich dort um ein Immanenzbewußtsein im Rahmen der Sprache, die über ihre Grenzen nicht hinwegkommt und nur das "Sagbare sagen" kann oder will, wie es in einem bekannten Gedicht Heissenbüttels heißt, wo Unsägliches, wie z. B. Trakl es versucht hat, nicht ins Wort zu bannen ist (228), so handelt es sich hier gleichwohl auch um eine Begrenzung in dem Sinne, daß ein 'unkünstlerischer Komplex' herausgegriffen und in einer "trivialen Redeweise" (12,6) bearbeitet wird – womit Sprache freilich ebenfalls keine entgrenzende Funktion hat –, indes – so meint Heissenbüttel –, ergäbe sich aus der Montagetechnik Schwitters, deren Resultat er 'Trivialpoesie' (2 12,6) nennt, eine neue Gattungsart, deren Mittel zwar Schnitt- und Collagetechniken sind, aber, wie man unschwer am Werk ablesen kann, nicht ausschließlich. Die "Ganzheit" der Texte Heissenbüttels ist von "kombinativer Art". (13 1,17 1) Das gilt für Schwitters nur in einem eingeschränkten Sinne, denn gerade die von uns besprochenen Erzählungen beruhen nicht auf einer Reduktion des sie konstituierenden Sprachmaterials, sondern stellenweise auf bewußter Überstrapazierung. Zwar faßt auch Schwitters die Textverfertigung vor allem in den Gedichten à la Stramm und in Texten aus seiner Merzzeit als 'Kombination' auf, doch gilt nicht, was Heissenbüttel in "Textbuch 6" "über einen Satz von Sigmund Freud" sagt: "man zerschneide und arrangiere die / Stücke in jeder beliebigen Kombination." (2 11,21) Wenigstens die Prosa Schwitters fügt sich nicht diesem

Prinzip allein, da einmal die zwar ständig repetierten Sätze z.B. in "Ursachen und Beginn der glorreichen und großen Revolution in Revon" einen intensivierenden Charakter – die Texte wurden z.T. von Schwitters vorgetragen – und mithin eine erzähltechnische und nicht allererst sprachlich-reflektorische Funktion haben, und andererseits die ähnlich wie in der Collage gehandhabten scheinbaren Unsinnseinschübe, seien es Sätze ohne jede Syntax, semantisch inkompatible Syntagmen oder Reklamesprüche, sozusagen 'Gedanken-striche' durch den Text legen, die einen offenen Raum bilden und vom Leser die Fähigkeit verlangen, sich nochmals auf die von den vorhergehenden Sprachzeichen angelegten Indikationen zu besinnen.

Es ist kaum zu bestreiten, daß Schwitters' Œuvre einen gewissen Anteil bei der Vorbereitung der 'Konkreten' gehabt hat, nur muß gleichzeitig gesehen und gesagt werden, daß nicht alle Poeten dieser Richtung in der gleichen hochkarätigen Weise über Probleme der Kombinatorik und der damit verbundenen Sprachreflexion nachgedacht haben wie Heissenbüttel. Das scheint zunächst kein Mangel, hätte man es hier mit Lyrik im herkömmlichen Sinne zu tun. Doch Dichtung – wenn immer man die Gebilde der 'Konkreten' so nennen will –, die sich ausdrücklich nicht mehr auf die Sprache, die wir alle sprechen, beruft, die nicht mehr als Ganzes, als koexistierende Einheit verstanden werden will und aus der einzelne Schichten der Sprache, seien es phonische, syntaktische oder semantische, herausgebrochen werden, hat sich als solche zu verantworten vor der Sprache und zu sagen, was sie mit derart Versprenkeltem meint.

Wir hatten im Kapitel über August Stramm darzulegen versucht, daß auch dort, etwa in der Sammlung "Die Menschheit", wo Syntax aufgegeben wird, das Wort dennoch nicht die von ihm erwartete Freiheit zurückgewinnt. Sicher wird man nicht sagen können, alle syntaktischen Beziehungen seien ausgeformt oder gar deutlich, indes ist der Glaube irrig, daß damit die syntaktische Komponente der Sprache gänzlich eliminiert wird. Man kann sich das an der Kindersprache verdeutlichen. Dort, wo sie vom Kind erlernt wird, fungiert ein Teil immer schon als Ganzes, hat ein einzelnes Element schon immer die Funktion mehrerer. Wie kontrovers auch immer die Diskussion um den Spracherwerb geführt wird, in diesem Punkt sind sich alle Forscher einig. So hat ein Einzelwort, auch ein Laut in der Sprache des Kindes immer schon eine finale Funktion, die der Erwachsene in seine anerlernte Syntax transformiert. Schließlich konnten an dem ausgewählten Textbeispiel aus "Die Menschheit" oppositive und relativierende, also dem klassischen Strukturalismus genuine Funktionen und Prinzipien aufgefunden werden, die trotz aller entgegengesetzten Behauptungen der Wortkünstler einzelne Wörter und Wortblöcke in Beziehung setzen. Aber dies nur auf dem Hintergrund einer intakten Sprache, auf der Basis eines bei Chomsky vagen, bei Coseriu sehr viel genaueren Kompetenzbegriffes. (Vgl. 201) Ich habe an anderer Stelle gezeigt, daß bei Georg Trakl syntaktische Störungen wesentlich größer sind (228,91), weil dort die im Syntagma kombinierten Worte in ihren distinktiven Merkmalen, die sie voneinander differieren lassen, unendlich viel größer sind, als etwa bei Stramm. Das hängt, wie wir gezeigt hatten, letzten Endes mit seinem analogisierendem Verfahren zusammen; denn dort, wo die Wörter unter einen übergreifenden Begriff gebracht werden wollen, müssen sie sich notwendig annähern, muß ihr distinktives Potential also geringer sein. Natürlich handelt es sich bei Stramm nicht um Satzaussagen, um Existenzen oder Okurrenten, also um Wesenheiten oder Prädikate, dennoch gehen die Worte Kollektionen ein, die überdies relativ geschlossen sind, weil ihre Rekurrenten, ihre thematischen Gegenstände, relativ leicht zu überblicken sind.

Wenn wir anfangs Heissenbüttel bemühten, dann unter anderem deshalb, weil seine Reflexionen zur Sprache gegenüber anderen Konkreten ausgeprägter erscheinen. In ”Experimentelle Schreibweisen“ von Max Bense liest man:

man wirft der experimentellen poesie gerne trockenheit, langweiligkeit vor. aber natürlich wird man zugestehen, daß das, was aus der rationalen und abstrakten phantasie stammt, weniger auf dem hintergrund einer lebenswirklichkeit der gefühle als vielmehr auf dem spirituellen hintergrund einer theorie entstand, in geringfügigerem maße affiziert und bewegt als vital und emotional determinierte abläufe. dennoch entspricht die reduzierung des poetischen, die sich in der experimentellen poesie abzeichnet, durchaus jener reduzierung der vitalen menschlichen existenz, die in jeder technischen zivilisation zwangsläufig eingeleitet wird. (196)

Was Bense meint, wird deutlicher an dem von ihm interpretierten ’Gedicht‘ des Brasilianers José Grünewald:

| vai | e | vem | |
|-----|---|-----|---|
| e | | e | |
| vem | e | vai | (In: 197,1242) |

Bei de Saussure hat man gelernt, daß einzelne Zeichen für sich noch nichts bedeuten, daß erst das Ensemble mehrerer einen ’Sinn‘ ergibt und zwar gerade dadurch, daß zwischen ihnen Differenzen bestehen. Darin ist angelegt, was wir oben behauptet haben, daß nämlich das Ganze einer Sprache primär ist und mithin eine Finalität zur Einheit der Sprache schon im Sprechen des Kindes liegt, etwa wenn es erste phonematische Entgegensetzungen artikuliert.

Inwiefern hat nun das Gebilde Grünewalds etwas mit Sprache zu tun? Die Aussage 'ich gehe und komme' wird nach Bense durch die quadratische Anordnung der Wörter in eine ikonische, d. i. bildliche Nachricht umgewandelt. Sie bringe das Schema 'Hin und her' zum Ausdruck. Die linguistische Bedeutung ist also von der ikonischen − ein Begriff aus der Semiotik − different. Ein solcher Transformationsprozeß kann indessen nur durch die Umwandlung des diakritischen Zeichenbegriffs, wie ihn de Saussure formuliert hat, in einen Index geschehen. Die Umwandlung der Aussage 'ich komme und gehe' durch die quadratische Anordnung in eine ikonische, die zugleich auch eine visuelle ist, hat zur Voraussetzung, daß das Wort in seiner linguistischen Definition als Relation von 'signifiant' und 'signifié' seinerseits zu einem Index aufgelöst wird, indem das Wort nur noch Mittel (Bense) oder Repräsentamen (Peirce) für ein ausstehendes Ganzes, also der ikonischen Nachricht 'Hin und Her', ist. Das zum Index geschrumpfte oder umfunktionierte Wort ist sozusagen nur noch ein Teilaspekt eines quadratischen Ikons. Auch hier haben, wie in einer Einzelsprache, die Indices allererst durch ihre Nachbarschaftsbeziehung eine Funktion, aber so, daß sie sowohl linguistisch als auch semiotisch etwas bedeuten. Der Text Grünewalds befindet sich also in einem eigentümlichen Schwebezustand, der sich auch semantisch niederschlägt: einerseits macht er eine verbindlich linguistische Aussage, auf der anderen eine, die dem Gebiet der Semiotik als der allgemeinen Lehre von den Zeichen zuzuschlagen wäre, wobei unerörtert bleibt, inwieweit in unserem konkreten Fall sich die Linguistik als Teilgebiet der Semiotik zu verstehen hätte.

Daß Bense den Text nicht mehr sprachlich im herkömmlichen Sinne interpretiert wissen will, belegen folgende zeilen:

Offenbar verläuft der gesamte ästhetische Prozeß der konkreten Poesie, seinsthematisch betrachtet, in erster Linie semiotisch, also auf der Stufe des Zeichenseins, nicht semantisch auf der Stufe von Aussagen, die einen Wahrheitswert besitzen oder ontisch auf der Stufe des Seins des Seienden, das gegeben ist. Dem entspricht die Subtilität oder das Raffinement der ästhetischen Botschaft, die mitgeteilt wird. Sie ist gewissermaßen schwerer zu apperzipieren, als die klassische, konventionelle Poesie. Nur in seltenen Fällen ist sie unmittelbar anschaulich erkennbar und von sinnlicher Qualität. Sie muß oft intellektuell konstruktiv nachvollzogen werden. Es ist angebracht, von einer Mikroästhetik der konkreten Poesie zu sprechen. (197,1244)

Damit verschärft sich das bei Viëtta im Hinblick auf die Dichtung Heissenbüttels angesprochene Problem entscheidend, denn hier wird den Zeichen einer natürlichen Sprache die Sprache des Kalküls gegenübergestellt. Das Kalkül ist eine Zeichenschrift und seine Lektüre setzt keine 'lingua' voraus, die man erwirbt oder hat, sondern ihr Lesen ist ein Entziffernkönnen als sachlicher Nachvollzug dessen, was in der Theorie auf Formeln gebracht wurde. So gesehen sind die Texte der Konkreten eine rechenschaftsdarlegende Tat eines vorher formulierten Konstrukts, das sich bei Bense eindeutig an der Semiotik als der allgemeinen Zeichenlehre orientiert. Bei genauerem Betracht geht es denn auch hier nicht mehr um eine Präsentation des Materials Sprache wie noch bei Heissenbüttel, sondern um ihre Degenerierung zum rein semiotischen Zeichensystem: Worte werden Ikone, Indices, oder Symbole. Der Schrumpfungsprozeß ist denkbar einfach zu beschreiben: indem das linguistische Zeichen in ein ikonisches Schema gestellt wird, verschwindet unter der Hand sein Signifikat, denn die Bedeutung stellt sich auf semiotischer Ebene her. Insofern freilich ist das auf den Signifikanten reduzierte und zum Index umgewandelte Wort wohl noch 'Material', aber nichts vermag darüber hinwegzutäuschen, daß der Gebrauch einer natürlichen Sprache – in unserem Beispiel des Portugiesischen – nur noch marginal zu verstehen ist. Genauso gut könnte das Schema 'Hin und Her' durch eine andere Sprache oder sogar durch Buchstaben oder Zahlen ausgefüllt werden.

Man sieht an diesem vielleicht extremen, aber keineswegs aus dem Rahmen der Intentionen der Konkreten herausfallenden Beispiel, wie hier Sprache mortifiziert wird, die nur noch von Gnaden einer vorgängigen Explikation lebt. Denn ohne weiteres ist nicht einmal die ikonische Nachricht zu erschließen, was nichts anderes heißt, als daß selbst das Ikon im Sinne einer potentiellen Bedeutung mit künstlichen Signifikaten angereichert werden müßte. In diesem Sinne sagt Peter Schneider: "Was da vorsätzlich ist, sagt die poetische Theorie. Ihrer vorgängigen Anweisung, und sei sie noch so sehr Anweisung eines bestimmten Auslegungsrezepts, entstammt der Gebrauch des Gedichts." (230,1200)

Man könnte meinen, Bense, wenn er von der konkreten Kunst spricht und die Materialität des Wortes betont, sei in Verbindung mit dem Sturmkreis zu bringen, denn im gleichen, oben zitierten Aufsatz heißt es, daß alles Konkrete nur es selbst sei, daß ein Wort, das konkret verstanden werden soll, "beim Wort genommen" werden müsse. In diesem eingeschränkten

Sinne hat Walden die Wortkunst jedoch nicht verstanden, denn er wollte das Signifikat offenlassen für einen wie auch immer gearteten Sinn, für ein Gefühl oder inneren Klang, wollte seine Potenz nicht einschränken auf eine krude refenrentielle Beziehung.

Im Diskurs der Zeichen, wie sie von anderen Konkreten zum Teil verwendet werden, deuten sich also zwei Operationen an. In einer ersten Phase der Lektüre — am Beispiel Grünewalds deutlich zu erkennen —, wird die durch 'vai' und 'vem' referierte Vorstellung noch beibehalten, um in einer zweiten, gleichsam semiotischen Leseoperation abgespalten zu werden. Insofern widerlegt die zweite Lektüre die erste. Aber auch da noch, wo behauptet wird, daß Wort sei eine konkrete Entität, erliegt der Benutzer einer 'Referenzillusion', denn er behauptet nicht mehr und nicht weniger als die Verquickung des Bezugsobjektes mit dem Signatum, die sich in aller Reinheit und Naivität ausdrücke. Das linguistische Faktum 'Wort' ist zwar immer nur sprachlich existent, und doch wird vorgegeben, daß es sozusagen eine 'Kopie' des Realen sei, oder allenfalls dessen, was man sich hinzudenkt. Da aber das Reale des Signifikats nicht seine Bedeutung ist, das Wort auch gar nicht primär dazu dient, eine Nomenklatur der Wirklichkeit zu erstellen, wie das gelegentlich die der transformationellen Grammatik verpflichteten Linguisten behaupten, sondern es erst innersprachlich, d. h. in Zusammenhängen etwas bedeutet, wird auch da, wo es alleine auftritt, ihm eine gleichsam magische Macht zugeschoben. Das universalitische Gehabe der Konkreten ist nur möglich, wenn das Wort als 'Bezeichnung' (201) aufgefaßt wird und nicht als 'Bedeutung' in dem Sinne, wie es in innersprachlichen Zusammenhängen funktioniert.

Mit dieser Lust am Realen, am Konkreten wäre in der Tat eine ganze Gesellschaft zu beschreiben, und so mag Bense Recht haben, wenn er meint, die Konkrete Poesie wäre die dem technischen Zeitalter einzig genuine.

Um den Aufweis solcher Profanation der Sprache ging es mir deshalb, weil nun nicht mehr oder doch nicht ohne weiteres behauptet werden kann, die Avantgarde, zu der ja Schwitters gehört, habe der 'Postavantgarde' einfach in die Hände gespielt. Wie immer auch Schwitters fertige Sätze, Segmente und andere zum Teil von uns genannte Sprachteile 'materialisiert' oder 'vermerzt', all das ist eingebunden in einen Funktionszusammenhang, der rein sprachlich zu verstehen ist und mit rein semiotischen Ambitionen nichts zu tun hat. Wenn wir also diese Erörterung an den Schluß des Kapitels über Kurt Schwitters stellen, dann zum einen deshalb, weil — wie bereits erwähnt — sich die Konkreten gerne auf ihn als auf ihren Ahnherren berufen, zum anderen, weil von einem nicht unerheblichen Teil früherer Forschung zum Dadaismus, gelegentlich auch zur Wortkunst, diese Bewegungen mit 'Anti'-Kunst gleichgesetzt wurden, wobei man am liebsten – die Nennung von Namen erspare ich mir – das 'Anti' mit 'Un-' übersetzt, also am liebsten von 'Unkunst' gesprochen hätte. Daß das ohne weiteres nicht geht, nicht möglich ist, das zu erweisen schickt sich dieses Buch an. Daß allerdings gleichwohl und gerade wegen der hier ausgebreiteten Probleme diese Frage gestellt werden darf und muß, scheint mir ebenso gewiß. Denn dahinter verbirgt sich zuweilen auch die Sorge, wo denn eigentlich die Grenzen der Dichtung liegen. Konzediert man, daß in neuerer Dichtung allenthalben die theoretische Reflexion fast gleichrangig neben das künstlerische Produkt tritt, eine Erkenntnis, die ja keinesfalls schon Allgemeingut ist, dann bedeutet das noch lange nicht, das sprachliche Kunstwerk überhaupt habe zu verschwinden; eine Konsequenz, die die Konkreten zum Teil gezogen haben. Wie abstrakt sich nun aber auch die Dichtung Balls oder anderer Dadaisten geben mag, in diesem Punkt machen sie entschieden nicht mit. Wie immer sie ihre theoretischen Äußerungen verstanden wissen wollten, oder wie immer andere diese interpretierten und noch deuten – ein Beitrag dazu ist das in diesem Buch Gesagte –, so selbstverständlich sprachen sie über Kunst und ihre eigenen Werke, ohne daß sie sich dazu bereit gefunden hätten, auf Sprache im Sinne einer natürlichen Einzelsprache zu verzichten, denn um den von ihnen erfahrenen Perspektivismus und Relativismus darstellen zu können, brauchten sie Wörter, braucht Ball ein phonetisches Substrat, um in seiner lingua divina göttliche Kadenzen erklingen zu lassen; und das ikonische Moment in der Typographie beispielsweise seines Gedichts "Karawane" hat, wie wir zeigten, keineswegs nur ikonische, sondern, in bezug auf die Aussage des Gedichts, semantisch-unterstützende Funktion.


## 6. Raoul Hausmann oder zur Morphopsychologie DADA's

Wie immer auch die Dadaisten in Berlin vom Kriegsgeschehen, von der bürgerlichen Verwaltung, von den Machtapparaten des Staates, von der Zensur, vom Geschehen der Novemberrevolution, von der schlechten Versorgungslage während des Krieges und danach betroffen und von der Weimarer Republik enttäuscht sein mochten, all das spiegelt sich nur bedingt in ihren künstlerischen Manifestationen wieder und war kaum dazu angetan, einen revolutionären Umsturz zu beschleunigen oder gar zu bewirken. Zwar finden sich bei George Grosz, Wieland Herzfelde, gelegentlich bei Raoul Hausmann, Walter Mehring und Franz Jung ätzende und höhnische Gesellschaftskritik, dennoch ist der Anteil des auf den ersten Blick angesichts der politischen Verhältnisse kaum zu verstehenden dadaistischen Umtriebs am Kulturgeschehen genauso groß wie in Zürich, wenn auch mit dem erwähnten zeitbedingten Einschlag. Unzählige Matinéen und Vortragsabende fanden statt, um den Dadaismus zu propagieren und ihn als eine gegen die Zeit gerichtete Kunst- und Weltanschauung zu verkaufen. Huelsenbeck, aus der Schweiz 're-emigriert', macht mit seinen Dada-Reden im Februar 1918 den Anfang, stellt ihn als "neue internationale Kunstrichtung" (77,16) vor, als "Brennpunkt internationaler Energien". (77,18) Tristan Tzara, Franz Jung, George Grosz, Marcel Janco, Huelsenbeck, aber nicht Hugo Ball, dennoch fast alle Dadaisten der ersten Stunde unterzeichnen im Frühjahr 1918 nochmals ein Manifest, in dem man betont, wie sehr die Kunst von der Zeit abhängig sei, wie sehr die besten Künstler – und das waren natürlich die Dadaisten – "stündlich die Fetzen ihres Leibes aus dem Wirrsal der Lebenskatarakte zusammenreißen, verbissen in den Intellekt der Zeit, blutend an Händen und Herzen". (77,22) Die Kunst als "vitalste Angelegenheit" (77,22) zeigt sich vom Expressionismus enttäuscht, von einer in ihm angelegten "melioristischen Weltauffassung", der die Dadaisten begegnen wollen durch die Darstellung der "brutalen Realität" (77,23), durch bruitistische, simultanistische und durch statische Gedichte (77,24), vor allem aber durch ihre Existenz, durch ihre Geistesart, die "durch Verneinung höher will". (77,25)

Zeitschriften wie "Jedermann sein eigener Fußball" (Nr. 1, 1919), "Die Pleite" (Nr. 1–3, 1919), "Der Dada" (Nr. 1–3, 1919–1920), "Der Gegner" (1919–1920) und "Der blutige Ernst" (Nr. 1–6, 1919–1920) waren Sammelbecken dadaistischer Aktivitäten, obwohl man kaum sagen kann, daß alle Mitarbeiter dieser oft kurzlebigen Organe Dadaisten reinsten Wassers gewesen seien.

Denn zu klären wäre, wer in engerem Sinne dem Berliner Dadaistenkreis zuzurechnen sei. Angesichts der unübersichtlichen Quellenlage, die vor kurzem durch Karl Riha (vgl. 77) zwar etwas aufgebessert wurde, ist das – auch angesichts widersprüchlicher Aussagen einiger sogenannter Dadaisten – kaum möglich. Sicher ist, daß Richard Huelsenbeck 1918 den Bazillus DADA in Berlin einführte, worauf Raoul Hausmann offenbar gewartet hatte, hingegen behauptet der 'Oberdada' Johannes Baader, schon immer Dadaist gewesen zu sein, was angesichts seiner Schrulligkeit stimmen mag. Hausmann glaubt – noch im Alter – Dadaist zu sein, was wiederum Franz Jung bestreitet. Kaum waren dies die Gebrüder Herzfelde oder

George Grosz, die gerne zitiert werden, wenn es darum geht, der Berliner Dada-Filiale Gewicht zu geben. Walter Mehring ist ihnen nur bedingt zuzurechnen, wiewohl er deren Chronist wurde. (Vgl. 72) Die vielen Erinnerungsbücher, etwa von Hans Richter (vgl. 115), Raoul Hausmann (vgl. 59) oder auch das Bändchen von Mehring, das eher Verwirrung als Klarheit stiftet, vermögen nicht darüber hinwegzutäuschen, daß, anders als in Zürich, die Dadaisten in Berlin keine geschlossene Gruppe waren, wiewohl das bei genauerem Betracht auch dort nur zeitweise der Fall war.

Das lag zum einen daran, daß einzelne Künstler aus unterschiedlichem Interesse zwischen verschiedenen Zirkeln fluktuierten, zum anderen an der zeitweise unterschiedlichen Gruppenzusammensetzung: von einigen wird Huelsenbeck als der Spiritus rector erwähnt, von anderen wird er übergangen, nicht zuletzt deshalb, weil er im Stil des Cabaret Voltaire weitermachte, seine "Phantastischen Gebete" vortrug und 1918 noch immer im Sinne Nietzsches von einem "neuen Menschen" sprach: "– der Bürger, der Dicksack, der Freßhans, das Mastschwein der Geistigkeit, der Torhüter aller Jämmerlichkeiten" (77,14) müsse aufhören. So ist nicht einmal ausgemacht, ob die Novemberrevolution für die Dadaisten entscheidendes Stimulans war.

Sicher spürt man in den Texten, Manifesten oder angesichts anderer Betätigungen der Dadaisten und derjenigen, die sich dafür noch halten mochten, den Unwillen gegen den Geist von Weimar, gegen die Machtverteilung, aber auch – trotz aller satirischer Invektiven – die Resignation gegenüber den wirklichen Verhältnissen, die eine anfänglich erhoffte Änderung gesellschaftlicher Zustände kaum noch als möglich erscheinen ließen.

Wenn dennoch hie und da gegen den Geist von Weimar protestiert, für die Revolution in den oft krausen Manifesten gerüstet wurde, dann nicht immer aus rein politischen Motiven. Man würde den Berliner Dadaismus verkennen, wollte man nicht sehen, daß allein die Zeitläufte es bedingten, wenn der Oberdada Baader den Reichspräsidenten zum großen 'Faschings-Dada-Ball' einladen konnte, wenn ein Herr Ehrlich im Auftrag der Herren Generaldirektoren Huelsenbeck, Grosz und Heartfield für eine "dada-Reklame-Gesellschaft" (77,109) firmierte und schließlich eine 'dadaistische Weltbehörde' gegründet werden konnte: Aktivitäten, durch die sich der ein oder andere Dadaist prononcieren wollte.

Schließlich muß gesagt werden, daß es falsch ist, im Berlin jener Jahre einen Ort marxistischer Geborgenheit anzunehmen, auf den die Dadaisten sich nur hätten zu beziehen brauchen, und der ihrem Tun teleologische

Würde verliehen hätte gegenüber einem doch mehr zufälligen Handeln anderer politischer Instanzen.

Freilich: das Zentralerlebnis war für sie der Niedergang der Revolution, der Arbeiteraufstände und der Räterepublik, aus dem heraus sie ihren Widerstand gegen Weimar formierten oder gegen den Expressionismus, in dem sie die "dominante Stilrichtung der deutschen Nachkriegskunst sahen". (77,171) Zu Ansehen dürften die Dadaisten vor allem durch die Auftritte des Architekten Johannes Baader gekommen sein, der im Berliner Dom den Prediger Dryander mit den Worten unterbrach: "Christus ist uns Wurscht", ein Vorfall, der in der Presse Schlagzeilen machte und durch den sich Baader ein Verfahren wegen Gotteslästerung einhandelte. Wieland Herzfelde lernte ihn in der Druckerei des Malik-Verlags kennen, wo er gerade sein Buch "Vierzehn Briefe Christi" abholen wollte. Er stellte sich Herzfelde und Grosz als Präsident des Weltalls vor und wurde dadurch Mitglied der Dadaisten, deren Ruhm er durch weitere Taten mehrte. Was für DADA Berlin bezeichnend ist, hat Riha treffend formuliert: "Symptomatisch war das Anknüpfen an literarische Gebrauchsformen wie Annonce, Plakat, Zeitungsmeldung, Schlagzeile, Parole, Telegramm, Postkarte, Programmzettel, Flugblatt u.s.w., oder die Anlehnung an das Geschäftsgebaren der kapitalistischen Umwelt: man sprach – als Verspottung der für die Nachkriegszeit 'typischen' Methoden zahlloser hochstapelnder Möchtegernpolitiker, -gründer, -philosophen und -propheten – vom dadaistischen 'Zentralamt', gründete ein dadaistisches 'Reklame-Büro' oder verstand sich als dadaistische 'Weltbehörde'. Das ist der Punkt, der ganz speziell DADA Berlin mit seinem Heraustreten aus der relativen Intimität des literarischen Kabaretts und der Galerie-Kunst, die noch für DADA ZÜRICH dominant waren, zum Ausgangspunkt aller späterer Antikunst- und Nicht-Kunst-Tendenzen erhebt, die bis heute eine Rolle gespielt haben." (77,173)

Raoul Hausmann ist sicher die schillerndste Figur des Berliner Dadaismus, zu dem er sich noch im Alter – so 1971 – bekannt hat. Seine Schriften, vor allem Satiren und Manifeste, tragen politische Züge, wenngleich er nicht das politische Bewußtsein eines Franz Jung oder Walter Mehrings gehabt haben mochte. Daß in Berlin DADA sein Leben aushauchte, sah er ebenso wenig ein, wie er nicht begreifen konnte, daß DADA Berlin Vorläufer hatte. Sein Œuvre ist am ehesten dazu angetan, die Disproportion zwischen zerstörerischer Kraft und ordnender Zielsetzung aufzuweisen.

Wie auch Baader hat er den Dadaismus in einer Zeit des 'bellum omnium contra omnes' als Universalie und dem Namen nach auf dem Boden einer

chaotisch empfundenen Wirklichkeit verstanden, in der er Gravitations-
punkte zu kontrollierterem Handeln und Schreiben nicht finden konnte
und vielleicht nicht wollte. Einigen Ruf genießen seine Satiren wider den
Geist von Weimar, in denen der deutsche Spießer, die sich formierenden
Kräfte des Produktivkapitals, aber auch Politiker aller Couleur ihre Schelte
bekommen, in denen er die Zustände nach dem Ersten Weltkrieg schildert, Partei für die Proletarier ergreift. In seinem "Manifest gegen die
Weimarische Lebensauffassung" von 1919 sind fast alle Motive und
Themen enthalten, die Hausmann in seinen Satiren oder anderen Manifesten aufgreift, dort findet sich auch sein einziger Vorschlag zur Lösung
und Bewältigung aller anstehenden Probleme und Konflikte: die weltweite
Verkündigung des Dadaismus. Mag man das ernst nehmen oder nicht,
eine Orientierungsmarke war eine solche Botschaft, die sich mit mecha-
nischer Gleichmäßigkeit durch die Propagandamühlen der Berliner Dadaisten zieht, sicher nicht, zumal da nicht, wo Hausmann, freilich mit
gleichen Argumenten, mit denen er Leute zum Dadaismus bekehren wollte,
sich als dezidierter Anti-Dadaist gab, so im Manifest "Der deutsche Spießer ärgert sich": "Wir dudeln, quietschen, fluchen, lachen die Ironie:
Dada! Denn wir sind – ANTIDADAISTEN." (59,79)

Im "Pamphlet gegen die Weimarische Lebensauffassung", das bezeich-
nenderweise nicht oder nur nebenbei den politischen Geist der Weimarer
Republik anspricht, heißt es:

Ich verkünde die dadaistische Welt!
Ich verlache die Wissenschaft und Kultur, diese elenden Sicherungen
einer zum Tode verurteilten Gesellschaft. (59,74)

Wer nun glaubt, eine der Zeit angemessene Alternative bei Hausmann zu
finden, sieht sich getäuscht. Zunächst rechnet er mit den historischen
Auswüchsen des Positivismus ab:

Was kann es mich angehen zu wissen, wie Martin Luther aussah? Ich
stelle ihn mir vor als dickbäuchigen kleinen Mann. Er sah aus wie der
Volksbeauftragte Ebert. Was brauchen wir Buddhas Reden zu lesen
– es ist besser, eine falsche Vorstellung von philosophischen Exkursen
zu haben. Oder zu wissen, daß es im Cambrium Riesenlibellen gab,
denen zu Ehren der Luftdruck größer war als heute. Oder, daß 227
Milliarden Atome ein Molekül von der Größe eines Zehntelkubikmeters
ausmachen. (59,74)

Was folgt, ist eine Abrechnung mit dem Expressionismus, beliebtes Thema aller Berliner Dadaisten, sowie die Diskreditierung der Kopfarbeiter, der Dichter allgemein, Goethes insbesondere:

> Konjunkturgemäß, dem Bourgeoisieproletarier zuliebe, und in weiser Voraussicht seines Kommens hatten sich einige der Getriebensten unter die Kategorie der Kopfarbeiter begeben — sie vollführten nun mit dem Verlangen nach Disziplin, Ruhe und Ordnung ein vornehmes Gesäusel am Bauche des Gottes Mammon. Die Dichter, diese Idealisten mit gang-barem Marktwert, sie haben den Drang nach Bildung als Fiktion des Mehrwertes gereimter Worte bis in die Köpfe der Proletarier gepreßt — diese Handlungsgehilfen der Moralidiotie des Rechtsstaats hätten in die Bewußtseine (sic!) die Wahrheit des Gelächters, der Ironie und des Nutzlosen schleudern müssen — den Jubel des orphischen Unsinns. Die Heiligkeit des Sinnlosen ist der wahre Gegensatz zur Ehre des Bürgers, des ehrlichen Sicherheitsgehirns, dieser Libretto-Maschine mit auswech-selbarer Moralplatte... Ich bin nicht gegen den Geist von Potsdam — ich bin vor allem gegen Weimar. Noch kläglichere Folgen als der alte Fritz zeitigten Goethe und Schiller — die Regierung Ebert—Scheidemann war eine Selbstverständlichkeit aus der dummen und habgierigen Halt-losigkeit des dichterischen Klassizismus. Dieser Klassizismus ist eine Uniform, die metrische Einkleidungsfähigkeit der Dinge, die nicht das Erleben streifen... Der früher so christliche Deutsche ist Goethe-Ebert-Schiller-Scheidemannianer geworden — aus seinem Verwechslungsspiel von Besitz und Nutznießung reißt ihn nur mehr der Gotthilfeliebkinder-schreck des Bolschewismus. Der Kommunismus ist die Bergpredigt, praktisch organisiert, er ist eine Religion der ökonomischen Gerechtig-keit, ein schöner Wahnsinn. (59,75 ff.)

Was Hausmann all diesen gesellschaftlichen Potentialen und Inhalten ent-gegenzusetzen hat und weiß, ist die artifiziell wirkende Wonne eines erleb-ten Selbstseins, das all die wirren Bildungsassoziationen, die in dem Mani-fest stecken, all die realhistorischen Splitter transzendieren will durch ein homerisches Gelächter:

> Wir wollen lachen, lachen, und tun, was unsere Instinkte uns heißen. Wir wollen nicht Demokratie, Liberalität, wir verachten den Kothurn des geistigen Konsums... Wir wollen nicht Wert und Sinn, die dem Bourgeois schmeicheln — wir wollen Unwert und Unsinn! Wir empören uns gegen die Verbindlichkeiten des Potsdam—Weimar, sie sind nicht für uns geschaffen.
> Wir wollen alles selbst schaffen. Unsere neue Welt!

Der Club Dada war die Fronde gegen den 'geistigen Arbeiter', gegen die 'Intellektuellen'!
Der Dadaist ist gegen den Humanismus, gegen die historische Bildung! Er ist: für das eigene Erleben!!! (59,77)

Diese Umwertung der Gesellschaft und der poetischen Werte gemahnt an Nietzsche, an Schopenhauer insofern, als die Separation des Ästhetischen vom Realen als vermeidbar angesehen und das Subjekt dominant gesetzt wird. Ihren letztlichen Begründungszusammenhang dürften die Sätze dieses Manifestes aus der Psychologie erhalten, der Hausmann in seinem ersten Artikel, 1917, in der 'Aktion' eine eigene Deutung gibt. Er ergreift Partei für die totale Verselbstung des Menschen, für die Eliminierung des Gegensatzes von Geist und Seele. In ''Der Mensch ergreift Besitz von sich'' heißt es:

Der Mensch steht noch vor der letzten Erlösung von der Gefangenschaft des Herzens. Sein Mut macht vor sich selber halt... Im Menschen kämpft Geist—Seele mit sich selbst, Geist Adam haßt darum Seele Eva, weil sie seines innersten alleinigen Gottes Mutter ist, damit auch seine... Denn schon im ältesten Indisch heißt es: die Mutter ist nur der Schlauch (also Schoß), das Kind ist des Vaters Ebenbild, es gehört ihm, der es gezeugt hat. Es legt Weib Mann auf des Vaters Ebenbild Weib die Hand, nun schafft er nochmals als Adam die Welt des Weibes, des Ebenbildes mit dem Kinde, das er aber wieder selbst ist. Um es aber sein zu können, muß das erste Bild, Urbild, Adamsbild, Vaterbild vernichtet sein bei beiden. Dann im Schoß des Weibes schafft er sein Ebenbild, sich selbst, so wird Eva seine Mutter.
Doch die Frau schwieg von Anbeginn der Welt. Diese Wissende. Diese aus Scham Lügende. So fand der Mann ihre Erlösung nur in der Vergewaltigung. (Liebe als Kampf und Todeshaß der Geschlechter bei Nietzsche) ... Noch ist Gott in dir lebendig als Zwang, Macht, Zufall. Des Vaters Adam. Gott herrscht als Kind in seiner Mutter, die er zu seinem Geschöpf machte. – Er herrscht über uns durch die Gewalt des Außer-uns. Aber besiege ihn, zwinge ihn, von Deiner Stelle zu weichen, und er und die Welt werden neu in Dir erstehen: Du selbst bist Gott-Adam und Du, Weib-Eva, die Jungfrau Mutter. (29,197f.)

Was sich in diesen Zeilen als Mißverständnis des Leibes ausdrückt, schafft die Voraussetzung, primär und 'neu' dem Leben gegenüber zu stehen, schafft allerdings auch die Bedingung dafür, das autonome Subjekt unangetastet zu lassen und es in eine Dingnähe zu bringen, in der es sich entweder engagiert zu seinen Objekten verhalten oder sich in selbstgefälliger Ichhaftigkeit dadaistisch aktivieren kann. Beide Komponenten finden sich bei Hausmann. In "Morphopsychologie Dada's" heißt es:

> Die Vereinigung mehrerer berliner Schriftsteller und Maler um die Zeitschrift Die freie Straße hat sich eine andere Psychologie – als Leitgedanken die Entdeckungen von Otto Grosz – zur Aufgabe gemacht. Nicht die Inzesttheorie und die Formung einer Moral durch das Hemmen der sexuellen Triebe im 'ES', noch die Minderwertigkeitstheorie als Überkompensation von nervösen Störungen wurden in der Freien Straße als zureichender Grund der verschiedenen Erkrankungsformen der menschlichen Psyche in der Gesellschaft anerkannt, noch die physio-psychischen Unterscheidungen nach asthenisch-schizophrenen oder pyknisch-maniakalischen Körpergegebenheiten, da alle diese Theorien einen patriarchalisch-aggressiven Archetypus als Voraussetzung hatten. Selbst der Marxismus war gänzlich von einem solchen Ideal rein männlichen Rechtes bestimmt, wenn er auch gegen die Grundlagen dieses Vaterrechts, den Besitz am Boden und die Erbschaft durch legitime Nachfolger, ankämpfte.
>
> Otto Grosz hatte erkannt, daß in der männlich vorbetonten Familie das Kind gegen deren Unterdrückungssystem sich eine Leitlinie bilden mußte zwischen dem als dringend empfundenen Konflikt des Eigenen und des Fremden. Dieser Konflikt wirkt sich auf das ganze Leben aus. (27,11 f.)

Otto Grosz, der Bruder des Zeichners Georg, hatte, wie Franz Jung berichtet, den Plan, eine Hochschule zu errichten, in der er die westliche Zivilisation anzugreifen gedachte als parasitäre Gesellschaftsform, in der jeder durch jeden ausgebeutet wird. Es wird kein Zufall sein, daß Hausmann in seinem restrospektiven Buch "Am Anfang war Dada" mit oben genanntem Kapitel beginnt, denn in der Tat lassen sich sowohl dadaistisch wie politisch orientierte Aktivitäten der Berliner Gruppe aus der Psychoanalyse erklären, auf die Hausmann eigens hinweist. Damit ist nicht gesagt, daß sie gleichsam den archimedischen Punkt abgäbe, an dem sich all ihr Tun versichert hätte, gerade aber die letzten Endes doch zwiespältige Stellung zum Marxismus, in dem Hausmann ein männliches Prinzip der Unterdrückung analog zu Freuds Überlegungen in "Totem und Tabu" sieht, aber auch die kritische Einstellung zur als 'bourgeois' apostrophierten Kultur ließe sich von hier aus erklären. In "Der Mensch ergreift Besitz von sich" geht Hausmann, in notwendiger Unkenntnis über Freuds spätere Entwicklung, über ihn insofern hinaus, als er den Demut-Gedanken einführt und durch die Gleichstellung von 'Eva' und 'Adam' den Sexualtrieb meint regulieren zu können, mithin jene Form von Unterdrückung, die ihm Freud beimißt. Wenn Freud davon ausgeht, daß das Schicksal der Freiheit und des menschlichen Glücks im Kampf der Triebe ausgefochten wird, an dem Soma und Seele, Natur und Kultur teilnehmen, ist es für Hausmann – will man seinen Erinnerungen Glauben schenken – für die Mitglieder der 'Freien Straße' nur konsequent, den Triebhaushalt dahingehend zu regulieren, daß Lust- und Realitätsprinzip zu einem Ausgleich kommen. Das Freud'sche 'Es' ist als Bündelung der Primärtriebe frei von Formen und Prinzipien, die das bewußte soziale Individuum ausmachen, und das keine Wertungen wie 'gut' und 'böse' kennt, für Hausmann ebenso verdächtig, wie das regulative Prinzip des Über-Ich, das den Menschen in Konflikte bringt und letzten Endes als Unterdrückungssystem fungiert.

Wenn Hausmann den Begriff 'Verfremdung' gebraucht, dann sicher nicht deshalb, weil er einem damals bekannten, aber nicht jedermann vertrauten Marxismus in die Arme fällt, sondern weil er generell, sei es über Otto Grosz oder eigene psychologische Studien, Zusammenhänge zwischen Psychologie und Gesellschaft erkennt. Sein Oszillieren zwischen der Enthemmung des 'Es' und politischem Engagement trägt diesen bei Freud angelegten Konflikt aus, ohne daß je die Ablenkung deformativer Kräfte – im Sinne Freuds – geleugnet werden könnte, deren Ausfluß DADA ist. Augenscheinlich, daß Hausmann und die von ihm zitierten und verbundenen Berliner Dadaisten die Realisierung des Realitätsprinzips in keiner Weise mitmachen, wenn man darunter die Ablehnung der tradierten und aktuellen Institutionen versteht, die das Individuum in ein Netz erlernter Forderungen und Ordnungsgedanken spannt. Die analog zu Nietzsches Denken von Freud formulierte 'ewige Wiederkehr des Verdrängten', die in ihrer Substanz die Geschichte tabuisiert beläßt, machen Hausmann und Genossen entschieden nicht mit, weniger aus theoretischen Überlegungen heraus, als aus konkreter Erfahrung, die sich in Berlin weitaus mehr aufdrängte, als den Dadaisten in Zürich. Die von den Berliner Dadaisten proklamierte Freiheit ist denn auch eine doppelbödige: auf der einen Seite postulieren sie einen Zustand, in dem Freiheit und notwendiges Engagement zusammenfallen, erstere kein repressives Moment mehr darstellt, auf der anderen Seite anerkennen sie die Notwendigkeit ordnungsgebender Institutionen als sublimierendes Glücksgefühl.

Der zitierte Artikel "Der Mensch ergreift Besitz von sich" verrät seine Intention bereits im Titel. Denn nicht mehr kommt es auf die immer vom Mann aus gesehene primäre Stellung des Mannes gegenüber der Frau an, sondern auf deren prinzipielle Gleichberechtigung oder auf die Möglichkeit einer Versöhnung beider Geschlechter. Die 'Wiederkehr des Verdrängten' kann nur dann getilgt werden, wenn die Triebdynamik umverteilt, wenn der Ichtrieb sowohl auf Mann und Frau bezogen werden. Wenn eine regressive Tendenz des Patriarchaltriebes aufgehoben werden soll und mithin nach Freud der konservative 'Trieb', dann erscheint es nur logisch, die Tabuisierung der Seele oder was man dafür hält, aufzugeben und mit oder gegen Freud seine Anfangsüberlegung nochmals zur Diskussion zu stellen. Das besagt aber nicht weniger, als die Diskussion erinnernd ab ovo zu beginnen und Setzungen zu formulieren.

Nun weiß man darüber nichts Genaues, die Berliner Dadaisten geben uns darüber nur ansatzweise Bescheid. Sicher ist, daß sich der 'Dadasoph' Hausmann dazu dezidiert geäußert haben dürfte und der zitierte Artikel nur als Marginalie zu diesem Problem verstanden werden darf. Wie sich aber Seelentext und psychischer Text gleichen, zeigt die versuchte Therapierung, die erinnernde Regression, die im Artikel die Funktion einer 'Progression' hat. Denn fast möchte man glauben, der Artikel stamme aus der Feder Hugo Balls, der ja – und das ist wiederum ein gemeinsames Merkmal zwischen Zürcher und Berliner Dadaismus –, sich an Ursprüngliches erinnernd, die andrängende Realität durch das Herbeiholen des Ursprünglichen meistern wollte. Freilich ist der Artikel und seine Substanz für Hausmann kein Quietiv, wenn er statt Gewalt Ausgleich fordert. "Welt – Geist – Gewalt will endlich demütige Einsicht: Gewalt löst auf, es ersteht gegeneinander über die Welt Adams, die Welt Evas, gleichermaßen teilhaftig des innersten Ursprungs, Formen der göttlichen Seele." (29,199)

Es ist nur folgerichtig, wenn Hausmann mit der Eskamotierung des Über-Ichs kulturelle Instanzen und geltende Moralgesetze in Zweifel zieht und die im Ich automatisch sich abspielenden Verdrängungen durchschaut, um sie in dadaistische Heiterkeit aufzulösen. Die Verwerfung des internalisierten Despotismus der Bruderhorde zugunsten einer Gleichstellung von Adam und Eva, welche eben die Freiheit des Menschen ausmache, bedeutet gleichzeitig den Verzicht auf vernunftmäßige Erkenntnis im hergebrachten Sinne; denn – so Hausmann –: "versunken sind alle geheiligten Kategorien."

Desgleichen – und hier nun drückt sich Freuds 'Unbehagen an der Kultur' aus – wird die "Wertqualität jedes Wortes in der Literatur angegriffen und daher ihres 'ursprünglichen' – aber in Wirklichkeit nur konventionellen – Sinnes entkleidet." (59,13)

Weiter: "Die symbolischen Metaphern für das 'Sein' und das 'Tun' sind wertlos geworden und daher kurzerhand aufzugeben oder willkürlich angewandt." (Ebd.) Man muß sich natürlich darüber im klaren sein, daß die Zerstörung der autoritären und in unserem Fall nur fiktiven Vaterfigur 'Adam', der seine Autorität gegenüber der Frau aufgibt, eine künstliche Setzung ist, bedingt durch das unsichere Verhältnis der Künstler zur Gegenwart, zu ihren Institutionen und Mächten. Aber zweifelsohne besteht zwischen dem frühen Artikel Hausmanns, den Aktivitäten der Berliner Gruppe und seinen späteren Erinnerungen ein Zusammenhang. Wer Freuds "Unbehagen an der Kultur" gelesen und begriffen hat, daß der Preis für Kulturprogression sowie Wirtschaftsstabilität auf Arbeit und Mühe, mithin auf 'Triebverzicht' und dessen Substitute beruhen, wer diesen Gedankengängen zu folgen gewillt ist angesichts eines Krieges, der von der Triebtheorie analytisch die Verteidigung des 'Es' sowie ohnehin mißbilligter Institutionen und Ordnungen bedeutet, kommt zwangsläufig zu der zwar vulgärpsychologischen Auffassung, daß die Kunst, aber auch die Institutionen, welcher politischen Couleur auch immer, jeglicher Sinnpotentiale entbehren. Bezeichnend ist, daß Hausmann, aber auch andere Dadaisten, wie z. B. Wieland Herzfelde, in "Der Gegner" publizierten und sich dort mit den Kommunisten solidarisierten, wo es um einfache Triebregungen des Volkes ging, um Hungersnöte in Rußland, weniger aber da mit dem Kommunismus sympathisierten, wo es um dessen theoretische Durchsetzung ging. Franz Jung ist der einzige, der in einer historisch-materialistischen Literaturkonzeption einen Platz hätte. Über den Psychologismus der Berliner Dadaisten berichtet er in "Der weg nach unten": "Groß (gemeint ist Otto G., Anm. E. P.) hatte den Plan, in Ascona eine freie Hochschule zu gründen, von der aus er die westliche Zivilisation anzugreifen gedachte, die Zwangsvorstellungen der inneren wie der äußeren Realität, die von dieser getragenen sozialen Bindungen, das Zerrbild einer parasitären Gesellschaftsform, in der zwangsläufig jeder von jedem zu leben genötigt ist, um weiter existieren zu können... Aus der heilsamen Explosion, die selbst von der medizinisch-therapeutischen Anwendung der Psychologie in ihren ersten Anfängen ausgelöst worden ist, hätte sich eine revolutionäre Bewegung entwickeln können weit über die engere politische und soziale Zielsetzung hinaus..." (37,72)

Wenn Hausmann gelegentlich und eindringlich von der Überwindung des Ödipus-Komplexes spricht, dann zwar sicher nicht im Bewußtsein eines denkerisch durchgespielten Analyseergebnisses, jedoch in der Ahnung, daß ein wie latent auch immer angelegtes ödipales Desiderat der kindlich-pubertären Sehnsucht nach Befriedigung, oder, anders gewendet, nach Freiheit im Sinne von Verzicht auf Mangel ist, daß nun aber diese Art der Befreiung angesichts der politischen Umstände keinerlei

Ergebnis zeitigt, sondern im Gegenteil der Triebkonflikt sich mit der Zeit ein moralsetzendes Über-Ich schafft. Hausmann bemüht nun im zitierten 1917 verfaßten Aktions-Artikel das Gedächtnis nicht im Sinne Nietzsches, das sich immer wieder an Pflichten und Schuldigkeiten zu erinnern hätte, sondern er zitiert es literarisch so, daß die Zeit in Erinnerung gebracht wird, in der der erste Triebkonflikt entstand, um ihn mithin neutralisieren zu können. Wie sehr sein psychologisches Denken auch seine Kunstauffassung bedingt, wobei nochmals daran erinnert sei, daß Freuds wichtige, seine eigene Theorie modifizierenden Schriften noch nicht vorlagen, zeigt sich im Manifest "Synthetisches Cino der Malerei" (59,27), das am 12. April 1918 auf einer Soirée der Berliner Sezession verlesen wurde, an der u. a. Huelsenbeck und George Grosz teilnahmen. Zwar wird auch hier von 'Trieben', von 'Sexualität', von der dem Dadaisten innewohnenden Tendenz zur Erlösung gesprochen, so daß man auf den ersten Blick zu der Auffassung kommen könnte, Hausmann übernehme Freud kritiklos, doch meinen solche Zitationen immer schon den erwähnten, durch die 'regressive Gleichstellung' von Adam und Eva mitgedachten und außerhalb der dadaistischen Psycho-Auffassung gestellten Über-Ich-Haushalt mit. Was Hugo Ball durch die Anstrengung des erinnernden Denkens erreicht, die partielle Wiedergewinnung künstlicher Paradiese und uranfänglicher Zustände, bleibt dem beleseneren Freudianer Hausmann insofern verstellt — oder, wenn man will, auch erspart —, als er ohne, aber auch mit Freud den Zwangscharakter etablierter Institutionen und Mächte im Ersten Weltkrieg in Berlin anders erfährt, als Ball im Exil. Daher auch regrediert er nur bis zum 'unmittelbaren' Erleben, das nun nicht mehr ganz nietzscheanisch-vitalistisch im Sinne der Schulphilosophie zu fassen ist, sondern das dichotomische Korrelat zum Arsenal verfremdender Über-Ich-Kategorien bildet. Von hier aus auch ist seine Wendung gegen den Expressionismus zu verstehen, gegen den raunenden Tiefsinn innerer Klänge, in denen sich das Apriori moralischer Zucht meldet, etwa, wenn Kandinsky den inneren Klang und den weißen befruchtenden Strahl, das Lichthaft-Malerische mit dem Lichthaft-Klanglichen parallelisiert.

Von solchen Anliegen haben sich die Berliner Dadaisten freigemacht, und wohl stellvertretend für sie, soweit sie es mit bildender Kunst zu tun hatten, spricht Raoul Hausmann:

Das Material des expressionistischen Malers endigend in einer beinahe astralen Blödigkeit der Farb- und Linienwerte, zur Ausdeutung sogenannter seelischer Klänge — wo noch nicht einmal der Rhythmus zulangt, abgehackt, ausfallen lassend, vor allem beziehungsweisen Erleben stehend als ästhetische Romantik. (59,28)

Und ins Positive gewandt bedeutet das:

die einzige berechtigte bildliche Mitteilungsform und Balance in gemeinsamen Erleben. Jeder, der in sich seine eigenste Tendenz zur Erlösung bringt, ist Dadaist. In DADA werden Sie Ihren wirklichen Zustand erkennen: wunderbare Konstellationen in wirklichem Material, Draht, Glas, Puppe, Stoff, organisch entsprechend Ihrer eigenen geradezu vollkommenen Brüchigkeit, Ausgebeultheit: Nur hier gibt es erstmals keinerlei Verdrängungen, Angstobstipationen, wir sind weit entfernt von der Symbolik, vom Totemismus; elektrisches Klavier, Gasangriffe, hergestellte Beziehungen Brüllender in Lazaretten, denen wir erst durch wunderbaren widerspruchsvollen Organismen zu irgendeiner Berechtigung, drehender Mittelachse, Grund zum Sehen oder Fallen verhelfen.
Durch die Vorzüglichkeit der Schlagkraft unserer Materialverwertung als letzter Kunst einer in Bewegung begriffenen, fortschreitenden Selbstdarstellung mit Aufgeben der traditionellen Sicherungen der umgebenden Umherstehenden, als einverleibter Atmosphäre. (59,28 f.)

Solche Materialauffassung ist von Schwitters her bekannt. Das Manifest selbst ist Pendant zum Huelsenbeck'schen und wurde am gleichen Abend vorgetragen. Auch Huelsenbecks Worte richteten sich gegen die Expressionisten, die er indes nicht sachlich angreift, sondern deren Bemühen 'um kunsthistorische Würdigung' kritisiert, wiewohl Huelsenbeck der erste Dadaist war, der sich in die Annalen der Kunstgeschichte eingetragen hat, auf 'Nachruhm' also einiges hielt. Seine Schimpftiraden beziehen sich nicht auf jeden Expressionisten schlechthin, sondern auf Künstler, die sich von ihren Werken ernähren konnten, die die Chance zu ständiger Publikation in den bekannten Organen des Expressionismus erhielten, in Waldens 'Sturm' oder in Pfemferts 'Aktion', auf Künstler, für die nach Meinung Huelsenbecks der Expressionismus "eine fette Idylle in Erwartung guter Pension" geworden war. (77,24)

Für die Bewegung des Berliner Dadaismus ist jener Abend am 12. April kaum bedeutungsvoll, obwohl das Manifest die Unterschriften der ganzen Dada-Prominenz trägt. Dort läßt sich die ganze Palette der künstlerischen Tätigkeiten ablesen, an denen die Unterzeichner in ein oder dem anderen Sinne mitwirkten. Die Absetzung vom Expressionismus erfolgt im Grunde durch ein "neues Verhältnis zur Wirklichkeit", das durch keinerlei Reflexion verstellt ist: "Das Wort DADA symbolisiert das primitivste Verhältnis zur umgebenden Wirklichkeit, mit dem Dadaismus tritt eine neue Realität in ihre Rechte." Wie das gemeint ist, wurde gesagt: nicht ästhetisch oder ethisch steht der Dadaismus dem Leben gegenüber, sondern für ihn ist der Lärm im bruitistischen Gedicht seine adäquate Rezeptionsweise und deren Wiedergabe der "internationale Ausdruck der Zeit". (77,25)

Ganz sicher darf man nicht in den Fehler verfallen und Hausmann vorwerfen, für ihn sei die Welt nur für das Sich-Austoben seiner visuellen Triebe geschaffen worden, wie sehr hermetisch auch manche Sätze seines Kunstprogramms klingen mögen. Denn zumindest seine Satiren zielen in eine ganz andere Richtung. 1921 im Berliner Malik Verlag veröffentlicht, zeigt sich in ihnen – und daran mag man beurteilen, ob sie überhaupt noch zum Dadaismus gehören –, daß der Künstler Hausmann eben doch nicht nur ein verlängerter Arm unmittelbaren Erlebens ist, daß der Bezug zur Wirklichkeit umgesetzt wird in das, was man bei den Dadaisten als 'künstlerisch' bezeichnen könnte. Denn hier wird das Unmittelbare als vermittelt durchschaut, wird künstlerische Aktivität nicht mehr begriffen als 'output' oder spontane Reaktion auf Unmittelbares, als Reaktion auf eine aggressive Gereiztheit, die im Falle der Berliner Dadaisten ihre Bedingung in den gesellschaftlichen Zuständen hat. Auch der künstlerische Aberglaube vieler Dadaisten, oder, wenn man so will, auch der Wortkünstler, Kunst könnte durch Preisgabe eines wie auch immer gearteten Zeichensystems auskommen, scheint hier getilgt. In Thema und Ton variieren die zwölf Satiren nur wenig, sie beruhen, wie Hausmann in einem Nachwort 1971 versichert, alle auf Tatsachen (26,47), die er aus Berliner Zeitungen erfuhr. Mit DADA hat das alles insofern noch etwas zu tun, als die Texte den Verfall einer herrschenden Klasse, die sich immer noch als Kulturträger verstand, widerspiegeln. Was den Dadaisten jener Berliner Zeit unlieb war, was sie vielleicht so lautstark nicht in Manifesten direkt benennen wollten oder konnten, all das fließt hier partikular mit ein, ihr Verhältnis zu den diversen kommunistischen Gruppierungen zum Beispiel oder zu den Thesen Rosa Luxemburgs und Karl Liebknechts. Ein Engagement, das Hausmann, aus dem gesunden Empfinden heraus, daß es sich damals so recht nicht zeigen wollte, in der Neuauflage von 1970 nochmals stark und so gesehen sicher übertrieben herausstellt. (26,45 ff.)

## 7. Schluß

Ein Wort zum Schluß. Der Leser wird am Ende fragen, was Dadaismus eigentlich sei. Nicht deshalb, weil er über diese Kunstrichtung, soweit sie hier zur Debatte stand, unzulänglich informiert worden wäre, sondern weil unter dem Etikett DADA so verschiedenartige Gebilde wie die prall-vitalen Verse Huelsenbecks aus den "Phantastischen Gebeten", asketische Lautgedichte Balls, einer immanenten Sprachlogik gehorchende Zeilen Arps und fröhliche, nette, keineswegs immer nur aggressive Texte Kurt Schwitters' firmieren.

Hier also eine sich mehr oder weniger 'dionysisch' gebende Kunst, wozu die 'happenings' der Dadaisten sowohl in Zürich als auch in Berlin zu zählen sind, ein künstlerischer 'Exhibitionismus' (Schreiber), der das Chaos, den entfesselten Sinnestaumel in Verse oder in den Rahmen einer Erzählung zu bannen oder in provokante Gestik umzusetzen versucht, dort eine kaum zu überbietende Sprachaskese.

Es scheint, als seien den Dadaisten der expansive Vitalismus, gleich, ob er sich in Texten oder auf den Brettern eines Cabarets manifestierte, u n d die fast mönchische Sprachbehandlung prinzipiell gleichwertige Möglich-keiten, diskutierbare Alternativen, um ihre Anliegen zum Ausdruck zu bringen, als seien ganz unterschiedliche Ausdrucksformen auf eine und dieselbe künstlerische Grundbefindlichkeit zurückzuführen.

Was Hugo Ball betrifft, so wurde am Ende des ersten Teils darauf aufmerksam gemacht, daß die scheinbare Leere seiner Lautgedichte und das Dunkel, das dem Literaturliebhaber sonst so gut mundet, zwar un-überhörbar, dennoch aber janusköpfig seien. Dem Zuhörer im Cabaret Voltaire mochten sie erheiternd erscheinen und aggressive Potentiale mobilisieren, doch bei Lichte besehen decken sie einen Raum auf, den sie verhüllen: eine sprachliche 'Ur-Landschaft', deren Repräsentanten für Ball Dionysios Areopagita, sicher auch die anderen in "Byzantinisches Christentum" besprochenen Heiligen sind.

Derlei Gegensätze, hier der Verweis auf eine nicht mehr intakte Ge-sellschaft etwa im Roman "Flametti", in "Tenderenda der Phantast" oder in den Collagen Kurt Schwitters, die ihre Wahrheit gerade aus der Tatsache beziehen, daß eine nicht mehr im Lot befindliche Welt sich nicht mehr durch Darstellung 'heiler' Dinge spiegeln kann, dort die 'ver-gnügliche kleine Premiere' Balls, der auf den Brettern des Cabarets Voltaire mönchische Sprachenthaltsamkeit inszeniert und damit nun keineswegs den aggressiven Impetus seiner Truppe substituieren möchte, sondern ihn

315

vielmehr ergänzt, ihm eine andere Tönung gibt; derlei Widersprüchliches scheint bei den Dadaisten gängig zu sein.

Doch andererseits: daß sich die Bloßlegung, die dargestellte 'Sanktionierung der Triebschichten' in den Texten der Dadaisten und ebenso die Reduktion der Sprache auf ihren transzendentalen Schimmer aus prinzipiell gleichen Quellen, gleichen Erfahrungen und Einsichten speisen, wiewohl dies nicht in letzter Konsequenz, scheint sicher. Balls zitierte Bemerkung, daß es auf die Dauer ungesund sei, seinen Sexus darstellen zu wollen, reflektiert diesen Befund und deutet an, daß dadaistische Spreng- und Treibsätze im Weg nach Innen ihren Partner, nicht ihren Widerpart haben.

Die subjektivistischen Aufgipfelungen der Vitalität, die sich im Drängen zur Macht alles in der Realität Vorfindliche zum Untertan machen möchte, steht in durchaus positivem Verhältnis zum skeptischen und sich meist abstrakt gebenden Zweifel; denn dieser, in seiner Weigerung, andrängende Realität anzuerkennen, vermag genauso provozierend zu wirken, wie ekstatisch vorgetragene Wortkaskaden: er korrigiert und reflektiert sie, ist ihre kritische Instanz. Beide Erscheinungsformen des Dadaismus zitieren die Wirklichkeit vor Gericht, be- und verurteilen sie, wenngleich mit anderen Mitteln.

Man darf daher nicht meinen, Balls Lautgedichte seien 'wertvoller', weil sie bereits die exhibitionistische Praxis hinterfragen. Das Erleben einer vielschichtigen und schillernden Wirklichkeit ist Voraussetzung für sprachlichen Verzicht, wie er sich in den Lautgedichten niederschlägt; jedoch nicht so, als könnten beide Ausdrucksformen dieser Erfahrung in ein Grund- und Folgeverhältnis gebracht werden, allenfalls die ihnen zugrundeliegenden Stationen psychologischer Vorarbeit und Verarbeitung von Wirklichkeit. Am Endpunkt einer hier freilich unter der Hand angenommenen Entwicklung kann der Dichter gleichzeitig auf sein Woher und sein Wohin verweisen, auf die Wirklichkeitsfülle einerseits, auf den Sprachverzicht als nur eine mögliche Konsequenz aus dem Erlebten andererseits. Kurzum: eine kathartische Wirkung beispielsweise der ''Phantastischen Gebete'' ist zwar in den maßlosen Sprachaufgipfelungen immer schon angelegt, gleich, wie sich das Publikum verhielt, doch wenn sie auf ihre Schwundstufe, die Lautgedichte, verweist, macht sie auf eine andere mögliche Ausdrucksform einer relativ gleichen künstlerischen Grundbefindlichkeit aufmerksam. Nur so ist zu verstehen, warum sich asketische und exhibitionistische Kunst an einem Abend im Cabaret Voltaire die Hand reichen konnten, zumindest zeitweilig.

Von hier aus könnte man versuchen, den literarischen Dadaismus zu

bewerten. Dabei wäre zu berücksichtigen, daß die Rezeption der Geistesgeschichte durch die Dadaisten in einem verbindlicheren Sinne als im
Werk anderer Künstler Transzendentalie ihres Tuns und ihrer Kunstwerke ist. Balls Tagebuch, um bei diesem Künstler zu bleiben, ist nicht
nur Diarium im gewöhnlichen Sinne, das für Ball persönlich wichtige
Begebenheiten registriert, sondern explifizierendes Signifikat seiner
Werke, wie Interpretationen des Dionysios oder die Beschäftigung der
Dadaisten mit Friedrich Nietzsche überhaupt. Ohne all das würde kaum
verständlich, warum die Lautgedichte nun nicht am Ende einer Entwicklung stehen, deren einzelne Etappen bloß zu nennen wären, sondern
sprachliche Konsequenz einer dem Vitalismus verpflichteten Optik sind,
die sich bei Ball in einer Art scholastischem Nominalismus kundtut, in dem
die Dinge und ihre Namen prinzipiell schon nicht mehr identisch sind.
Gleichwohl wird aber das, was zum Verständnis der Werke beiträgt, oder
das, was, zugespitzt formuliert, sie allererst beinhalten, nun nicht mehr,
oder nur bedingt durch das Werk selber vermittelt. Ohne die durch den
Interpretierenden mitgelieferte Philosophie, ohne die vermittelte 'Weltan-
sicht', die die Dadaisten z. T. verkündeten, und sei es nur so, daß sie konstatieren, DADA habe die Aufgabe, gerade die Unmöglichkeit der Philosophie zu erweisen und dem Bürger – wie es an einer Stelle in "Tenderenda
der Phantast" heißt – seine 'Kategorientafel' auf den Kopf zu schlagen,
ohne all das wären in der Tat sowohl Huelsenbecks Verse als auch die
'schweigende' Sprache Balls allenfalls eine Art höherer Blödsinn.

Insistiert man auf der Meinung, Kunst und Theorie müßten ineins gesehen werden, dann wäre freilich auch die Qualität künstlerischer Reflexion zu beurteilen, gerade, weil sie zwar das Werk 'konstituiert', aber
nicht als 'vermittelt' erscheint. Denn wer von Marcel Duchamp spricht,
kann nicht nur seine Ready-Mades allein sehen, nicht nur sein bekanntes
Urinoir, sondern ist angehalten, ebenso auf die Lingualisierung seiner
Objekte, auf ihre Inschriften zu achten, die auf eine ganz andere Codifi-
zierung aufmerksam machen, die außerhalb der rein ikonischen Zeichen-
ebene liegt, außerhalb der bildenden Kunst.

Man kann an dieser Stelle auf diese Problematik nur hinweisen, sie nicht
schon hier erledigen, denn sie ist über DADA hinaus von Interesse.

Tucholsky hat einmal in Hinblick auf Berlin DADA, der ihm näher als
die Züricher Spielart stand, gemeint, das Ganze sei so sehr sinnvoll doch
nicht gewesen. Doch ist diese im Juli 1920 im Berliner Tageblatt vertretene
Meinung eher für das damals in Berlin am Lützower Ufer Gebotene erhellend, kaum jedoch für DADA insgesamt, denn in Zürich hatten zu jenem
Zeitpunkt die Dadaisten seit mehr als drei Jahren ihren Betrieb eingestellt,

worüber einzelne Veranstaltungen nicht hinwegtäuschen. Unter den oben angedeuteten Prämissen wäre Tucholskys Meinung durchaus hinterfragbar, doch was der Feuilletonist und Journalist, dessen Werk im nächsten Band von Lothar Köhn ausführlich gewürdigt wird, da augenzwinkernd und vielleicht auch ungehalten von sich gibt, ist das Unbehagen eines kritischen Zeitgenossen über eine 1920 zumindestens in ihren Auswüchsen bereits diskutierbare 'Artisten-Zunft', der indes − die Dokumente belegen das − selber bereits deutlich war, daß es nunmehr um andere Dinge ging. Nur: daß DADA stellenweise mehr als ein Rüpelspiel war, mehr als billiger Mummenschanz, das wird auf den vorhergehenden Seiten hoffentlich deutlich geworden sein, ganz sicher auch, daß es für jedermann auf der Straße nicht rezipierbar ist und niemals sein wird.

# Literaturverzeichnis

## 1. Literatur behandelter Autoren

1 Arp, Hans: Gesammelte Gedichte. Gedichte 1903–1939. Wiesbaden 1963.
2 Arp, Hans: wortträume und schwarze sterne. auswahl aus den gedichten der jahre 1911–1952. wiesbaden 1954.
3 Arp, Hans: Auch das ist eine Wolke. Aus den Jahren 1920 bis 1950. Basel 1951.
4 Arp, Hans/Täuber, Sophie: Zweiklang. Zürich 1960.
5 Arp, Hans/Huelsenbeck, Richard/Tzara, Tristan (Hg.): Die Geburt des Dada. Dichtung und Chronik der Gründer. Zürich 1957.
6 Arp, Hans/Ball, Hugo (Hg.): DADA. Dichtungen der Gründer. Zürich 1957.
7 Ball, Hugo: Gesammelte Gedichte. Mit Photos und Faksimiles. Zürich 1963.
8 Ball, Hugo: Flametti oder vom Dandyismus der Armen. Nachdruck der Ausgabe von 1918. Nendeln 1973.
9 Ball, Hugo: Tenderenda der Phantast. Zürich 1967.
10 Ball, Hugo: Die Flucht aus der Zeit. Luzern 1946.
11 Ball, Hugo: Die Folgen der Reformation. München 1918.
12 Ball, Hugo: Byzantinisches Christentum. München 1918.
13 Ball, Hugo: Zur Kritik der deutschen Intelligenz. Bern 1919. Herausgegeben und eingeleitet v. Gerd-Klaus Kaltenbrunner. München 1970.
14 Ball, Hugo: 'Einleitung' zu Dionysios Areopagita, Die Hierarchien der Engel und der Kirche. Hg. v. Walter Tritsch. München–Planegg 1955.
15 Ball, Hugo: Briefe 1911–1927. Hg. v. Schütt-Hennings. Einsiedeln 1957.
16 Ball, Hugo: H. Ball an Käthe Brodnitz. Bisher unveröffentlichte Briefe und Kurzmitteilungen aus den 'Dada'-Jahren. Hg. v. Richard W. Sheppard. Schillerjb. 16. 1972. S. 27–70.
17 Ball, Hugo: Hermann Hesse. Sein Leben und sein Werk. Berlin 1933. Neuauflage Frkft. a. M. 1977.
18 Ball, Hugo: Carl Schmitts politische Theologie. In: Hochland 9. 1923/24.
19 Ball, Hugo: Der Künstler und die Zeitkrankheit. In: Hochland 2/3. 1926/27.
20 Ball, Hugo: Die religiöse Konversion. In: Hochland H. 9/10. 1924/25.
21 Ball, Hugo: Vortrag über Wassily Kandinsky. Zürich 1917. In: Andeheinz Mößer: Hugo Balls Vortrag über Kandinsky. In: DVjS 1974. H. 4. S. 676–704.
22 Blümner, Rudolf: Auch ein Kunstkritiker. In: Der Sturm 5. 1919.
23 Grosz, George: Ein kleines Ja und ein großes Nein. Sein Leben von ihm selbst erzählt. Hamburg 1955.
24 Hausmann, Raoul: Pamphlet gegen die Weimarische Lebensauffassung. In: R. Hausmann, Am Anfang war Dada. (Vgl. Nr. 59). S. 74–79.

319

25 Hausmann, Raoul: Der Mensch ergreift Besitz von sich. In: Die Aktion Nr. 14/15. 1917. S. 97 f.

26 Hausmann, Raoul: Hurra! Hurra! Hurra! 12 politische Satiren. Mit einem Nachwort des Autors. Anmerkungen v. Jens Tismar. Steinbach/Gießen 1970.

27 Hausmann, Raoul: Morphopsychologie Dada's. In: R. Hausmann, Am Anfang war Dada. S. 11–14. (Vgl. Nr. 59).

28 Herzfelde, Wieland: Schutzhaft. Erlebnisse v. 7. bis 20. März 1919. Wien, Zürich 1920 (= Die Silbergäule Bd. 50–51).

29 Herzfelde, Wieland: Tragikrotesken der Macht. Träume. Berlin 1920.

30 Herzfelde, Wieland: Zur Sache. Geschrieben und gesprochen zwischen 18 und 80. Berlin 1970.

31 Huelsenbeck, Richard: Phantastische Gebete. Zürich 1960.

32 Huelsenbeck, Richard: Verwandlungen. Novelle. München 1918.

33 Huelsenbeck, Richard: Doctor Billig am Ende. Roman. München 1921.

34 Huelsenbeck, Richard: Der neue Mensch. In: R. Huelsenbeck, Dada. (Vgl. Nr. 65). S. 59–64.

35 Huelsenbeck, Richard: Deutschland muß untergehn! Erinnerungen eines alten dadaistischen Revolutionärs. Berlin 1920.

36 Huelsenbeck, Richard: Dada siegt! Eine Geschichte und Bilanz des Dadaismus. Berlin 1920.

37 Jung, Franz: Der Torpedokäfer. Neuausgabe v. 'Der Weg nach unten.' Neuwied, Berlin 1972.

38 Mehring, Walter: Das politische Cabaret. Chansons, Songs, Couplets. Dresden 1920.

39 Schreyer, Lothar: Die neue Kunst. Berlin 1917.

40 Schreyer, Lothar: Expressionistische Dichtung. In: Pörtner I. (Vgl. Nr. 74). S. 436–443.

40 a Schreyer, Lothar: Christliche Kunst des XX. Jahrhunderts. Hamburg 1959.

41 Schwitters, Kurt: Das literarische Werk. Hg. von Friedhelm Lach. Köln 1973 u.s.f.
Bd. I: Lyrik. Köln 1973.

42 Bd. II: Prosa von 1918–1930. Köln 1974.

43 Schwitters, Kurt: Anna-Blume Dichtungen. 1919. Zürich 1965.

44 Schwitters, Kurt: Auguste Bolte. 1923. Hg. v. Ernst Schwitters. Zürich 1966.

45 Schwitters, Kurt: 'i'. Ein Manifest. In: Der Sturm 8. 1920. S. 80.

46 Schwitters, Kurt: Ausstellungskatalog. Staatsgalerie Stuttgart.

47 Schwitters, Kurt: Ich und meine Ziele. Merz 21, erstes Veilchenheft. Hannover 1931.

48 Serner, Walter: Letzte Lockerung. Manifest Dada. Hannover, Leipzig, Wien, Zürich 1920 (= Die Silbergäule Nr. 62–64).

49 Stramm, August: Das Werk. Hg. v. René Radrizzani. Wiesbaden 1963.

50 Tzara, Tristan: Chronique Zurichoise. In: R. Huelsenbeck, DADA Almanach. (Vgl. Nr. 65). S. 10–29.

51 Tzara, Tristan: Manifest Dada. In: Dada-Almanach. (Vgl. Nr. 65). S. 116–131.

52 Walden, Herwarth: Einblick in die Kunst. Nachdruck der Ausgabe v. 1917. Nendeln 1973. (Zitiert wird nach Nr. 74).

53 Walden, Herwarth (Hg.): Expressionismus, die Kunstwende. Berlin 1918. Wenn nicht anders vermerkt, beziehen sich die Zitate auf die Paginierung v. Nr. 74!

54 Walden, Herwarth: Einblick in die Kunst. Nachdruck der Ausgabe v. 1917. Nendeln 1973. (Zitiert wird nach Nr. 74).

55 Walden, Herwarth: Die neue Malerei. Berlin 1919.

56 Walden, Herwarth: Das Begriffliche in der Dichtung. In: H. Walden, Expressionismus, die Kunstwende. (Vgl. Nr. 74). S. 30–38.

## 2. Sammlungen, Rückblicke, Erinnerungen und einzelne Dokumente

57 Apollonio, Umberto (Hg.): Der Futurismus. Manifeste und Dokumente einer künstlerischen Revolution. 1909–1918. Köln 1972.

58 Boccioni, Umberto: Die futuristische Bildhauerkunst. In: Christa Baumgarth, Geschichte des Futurismus. (Vgl. Nr. 84). S. 194–200.

59 Hausmann, Raoul: Am Anfang war Dada. Hg. v. Karl Riha u. Günter Kämpf mit einem Nachwort v. Karl Riha. Steinbach/Gießen 1972.

60 Hausmann, Raoul: Courier Dada. Suivi d'une bibliographie de l'auteur par Poupard Lies. Paris 1958.

61 Hennings-Ball, Emmy: Hugo Balls Leben in Briefen und Gedichten. Berlin 1930.

62 Hennings-Ball, Emmy: Hugo Balls Weg zu Gott. München 1931.

63 Hennings-Ball, Emmy: Ruf und Echo. Mein Leben mit Hugo Ball. Einsiedeln 1953.

64 Huelsenbeck, Richard: En avant Dada. Eine Geschichte des Dadaismus. Hannover, Leipzig, Wien, Zürich 1920. (= Die Silbergäule Bd. 50–51.)

65 Huelsenbeck, Richard (Hg.): Dada-Almanach. Berlin 1920. Neuauflage New York 1966.

66 Huelsenbeck, Richard: Mit Witz, Licht und Grütze. Auf den Spuren des Dadaismus. Zürich 1957.

67 Huelsenbeck, Richard: Dada. Eine literarische Dokumentation. Reinbek bei Hamburg 1964.

68 Huelsenbeck, Richard: Zürich, wie es wirklich war. In: Paul Raabe (Hg.), Expressionismus. Aufzeichnungen und Erinnerungen der Zeitgenossen. Olten und Freiburg/Brsg. 1965. S. 174 f.

69 Marinetti, Filippo Tommaso: Technisches Manifest der futuristischen Literatur. In: Umberto, Appelonio, Der Futurismus. (Vgl. Nr. 57). S. 74–81.

70 Marinetti, Filippo Tommaso: Enquête internationale sur le Vers libre. Milano 1909.

71 Marinetti, Filippo Tommaso: Supplement zum technischen Manifest. In: Apollonio. (Vgl. Nr. 57). S. 82–85.

72 Mehring, Walter: Berlin Dada. Eine Chronik mit Photos und Dokumenten. Zürich 1959.

73 Mehring, Walter: Die verlorene Bibliothek. Autobiographie einer Kultur. München 1972.

74 Pörtner, Paul (Hg.): Literatur-Revolution zwischen 1910–1920. Dokumente, Manifeste, Programme. Bd. I: Zur Ästhetik und Poetik. Darmstadt, Berlin 1960. (Zitiert als Pörtner I.)

75 Rothermund, Erwin (Hg.): Gegengesänge. Lyrische Parodien vom Mittelalter bis zur Gegenwart. München 1964.

76 Russolo, Luigi: Die Geräuschkunst. 1913. In: Apollonio. (Vgl. Nr. 57). S. 86–109.

77 Riha, Karl (Hg.): Dada Berlin. Texte, Manifeste, Aktionen. In Zusammenarbeit mit Hanne Bergius, hrsg. v. Karl Riha. Stuttgart 1977.

78 Schreyer, Lothar: Erinnerungen an Sturm und Bauhaus. München 1956.

79 Verkauf, Willy (Hg.): DADA. Monographie einer Bewegung. Teufen AR 1958.

80 Walden, Nell: Erinnerungsbuch an Herwarth Walden und die Künstler aus dem Sturmkreis. Baden-Baden 1954.

## 3. Gesamtdarstellungen und Literatur zu einzelnen Aspekten

81 Allemann, Beda: Gibt es 'abstrakte' Dichtung?: In: Definitionen. Essays zur Literatur. Hg. v. Adolf Frisé. Frkft. a. M. 1963. S. 157–184.

82 Arnold, Armin: Die Literatur des Expressionismus. Sprachliche und thematische Quellen. Stuttgart, Berlin, Köln, Mainz 1971.

83 Arnold, Armin: Kurt Schwitters Gedicht "Anna Blume": Sinn oder Unsinn? In: Text und Kritik H. 35/36. 1972. S. 13–23.

84 Baumgarth, Christa: Geschichte des Futurismus. Reinbek b. Hamburg 1966.

85 Bohrer, Karl Heinz: Die gefährdete Phantasie oder Surrealismus und Terror. München 1970.

86 Brinkmann, Richard: Zur Wortkunst des Sturm-Kreises. Anmerkungen über Möglichkeiten und Grenzen abstrakter Dichtung. In: Unterscheidung und Bewahrung. Festschr. f. Hermann Kunisch. Berlin 1961. S. 63–78.

87 Brinkmann, Richard: 'Abstrakte' Lyrik im Expressionismus und die Möglichkeit symbolischer Aussage. In: Der deutsche Expressionismus. Formen und Gestalten. Hg. von Hans Steffen. Göttingen 1965. S. 88–114.

88 Brinkmann, Richard: Über einige Voraussetzungen von DADA. Ein Vortrag. In: Festschrift für Klaus Ziegler. Tübingen 1968. S. 361–384.

89 Bürger, Peter: Theorie der Avantgarde. Frkft. a. M. 1974.

90 Denkler, Horst: Die Literaturtheorie der Zwanzigerjahre. Zum Selbstverständnis des literarischen Nachexpressionismus in Deutschland. Ein Vortrag. In: Monatshefte Vol. LIX. No. 4. 1967. S. 305–319.

91 Denkler, Horst: Der Fall Franz Jung. Betrachtungen zur Vorgeschichte der Neuen Sachlichkeit. In: die sogenannten zwanziger Jahre. Bad Homburg 1970. S. 75–108.

92 Döhl, Reinhard: Das literarische Werk Hans Arps. 1903–1930. Zur poetischenVorstellungswelt des Dadaismus. Stuttgart 1967.

93 Döhl, Reinhard: Dadaismus. In: Expressionismus als Literatur. Hg. v. Wolfgang Rothe. (Vgl. Nr. 118). S. 719–739.

94 Döhl, Reinhard: Kurt Merz Schwitters. In: Wolfgang Rothe (Hg.), Expressionismus als Literatur. (Vgl. Nr. 118). S. 761–774.

95 Egger, Eugen: Hugo Ball, Ein Weg aus dem Chaos. Olten 1952.

96 Greul, Heinz: Bretter, die die Zeit bedeuten. Köln 1967.

97 Grimm, Reinhold/Hermand, Jost: Die sogenannten zwanziger Jahre. Frkft. a. M. 1970.

98 Heselhaus, Clemens: Deutsche Lyrik der Moderne. Von Nietzsche bis Yvan Goll. Die Rückkehr zur Bildlichkeit der Sprache. Düsseldorf 1961.

99 Hesse, Hermann: Hugo Ball. In: H. Ball, Briefe 1911–1927. (Vgl. Nr. 15). S. 7–13.

100 Hohendahl, Peter Uwe: Hugo Ball. In: Expressionismus als Literatur. (Vgl. Nr. 118). S. 740–752.

101 Hohendahl, Peter Uwe: Literaturkritik und Öffentlichkeit. München 1974.

102 Kaltenbrunner, Gerd-Klaus: Zwischen Anarchie und Mystik. Hugo Balls Kritik der deutschen Intelligenz. In: Ball, Kritik der deutschen Intelligenz. (Vgl. Nr. 13). S. 9–29.

103 Kemper, Hans-Georg: Die Logik der 'harmlosen Irren' – 'Auguste Bolte' und die Kunstkritik. In: Text und Kritik. 35/36. 1972. S. 52–66.

104 Kemper, Hans-Georg: Vom Expressionismus zum Dadaismus. Kronberg Ts. 1975.

105 Knüfermann, Volker: Hugo Ball: Tenderenda der Phantast. In: Zschr. f. dt. Phil. H. 4. 1977. S. 521–534.

106 Köhn, Lothar: Überwindung des Historismus. Zu Problemen einer Geschichte der deutschen Literatur zwischen 1918 und 1933. In: DVjs. 4. 1974 und 1. 1975. S. 704–766 und S. 94–165.

107 Lach, Friedhelm: Der Merz-Künstler Kurt Schwitters. Köln 1971.

108 Martens, Gunter: Vitalismus und Expressionismus. Ein Beitrag zur Genese und Deutung expressionistischer Stilstrukturen und Motive. Stuttgart, Berlin, Köln, Mainz 1971.

109 Meyer, Reinhart et alii: Dada in Zürich und Berlin 1916–1920. Literatur zwischen Revolution und Reaktion. Kronberg/Ts. 1973.

110 Newton, Robert P.: Dada, expressionism and some modern modes. In: Studies in German. 1969. S. 163–184.

111 Newton, Robert: Form in the 'Menschheitsdämmerung'. A study of prosodic Elements and Style in German Expressionist Poetry. The Hague 1971.

112 Niscov, Viorica: Das Spiel in der poetologischen Meditation bei Novalis. In: DVjs H. 4. 1975. S. 662–679.

113 Philipp, Eckhard: Semantische Probleme moderner Lyrik. In: S.W. H. 12. 1974. S. 1–33.
114 Prosenč, Miklávz: Die Dadaisten in Zürich. Bonn 1967.
115 Richter, Hans: Dada, Kunst und Antikunst. Der Beitrag Dadas zur Kunst des 20. Jahrhunderts. Mit einem Nachwort v. Werner Haftmann. Köln 1964.
116 Riha, Karl: Cross-Reading und Cross-Talking. Zitat-Collagen als poetische und satirische Technik. Stuttgart 1971.
117 Rischbieter, Henning (Hg.): Die zwanziger Jahre in Hannover. Hannover 1962.
118 Rothe, Wolfgang (Hg.): Expressionismus als Literatur. Bern und München 1969.
119 Scheffer, Bernd: Als die Wörter laufen lernten. Aspekte des Spielerischen in den Texten Kurt Schwitters. In: Text und Kritik. (Vgl. Nr. 103). S. 40–49.
120 Schlichting, Hans Burkhard: Innovation und Materialkritik. Konzeption der Merzkunst. In: Text und Kritik. (Vgl. Nr. 103). S. 26–32.
121 Schmalenbach, Werner: Kurt Schwitters. Köln 1967.
122 Stein, Gerd: Die Inflation der Sprache. Dadaistische Rebellion und mystische Versenkung bei Hugo Ball. Frkft. a. M. 1975.
123 Steinke, Gerhardt Edward: The Life and Work of Hugo Ball. Mouton, The Hague, Paris 1967.
124 Stiglmayr, W. J.: Hugo Balls als Hagiograph. In: Zschr. für Askese und Mystik. 3. Jg. Innsbruck 1928. S. 75–79.
125 Szitta, Emil: Die Künstler in Zürich während des Krieges. In: Paul Raabe, Expressionismus. (Vgl. Nr. 232).
126 Thalmann, Marianne: Zeichensprache der Romantik. Heidelberg 1967.
127 Usinger, Fritz: Hans Arp. In: W. Rothe (Hg.): Expressionismus. (Vgl. Nr. 118). S. 753–760.
128 Usinger, Fritz: Der Dadaismus. In: Otto Mann (Hg.), Expressionismus. Heidelberg 1956. S. 341–350.
129 Verkauf, Willy: Ursache und Wirkung des Dadaismus. In: Dada. (Vgl. Nr. 79). S. 8–23.
130 Viëtta, Silvio/Kemper, Hans-Georg: Expressionismus. München 1975.
131 Viëtta, Silvio: Sprache und Sprachreflexion in der modernen Lyrik. Zürich 1970.

## Literatur zur Geistes-, Kultur- und Sozialgeschichte
(Philosophie, Kunst, soziologische und philosophische Untersuchungen)

132 Adorno, Theodor W.: Ästhetische Theorie. Frankfurt a. M. 1970. (= Ges. Schriften Bd. 7).
133 Adorno, Theodor W. (Hg.): Der Positivismusstreit in der deutschen Soziologie. Neuwied, Berlin 1969.

134 Bakunin, Michail: Gott und der Staat und andere Schriften. Hg. v. Susanne Hillmann. Reinbek bei Hamburg 1969.

135 Benjamin, Walter: Der Sürrealismus. In: W. Benjamin, Gesammelte Schriften II, 1. Hg. v. R. Tiedemann und Hermann Scheppenhäuser. Frkft. a. M. 1977. S. 295–310.

136 Bergson, Henri: Schöpferische Entwicklung. Jena 1921.

136 Bergson, Henri: Denken und schöpferisches Werden. Aufsätze und Vorträge. Meisenheim am Glan 1948.

137 Bölsche, Wilhelm: Das Liebesleben in der Natur. Eine Entwicklungsgeschichte der Liebe. 1. Teil. Jena 1909.

138 Bölsche, Wilhelm: Stirb und Werde! Jena 1913.

139 Dahlhaus, Carl: Die Idee der absoluten Musik. Kassel, Basel, Tours, London 1978.

140 Dionysios Areopagita: Mystische Theologie. Mit einer Probe aus der Theologie des Proklus. München–Planegg 1955.

141 Dionysios Areopagita: Die Hierarchien der Engel und der Kirche. Hg. v. Walther Tritsch. Mit einer Einleitung von Hugo Ball. München–Planegg 1955.

142 Fink, Eugen: Nietzsches Philosophie. Stuttgart, Berlin, Köln, Mainz 1960.

143 Freud, Sigmund: Jenseits des Lustprinzips. Ges. Werke Bd. XII. London 1906.

144 Gadamer, Hans Georg: Wahrheit und Methode. Grundzüge einer philosophischen Hermeneutik. 3. Aufl. Tübingen 1972.

145 Habermas, Jürgen: Erkenntnis und Interesse. Frkft. a. M. 1971.

146 Habermas, Jürgen: Strukturwandel der Öffentlichkeit. Neuwied, Berlin 1971.

147 Horkheimer, Max: Zu Bergsons Metaphysik der Zeit. In: Kritische Theorie. Frkft. a. M. 1968. Bd. I.

148 Joll, James: Die Anarchisten. Frkft. a. M., Berlin, Wien 1971.

149 Kandinsky, Wassily: Über das Geistige in der Kunst. München 1912.

150 Kandinsky, Wassily: Über die Formfrage. In: Kandinsky/Franz Marc (Hg.), Der Blaue Reiter. Dokumentarische Neuausgabe von Klaus Lankheit. Köln 1965. S. 132–182.

151 Kracauer, Siegfried: Georg Simmel. In: S. Kracauer, Das Ornament der Masse. Frkft. a. M. 1977. S. 209–248.

152 Krapotkin, Peter: Mutual Aid. A Factor of Evolution. London 1902.

153 Krapotkin, Peter: Ethics. Origin and Development. Engl. Ausgabe New York 1924.

154 Landauer, Gustav: Skepsis und Mystik. Versuche im Anschluß an Mauthners Sprachkritik. 1903. 2. Aufl. 1933.

155 Lipps, Hans: Die Verbindlichkeit der Sprache. Arbeiten zur Sprachphilosophie und Logik. Frkft. a. M. 1958.

156 Löwith, Karl: Nietzsches Philosophie der ewigen Wiederkehr des Gleichen. Stuttgart 1956.

156a Löwith, Karl: Hegel und die Sprache. In: K. Löwith, Vorträge und Abhandlungen. Zur Kritik der christlichen Überlieferung. Stuttgart, Berlin, Köln, Mainz 1966. S. 97–118.

157 Lukács, Georg: Probleme der Mimesis I und II. In: G. L., Ästhetik. Neuw. Berl. 1972.
2 Bde. Bd. I. S. 160–264.
      Bd. II. S. 7–73.
158 Mach, Ernst: Die Analyse der Empfindungen und das Verhältnis des Physischen zum Psychischen. 1885. 2. vermehrte Aufl. 1900.
159 Malewitsch, Kasimir: Suprematismus. Die gegenstandslose Welt. Köln 1962.
160 Malinowski, Bronislav: Magie, Wissenschaft und Religion. Und andere Schriften. Frkft. a. M. 1973.
161 Mauthner, Fritz: Beiträge zu einer Kritik der Sprache. Leipzig 1923.
162 Nietzsche, Friedrich: Werke. 3 Bde. Hg. v. Karl Schlechta.
162 a Nietzsche, Friedrich: Umwertung aller Werte. 2 Bde. Hg. aus dem Nachlaß v. Friedrich Würzbach. München 1969.
163 Popper, Karl: Das Elend des Historismus. Tübingen 1965.
164 Rey, Jean-Michel: Zur Genealogie Nietzsches. In: Geschichte der Philosophie Bd. VI. Hg. v. Francois Châtelet. Frkft., Berlin, Wien 1975. S. 139–175.
165 Rosenblum, Robert: Der Kubismus und die Kunst des zwanzigsten Jahrhunderts. Stuttgart 1960.
166 Schelling, Friedrich: Werke. 6 Bde. Hg. v. Manfred Schröter. München 1928 und 1929.
167 Schleiermacher, Friedrich: Werke in 4 Bänden. Auswahl. Hg. v. Otto Braun u. Johannes Bauer. Aalen 1967.
168 Schopenhauer, Arthur: Die Welt als Wille und Vorstellung. Hg. v. A. Hübscher. Bd. I und Bd. II. Wiesbaden. 2. Aufl. 1949.
169 Scholem, Gershom: Zur Kabbala und ihrer Symbolik. Frankfurt a. M. 1973.
170 Scholem, Gershom: Der Name Gottes und die Sprachtheorie der Kabbala. In: NR. 3. 1972. S. 470–495.
171 Schreiber, Mathias: Kunst zwischen Askese und Exhibitionismus. Köln 1974.
172 Schulz, Walter: Philosophie in der veränderten Welt. Pfullingen 1972.
173 Simmel, Georg: Fragmente und Aufsätze. Aus dem Nachlaß und Veröffentlichungen der letzten Jahre. Hg. und mit einem Vorwort v. Gertrud Kantorowicz. Hildesheim 1967.
174 Simmel, Georg: Philosophie des Geldes. Leipzig 1900.
175 Simmel, Georg: Der Konflikt der modernen Kultur. Leipzig, München 1920.
176 Simmel, Georg: Rembrandt. Leipzig 1916.
177 Simmel, Georg: Die historische Formung. In: Fragmente. (Vgl. Nr. 173). S. 147–209.
178 Simmel, Georg: Von Nietzsche bis Maeterlinck. (Vorlesung)
179 Simmel, Georg: Schopenhauer und Nietzsche. Ein Vortragszyklus. Leipzig 1907.
180 Simmel, Georg: Der platonische und der moderne Eros. In: Fragmente. (Vgl. Nr. 173). S. 125–146.
181 Simmel, Georg: Die Probleme der Geschichtsphilosophie. Eine erkenntnistheoretische Studie. Leipzig 1893. 5. Aufl. 1923.

182 Simmel, Georg: Philosophische Kultur. Gesammelte Essays. Leipzig 1911.

182a Simmel, Georg: Lebensanschauung. München, Leipzig 1922.

183 Troeltzsch, Ernst: Der Historismus und seine Überwindung. 5 Vorträge. Berlin 1924.

184 Trotzki, Leo: Der Futurismus. Zürich 1971.

185 Ulmer, Karl: Nietzsche. Einheit und Sinn seiner Werke. Stuttgart 1962.

186 Vaihinger, Hans: Die Philosophie des 'Als ob'. Leipzig 3. Aufl. 1918.

187 Verdenal, René: Die Philosophie von Bergson. In: Geschichte der Philosophie Bd. VI. (Vgl. Nr. 164). S. 212–235.

188 Volkmann-Schluck, Karl-Heinz: Leben und Denken. Interpretationen zur Philosophie Friedrich Nietzsches. Frkft. a. M. 1968.

189 Wescher, Herta: Die Geschichte der Collage. Köln 1974.

190 Wissmann, Jürgen: Collagen oder die Integration von Realität ins Kunstwerk. In: W. Iser (Hg.), Immanente Ästhetik – ästhetische Reflexion. Lyrik als Paradigma der Moderne. München 1966. S. 327–360.

191 Worringer, Wilhelm: Abstraktion und Einfühlung. Ein Beitrag zur Stilpsychologie. Neuausgabe 1959. München 1908.

192 Zijderfield, Anton C.: Die abstrakte Gesellschaft. Zur Soziologie von Anpassung und Protest. Frkft. a. M. 1972.

## Andere, in diesem Buch berücksichtigte Literatur

193 Althaus, Peter/Henne, Helmut/Wiegand, Herbert Ernst: Lexikon der Germanistischen Linguistik. 3 Bde. Tübingen 1973.

194 Bally, Gustav: Einführung in die Psychoanalyse Sigmund Freuds. Reinbek 1961.

195 Barthes, Roland: Mythen des Alltags. Frkft. a. M. 1964.

196 Bense, Max: Experimentelle Schreibweisen. Nr. 17. o. J. ("= Serie 'rot'). Blatt 8 r.

197 Bense, Max: Konkrete Poesie. In: Sprache i. techn. Zeitalter. H. 5. 1965. S. 1236–1244.

198 Brecht, Bertolt: Über Plagiate. In: Ges. Werke Bd. 19.

199 Brekle, Herbert: Einführung in die Semantik. München 1971.

200 Coseriu, Eugenio: Sprache. Strukturen und Funktionen. Tübingen 1970.

201 Coseriu, Eugenio: Leistung und Grenzen der Transformationsgrammatik. Tübingen 1975.

202 Coseriu, Eugenio: Probleme der Strukturellen Semantik. Tübingen 1973.

203 Delbrück, Hansgerd: Kleists Weg zur Komödie. Tübingen 1974.

204 Eco, Umberto: Einführung in die Semiotik. München 1971.

205 Einstein, Carl: Bebuquin oder die Dilettanten des Wunders. In: Aktionsbücher der Aeternisten. Hg. v. Franz Pfemfert. Nr. 2. 1916.

206 Friedrich, Hugo: Die Struktur der modernen Lyrik. Von Baudelaire bis zur Gegenwart. Reinbek bei Hamburg 1964.

206 a Gauger, Hans-Martin: Wort und Sprache. Tübingen 1971.
207 Görres, Albert: Methoden und Erfahrungen der Psychoanalyse. München 1965.
208 Hauff/Heller/Hüpauff/Köhn/Philippi: Zur Methodendiskussion. 2 Bde. Frkft. 1971.
209 Heiber, Helmut: Die Republik von Weimar. München 1966.
210 Heissenbüttel, Helmut: Über Literatur. Aufsätze. Olten 1966.
211 Heissenbüttel, Helmut: Textbuch 6. Neuwied, Berlin 1967.
212 Heissenbüttel, Helmut: Die Demonstration des i und das Trivialgedicht. In: Text u. Kritik. (Vgl. Nr. 103). S. 1–7.
213 Hermand, Jost: Pop international. Eine kritische Analyse. Frkft. a. M. 1971.
214 Iser, Wolfgang: Der implizite Leser. München 1972.
215 Jauß, Hans Robert: Literaturgeschichte als Provokation. Frkft. a. M. 1970.
216 Jauß, Hans Robert: Paradigmawechsel in der Literaturwissenschaft. In: LB. H. 3. 1969. S. 44–56.
217 Jauß, Hans Robert: Kleine Apologie der ästhetischen Wahrnehmung. Konstanz 1972.
218 Köhn, Lothar: Der positivistische Ansatz. In: Methodendiskussion. (Vgl. Nr. 208). S. 29–63.
219 Leuner, Barbara: Emotion und Abstraktion in der Kunst. Köln 1967.
220 Leuner, Barbara: Psychoanalyse und Kunst. Die Instanzen des Inneren. Köln 1976.
221 Lorenzer, Alfred: Sprachzerstörung und Rekonstruktion. Frkft. a. M. 1973.
222 Mahal, Gunter: Naturalismus. München 1974.
223 Menaker, Esther und William: Ich-Psychologie und Evolutionstheorie. Stuttgart 1971.
224 Merleau-Ponty, Maurice: Das Auge und der Geist. Philosophische Essays. Reinbek b. Hamburg 1967.
225 Mittenzwei, Werner (Hg.): Dialog und Kontroverse mit Georg Lukàcs. Der Methodenstreit deutscher sozialistischer Schriftsteller. Leipzig 1975.
226 Novalis: Schriften. Hg. v. Paul Kluckhohn und Richard Samuel. 4 Bde. Stuttgart 1960 u. ff.
227 Morasso, Mario: La nuova arma: aspetto mecanico del mundo. Milano 1907.
228 Philipp, Eckhard: Zur Funktion des Wortes in den Gedichten Georg Trakls. Linguistische Aspekte ihrer Deutung. Tübingen 1971.
229 Pleines, Jochen: Handlung – Kausalität – Intention. Probleme der Beschreibung semantischer Relationen. Tübingen 1976.
230 Schneider, Peter: Konkrete Dichtung. In: Sprache i. techn. Zeitalter. H. 15. 1965. S. 1197–1214.
231 Schreyer, Lothar: Siegesfest in Karthago. Freiburg i. Brsg. 1961.
232 Szitta, Emil: Die Künstler während des Krieges. In: Paul Raabe/Karl Ludwig Schneider (Hg.), Expressionismus. Aufzeichnungen und Erinnerungen der Zeitgenossen. Olten und Freiburg i. Brsg. 1965.
233 Szondi, Peter: Das lyrische Drama des Fin de Siècle. Frkft. a. M. 1975.

234 Urban, Bernd (Hg.): Psychoanalyse und Literaturwissenschaft. Tübingen 1973.
235 Willenberg, Heiner: Die Darstellung des Bewußtseins in der Literatur. Frkft. a. M. 1976.


## Zeitschriften

236 Walden, Herwarth (Hg.): Der Sturm. Wochenschrift (ab 4. Jahrg. Halbmonatsschrift, ab 8. Jahrgang Monatsschrift für Kultur und Künste). Jg. 1−21. Berlin 1910−1920. Reprint 1970.
237 Pfemfert, Franz (Hg.): Die Aktion. Jg. 1−22. Berlin 1911−1932. Photomech. Nachdruck Bde. 1−4 Stuttgart 1961. Bde. 5−6 München 1967.
238 Hugo Ball (Hg.): Almanach der Freien Zeitung 1917. Bern 1918.
239 Der blutige Ernst. Berlin 1919. Nr. 1 u. 2 hg. v. John Höxter. Nr. 3−5 hg. v. Carl Einstein und George Grosz. Nr. 6 hg. v. Carl Einstein.
240 Der Dada. Berlin. Nr. 1 und 2 (1919) hg. v. Raoul Hausmann. Nr. 3 (1920) hg. v. G. Grosz, Heartfield und R. Hausmann.
241 Die Freie Zeitung. Unabhängiges Organ für demokratische Politik. Bern ab April 1917.
242 Der Gegner. Berlin. 1. Jg. (1919/20). Nr. 1−6 hg. v. Julian Gumperz u. Karl Otten. Nr. 7 u. folgende hg. v. Gumperz und Wieland Herzfelde.
243 Herzfelde, Wieland (Hg.): Neue Jugend. Monatsschrift und Wochenausgabe (2 Nummern). Berlin 1916/1917. Reprint Hilversum/Zürich 1967.
244 Die Pleite. Illustrierte Halbmonatsschrift. Berlin−Leipzig 1919.
245 Serner, Walter (Hg.): Sirius. Monatsschrift für Literatur und Kunst. Zürich 1915/16.
246 Schickele, René (Hg.): Die Weissen Blätter. Eine Monatsschrift. 1916. Reprint Nendeln/Liechtenstein 1969.

# Linguistische Erläuterungen

Hier gegebene linguistische Erläuterungen sind nicht als rigide Definitionen der Schulen der Systemlinguistik aufzufassen, in denen sie einen präzisen und dort genaueren Stellenwert haben. Mir ist deutlich, daß z. B. der Begriff 'Kompatibilität' sowie sein Gegenbegriff ihren engeren Sinn nur im Zusammenhang mit der generativen Transformationsgrammatik bekommen, ebenso wie die Begriffe Paradigma/Syntagma nur vom europäischen Strukturalismus aus ihr Gewicht erhalten. Ihr spezifisches Gepräge bekommen die hier versuchsweise erläuterten Begriffe im kontextuellen Zusammenhang dieses Buches.

**Arbitrarität**   Bezeichnet die 'Willkürlichkeit' zwischen der Lautkette eines Wortes und dem, was sie bezeichnet oder bedeutet, da die Relation zwischen signifiant (= Lautkette) und signifiée (= das Bedeutete) vom Standpunkt der synchron verfahrenden Sprachwissenschaft aus 'willkürlich' erscheinen muß, weil dem heutigen Sprecher das 'Motiv' für die Wahl einer bestimmten Lautkette fremd bleiben muß, es sei denn, es handle sich um sog. 'motivierte' Zeichen, also um lautmalende wie z. B. 'kukuck', 'kikeriki' etc.

**Kompatibilität/**   Betrifft die Richtigkeit/Unrichtigkeit zweier oder mehrerer
**Inkompatibilität**   in Zusammenhang gebrauchter Wörter. Die Begriffe wurden in Bezug auf die Erste Phase der Chomsky'schen Transformationsgrammatik wichtig, da eine formale Beschreibung des Satzes wie

$$S \rightarrow NP_0 + VP_1 + NP_1$$

nichts über die semantische Richtigkeit aussagte. In der 'Terminalkette' ließ obiger Satz Aussagen zu wie: Der Pavian verspeist das Klavier. Damit Sätze nicht nur grammatisch, sondern auch 'semantisch richtig' wurden, mußten im Lexikon Restriktionen aufgenommen werden, die solche Unsinnssätze verhinderten. Semantische Inkompatibilität bezeichnet in diesem Buch jedoch nicht unbedingt dichterischen 'Unsinn'!

**Paradigma/Syntagma**   Syntagmatische Beziehungen sind ausschließlich solche, die sich durch das Aneinanderfügen linguistischer Einheiten, z. B. durch Wörter im Satz, ergeben. Es sind kombinatorische, nicht schon eigentlich strukturelle Beziehungen, wie z. B. die Generativisten gelegentlich meinen. Zu verwechseln sind sie nicht mit syntaktischen Beziehungen. Die Wortfolge 'Ich stu-

dieren an mehrere Universität' bildet lediglich eine syntagmatische Beziehung auf der linearen Ebene der Sprache. Syntaktisch ausgeformt erscheint sie erst in der Aussage: 'Ich
studierte an mehreren Universitäten.'

In einem Paradigma – wir beschränken uns auf das lexikalische, also auf ein Paradigma aus Wörtern – gehören alle
Wörter, die ein Wort an einer bestimmten Stelle im Syntagma vertreten können, wobei es bei der durchgeführten
Erzetzung oder 'Substitution' zunächst nicht auf den Sinn an-
kommt.

Ein Beispiel:
In das syntaktisch ausgeformte Syntagma

        Der Frühling kommt in das Land

können an die Stelle von 'Frühling' die 'Synonyme' 'Lenz',
/das/ 'Frühjahr' etc. treten, prinzipiell auch 'Antonyme', also
gegensätzliche Bedeutungen wie 'Herbst', 'Winter' etc., aber
auch 'Mann', 'Frieden' u.s.w.

Die gleiche Ersetzung läßt sich auch bei den anderen Wortarten durchführen. Gelegentlich hat man die 'paradigmatische' Achse auch 'Substitutionsachse' genannt (Jakobson,
Greimas, Philipp).

Historische Rede     Von mir in diesem Buch so genannt, von Coseriu, dem ich den
Begriff verdanke, als 'Technik der Rede' bezeichnet. Man
versteht darunter feste idiomatische Redewendungen, Rede-
formeln, die 'locution figée' im Französischen, also mehr
oder weniger stereotype Redewendungen, die jedoch im
Redezusammenhang nicht unbedingt den negativen Charakter eines Klischees haben müssen. (Vgl. dazu das Kapitel
zu Hans Arp!)

Index/Ikon     Begriffe aus der Semiotik. Die Begriffe beziehen sich auf die
Objekte, die sie bezeichnen. Ohne hier die Theorie bemühen
zu wollen, kann gesagt werden, daß ein Ikon ein Objekt mehr
oder weniger ähnlich abbildet. Reklame für technische Gegenstände muß z.B. in der Regel 'ikonisch' verfahren, insofern sie über technische Details, z.B. Konstruktionsprinzipien etc. informieren muß. Eine Reklame für Zigaretten oder
Alkohol hingegen kann kaum ikonisch verfahren, da ein bestimmter Geschmack nicht abbildbar ist. Sie kann dies nur
durch eine indexikalische Relation, d.h. durch eine mittelbare Beziehung zum Objekt. Die 'Virilität' eines Mannes in
der Wüste ist z.B. 'Index' für die Güte einer Zigarette, sein
gesundes Aussehen in karger Landschaft ein Index für ihre
angebliche Unschädlichkeit.

# Register

# UTB

Uni-Taschenbücher GmbH
Stuttgart

**363. Günther Mahal: Naturalismus**
Deutsche Literatur im 20. Jahrhundert, Literaturwissenschaftliche
Arbeitsbücher Bd. 1
264 S. kart. DM 16,80
ISBN 3-7705-1173-5 (W. Fink)

"Diese informative und klar geschriebene Darstellung bietet den im Augenblick besten und anregendsten Überblick über diese literarische Strömung." (The Year's Work in Modern Language Studies)

"Eine Publikation, die mehr bietet, als vom Autor mit der Themenabgrenzung angekündigt wird, und ein vielversprechender Auftakt der neuen Reihe literaturwissenschaftlicher 'Arbeitsbücher', die in 14 Bänden charakteristische Aspekte, Tendenzen und Zusammenhänge der deutschen Literatur seit der Jahrhundertwende historisch und systematisch transparent machen möchte." (Germanistik)

**326. Silvio Viëtta/Hans-Georg Kemper: Expressionismus**
Deutsche Literatur im 20. Jahrhundert, Literaturwissenschaftliche
Arbeitsbücher 3
389 S. kart. DM 19,80
ISBN 3-7705-1174-3 (W. Fink)

"Ein glänzendes Panorama über diese literarische Epoche, mit Berücksichtigung der philosophischen, psychologischen und soziologischen Aspekte sowie ausführlichen Analysen der maßgeblichen Werke verschiedenster Gattungen (vor allem Kafka, Sternheim, Trakl, Edschmid). Ein Buch, reich an Substanz und dazu bestimmt, weithin Interesse zu finden." (The Year's Work in Modern Language Studies)

"Eingehende und klare Darstellung von Problemen, Zusammenhängen und Methoden; sehr brauchbare Analysenbeispiele." (Prüfungsausschuß für die Büchereien der Gymnasien und Realschulen Bayerns)

# Zur Literatur des Expressionismus

(Auswahl)

Gertrud Bauer Pickar/
Karl Eugene Webb, Hrsg.
**Expressionism Reconsidered**
Relationships and Affinities
(Houston German Studies, ed.
Edward R. Haymes, vol. I)
Zus. 122 S. mit 8 Abb.,
kart. DM 19,80

Alfred Brust
**Dramen 1917–1924**
Mit einem Nachwort und einer
Zeittafel neu hrsg. von Horst
Denkler
315 S. mit 9 Abb. Ln. DM 54,–

Horst Denkler
**Drama des Expressionismus**
Programm – Spieltext – Theater
Zweite verbesserte und erweiterte
Auflage
261 S. kart. DM 28,–

Horst Denkler, Hrsg.
**Gedichte der Menschheits-
dämmerung**
Interpretationen expressionistischer Lyrik mit einer Einleitung
von Kurt Pinthus
Zus. 320 S. mit 3 Abb. auf
Kunstdruck, Ln. DM 32,–,
kart. DM 19,–

Peter Fischer
**Alfred Wolfenstein**
Der Expressionismus und die
verendende Kunst
251 S. Ln. DM 58,–

Helmut Gier
**Die Entstehung des deutschen
Expressionismus und die
antisymbolistische Reaktion in
Frankreich**
Die literarische Entwicklung
Ernst Stadlers
(MGB 21)
Zus. 534 S. kart. DM 58,–

Wolfgang Martens
**Lyrik kommerziell**
Das Kartell lyrischer Autoren
1902–1933
180 S. kart. DM 28,–

Heidemarie Oehm
**Die Kunsttheorie Carl Einsteins**
248 S. kart. DM 38,–

Gustav Sack
**Paralyse – Der Refraktär**
Neuausgabe des Romanfragments
und des Schauspiels mit einem
Anhang von Karl Eibl
164 S. Ln. DM 32,–

Paula Sack
**Der verbummelte Student**
Gustav Sack – Archivbericht und
Werkbiographie
392 S. Ln. DM 68,–

Ronald Salter
**Georg Heyms Lyrik**
Ein Vergleich von Wortkunst
und Bildkunst
247 S. kart. DM 50,–

## Wilhelm Fink Verlag